趣味文化常识竞赛题库

朱秋德 编著

北京工业大学出版社

图书在版编目（CIP）数据

趣味文化常识竞赛题库 / 朱秋德编著. -- 修订本
. —北京：北京工业大学出版社，2012.5
ISBN 978-7-5639-1915-4

Ⅰ. ①趣… Ⅱ. ①朱… Ⅲ. ①科学知识-普及读物
Ⅳ. ①Z228

中国版本图书馆CIP数据核字（2012）第050903号

趣味文化常识竞赛题库

编　　著：朱秋德
责任编辑：刘学宽
封面设计：新纪元工作室
出版发行：北京工业大学出版社
（北京市朝阳区平乐园100号　100124）
010-67391722（传真）　bgdcbs@sina.com
出 版 人：郝　勇
经销单位：全国各地新华书店
承印单位：北京晨旭印刷厂
开　　本：787 mm×1092 mm　1/16
印　　张：29.25
字　　数：440千字
版　　次：2012年5月第1版
印　　次：2017年4月第4次印刷
标准书号：ISBN 978-7-5639-1915-4
定　　价：39.80元

前言 | Preface |

400多年前，英国著名思想家弗兰西斯·培根提出“知识就是力量”。几百年来，这句口号像冲锋陷阵的号角，激励人们勇攀知识的高峰。

今天的时代是一个知识经济时代，竞争激烈的社会环境更加需要我们用知识来武装自己、提高自己，才能开启智慧的大门，步入人生成功之路。为了跟上时代的步伐，拓宽人们的视野，丰富和活跃人们的文化生活，近年来，《开心辞典》、《幸运52》、《三星智力快车》等一批知识竞赛节目悄然兴起，吸引了众多电视观众的眼球，越来越多的人渴望迎接挑战，在知识的舞台上一展风采。

知识竞赛是对知识横向纵向的一个全面考核，如果自己掌握的知识过于单一和肤浅，很难在竞赛中取得好的成绩。要轻松回答那些灵活多变的题目，丰富自己的知识是必不可少的。但面对浩瀚无边的知识海洋，你是否会有无处下手的感觉？你是否在期待着这样一本书：既能包含各种知识又饶有趣味性，让自己在轻松愉悦中就能获得知识？

现在，《趣味文化常识竞赛题库》会帮助你实现这个期待已久的愿望。本书编辑从浩如烟海的知识宝库中采撷出一朵朵绚丽的花朵，精心编就了1 000多道形式新颖、内容精彩的知识竞赛题，送到你的面前。这些题目涵盖了人们应该懂得而又易于掌握的各门各类知识，包括天文历法、地理名胜、生物世界、文学国度、字海拾趣、历史考古、综艺大观、体育拾贝、哲学宗教、民族民俗、礼仪称谓、饮食服饰、医药卫生、政治经济、教育科技、法律军事、邮政交通等17大类。在选题方面，既有一般常识，也有逸闻趣事和鲜为人知的典故，既突出了知识性，又把知识性同思想性、艺术性和趣味性和谐地融为一体，增强了可读性，可谓寓知于乐。

在每一章中，你将面对我们为你精心设计的五关：闯关总动员、闯关热身操、闯关进行时、闯关加油站、闯关大冲刺。闯关过程中，你可以独自一人，体验独自闯关的无限乐趣；也可以多人一起，开展互动竞赛，大家一起互考竞答，促进交流沟通，激发学习兴趣，不断充实自己，提高自身素质。闯关成功后，你可以到“趣味乐园”中轻松一下，这里有我们为你准备的各色“点心”，休整片刻，你将获得更大的勇气进入下一环节的挑战。随着一路勇敢闯关，你会发现脑子里已经不经意地装进了那么多知识。

高尔基曾说：“人的知识愈广，人的本身就愈臻完善。”通往智慧的道路虽然不好走，但用知识武装起来的人能战胜一切困难。你想让自己成为一个知识广博、富有智慧的人吗？那么就从阅读本书开始吧。

目录 | Contents |

第一章 天文历法

天宇气象、日月星辰、风雨霜露、云雾冰雪、雷电霹雳、阴晴寒暑、晨昏昼夜……这个浩瀚的世界是多么神奇，这个神奇的世界充满了未知。让我们插上知识的翅膀，在这浩瀚而又神奇的世界里翱翔！

你是不是喜欢在静谧的夜空下，遥望美丽的星月？你是不是喜欢流连在天文馆中，饱览新奇的画卷？宇宙的秘密从来都不是天文学家们独享的事物，让我们一起抬起头来，仰望星空。

你知道夜空中最明亮的恒星是哪颗吗？你知道第一个到太空探险的人是谁吗？星星真的会眨眼睛吗？快快行动，让我们一起去神游太空，探索宇宙吧！

潮起潮落原来和月亮有关，太阳的寿命是100亿年，星星有不同的颜色……宇宙里藏着无数的秘密，等着你去发现呢。

夸父追日，嫦娥奔月，屈原问天……人类从诞生之日起就在探索宇宙。现在，我们仍在努力，因为，我们知道的东西是有限的，我们不知道的东西则是无穷的。

“追星族”从来不会满足于只是知道明星的隐私，他们总想走到明星跟前。其实，科学家们又何尝不是如此呢？他们想亲自到其他星球上去考察，就像踏上一块遥远的新大陆。

第二章 地理名胜

读万卷书，不如行万里路。自然山水，四海风光，名胜古迹……漫游天下是多么令人神往。一起出发吧，让我们走向广阔山野，去领略地球母亲的无穷魅力！

徐霞客说过：大丈夫当朝碧海而暮苍梧。从古至今，每一个关注未来、崇尚自然、爱好探险、追求科学的人都对地理情有独钟。

从古老的金字塔到现代的悉尼歌剧院，从蜿蜒的亚马孙河到辽阔的青藏高原，从小桥流水人家的周庄到人迹罕至的珠穆朗玛峰，让我们一起进入奇妙的世界，体味全新的经历。

“骑在羊背上的国家”、“音乐之城”、“园林之城”、“立体的圣经”……这一切是如此壮美神奇，向我们娓娓讲述了时光雕刻在这些土地上的动人传说。

上亿年的繁衍生息造就了地球连绵不绝的地理诗篇，在这幅异彩纷呈的画卷中，我们的未知永远多于已知；我们的想象始终需要证实。不管是沧海或是桑田，大自然的精彩不会因我们的懵懂而退色。

在21世纪的今天，身处地球村的人类无时无刻不在彼此依存于共

第三章 生物世界

动物是人类亲密的朋友，人类是动物信赖的伙伴。树木拥有绿色，地球才有脉搏。动物和植物，构成了多彩世界中最生机勃勃的自然景象。让我们走进生物世界，和动物植物一起拥抱大自然！

第四章 文学国度

文学，是一个永恒的主题，是人类历史情感的结晶。与文学相伴，你会感到生活是如此美好。漫游文学国度，你的精神境界会在净化中得到升华，你的人格魅力也会在提升中逐渐完美！

人们最高精神的连锁是文学，使无数弱小的心团结为大心，是文学独具的力量。文学能揭穿黑暗，迎接光明，使人们抛弃卑鄙和浅薄，趋向高尚和精深。

——叶圣陶

一首伟大的诗篇像一座喷泉一样，总是喷出智慧和欢愉的水花。

——雪 莱

社会向文学提供素材，文学向社会提供规范。 ——郭沫若

对文学工作的渴望基本上是个人的一种自然的、健康的愿望。他想用文字来表现和描绘人们的内心生活和外部生活的无穷尽的、形形色色的现象，借此达到与人民群众的结合。

——高尔基

只要人越来越堕落，文学也就一落千丈。 ——歌 德

第五章 字海拾趣

语言文字是思想的酒杯，汉字是最美丽的语言文字之一。无论是结构的匀称规则，还是形象的简约奇特，无论是读诵的音韵旋律，还是字义的丰富深奥，汉字给人的美感是世界上其他任何文字都无法匹敌的。

第七章 综艺大观

艺术是人类文化的核心和精华，它不断向文化的其他领域发射能量，并渗透到人们生活的深处。千姿百态、林林总总的艺术世界，凝聚着人们对美好生活的追求与向往。

第八章 体育拾贝

“更高、更快、更强”，这是奥林匹克精神，更是我们每一个人永远的目标和方向。不断地挑战，不断地成长，这是体育的真正魅力，更是我们每一个人发展的动力和追求。

如果你想强壮，跑步吧！如果你想健美，跑步吧！如果你想聪明，跑步吧！

——古希腊格言

一个民族，老当益壮的人多，那个民族一定强；一个民族，未老先衰的人多，那个民族一定弱。

——皮埃尔·顾拜旦

世上没有比结实的肌肉和新鲜的皮肤更美丽的衣裳。

——马雅可夫斯基

生命在于运动。

——伏尔泰

身体虚弱，它将永远不会培养有活力的灵魂和智慧。

——卢梭

第九章 哲学宗教

无论哲学，还是宗教，都是我们对自然、对社会、对人生的思考和认识。无论哲学，还是宗教，都是一个深邃的世界。融入这个世界，让我们更加认真地去认识世界、探究真理、感受社会、思考人生、面向未来。

哲学家们只是用不同的方式解释世界，而问题在于改变世界。
——马克思

科学发展的终点是哲学，哲学发展的终点是宗教。 ——杨振宁

任何一种哲学思想，只要它能够自圆其说，它就具有某种真正的知识。
——罗素

宗教使人信仰上帝，不是把上帝作为它的对象，而是作为它的目的。
——阿奎那

科学和宗教这两者并不是对立的，在每一个善于思索的人的心目中，它们是相互补充的。
——普朗克

第十章 民族民俗

“民族的才是世界的”，我们的世界是由2 000多个民族组成的大家庭，风俗习惯各有千秋，每一个民族发展至今都有其灿烂多姿的文化传统，构成了当今世界文化的多样性和丰富性。

民俗是古老而悠长的文化追忆，是文明进步和历史变迁的思索。民俗所沉淀的文化内涵和隐含的人性化东西，永远散发着独特魅力。

民俗，既是一种生活文化，又是一种文化生活。了解民俗，既可以学到知识，又能够获得更多的审美享受、想象空间和人文熏陶。

第十一章 礼仪称谓

决决中华素以礼仪之邦著称于世，讲礼重仪是中华民族世代相传的优良传统。千百年来，各种礼仪在社会生活中发挥着至关重要的作用。在今天这个信息时代，它同样会渗透到人类生活的每个细节，更富有鲜明的时代内涵。

使一个人伟大，并不在于富裕和门第，而在于可贵的行为和高尚的品性。

——奥维

第十二章 饮食服饰

珍馐佳肴，风起霓裳，从某种意义上说，饮食、服饰和历史，就是一部感性化了的人类文化发展史。让我们通过对有关饮食服饰知识的有关问答，共享一场饮食服饰的文化盛宴。

从人类诞生的那天起，人们就已将其生活习俗、审美情趣、色彩爱好，以及种种文化心态、宗教观念，都积淀于饮食服饰之中，构筑成了瑰丽多彩的饮食和服饰文化。

留住文化的记忆，重拾文化的记忆，饮食服饰既是人类文化的历史标记，也是人类历史的文化象征。

饮食服饰具有区域性和标志性的特性，一定程度上透视出特定社会文化结构下的特定民族生活习俗和民族审美理念。

饮食服饰不仅传递了特定的文化信息，还凝聚着特定的文化语言，表现出深刻的社会历史文化含义。

饮食服饰的演进，是民族自身发展及其与众多民族往来交流、相互融合的结果。从某种程度上说，饮食服饰凝聚了人类文明发展的历程。

第十三章 医药卫生

无论是过去、现在或是将来，健康的体魄都是人类追求美好生活的前提。医药卫生，是有史以来人类与自然、疾病作斗争而留下的丰富、珍贵的物质和精神财富。通过了解医药卫生的有关知识，让我们健康生活每一天。

医人不得恃己所长，专心经略财物，但作救苦之心。 ——孙思邈

科学家也许更多地付诸理智，艺术家也许更多地倾注感情，而医生必须集冷静的理智和热烈的感情于一身。 ——郎景和

医学是一门科学，来不得半点虚假。医务人员不应不懂装懂，更不应知错不改，任何时候都要牢记对病人健康所应当担负的道义责任。 ——张孝骞

一个医生必须有音乐家的耳朵，戏剧家的嘴巴。在病人痛楚时，能用精确的听觉去辨别病情，用明快的语言消除疑虑，安抚病人，减轻病人的痛苦。 ——罗生特

心情愉快是肉体和精神的最佳卫生法。 ——乔治·桑

第十四章 政治经济

和平与发展，是当今世界两大时代主题。从某种意义上说，和平与发展的关系，就是世界范围内的政治与经济的关系。政治和经济相互依

存，相互促进，是人类社会走向美好未来的重要条件。

每一历史时代的经济生产以及必然由此产生的社会结构，是该时代政治和精神的历史的基础。 ——恩格斯

经济是基础，政治则是经济的集中表现。 ——毛泽东

政治学并不制造人类，然而它使人类脱离了自然，并驾驭他们。 ——亚里士多德

经济并不意味着消费货币，也不意味着节约货币。经济的意义在于经营和处理一个国家、一个家庭。 ——罗斯金

能够在实际上为最大多数的治人者和治于人者创造最大的幸福的政治，便是最好的政治。 ——欧文

第十五章 教育科技

从古至今，教育和科技的发展水平，决定了一个人、一个组织、一个国家，乃至整个世界的发展进程。当今社会，机遇与挑战并存，置身其中的我们怎能对教育科技的有关知识缺乏了解？

教育！科学！学会读书，便是点燃火炬；每个字的每个音节都发射火星。 ——雨果

科学不但能“给青年人以知识，给老年人以快乐”，还能使人惯于劳动和追求真理，能为人民创造真正的精神财富和物质财富，能创造出没有它就不能获得的东西。 ——门捷列夫

真正的教育者不仅传授真理，而且向自己的学生传授对待真理的态度，激发他们对于善良事物受到鼓舞和钦佩的情感，对于邪恶事物的不可容忍的态度。 ——苏霍姆林斯基

科学书籍让人免于愚昧，而文艺作品则使人摆脱粗鄙；对真正的教育和人们的幸福来说，二者同样有益和必要。 ——车尔尼雪夫斯基

科学的真正的与合理的目的在于造福于人类生活，用新的发明和财富丰富人类生活。 ——培根

第十六章 法律军事

法律和军事，是人类用来维护秩序和正义、保障自由和效率的两大武器。对法律军事有关知识的问答，有助于我们做一个懂法、守法，遵守秩序、享受自由的理智公民。

秩序意味着光明和安宁，意味着内在的自由和自我控制；秩序就是力量……秩序是人类最大的需要，是真正的幸福所在。 ——阿米尔

自由是做法律所许可的一切事情的权利。如果一个公民能够做法律所禁止的事情，他就不再有自由了，因为其他的人也同样会有这个权利。 ——孟德斯鸠

第十七章 邮政交通

大大的地球，小小的世界。邮政交通的发展，让地球变成一个"地球村"。来吧，来吧，让我们一同领略邮政交通如何让空间变小，距离变短。

Chapter 1

第一章 天文历法

天宇气象、日月星辰、风雨霜露、云雾冰雪、雷电霹雳、阴晴寒暑、晨昏昼夜……这个浩瀚的世界是多么神奇，这个神奇的世界充满了未知。让我们插上知识的翅膀，在这浩瀚而又神奇的世界里翱翔！

第一关 闯关总动员

你是不是喜欢在静谧的夜空下，遥望美丽的星月？你是不是喜欢流连在天文馆中，饱览新奇的画卷？宇宙的秘密从来都不是天文学家们独享的事物，让我们一起抬起头来，仰望星空。

一、快速判断

1. 地球自转的速度是一成不变、相对永恒的。

答案：错

趣味题点： 经过反复验证，地球的自转速度并不是一成不变的，而是有时快、有时慢。地球自转速度一般也因季节的不同而变化，1 年之中 8—9 月自转速度最快，3—4 月自转速度最慢。地球不只在 1 年内自转速度很不均衡，并且年和年之间自转速度同样有差异。近 300 年以来，地球自转最快的为 1870 年，最慢的为 1903 年。

2. “大伏”属于二十四节气之一。

答案：错

趣味题点： 二十四个节气是：立春、雨水、惊蛰、春分、清明、谷雨、立夏、小满、芒种、夏至、小暑、大暑、立秋、处暑、白露、秋分、寒露、霜降、立冬、小雪、大雪、冬至、小寒、大寒。每个节气约间隔半个月的时间，分列在 12 个月里面。在月首的叫做节气，在月中的叫做“中气”，所谓“气”就是气象、气候的意思。

3. 天文学家把全天空的星星按区域划分成 28 个星座。

答案：错

趣味题点： 天文学家把全天空的星星按区域划分成 88 个星座。

4. 第一个踏上月球的人是美国的尼尔 · 阿姆斯特朗。

答案：对

趣味题点：美国的尼尔·阿姆斯特朗，他是“阿波罗 11 号”的指挥官兼驾驶，于 1969 年 7 月登上月球表面，成为在地球之外的天体上活动的第一人。他的月球之行，是人类历史上最重大的事件之一，对此他曾说过一句名言：“这是个人的一小步，却是人类的一大步。”

5. 被称为“启明星”的是太阳系中的金星。

答案：对

趣味题点：金星是天空中除太阳、月球外最亮的星，中国古书上称它为启明星。

二、智慧选择

1. 下面哪个是对“惊蛰”这个节气的正确描述？（　　）

A．春季开始

B．降雨量增多，对谷类生长有利

C．温度逐渐升高，开始打雷，冬眠动物复苏

D．气候温暖，草木繁茂，天气晴朗

答案：C

趣味题点：惊蛰为春季的第三个节气。惊蛰是指春雷初响，惊醒蛰伏中的昆虫。这个时节已经进入仲春，是桃花红、李花白、鸟儿高飞的时节。按照一般气候规律，惊蛰前后各地天气已开始转暖，并渐有春雷出现，冬眠的动物开始苏醒并出土活动。雨水渐多，是春播的有利时机。

2. 影响海洋表面水温高低的因素是：______。

A．太阳辐射　　B．地热温度　　C．季节温差

答案：A

趣味题点：影响海洋表层水温的因素有太阳辐射、沿岸地形、气象、洋流等。海水表面温度的高低，受太阳辐射的影响，随时间和空间而变化。此外，寒暖流经过的海区，水温也会受影响。一般来说，同一海区的水温夏季高些，冬季低些。不同海区的水温，低纬高些，高纬低些；暖流水温高于所流经海区的水温，寒流水温低于所流经海区的水温。

3. 在晴朗的夜空里，同一时间能用肉眼看到大约多少颗星星？（　　）

A．2 000　　B．3 000　　C．5 000　　D．10 000

答案：B

趣味题点：肉眼可见的星星有7 000多颗，但由于同一个人在同一时间只能看见天空的一半，因此真正能用肉眼看到的星星只有3 000多颗。

4. **世界上关于太阳黑子的最早记载，是在我国古代哪部书中？（　　）**

A.《尚书》　B.《史记》　C.《淮南子·精神训》　D.《汉书》

答案：C

趣味题点：我国在2 000多年前就注意到太阳黑子的现象，并存有世界上最早和最详细的有关太阳黑子的文字记录。早在公元前140年前后成书的《淮南子·精神训》中，就有"日中有蹲鸟"的记载。《汉书·五行志》中对公元前28年出现的黑子记载则更为详尽。

5. **赤道附近的1吨货物被运到北极附近后，货物会：______。**

A．大于1吨　B．等于1吨　C．小于1吨

答案：A

趣味题点：在赤道上，物体离地心远些，受到的地心引力小些，重量就轻些；随着纬度的增加，地球半径减小，物体所受到的引力增加，测得的重量就加大。

6. **美丽的彩虹有红、橙、黄、绿、靛、蓝、紫7种颜色。请回答，彩虹出现在太阳的：______。**

A．相对方向　B．同一方向

答案：A

趣味题点：彩虹是气象中的一种光学现象。彩虹是因为阳光射到空中接近圆形的小水滴，造成色散及反射而成，出现在与太阳相对的方向。

7. **天文单位的长度接近于：______。**

A．地面到大气层的平均距离

B．地球到太阳的平均距离

C．地球到月亮的平均距离

答案：B

彩虹

趣味题点：天文学家把太阳到地球的平均距离当成一个单位，叫做"天文单位"。天文单位是天文学中测量距离的基本单位之一。

8. 发生地震时，在震中区附近的人们最先感到的是：______。

A．水平晃动　　B．上下颠簸

答案：B

趣味题点：地震波主要包含纵波、横波和面波。三类波的传播速度不同，地震时，纵波总是先到达地表，而横波、面波总是落后一步。这样，发生较大的近震时，一般人们先感到上下颠簸，过数秒到十几秒后才感到有很强的水平晃动。

9. 在南极点上，一个昼夜是：______。

A．一天　　B．半年　　C．一个季度　　D．一年

答案：D

趣味题点：在南极点上，冬季半年黑夜，没有白天；夏季半年白天，没有黑夜。因此，一个昼夜不是一天，而是一年。

10. 发生日全食时，太阳会被 ______ 遮住。

A．月亮　　B．地球　　C．火星

答案：A

趣味题点：当在环绕地球的轨道上运行的月球运行到地球和太阳的中间时，太阳的光被月球挡住，不能射到地球上来，这种现象叫日食。当太阳圆面完全被月球遮盖时，这样的日食称为日全食。

三、趣味抢答

1. 请列举我国古代重要的天文历法成就（至少3项）。

(1) 我国最早的历法——夏历。

(2) 世界上关于日食最早的记录——殷墟甲骨文。

(3) 中国历史上第一次有确切日期的日食——《诗经》载公元前776年9月6日。

(4) 二十四节气的确定——春秋时期测定冬至、夏至，战国时期确定二十四节气。

(5) 哈雷彗星的最早记录——保存于《春秋》。

(6) 世界上最早的天文学家著作——战国时期的《甘石星经》。

(7) 东汉张衡发明了世界上最早的测定地震方位的仪器（地动仪）、浑天仪。

(8) 唐代僧一行在世界上第一次测量出地球子午线长度。

答案：(1) ～ (8)。

2. **为了便于用望远镜观测天体，天文台的房子屋顶被设计成什么形状？**

答案：圆顶。

3. **请背诵二十四节气歌。**

答案：春雨惊春清谷天，夏满芒夏暑相连，秋处露秋寒霜降，冬雪雪冬小大寒。每月两节不变更，最多相差一两天，上半年来六、廿一，下半年是八、廿三。

4. **你知道“二月二，龙抬头”的由来吗？**

答案：民间传说，每逢农历二月初二，是天上主管云雨的龙王抬头的日子，从此以后，雨水会逐渐增多起来。因此，这天就叫“春龙节”。我国北方广泛地流传着“二月二，龙抬头；大仓满，小仓流”的民谚。

趣味乐园

什么是天体的吸引力

300多年前英国的科学家牛顿发现所有的物体都有吸引力，称为“万有引力”，也称为“重力”。物体的质量越大，万有引力越大；而这个引力的强弱也与物体的距离有关，物体距离越近，万有引力越强。地球的万有引力也称为地心引力，把我们“吸在”地面上，我们才能平稳地坐着或站着。月球比地球小，因此月球的万有引力也比地球小，航天员走在月球表面，就会因为吸力不够而走得“飘飘然”。在太空中因为各天体的距离都很遥远，受到的万有引力微弱，航天员会处在“无重力状态”，所以可以漂浮在太空里，进行太空漫步。

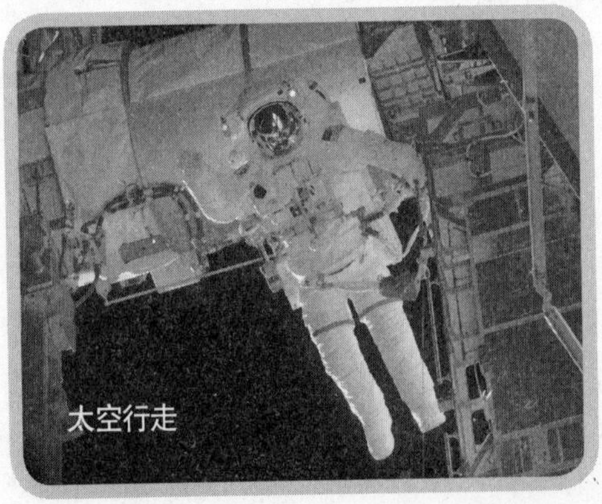
太空行走

第二关 闯关热身操

你知道夜空中最明亮的恒星是哪颗吗？你知道第一个到太空探险的人是谁吗？星星真的会眨眼睛吗？快快行动，让我们一起去神游太空，探索宇宙吧！

一、快速判断

1. 通过实验证明雷电是大气的放电现象的科学家是富兰克林。
   答案：对

趣味题点：早在200多年前，美国科学家富兰克林，在雷雨天通过放风筝实验，证明了雷击是大气中的放电现象，并建立了雷电学说。

2. 日食只可能发生在农历的朔日。
   答案：对

趣味题点：农历初一日，称为朔日。日食是月球绕地球转到太阳和地球中间，月球掩蔽太阳的现象，这时是农历初一。

3. 天上的那些点点繁星，除了有几颗游动的行星之外，绝大部分都是遥远的“太阳”。因为它们相互之间的相对位置没有变化，所以人们叫它们“恒”星。
   答案：错

趣味题点：其实，每颗恒星每时每刻全在朝不同的方向运动着，并且空间运动速度是很大的。因为它们距离人们太远了，所以我们才感觉不到它们的运动。可是，有一些恒星的亮度有些明显的变化，我们将这类恒星叫做“变星”。还有一些恒星的亮度会突然增加到几千、几万倍，很快又暗下去，天文学上将这类星叫做新星或者超新星。

4. 人造地球卫星的成功发射，开创了人类航天的新纪元。世界上第一颗人造地球卫星是由美国发射的。
   答案：错

趣味题点： 1957 年 10 月 4 日，苏联成功地发射了世界上第一颗人造地球卫星——“卫星 1 号”。

人造地球卫星

5. 夜空中最明亮的恒星是天狼星。

答案：对

趣味题点： 夜晚，在恒星世界中，看上去最亮的星星是天狼星。它位于大犬星座之中。春季，它在西南方的天空中熠熠发光。它的质量是太阳的 2.3 倍，半径是太阳的 2 倍，光度是太阳的 24 倍。天狼星不但本身比较亮，而且离我们比较近，只有 8.65 光年，因此，看起来它特别亮。

二、智慧选择

1. 发现恒星的位置并非永远不变的人是：______。

A．意大利人　B．英国人　C．中国人　D．波兰人

答案：C

趣味题点： 他是唐代的张遂，即僧一行，他发现恒星运动比西方早 1 000 年。

2. 宇航员在太空中看到的星星和我们在地球上看到的：______。

A．一样多　B．比我们看到的少　C．比我们看到的多

答案：C

趣味题点： 宇宙飞船离开地球大气层后，宇航员看到的天空比地球上的夜晚还要黑，他们可以看到更多更亮的星星。

3. 月球上的引力是地球引力的：______。

A． 1/6　B． 1/4　C． 1/2

答案：A

趣味题点： 月球跟地球表面的引力比为 1∶6。

4. 地球上的人观看晴朗的天空呈现蓝色，这是因为：______。

A．大陆上的海水把天空映成蓝色

B．太阳光中的蓝色被物体反射成蓝色

C．太阳光中的蓝色光被天空中的微粒散射成蓝色

答案：C

趣味题点： 阳光进入大气时，波长较长的色光如红光，透射力大，能透过大气射向地面；而波长短的紫、蓝、靛色光，碰到大气分子、冰晶、水滴等时，就很容易发生散射现象。被散射了的紫、蓝、靛色光布满天空，就使天空呈现出一片蔚蓝了。

5. “春季的中间，太阳正好直射赤道；这天的白天和夜晚一样长。”这是对哪个节气的描述？（　　）

A．立春　　B．雨水　　C．惊蛰　　D．春分

答案：D

趣味题点： 春分，古时又称为“日中”、“日夜分”，在每年的3月20日或21日，这时太阳到达黄经0°。据《春秋繁露·阴阳出入》说：“春分者，阴阳相半也，故昼夜均而寒暑平。”所以，春分的意义，一是指一天时间白天黑夜平分，各为12小时；二是指古时以立春至立夏为春季，春分正当春季三个月之中，平分了春季。

6. 下列古时的计时单位哪一个与现在的半小时最接近？（　　）

A．时辰　　B．刻　　C．更　　D．点

答案：D

趣味题点： 古时候，1个时辰等于2个小时；1刻等于14分24秒；1更约合2个小时；1点是1更的1/5，合现在的24分钟。所以点和半小时最接近。

7. 张衡发明的地动仪上有几条龙？（　　）

A．4条　　B．6条

C．8条　　D．10条

答案：C

地动仪

趣味题点： 132年，科学家、文学家张衡发明制造了世界上第一台测定地震方位的仪器——候风地动仪。张衡的地动仪上有8条龙，按东、南、西、北、东南、东北、西南、西北8个方向布列。

8. 太阳系的八大行星中，体积最大的一颗是：______。

A．金星　　B．水星　　C．土星　　D．木星

答案：D

趣味题点： 木星的赤道半径为71400千米，是地球的约11.2倍，体积是地球的1316

倍，质量是地球的 300 多倍。

9. 在对流层中，高度每上升 100 米，温度大约下降：______。

A. 0.3℃　　B. 0.6℃　　C. 0.8℃　　D. 1℃

答案：B

趣味题点： 对流层位于大气的最低层，集中了约 75% 的大气质量和 90% 以上的水汽质量。其下界与地面相接，上界高度随地理纬度和季节而变化。在低纬度地区平均高度为 17 ~ 18 千米，在中纬度地区平均为 10 ~ 12 千米，极地平均为 8 ~ 9 千米；夏季高于冬季。对流层中，气温随高度升高而降低，平均每上升 100 米，气温约降低 0.65℃。

10. 随着科技的发展，人类对广阔的太空不断进行探索，第一个到太空探险的是：______。

A. 美国人　　B. 法国人　　C. 英国人　　D. 苏联人

答案：D

趣味题点： 第一个到太空探险的是苏联宇航员加加林。

三、趣味抢答

1. 连续 7 个月最多有多少天？

答案：连续 7 个月最多有 215 天，即 7、8、9、10、11、12 和 1 月，7 个月共 215 天。其他任何连续 7 个月都少于 215 天。

2. 请在叙述过程中抢答：这颗行星的名字是什么？

(1) 它被誉为地球的姐妹星，在有些方面与地球非常相像，曾经被认为可能有生命的存在。

(2) 它是天空中最亮的行星，通常由肉眼即可观测，有时被称为“启明星”或“太白金星”。

(3) 它是太阳系中第六大行星，在所有行星中，它的轨道最接近圆，偏差不到 1%。

答案：金星。

3. 什么是大月小月？

答案：每年的 1、3、5、7、8、10、12 月都是 31 天，每月 31 天的月份，叫大月。每年的 4、6、9、11 月都是 30 天，每月 30 天的月份，叫小月。2 月份则为 28 天或 29 天。

4. 小灵通漫游未来。这一天，小灵通来到月球。他在日记中写道：“月球是个奇妙的地方，在这里我整天可以见到星星。”小灵通写得对吗？
答案：对，月球上任何时间都可以看到星星。

趣味乐园

什么是宇宙

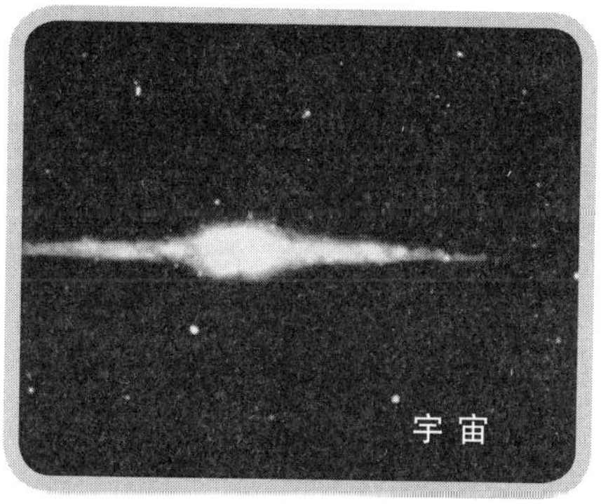

宇宙既指包括地球及其他一切天体的无限空间，也指一切物质及其存在形式的总体。“宇宙”一词，最早大概出自我国古代著名哲学家墨子（约公元前468—前376年）。他用“宇”来指东、西、南、北四面八方的空间，用“宙”来指古往今来的时间，合在一起便是指天地万物，不管它是大是小，是远是近；是过去的、现在的，还是将来的；是认识到的，还是未认识到的。

第三关 闯关进行时

潮起潮落原来和月亮有关，太阳的寿命是100亿年，星星有不同的颜色……宇宙里藏着无数的秘密，等着你去发现呢。

一、快速判断

1. 冬天冷、夏天热是由于地球离太阳远近的原因。
答案：错

趣味题点： 在冬天，太阳直射点在南半球，太阳的高度角小了，太阳光是斜着照耀大地的，地球单位面积上接收到的阳光辐射减少了，也就是说太阳能到达地球的能量密度小了，北半球从太阳那里获得的能量少了，所以冬天冷；而在夏天，太阳直射点在北半球，太阳的高度角大，太阳光几乎是直射大地，太阳能到达地球的能量密度很大，北半球从太阳那里获得的能量就多，所以夏天热。

2. 小明的爸爸说，他已经绕太阳转过几十圈了，你说他的话对吗？

答案：对

趣味题点： 人生活在地球上，地球每年要绕着太阳转一圈，人不是也要绕着太阳转一周吗？

3. 意大利航海家哥伦布完成环球航行，证明地球是球形的。

答案：错

趣味题点： 环球航行证明地球是球形的，是由葡萄牙航海家麦哲伦完成的。

4. 如果在宇宙飞船上划燃火柴，火焰会立即熄灭，这是由于氧气不够。

答案：错

趣味题点： 原因是空气不对流。

5. “一架飞机从东京飞往洛杉矶，在经过阿留申群岛上空时，飞机上一孕妇忽然产下一男婴，一小时后，又产下一个。但在填写出生登记表时，执法人员认定后出生的男孩是哥哥，先出生的男孩是弟弟。”这是一件真实的事情。

答案：对

趣味题点： 因为阿留申群岛位于东西第 12 时区中国际日期变更线的东侧，故先出生的男孩在格林尼治时间上比后出生的男孩晚 23 小时出生。

二、智慧选择

1. 冬至那天太阳直射在：______。

A．南回归线　　　　B．北回归线

答案：A

趣味题点： 12 月 22 日前后是冬至，是一年 24 个节气中最后的一个。从冬至开始，进入数九的第一天，也就开始进入一年中最寒冷的季节了。

2. 地球之外的太阳系天体中，唯一发现有火山活动的天体是：______。

A．木卫一　　　　B．火卫一　　　　C．土卫一

答案：A

趣味题点：1979年3月5日，“旅行者1号”探测器从距离木星27.5万千米处掠过时，发现了木卫一上正在喷发的活火山。传回地面的照片表明，该星上有8座火山同时爆发。它们以每小时1600千米的速度向外喷射着熔岩和气体物质，喷出物可达450千米的高空，气势十分壮观。这是航天探测器在地外观测到的第一个有火山活动的天体。

3. 一年内月亮的自转圈数与公转圈数相比，______。

A．自转的圈数多　B．公转的圈数多　C．一样多

答案：C

趣味题点：月亮自转和公转一圈的时间相同，这一周期因选用基准不同有几种：如果以太阳为基准，平均为29.5日；如果以恒星位置为基准，平均为27.3日。

4. “树木被吹倒，建筑物遭破坏，机帆船航行危险”等现象出现时，风力的等级达到：______。

A．7级以上　B．8级以上　C．10级以上　D．12级以上

答案：C

趣味题点：10级风力时陆地地面物体征象：树木可被吹倒，一般建筑物遭破坏。相当于风速：89～102千米/时，约合24.5～28.4米/秒。

5. 气候系统包括______圈层。

A．大气圈、水圈、冰雪圈、岩石圈、生物圈

B．大气圈、水圈

C．大气圈、水圈、生物圈

D．大气圈、水圈、冰雪圈

答案：A

趣味题点：气候系统包括大气圈、冰雪圈、生物圈、水圈和岩石圈（陆地）。引起气候系统变化的原因可分成自然的气候波动与人类活动的影响两大类。前者包括太阳辐射的变化、火山爆发以及气候系统自身的震荡等；后者包括人类使用化学燃料排放温室气体和气溶胶以及土地利用的变化等。

6. 我们可以看到的月亮最多占月亮表面积的：______。

A．50%　B．55%　C．59%　D．70%

答案：C

趣味题点： 月球的一面总是朝向地球的，我们永远无法在地球上看到月球的另外一面。严格来说，由于月球天平动（月球赤道面同它的轨道面有6°41′ 的倾角。因为这一倾角的存在和月球绕转速度的不均匀等原因，在月球运动过程中。地球上某一点的观测者多少还能看出月面边沿有前后的摆动。这种摆动称为月球天平动），我们至多可以看到59% 的月面，而不是50%。

7. 在地球同步气象卫星上观察地球上的台风现象时，发现：______。

A．地球在旋转，台风也在旋转　　B．地球在旋转，台风不旋转

C．地球不旋转，台风也不旋转　　D．地球不旋转，台风在旋转

答案：D

趣味题点： 所谓同步卫星，就是永远固定在地球上空某个位置的卫星。而一颗卫星要能永远固定在地球轨道的同一个位置上，先决条件就是它绕地球一周的时间必须刚好是24 小时，和地球的自转周期相同。这样一来，对地面上的我们来说，卫星就能固定不动，与地球同步了！而从卫星上来看，地球也是相对不动的，动的是台风。

8. 潮起潮落主要与下列哪项有关？（　　）

A．太阳　　B．月亮　　C．水星

答案：B

趣味题点： 引起潮汐的原因是月球的引力。这个引力是月球对地面的引力，加上地球、月球转动时的惯性离心力所形成的合力。太阳的引力也对潮汐有作用，但太阳引力所产生的作用只有月亮的2/5。

潮汐

9. 下列天体中，距离地球最近的恒星是：______。

A．巴纳德星　　B．太阳　　C．比邻星

答案：B

趣味题点： 太阳是距离地球最近的恒星，是太阳系的中心天体。到地球的平均距离：1.496 亿千米。太阳系质量的99.87% 都集中在太阳。太阳系中的地球以及其他类地行星、巨行星都围绕着太阳运行。

10. 人造卫星一般是在什么时间发射？（　　）

A．下午4 点到6 点　　B．晚上7 点到9 点　　C．夜间11 点到凌晨1 点

答案：B

趣味题点： 只有在这段时间里，卫星才能以最佳的角度接受太阳的能源，否则无法正常工作。

三、趣味抢答

1. 太阳的寿命是多少？

答案：现代科学证明，太阳是一个主要由氢气、氦气组成的巨大的火球。太阳的年龄已有45亿岁，将由红星球变为蓝星球，再变为白星球，最后变成黑星球。经历红太阳、蓝太阳、白太阳、黑太阳几个阶段之后，太阳就会寿终正寝。过去的45亿年加上未来的55亿年，太阳的寿命应该是100亿年。

2. “月落乌啼霜满天，江枫渔火对愁眠。姑苏城外寒山寺，夜半钟声到客船。”诗中指的月相是什么？

答案：上弦月。上弦月上半夜出来，在西面出来，月面朝西。

3. 请将下列天文学家与各自取得的成就用线连接起来。

A．哥白尼	a．研究银河系外宇宙空间的先驱
B．伽利略	b．日心说（即“地动说”）的创立人
C．开普勒	c．制造出第一架望远镜
D．哈雷	d．发现行星运动定律
E．爱因斯坦	e．指出哈雷彗星以前曾按一定时间间隔规律出现过许多次
F．哈勃	f．狭义相对论和广义相对论的创立者

答案：A——b；B——c；C——d；D——e；E——f；F——a。

4. 为什么星星有不同的颜色？

答案：星星的颜色取决于它的温度，不同的颜色代表着不同的表面温度：发蓝的星星表面温度高，发红的星星表面温度低。

趣味乐园

地球小常识

1. 地球自转一周为23小时56分4秒；公转一周为365天5时48

分46秒。

2. 地球与太阳的平均距离为149 600 000千米。

3. 地球的近日点为147 100 000千米，地球的远日点为152 100 000千米。

4. 地球的质量大约为60万亿吨。

5. 地球的体积正在缓慢膨胀，直径增长约为每年0.5毫米。

6. 地球上每天来自大气圈外的陨石碎片约6吨，陨石燃烧的灰尘约0.8吨。

7. 地球上每年发生地震约上百万次，其中破坏力强的有10次左右。

8. 地球的体积：约11 000亿立方千米。

9. 地球的表面积：约510 500 000平方千米。

10. 地球的陆地面积：149 500 000平方千米。

11. 地球的海洋面积：361 000 000平方千米。

12. 地球生物圈大气层的厚度约为2 500米，其中含氮气78%，氧气21%，还有氢气、水蒸气、二氧化碳和其他气体。

13. 地球有一个卫星——月亮。地球与月亮的平均距离为384 400千米。

14. 月亮平均半径是1 737千米，相当于太阳半径的1/400。

15. 月亮的体积约是地球体积的1/49，质量是地球质量的1/81。

16. 月面最高气温高达127℃，而最低气温低到−183℃。

17. 地球与月亮大约同时期形成，约为46亿年前。

地 球

第四关 闯关加油站

夸父追日，嫦娥奔月，屈原问天……人类从诞生之日起就在探索宇宙。现在，我们仍在努力，因为，我们知道的东西是有限的，我们不知道的东西则是无穷的。

一、快速判断

1. “厄尔尼诺”现象这个名称是以发现这个现象的科学家名字命名的。

答案：错

趣味题点：“厄尔尼诺”一词来源于西班牙语，原意为“圣婴”。19 世纪初，在南美洲的厄瓜多尔、秘鲁等西班牙语系的国家，渔民们发现，每隔几年，从 10 月至第二年的 3 月便会出现一股沿海岸南移的暖流，但这股暖流一出现，性喜冷水的鱼类就会大量死亡，使渔民们遭受灭顶之灾。由于这种现象最严重时往往在圣诞节前后，于是遭受天灾而又无可奈何的渔民将其称为上帝之子——圣婴。后来，在科学上此词语用于表示在秘鲁和厄瓜多尔附近几千千米的东太平洋海面温度异常增高现象。

2. 牛郎星是天鹰座的第一亮星。

答案：对

趣味题点：河鼓二即天鹰座 α 星，俗称“牛郎星”。在夏秋的夜晚，它是天空中非常著名的亮星，呈银白色，距地球 16.7 光年，它的直径为太阳直径的 1.6 倍，表面温度在 7 000℃左右，发光能力比太阳大 8 倍。它与“织女星”隔银河相对。

3. 同一个人在月球上跳高会比在地球上跳得高。

答案：对

趣味题点：月球的引力只有地球的 1/6，因此人在月球上受到的引力也就小得多。如果宇航员能在地球上跳 1 米高，忽略其他因素的话，那么他在月球上就能跳 6 米。

4．在地球上，午夜 12 点时不可能看见金星。

答案：对

趣味题点：在地球上看金星和太阳的最大视角不超过48°，因此金星不会整夜出现在夜空中。我国民间称黎明时分的金星为启明星，傍晚时分的金星为长庚星。金星自转一周比公转一周还慢，并且是逆向自转，所以金星上的一年比一天还短，而且在金星上看到的太阳是西升东落的。

5．“七月流火”指天气转凉。

答案：对

趣味题点：“七月”指农历的七月；“流”，指移动，落下；“火”指星名“大火星”(不是绕太阳运行的火星)，即心宿。“大火星”是一颗著名的红巨星，能放出火红色的光亮，每年农历的五月黄昏，位于正南方，位置最高。农历的七月黄昏，大火星的位置由中天逐渐西降，“知暑渐退而秋将至”。人们把这种现象称作“七月流火”。

二、智慧选择

1．宇航员在飞船里处于失重状态，生活和在地面上完全不同，他们在哪里洗澡呢？（　　）

A．浴盆

B．封闭的口袋

C．淋浴

答案：B

趣味题点：宇航员在一个类似睡袋的封闭口袋中洗澡，袋子可以射出清水和浴液。搓洗完毕后，可以打开袋下的抽风机，把脏水抽走。

2．一年中最炎热的时候是：______。

A．夏至　　　　B．大暑

答案：B

趣味题点：“大暑”在每年的7月23日或24日，这时太阳到达黄经120°。《月令七十二候集解》：“六月中……暑，热也，就热之中分为大小，月初为小，月中为大，今则热气犹大也。”这时正值“中伏”前后，是一年中最热的时期。

3. 《古诗十九首》中有这样一句诗歌：迢迢牵牛星，皎皎河汉女。请问织女星位于哪一个星座？

A．仙女座　　B．室友座　　C．天琴座

答案：C

趣味题点： 织女一是天琴座中的一颗亮星，学名叫天琴座α。它是夏夜星空中最著名的亮星之一。平时，人们都叫它织女星。在西方，称为“夏夜的女王”。

4. 当天空出现弯曲彩虹的时候最外层的颜色是：______。

A．紫色　　B．黄色　　C．红色　　D．橙色

答案：C

趣味题点： 夏天雷雨或阵雨过后，天空常常出现一条非常美丽的弓形彩带，从它的外层向里，整齐地排列着红、橙、黄、绿、蓝、靛、紫7种颜色，这就是虹。

5. 人们常用“太阳从西边出来”比喻不可能的事，但这对太阳系中的哪颗行星来说却是事实？（　　）

A．水星　　B．金星　　C．火星　　D．木星

答案：B

趣味题点： 太阳系八大行星中，只有金星的自转方向是从东往西，所以在金星上看到的太阳每天都是西升东落的。

6. 流星发光是因为：______。

A．反射阳光　　B．自身发光　　C．摩擦碰撞　　D．月光反射

答案：C

趣味题点： 流星体是分布在星际空间的细小物体和尘粒，它们飞入地球大气层，因与大气分子发生剧烈的碰撞摩擦而产生明亮的光辉。

7. “月有阴晴圆缺”是由什么引起的？（　　）

A．月亮绕地球运动　　B．地球绕太阳运动　　C．月亮自转

答案：A

趣味题点： 月亮绕地球运动的过程中，它与地球、太阳的位置不断发生变化，由于它本身又不发光而反射太阳光，导致了月亮的圆缺变化。

8. 晴朗的夜空中，星星为什么是一闪一闪的？（　　）

A．星星本身就发出闪烁的光

B．太阳光的照射作用

C．星际物质的遮挡作用

D．大气的折射作用

E．对月光的反射

答案：D

趣味题点： 宇宙中，大部分星星是发光的，星星发出的光要经过大气才能传到地球上。大气各层的密度不一样，光线要发生折射。而高空的大气气流是不稳定的，其温度、密度时刻发生变化，这就会引起折射情况的变化，使得我们看见星星会闪光。

9．国际日期变更线是指：______。

A．0° 经线　　　　B．180° 经线

答案：B

趣味题点： 国际规定，180° 经线作为国际日期变更线。

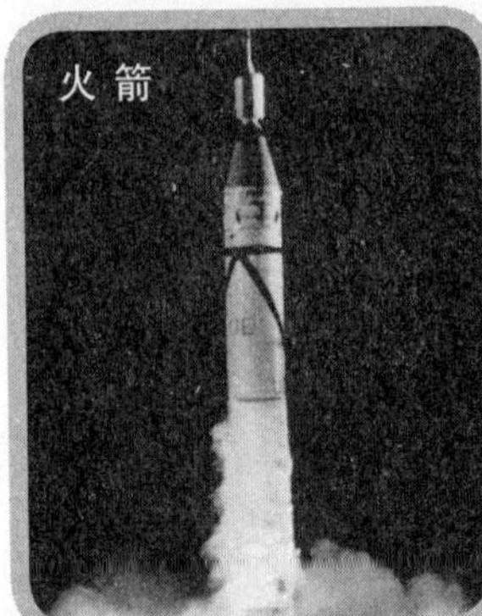

火 箭

10．运载火箭大多数朝哪个方向发射？

A．东

B．西

C．南

答案：A

趣味题点： 大多数时候，运载火箭发射方向同地球自转方向一致，这样火箭初速度大，消耗能量少。

三、趣味抢答

1．观察有指针的表的表盘，我们会发现秒针是向右转的。不光是秒针，表示分和小时的针也是向右旋转的。这是为什么？

答案：表的指针向右旋转是因为日晷影子的运动是向右旋转的。据说日晷是很久很久以前中国人发明的。很久以前中国人就知道太阳是按照一定规律运动的，并根据太阳影子的位置，发明了用来计时的日晷。中国在北半球，日晷的影子都是向右旋转运动的。因此，现在的表的指针也是向右旋转的。

2. 请在叙述过程中抢答：这颗行星的名字是什么？

（1）它最接近太阳，是太阳系中第二小行星。

（2）它在许多方面与月球相似，它的表面有许多陨石坑而且十分古老，它也没有板块运动。

（3）它没有卫星，只在黎明或白天出现，因此在地球上观测它较为困难。

答案：水星。

3. 请在叙述过程中抢答：这颗行星的名字是什么？

（1）在它的上面没有发现任何生命的踪迹；它的表面满布着沙丘、岩石和火山口。

（2）它与地球有许多相似的地方。它的上面既有四季的变化，也有白天和黑夜的更替；自转周期为 24 小时 37 分；从它的上面看太阳也是东升西落。但就其体积而言，它比地球小得多。

（3）它是地球的近邻。天文学家常把它称为天宫中的小地球。

答案：火星。

4. 古巴比伦人创立了星期纪日法，他们把星期制的 7 天，分别配上一个天体的名字，星期也即“星的日期”的意思，有时也把星期叫做“曜日”。请把下面代表一个星期中的一天的名称按顺序排列。

a. 土曜日　　b. 日曜日　　c. 木曜日　　d. 火曜日
e. 金曜日　　f. 月曜日　　g. 水曜日

答案：b → f → d → g → c → e → a。

趣味乐园

“正月”溯源

农历的第一个月一般称为正月。在中国古代，每年以哪个月为第一个月，各朝代都不相同。夏朝以一月为第一个月，商朝以十二月为第一个月，周朝又以十一月为第一个月。这些朝代每改正一次月份顺序，就把改变后的第一个月称作“正月”。“正”是改正的意思，直到汉武帝时才最后确定农历一月为正月，一直通行到现在。

为什么“正月”的“正”字，又读成“征”的音呢？这里面也有个典故：秦始皇名字叫嬴政，他统一天下后，嫌“正”字读音与他名字中的“政”字音同，犯忌讳，就下令把“正月”一律念成“征月”，不然就杀头。从那时起，“正月”的“正”字，就读成了“征”字的音，也一直延续到现在。

第五关 闯关大冲刺

“追星族”从来不会满足于只是知道明星的隐私，他们总想走到明星跟前。其实，科学家们又何尝不是如此呢？他们想亲自到其他星球上去考察，就像踏上一块遥远的新大陆。

一、快速判断

1. 一年中至少会发生两次日食。

答案：对

趣味题点：日食总是发生在农历初一，一年中至少会发生2次日食，最多可发生5次，没有日食的年头是没有的。

2. 人在月球上走路会变得很轻松。

答案：对

趣味题点：人的体重是由地球的吸引力决定的，人在月球上的体重也是由月球的吸引力决定的。月球对人的吸引力只有地球的1/6，所以人在月球上行走很轻松。

3. 日食的预报可以准确到分秒不差。

答案：对

趣味题点：日食的预报可以准确到分秒不差，那是由于人们对地球和月球的运动规律已经充分掌握，而且月球上没有空气，边缘是异常清楚的圆弧，它和太阳表面遮掩的时间自然是准确无误的。

4. 我们在太空能清楚地看见长城。

答案：错

趣味题点：眼睛的分辨率指眼睛能够分辨两个相邻近的点或线的能力，通常以刚能被分开的两点或两线对眼睛瞳孔中心的张角来表示。人眼分辨率的张角是六分，即0.1度，也就是圆周的1/3600。照此方法我们不难推出，只要在36千米的高度，长城就会从我们的视线内消失。

5. **一个人在赤道上称了一次自己的体重，身体条件相同的情况下又到北极称了一次，那么这个人在赤道轻，北极重。**

答案：对

趣味题点：不同的物体重量不同，同一物体在地球上的位置不同，它的重量也有差异。1千克的物体，在赤道上称得重量是0.973千克，而在北极称之则是1.002 6千克。同一物体所处位置不同，其质量不变，愈接近两极和愈接近地面其重量愈大。

二、智慧选择

1. **地球同步气象卫星的轨道高度应该是：______。**

A．35 800千米

B．24 900千米

C．8 000千米

D．13 000千米

答案：A

趣味题点：地球同步气象卫星的运行高度约为35 800千米，其轨道平面和地球的赤道平面重合，运行周期和地球自转周期相等。

2. **古时候的“三更四点”是现在的晚上几点几分？（　　）**

A．11时24分　B．11时36分　C．12时24分　D．12时36分

答案：D

趣味题点：古代把晚上戌时作为一更，亥时作为二更，子时作为三更，丑时为四更，寅时为五更。把一夜分为五更，按更击鼓报时，又把每更分为五点。每更就是一个时辰，相当于现在的两个小时，即120分钟，所以每更里的每点只占24分钟。由此可见，“三更四点”相当于现在的凌晨12时36分。

3. 我们常说的“北京时间”是从哪里发出的？（　　）

A．北京天文台　　B．陕西天文台

答案：B

趣味题点：“北京时间”由中国科学院国家授时中心发出，国家授时中心（陕西天文台）本部地处我国中部腹地——陕西临潼。

4. 2004年初，美国国家航空和航天局的两架火星探测车成功登陆，它们不包括下面哪个？（　　）

A．勇气号　　B．机遇号　　C．水手号

答案：C

趣味题点：2004年1月3日，美国国家航空和航天局的“勇气号”火星车成功登陆火星，开始了探测红色星球的征程。1月24日，“机遇号”也成功着陆这个红色的星球。它们能够铲起泥土，开凿岩石并检查样本，不断向地面控制人员发回火星岩石、土壤和大气的信息并拍摄大量图片。

5. “三伏”一般指一年中最热的时期，那么初伏是几天？（　　）

A．10天　　B．15天　　C．20天　　D．30天

答案：A

趣味题点：我国农历中所规定的夏季常年相对最热的三个连续时段，即头伏、二伏和三伏，统称为伏天或三伏天。夏至后第三个庚日为头伏（或初伏）始日，第四个庚日为中伏始日，立秋后的第一个庚日为末伏（或三伏）的始日，每伏10天，但有些年份中伏为20天。

6. 台风登陆后，风力将会：______。

A．增强　　B．不变　　C．减弱

答案：C

趣味题点：台风是围绕低气压中心猛烈旋转的热带大气旋涡，当它登陆后，受到粗糙不平的地面摩擦影响，风力就会大大减少。

7. 日食总是发生在什么时候？（　　）

A．初一　　B．十一　　C．十五

答案：A

趣味题点：日食只会发生在当月球位于太阳和地球中间，并沿同一条直线排列时。

这种条件只有当新月时（新月的第一天）才会发生。

8. 彗星从构成上看更像一个：______。

A．气体球　　B．石头球　　C．脏雪球

答案：C

趣味题点：彗星物质主要由水、氨、甲烷、氰、氮、二氧化碳等组成，而彗核则由凝结成冰的水、二氧化碳（干冰）、氨和尘埃微粒混杂组成，是个“脏雪球”。

9. 地球的赤道半径和极半径哪一个长？（　　）

A．赤道半径　　B．极半径

答案：A

趣味题点：地球形状像球而略扁，赤道半径约为6 378.2千米，极半径约为6 356.8千米。

10. 北斗星的“斗柄”共有几颗星？（　　）

A．2颗　　B．3颗　　C．4颗

答案：B

趣味题点：北斗星是在北天排列成斗（或勺）形的七颗亮星。它们是：(1) 北斗一（天枢）；(2) 北斗二（天璇或天璿）；(3) 北斗三（天玑）；(4) 北斗四（天权）；(5) 北斗五（玉衡）；(6) 北斗六（开阳）；(7) 北斗七（摇光或瑶光）。(1) 到 (4) 叫“斗魁”，又名“璇玑”；(5) 到 (7) 叫“斗杓”，即“斗柄”。

三、趣味抢答

1. 怎样找北极星？

答案：在天空中很容易找到北极星：先找到大熊星座的北斗七星。从勺头边上的那两颗“指极星”天璇和天枢引出一条直线，它延长过去正好通过北极星。北极星到勺头的距离，正好是两颗指极星间距离的5倍。也可以通过“仙后座”找北极星。

2. 蓝天有多高？

答案：蓝天，其实是地球的大气层。大气层是包围着地球的空气，根据空气密度的不同分为5层，总共约有57 600千米厚。但绝大部分空气都集中在从地面到50千米高的地方，越往高处空气越稀薄。大气层有多厚，蓝天就应该有多高。

3. 一副扑克有 54 张牌，有人潜心研究后，发现扑克的设计与天文、历法有着微妙的联系。你能说出扑克与天文、历法到底有着哪些微妙的联系吗？（请至少说出两点）

答案：(1) 大王代表太阳，小王代表月亮。

(2) 去掉大小王，余下 52 张代表一年有 52 个星期。

(3) 4 种花色代表一年有四季。

(4) 一种花色有 13 张牌，代表一季有 13 个星期。

(5) 12 张花牌（J、Q、K）正好与一年中的 12 个月相吻合。

(6) 4 种花色中的红色代表白昼，黑色代表黑夜。

(7) 每一季度 91 天，而每组花色 13 张牌的点数相加恰好是 91。

(8) 如把整副牌点数相加，再加上小王 1 点，总点数是 365 点，正好是阳历平年的天数；假如再加上大王 1 点，则与闰年天数 366 相符。

4. 什么是标准时间？

答案：同一瞬间，地球上各地的时间是不一样的，东边的时刻早，西边的时刻晚。

从前，每个地方各用各的时间。这在古代交通不发达、往来不多的情况下，还没有什么不合适。但到了近代，随着交通的发达，各地交往的频繁，就出现了诸多不便。

有这样一件争执案：1858 年 11 月 24 日，英国多塞特郡的时钟指在 10 时 6 分，该郡一位法官判决一名土地诉讼的人败诉，因为 10 时开庭时，他没有准时到庭。但是，两分钟后，那人到了庭，当即向法官指出，按照他家乡肯柏兰郡喀来耳镇火车站的时钟，他是准时到达的，因此，这件案子必须重审。

火车站与法庭的时间差异，促使英国统一时间。但直到 1880 年，英国国会才决议以格林尼治时间为全国的标准时间，那里天文台的格林尼治大钟从此便决定着整个英国的时间。大约从 1884 年起，格林尼治标准时间也为其他国家所承认。

趣味乐园

台风是怎样命名的

依照世界气象组织于 1998 年 12 月在菲律宾马尼拉召开的第 31 届台风委员会的决议，自 2000 年 1 月 1 日起，在国际航空及航海上使用的西北太平洋及南海地区台风统一识别方式，除编号维持现状外（例如 2000 年第 1 个台风编号为 0001），台风名称将由现行 4 组 92 个名字全部更换，编列为 140 个，共分 5 组，每组 28 个。这些名字由西北太平洋及南海海域国家或地区、14个台风委员会成员所提供（每个成员提供10个）。此名称将由设于日本东京隶属世界气象组织的区域专业气象中心(RSMC)负责依排定的顺序统一命名。至于各国（或地区）辖区内部的台风报道是否使用这些台风名称，则由各国（或地区）自行决定。

西北太平洋及南海台风自1947年开始由设于关岛的美军联合台风警报中心(JTWC)统一命名，早期命名方式全以女性名字依英文字母排列命名，1979年开始改以男女名字相间的顺序命名，沿用至今。

Chapter 2

第二章 地理名胜

读万卷书，不如行万里路。自然山水，四海风光，名胜古迹……漫游天下是多么令人神往。一起出发吧，让我们走向广阔山野，去领略地球母亲的无穷魅力！

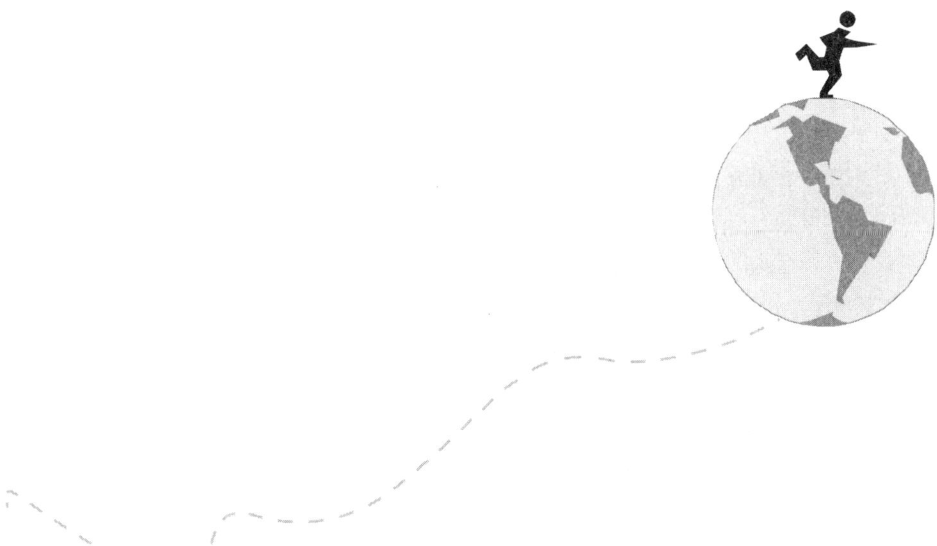

第一关 闯关总动员

徐霞客说过：大丈夫当朝碧海而暮苍梧。从古至今，每一个关注未来、崇尚自然、爱好探险、追求科学的人都对地理情有独钟。

一、快速判断

1. 我国汛期最长的河流是长江。

答案：错

趣味题点： 我国汛期持续时间最长的河流是珠江。

2. 长江从东往西流，而黄河恰恰相反，是从西往东流。

答案：错

趣味题点： 长江、黄河都是从西往东流，因为我国的地势是西部高，东部低。

3. 广西桂林到阳朔漓江两岸是世界上规模最大、风景优美的岩溶景区，一向有“甲天下”之誉。

答案：对

漓江

趣味题点： 从桂林市区到阳朔的水程是世界上规模最大、景色最优美的岩溶景区。形态各异的青峰夹岸耸立，奇花异草点缀其间，深邃幽奇的岩溶洞穴遍布群山之中。两岸翠竹簇簇，农舍点点，风光旖旎，山水如画，有“山清、水秀、洞奇、石美”四绝，更有“洲绿、滩险、潭深、泉流、瀑飞”之胜景。

4. 武当山是我国的四大佛教名山之一。

答案：错

趣味题点： 我国的四大佛山分别为浙江普陀山、安徽九华山、四川峨眉山、山西五台山。

5. “海的女儿”雕塑是哥本哈根市的城徽。

答案：对

趣味题点：哥本哈根共有20多个可供人们参观的博物馆和10多个大大小小的公园。其中最美丽的要算哥本哈根朗厄里尼港湾畔的海滨公园。在那里的一块巨大的岩石上，有一尊世界闻名的“美人鱼”铜像。这是丹麦雕塑家艾里克森于1913年根据安徒生的童话故事《海的女儿》塑造的，成为哥本哈根的标志。

二、智慧选择

1. 一年四季中，西藏没有哪一个季节？（　　）

A. 春季　　B. 夏季　　C. 秋季　　D. 冬季

答案：B

趣味题点：按气候分类，除东南缘河谷地区外，整个西藏全年无夏。年总辐射量值为5850～7950兆焦耳/平方米，比同纬度东部平原高0.5～1倍。

2. 世界五大洲中，平均海拔最低的洲是：______。

A. 大洋洲　　B. 非洲　　C. 美洲　　D. 欧洲

答案：D

趣味题点：地球上最高的大陆是南极大陆。地球上其他几个大陆的平均海拔约为：亚洲950米，北美洲700米，南美洲600米，非洲560米，欧洲最低，只有300米。大洋洲的平均高度还不甚清楚，估计也不过几百米。而南极大陆就其自然表面来说，其平均海拔约为2350米。但是，如果把覆盖在南极大陆上的冰盖剥离，它的平均高度仅有410米，比整个地球上陆地的平均高度要低得多。

3. 下列哪个国家不是与中国陆上接壤的国家？（　　）

A. 朝鲜　　B. 菲律宾　　C. 缅甸　　D. 印度

答案：B

趣味题点：一个国家的领土包括领海、领水、领陆及领土的底土和领空。菲律宾不与中国陆上接壤。

4. 山脉常常成为气候分界线，以下四个山脉中哪个是暖温带和亚热带分界线？（　　）

A. 天山　　B. 祁连山　　C. 秦岭　　D. 大巴山

答案：C

趣味题点：秦岭—淮河是中国的南北分界线（即亚热带与暖温带的分界线），这是秦岭与中国其他山脉的最大不同点。

5. “咖啡王国”指的是：______。

A. 巴西　　B. 古巴　　C. 智利

答案：A

趣味题点：巴西以咖啡质优、味浓而驰名全球，是世界上最大的咖啡生产国和出口国，素有“咖啡王国”之称。

6. 被称为“万园之园”的古典园林建筑是什么园？（　　）

A. 颐和园

B. 圆明园

C. 拙政园

答案：B

圆明园遗址公园

趣味题点：历史上的圆明园，是由圆明园、长春园、绮春园（万春园）组成。三园紧相毗连，通称圆明园。共占地5200余亩（约350万平方米），比颐和园的整个范围还要大出近千亩。它是清代封建帝王在150余年间所创建和经营的一座大型皇家宫苑。

7. 澳门妈阁庙内既供天后，又供观音，还供孔明。它又称什么？（　　）

A. 天后庙　　B. 海神庙

答案：A

趣味题点：天后庙为澳门最著名的名胜古迹之一，初建于明弘治元年(1488年)，距今已有500多年的历史，原称妈祖阁。位于澳门的东南方，枕山临海，倚崖而建，周围古木参天，风光绮丽。主要建筑有大殿、弘仁殿、观音阁等殿堂。

8. 长江三峡中的“三峡”是瞿塘峡、巫峡、西陵峡的总称。“三峡”中居中间位置的是哪个峡？（　　）

A. 瞿塘峡　　B. 巫峡　　C. 西陵峡

答案：B

趣味题点：巫峡在四川巫山和湖北巴东两县境内，西起重庆市巫山县城东面的大宁河口，东迄湖北省巴东县官渡口，绵延40多千米，包括金蓝银甲峡和铁棺峡，峡谷特别幽深曲折，是长江横切巫山主脉背斜而形成的，以幽深秀丽著称。

9. 承德避暑山庄是我国著名古代帝王宫苑，这座规模宏大的皇家园林拥有殿、堂、楼、馆、亭、榭、阁、轩、斋、寺等建筑100余处，历时多少年才得以完全建成？（　　）

A．57年　　B．67年　　C．87年

答案：C

趣味题点：承德避暑山庄始建于康熙四十二年（1703年），又名承德离宫或热河行宫，位于河北省承德市中心北部，是清代皇帝夏天避暑和处理政务的场所。与北京紫禁城相比，避暑山庄以朴素淡雅的山村野趣为格调，取自然山水之本色，吸收江南塞北之风光，成为中国现存占地最大的古代帝王宫苑。

10. 埃及的斯芬克斯狮身人面像是世界上最古最大的巨石像，它是在哪一年被发现的？（　　）

A．1816年　　B．1817年　　C．1818年

答案：A

趣味题点：狮身人面像坐落在开罗西南的吉萨大金字塔近旁，与金字塔同为古埃及文明最有代表性的遗迹。除了前伸达15米的狮爪是用大石块镶砌外，整座像是在一块含有贝壳之类杂质的巨石上雕成。面部是古埃及第四王朝法老（即国王）哈夫拉的脸形。

三、趣味抢答

1. 地理谜语（以下每条各打一城市名）。

（1）萤火虫，亮晶晶

（2）海中绿洲

（3）日近黄昏

（4）空中码头

（5）双喜临门

答案：分别是昆明、青岛、洛阳、连云港、重庆。

2. “香格里拉”一词现在成了什么意思的代名词？

答案：世外桃源。

3. 请将下列佳句与其相应的建筑连接起来。

A. 落霞与孤鹜齐飞，秋水共长天一色。　　a. 岳阳楼
B. 覆压三百余里，隔离天日。　　b. 滕王阁
C. 先天下之忧而忧，后天下之乐而乐　　c. 阿房宫
D. 三山半落青天外，二水中分白鹭洲　　d. 黄鹤楼

答案：A——b；B——c；C——a；D——d。

4. 请将下列古城建筑与其建设年代连接起来。

A. 荆州古城　　a. 三国
B. 平遥古城　　b. 西周
C. 襄阳古城　　c. 宋末元初
D. 丽江古城　　d. 汉代

答案：A——a；B——b；C——d；D——c。

5. 请将下面的风景名胜与它们的雅称用线连接起来。

A. 石林　　a. 山水甲天下
B. 安宁温泉　　b. 天下第一名刹
C. 少林寺　　c. 天下第一汤
D. 桂林　　d. 天下第一奇观
E. 乐山大佛　　e. 天下第一大佛

答案：A——d；B——c；C——b；D——a；E——e。

乐山大佛

趣味乐园

世界重要地理界线

热带和（北）温带：（北）回归线； 热带和（南）温带：（南）回归线。
（北）寒带和（北）温带：（北）极圈；（南）寒带和（南）温带：（南）

极圈。

亚洲和欧洲：乌拉尔山脉、乌拉尔河、大高加索山脉、土耳其海峡。

亚洲和非洲：苏伊士运河、红海。

亚洲和北美洲：白令海峡。

南美洲和北美洲：巴拿马运河。

欧洲与非洲：直布罗陀海峡、地中海。

南极洲和南美洲：德雷克海峡。

第二关 闯关热身操

从古老的金字塔到现代的悉尼歌剧院，从蜿蜒的亚马孙河到辽阔的青藏高原，从小桥流水人家的周庄到人迹罕至的珠穆朗玛峰，让我们一起进入奇妙的世界，体味全新的经历。

一、快速判断

1. 世界上种植面积最大、种植量最广泛的粮食作物是水稻。

答案：错

趣味题点： 世界上种植面积最大、种植量最广泛的粮食作物是小麦。

2. 被称为“瓷都”的是我国的景德镇。

答案：对

趣味题点： 景德镇是一座历史悠久的江南名城，汉唐以来即以盛产陶瓷而著称；宋代以后与汉口镇、佛山镇、朱仙镇并列为全国四大名镇；明清之际，发展为中外闻名的瓷都；新中国成立后，为国务院公布的我国第一批24个历史文化名城之一，并被列为甲类开放城市。“中华向号瓷之国，瓷业高峰是此都”，景德镇是中国的“瓷都”，也是世界的“瓷都”。

3. 汇入大西洋最长的河流是亚马孙河。

答案：对

趣味题点：亚马孙河全长6 440千米，在世界河流中位居第二，仅次于长6 695千米的尼罗河。亚马孙河每秒钟把116 000立方米的水注入大西洋，流量比密西西比河多10倍，比尼罗河多60倍，占全球入海河水总流量的1/5。

4. 爱斯基摩人居住在北极。

答案：对

趣味题点：“爱斯基摩（Eskimo）”一词是由印第安人首先叫起来的，即“吃生肉的人”。因为历史上印第安人与爱斯基摩人有矛盾，所以这一名字显然含有贬义。因此，爱斯基摩人并不喜欢这名字，而将自己称为“伊努伊特（Inuit）”人，即爱斯基摩语中“真正的人”之意。爱斯基摩人是从亚洲经两次大迁徙进入北极地区的，经历了4000多年的历史。由于气候恶劣，环境严酷，他们基本上是在死亡线上挣扎，能生存繁衍至今，实在是一大奇迹。

5. 世界上面积最大的高原是青藏高原。

答案：错

趣味题点：世界上面积最大的高原是巴西高原，500多万平方千米；青藏高原约为250万平方千米。

二、智慧选择

1. 我国大陆海岸线长多少千米？（　　）

A．18 000千米　　B．20 000千米

答案：A

趣味题点：我国大陆海岸线长有18 000多千米。陆上国界线长20 000多千米。

2. 智利又被称为“蛇国”，是因为什么？（　　）

A．该国多产蛇　　B．该国版图像蛇形　　C．该国崇拜蛇

答案：B

趣味题点：智利领土最狭长，南北4330千米，而东西只有90～400千米，因版图形状像蛇，故得此名。

3. 澳大利亚的大堡礁是世界最大的：______。

A．火山岛群　　B．珊瑚礁群　　C．大陆岛群

答案：B

趣味题点： 大堡礁是澳大利亚东北海岸外一系列珊瑚岛礁的总称，断续绵延2000余千米，是世界上最大的珊瑚礁群。众礁体由约350种珊瑚虫骨骼堆积而成。

4. 世界上最高的塔是：______。

A．千寻塔　　B．东京塔　　C．嵩岳寺塔

答案：B

趣味题点： 东京塔高333米，比埃菲尔铁塔还高出13米，是能抗台风和地震的世界最高塔。

5. 大陆地壳最厚的地方是：______。

A．喜马拉雅山脉的珠穆朗玛峰

B．日本富士山

C．厄瓜多尔钦博拉索山

答案：A

趣味题点： 地球层圈的最外层，由岩石组成固体硬壳。按成分可分上、下两层：上层为花岗岩层，又称硅铝层；下层为玄武岩层，又称硅镁层。其底界，即莫霍洛维奇不连续面（莫霍面）。地壳平均厚度为17千米，各处不一。大陆地壳平均厚度35千米，中国青藏高原处厚达70千米，是世界地壳最厚的地方。海底地壳平均厚度约为6千米，环太平洋深海沟区域的地壳厚度不足2千米，是世界上地壳最薄的地方。

6. 澳大利亚悉尼歌剧院是世界闻名的经典建筑，它的建筑方案是哪国的建筑师设计的？（　　）

A．美国　　B．中国　　C．丹麦　　D．日本

答案：C

趣味题点： 悉尼歌剧院（Sydney Opera House）又称海中歌剧院，是澳大利亚全国表演艺术中心，同时也是澳大利亚的标志性建筑。它的设计者是丹麦建筑师丁·乌特松。

7. 北京颐和园原是帝王的行宫和花园，昆明湖占全园面积的3/4，湖中有一座南湖岛，由一座美丽的十七孔桥与岸上相连。十七孔桥是园内最大的一座桥梁，长达多少米？（　　）

A．140　　B．150　　C．160　　D．170

答案：B

十七孔桥

趣味题点：颐和园是我国现存规模最大、保存最完整的皇家园林，是全国重点文物保护单位，1998年被联合国教科文组织列入世界文化遗产目录。十七孔桥是颐和园最大的桥，十七乃九重天的意思。

8. 埃及胡夫金字塔建于埃及第四王朝，是埃及90多座金字塔中最高的一座，它以多少度的斜面直插天际？（　　）

A．48°　　B．50°　　C．51°　　D．52°

答案：D

趣味题点：胡夫金字塔面与面之间的角度是51°50′9″，这与有“自然塌落现象的极限角和稳定角”之称的52°角相差无几，这说明金字塔是按照这种“极限角和稳定角”来建造的。

9. 北京的北海公园位于故宫后门外北侧，是哪一朝的皇家园林？（　　）

A．明朝　　B．清朝　　C．元朝　　D．宋朝

答案：B

趣味题点：北海公园位于市中心区，在故宫的西北面，因与中海、南海分称三海而得名。这里原是辽、金、元、明、清5个朝代逐渐修建而成的帝王宫苑，是我国现存最古老、最完整、最具综合性和代表性的皇家园林之一。全园以神话中的“一池三仙山”（太液池、蓬莱、方丈、瀛洲）构思布局，形式独特，富有浓厚的幻想意境色彩。

10. 青岛崂山原为______教名山。

A．道　　B．佛　　C．伊斯兰

答案：A

趣味题点：崂山是我国著名的道教名山，鼎盛时期，有“九宫八观七十庵”，全山有上千名道士。著名的道教人物丘长春、张三丰都曾在此修道。原有道观现大多毁坏。保存下来的以太清宫的规模为最大，历史也最悠久。太清宫又名下清宫，始建于北宋初年，迄今已有千年的历史。

三、趣味抢答

1. 苏州附近有一处作为旅游名胜的小镇，始建于北宋时期，近千年来仍完整地保

存着独特而古朴的江南水乡风貌。小镇内河汊纵横，满街房屋粉墙花窗，傍水而筑。这座小镇叫什么名字?

答案：周庄。

2. 请画线连接下列城市和别称。

A．春城　　a．广州
B．羊城　　b．拉萨
C．日光城　　c．昆明
D．山城　　d．济南
E．瓷都　　e．重庆
F．泉城　　f．景德镇

答案：A——c；B——a；C——b；D——e；E——f；F——d。

3. 请将下面的各大名山与它们的雅称连接起来。

A．雁荡山　　a．五岳独尊
B．普陀山　　b．天下奇秀
C．九华山　　c．天下第一奇山
D．黄山　　d．东南第一山
E．华山　　e．天下第一险
F．泰山　　f．海山第一

答案：A——b；B——f；C——d；D——c；E——e；F——a。

4. 将下面的旅游城市与它们所盛产的名品用线连接。

A．兰州　　a．丝绸
B．扬州　　b．云锦
C．广州　　c．夜光杯
D．南京　　d．漆器
E．无锡　　e．墨砚

答案：A——c；B——d；C——e；D——b；E——a。

5. 意大利的威尼斯、荷兰的阿姆斯特丹和瑞典首都斯德哥尔摩都是举世闻名的水城，其实在亚洲也有两座水城不逊于它们，你知道是哪两座城市吗？
答案：苏州、曼谷。

趣味乐园

中国六大古都

北京：历史上曾为燕、金、元、明、清的首都。

西安：最早在此建都的是周朝，武王灭商后，定都镐京。公元前202年，刘邦统一全国，建立西汉，定都长安。以后，前赵、前秦、后秦、西魏、北周和隋、唐各代，也均在此建都。

洛阳：自东周之后，先后有八个朝代在此建都，故有“九朝古都”之称。洛阳的古城有三座：一座是周代的“土座”，也叫“雒邑”或“东都”，位置在今洛阳之西，是周成王所建。第二座是“汉魏古城”，也就是东汉、曹魏、西晋、北魏各代的首都，位置在今洛阳以东白马寺。第三座是隋、唐洛阳城。隋、唐的都城是长安，但一些皇帝如隋炀帝、唐太宗、唐高宗、武则天等却经常居住在洛阳，当时也称洛阳为“东京”。五代十国的后梁、后唐，也在洛阳建过都。

开封：战国时期曾为魏国都城，当时叫“大梁”（战国时，魏都初为安邑，魏惠王时始迁都大梁）。开封在隋、唐称汴州，唐末朱温废唐皇，建后梁，定都汴州，改为开封府。五代时期的后晋、后汉、后周也都在此建都，称为东京。960年，赵匡胤“陈桥兵变”建北宋，仍以开封为国都。

南京：我国最大的古都之一。三国时的东吴和以后的东晋、宋、齐、梁、陈共六个朝代皆以南京为都城，所以南京又称“六朝古都”。后来南唐也以它为国都，改称为江宁府。明初，朱元璋定都南京。太平天国革命军攻下南京后，定都于此，改为“天京”。

杭州：这里曾是五代十国吴越都城。南宋以杭州为首都，称临安府。

第三关 闯关进行时

“骑在羊背上的国家”、“音乐之城”、“园林之城”、“立体的圣经”……这一切是如此壮美神奇，向我们娓娓讲述了时光雕刻在这些土地上的动人传说。

一、快速判断

1. “骑在羊背上的国家”是指澳大利亚。
   答案：对

趣味题点： 当初到澳大利亚的第一批移民带来了20几只羊。由于澳大利亚的草原广布，中央大盆地自流井较多，适合畜牧业发展，因此，畜牧业迅猛发展。现在澳大利亚的羊比人多20多倍。

2. 悉尼被称为“音乐之城”。
   答案：错

趣味题点： “音乐是维也纳的灵魂，没有音乐也就没有维也纳。”维也纳是一座历史悠久的名城。18世纪以来成为欧洲古典音乐的中心、华尔兹舞曲的故乡。

3. 世界上历来有“西珠不如东珠，东珠不如南珠”之说法，其中“南珠”的产地是缅甸。
   答案：错

趣味题点： 北海——这座中国南海北部湾畔古老而现代的美丽城市，自古以来便是驰名中外的合浦南珠产地。所产珍珠历来以质地凝重、光泽晶莹、颗粒浑圆以及药效显著而闻名于世。

4. 我国幅员辽阔，有很多盆地，其中地势最高的盆地是柴达木盆地。
   答案：对

趣味题点： 柴达木盆地底部海拔在2600—3000米，是我国地势最高的内陆盆地。

5. 太平洋是世界第一大洋，它的面积约占地球海洋表面的50%。

答案：对

趣味题点：太平洋的面积是17 868万平方千米，约占世界海洋总面积的一半，占地球表面积的1/3以上。

二、智慧选择

1. 黄河是中华民族的摇篮，它发源于：______。

A. 唐古拉山山脉　　B. 巴颜喀拉山山脉

答案：B

趣味题点：长江发源于唐古拉山北麓各拉丹冬雪山，年平均径流量为177亿立方米；黄河发源于巴颜喀拉山北麓，年平均径流量232亿立方米；澜沧江发源于果宗木查雪山，年平均径流量107亿立方米。

2. 唯一跨两洲的城市是：______。

A. 库斯科　　B. 乌鲁木齐　　C. 伊斯坦布尔城

答案：C

趣味题点：库斯科是离太阳最近的城市；乌鲁木齐是离海最远的城市；伊斯坦布尔城跨欧亚两洲。

3. 七大洲中面积最小的是：______。

A. 南极洲　　B. 北美洲　　C. 大洋洲　　D. 南美洲

答案：C

趣味题点：亚洲：面积约4400万平方千米，是世界第一大洲。非洲：面积约3000万平方千米，是世界第二大洲。北美洲：面积约2400万平方千米，是世界第三大洲。南美洲：面积约1800万平方千米，是世界第四大洲。南极洲：面积约1400万平方千米，是世界第五大洲。欧洲：面积约1000万平方千米，是世界第六大洲。大洋洲：面积约900万平方千米，是世界上陆地面积最小的一个洲。

4. 世界旅游组织将哪一天定为世界旅游日？（　　）

A. 5月13日　　B. 9月27日

答案：B

趣味题点： 世界旅游日是在1979年9月27日世界旅游组织第3次代表大会上确定的。选定这一天为世界旅游日，一是因为世界旅游组织的前身“国际官方旅游联盟”于1970年的这一天在墨西哥城的特别代表大会上通过了世界旅游组织的章程。此外，这一天又恰好是北半球的旅游高峰刚过去、南半球的旅游旺季刚到来的相互交接时间。

5. **既是法国最大的王宫建筑，又是世界上最著名的艺术殿堂的是：______。**

A．卢浮宫　　B．凡尔赛宫　　C．卢森堡宫

答案：A

趣味题点： 卢浮宫位于巴黎市中心塞纳河北岸，占地面积共达19.8万平方米，建筑物占地面积4.8万平方米，全长680米。卢浮宫建筑并不高，地面只有三四层，却占地很广，是欧洲面积最大的宫殿建筑，也是世界上最大的美术博物馆。

6. **天坛位于北京南城，是明清两代皇帝每年祭天和祈祷五谷丰收的地方。天坛最有代表性的建筑是哪一座？（　　）**

A．祈年殿　　B．皇乾殿　　C．皇穹宇

答案：A

趣味题点： 祈年殿是一座三重檐尖顶圆形大殿，是天坛的主体建筑，皇帝祈祷五谷丰登的所在。大殿建于高6米的三层汉白玉石台上，直径32米，高38米，白墙、红殿、蓝檐、金顶，纯系砖木结构。祈年殿建筑独特，殿顶无大梁檩，全靠28根楠木巨柱和36根枋桷支撑。内围的4根“龙柱”，象征1年4季；中围12根“金柱”象征1年12个月；外层12根“檐柱”表示1天12时辰，共计28根柱，代表天上28星宿。藻井由两层斗拱及一层天花组成，中间为金色龙凤浮雕，结构精巧，富丽华贵。

7. **位于贵州省镇宁县白水河上的黄果树瀑布是我国最大的瀑布，它宽约81米，落差为多少米？（　　）**

A．56米　　B．66米　　C．76米　　D．86米

答案：B

趣味题点： 黄果树瀑布位于贵州镇宁布依族苗族自治县境内的白水河上。白水河流经当地时河床断落成九级瀑布，黄果树为其中最大一级。瀑布宽约81米，落

差66米，洪峰时流量达2000多立方米/秒，以水势浩大著称，是世界著名瀑布之一。瀑布后面的绝壁上凹成一洞，洞深20多米，洞口常年为瀑布所遮，人称“水帘洞”，在此可观看到瀑布飞下的奇特景象。

8. 被称为“园林之城”的是哪座城市？（　　）

A．扬州　　B．苏州　　C．杭州

答案：B

趣味题点：“江南园林甲天下，苏州园林甲江南”。苏州自公元前6世纪至明代建园，具有悠久历史，城内外有170多处园林，这些园林可分为宅地园林、市郊园林和寺庙园林三大类。

9. 西欧最大的宫殿——凡尔赛宫坐落于哪儿？（　　）

A．伦敦　　B．柏林　　C．巴黎

答案：C

趣味题点：凡尔赛宫位于法国巴黎西南郊外伊夫林省省会凡尔赛镇。1682年至1789年是法国的王宫，由宫殿和花园两部分构成，范围极大，围墙有45千米长。

10. 世界最大的露天石刻大佛——乐山大佛始建于哪个朝代？（　　）

A．宋朝　　B．明朝　　C．唐朝　　D．清朝

答案：C

趣味题点：乐山大佛耸立于岷江岸边，据史料记载，乐山大佛始建于唐玄宗开元元年(713年)，修建历时90年，最初修建的目的是为了震慑水患。

三、趣味抢答

1. 请把下列地区与相应的民居连接起来。

A．北方地区　　a．四合院

B．南方地区　　b．竹楼

C．西北地区　　c．碉房

D．青藏地区　　d．蒙古包

答案：A——a；B——b；C——c；D——d。

2. 地理谜语（以下每条各打一城市名）。

(1) 银河渡口

(2) 急来抱佛脚

(3) 说大话的嘴

(4) 一模一样

(5) 千里戈壁

答案：分别是天津、拉萨、海口、大同、长沙。

3. 将以下矿产资源与所对应的国家用线连接起来。

A．铜　　a．几内亚

B．黄金　　b．刚果

C．铝土　　c．赞比亚

D．金刚石　　d．南非

答案：A——c；B——d；C——a；D——b。

4. 请在叙述中抢答这座建筑物的名称。

(1) 它被列为世界文化遗产，是当今世界上海拔最高、规模最大的宫殿式建筑群，既是藏式建筑的杰出代表，也是中华民族古建筑的精华之作。

(2) 它是历世达赖喇嘛的冬宫，也是过去西藏地方统治者政教合一的统治中心，从五世达赖喇嘛起，重大的宗教、政治仪式均在此举行，同时又是供奉历世达赖喇嘛灵塔的地方。

(3) 它建在西藏拉萨西北的玛布日山上，始建于公元7世纪，是藏王松赞干布为远嫁西藏的唐朝文成公主而建。

答案：布达拉宫。

5. 请在叙述中抢答：这座建筑物的名称。

大三巴门坊

(1) 它是由一名意大利籍耶稣会士设计，并由日本工匠建造完成，糅合了欧洲文艺复兴时期与当时东方建筑的风格，被称为“立体的圣经”。

(2) 它原是一座教堂，现在只剩下门前的68级台阶和用花岗岩建成的前壁。

(3) 它是澳门最具特色的名胜古迹，现已成为澳门的标志。

答案：大三巴门坊。

趣味乐园

香格里拉的由来

“香格里拉”是1933年美国小说家詹姆斯·希尔顿在小说《消失的地平线》中描绘的一块永恒和平宁静的土地。是个有雪峰峡谷、金碧辉煌且充满神秘色彩的庙宇、被森林环绕着的宁静的湖泊、美丽的大草原及牛羊成群的世外桃源。由于小说及后来拍成的电影的广泛影响，香格里拉遂成为公认的世外桃源或隐秘之地，“香格里拉”在现代词汇中也成为“伊甸园、理想国、世外桃源、乌托邦”的代名词。

据考证，香格里拉的原型为云南的迪庆藏族自治州。迪庆惟妙惟肖地拥有着詹姆斯·希尔顿书中描写的一切，更加巧合的是，“香格里拉”一词是迪庆中甸的藏语，为“心中的日月”之意，它是藏民心目中的理想生活环境和至高无上的境界。“香格里拉”一词，源于藏经中的香巴拉王国，在藏传佛教的发展史上，其一直作为“净王”的最高境界而被广泛提及。

2001年12月17日，国务院批准迪庆藏族自治州中甸县更名为香格里拉县。

第四关 闯关加油站

上亿年的繁衍生息造就了地球连绵不绝的地理诗篇，在这幅异彩纷呈的画卷中，我们的未知永远多于已知；我们的想象始终需要证实。不管是沧海或是桑田，大自然的精彩不会因我们的懵懂而退色。

一、快速判断

1. “早穿棉袄午穿纱，抱着火炉吃西瓜”说的是新疆的气候特征。

答案：对

趣味题点： 新疆昼夜温差大，上面那句话反映的就是新疆的这种气候特色。

2. 著名的壶口瀑布位于我国的山西省。

答案：对

趣味题点：壶口瀑布是黄河唯一的大瀑布，是山西省一大名胜，位于山西省吉县县城西南49千米处，与陕西省宜川县相邻。

3. 世界上很多国家都有自己的国花，荷兰的国花是玫瑰。
   答案：错

趣味题点：荷兰的国花是郁金香。第二次世界大战期间，从1944年到1945年的冬季，荷兰人称之为“可怕饥荒的冬季”。当时，荷兰境内食物缺乏，许多人就拿郁金香的球根当做食物，才渡过饥荒危机。此后，荷兰人就将郁金香奉为国花，大量栽植。

4. 举世闻名的泰姬陵在泰国。
   答案：错

趣味题点：泰姬陵是世界闻名的印度伊斯兰建筑的代表作。它位于印度名城阿格拉市郊。泰姬陵是莫卧儿王朝第五代皇帝沙贾汗为其爱妃玛哈尔修建的陵墓。它始建于1631年，每天动用2万名工匠，历时22年才完成。

5. 纽约自由女神像用右手举火炬。
   答案：对

趣味题点：自由女神像右手高举火炬，左臂抱着一本象征美国《独立宣言》的书板。

二、智慧选择

1. 巴西的通用语言是：______。
   A．英语　　B．巴西当地语　　C．法语　　D．葡萄牙语
   答案：D

趣味题点：古代巴西为印第安人居住地。1500年4月22日，葡萄牙航海家卡布拉尔到达巴西。16世纪沦为葡萄牙殖民地。1807年拿破仑入侵葡萄牙，葡王室逃到巴西后，巴西实际上成了葡的帝国中心。经过历史变迁，1967年改国名为巴西联邦共和国。因此，葡萄牙语为巴西的通用语言也就不难理解了。

2. 20世纪50年代，朱德来到东湖，写下了“东湖暂让西湖好，今后将比西湖强”的赞美东湖的诗句。东湖位于哪里？（　　）
   A．武汉　　B．长沙　　C．杭州　　D．福州
   答案：A

趣味题点： 东湖，位于武汉市之东。1982年被国务院列为首批国家重点风景名胜区。整个风景区面积88平方千米，规划建设范围73平方千米，约占市区面积的1/4。每年接待游客200多万人次，是武汉市最大的风景游览地。

3. 世界上面积最大的宫殿是：______。

A．克里姆林宫　B．爱丽舍宫　C．故宫　D．白宫

答案：C

趣味题点： 故宫又称紫禁城，位于北京市区中心，为明、清两代的皇宫，有24位皇帝相继在此登基执政。故宫始建于1406年，至今已逾600年。故宫是世界上现存规模最大、最完整的古代木构建筑群。

故宫

4. 我国第一大江——长江全长6 300千米，最后注入______。

A．东海　B．黄海　C．北海

答案：A

趣味题点： 沱沱河是长江的源头，长江最后从上海注入东海。

5. 埃及的国花是：______。

A．睡莲　B．玫瑰　C．月季　D．荷花

答案：A

趣味题点： 睡莲是埃及的国花，因其有着朝开暮合的习性和放射状展放的花朵，故成为古埃及人阳崇拜的象征物，每代的法老都自称是日出之神荷露斯之子。

6. 美国国会大厦被称为民有、民治、民享政权的最高象征。国会大厦又被美国人称为“国会山”，这是为什么？（　　）

A．大厦在人们心中的形象高

B．大厦本身高

C．坐落的地势高

答案：C

趣味题点： 美国国会的办公大楼，之所以被称为国会山，是因为它建在一处高地上。美国参、众两院构成的国会就在这里举行会议，通常被视为华盛顿的象征。

7. 我们常用“天涯海角”来形容很远很远的地方，实际上，我国确实有一个地方叫“天涯海角”，它就在：______。

A. 云南　　B. 海南　　C. 四川　　D. 甘肃

答案：B

趣味题点：天涯海角风景区位于距三亚市区约23千米的天涯镇下马岭山脚下，前海后山，风景独特。步入游览区，沙滩上那一对拔地而起的高10多米、长60多米的青灰色巨石赫然入目。两石分别刻有“天涯”和“海角”字样，意为天之边缘，海之尽头。“天涯海角”就是由此得名。

8. 提起埃及，人们就会联想到举世闻名的金字塔和金字塔旁边的狮身人面像。你也许注意到，狮身人面像的额角上雕着的是代表国王标志的：______。

A. 狮子　　B. 羊　　C. 牛　　D. 眼镜蛇

答案：D

趣味题点：埃及的狮身人面像是世界上现存的最古老的巨大石像之一。它长37.5米，高20米，脸部宽4米，是用建造金字塔的采石场上的岩石雕凿而成的。石像的脸形仿造古埃及第四王朝最高权威法老哈夫拉的脸庞。它头戴国王的围巾，额角上雕有国王标志的眼镜蛇，身体呈万兽之王的狮子形状。由于历经风沙侵袭，狮身人面像的身体部分已完全埋没于沙石中。

9. 山海关是建在万里长城东部的一座关口，建于明朝洪武十四年。山海关关城东门的“天下第一关”匾额是由 ______ 代进士萧显所题。

A. 元　　B. 明　　C. 清

答案：B

趣味题点：山海关是明长城的东北起点，境内长城26千米，位于秦皇岛市以东10多千米处。明朝洪武十四年（1381年），中山王徐达奉命修永平、界岭等关，在此创建山海关，因其倚山连海，故得名山海关。

山海关

10. 意大利比萨斜塔为8层圆柱形建筑，全部用白色大理石砌成，每层中间用圆柱支撑，这些圆柱每层的根数是：______。

A. 相同的　　B. 不同的

答案：B

趣味题点： 比萨斜塔高 54.5 米，直径 16 米，重约 1.4 万吨。斜塔共有 8 层，除底层和顶层有所不同外，其余 6 层结构完全一样。斜塔底层有 15 根圆柱，中间 6 层各有 31 根圆柱，顶层 12 根。

三、趣味抢答

1. 要修一座房子，要求四面留门且各门都朝正北方向，这个房子该修在地球哪个地方？

答案：南极点。

2. 区域特点连线题。

A．西部开发的重要阵地	a．台湾省
B．资源丰富的“祖国宝岛”	b．新疆维吾尔自治区
C．面向海洋的开发地区	c．西双版纳
D．西南边陲的特色旅游区	d．珠江三角洲
E．沟壑纵横的特殊地形区	e．长江沿岸地带
F．以河流为生命线的地区	f．黄土高原

答案：A——b；B——a；C——d；D——c；E——f；F——e。

3. 请在叙述中抢答：这个国家的名称。

(1) 它的海岸线长 15 000 千米，全境多山，多半岛，多岛屿，仅沿海有平原。

(2) 该国工业基础薄弱，国内运输以公路为主，对外主要靠海运，拥有世界上最大的商船队。

(3) 它位于巴尔干半岛最南端，国名意为：希伦人居住的地方，是西方文明的发祥地。

答案：希腊。

4. 请在叙述过程中抢答：这片沙漠的名称。

(1) 这片沙漠东西宽，南北窄，面积 33 万平方千米。沙漠中布满了一个个起伏不平的沙丘，其中 85%的沙丘是流动着的。

(2) 我国最大的内陆河——塔里木河自西南向东北穿越该沙漠东北部，给干旱的沙漠注入了来自天山和喀喇昆仑山的雪水。

(3) 该沙漠是我国最大、最干旱的沙漠。它的名字在维吾尔语中是“进得去，出不来”的意思。

答案：塔克拉玛干沙漠。

5. 请在叙述过程中抢答：这个城市的名称。

(1) 它早在战国和西汉时就已是全国性的商品都市之一，曾是东周、东汉、曹魏、西晋、北魏、隋、武周、后梁、后唐的“九朝古都”。

(2) 它的城内外保存着大量的历史古迹，如龙门石窟、白马寺等。

(3) 它地处河南省洛河北岸，城市因此而得名。

答案：洛阳。

趣味乐园

紫禁城的由来

故宫为何称为“紫禁城”呢？这与我国古代天文地理以及帝王的封建迷信密切相关。

紫禁城的“紫”指紫微恒。我国古代天文学家将天上的恒星分为3恒、28宿和其他星座。3恒指太微恒、紫微恒、天市恒。紫微恒在3恒之中央，因此代称皇帝。又因皇帝宫殿是封建社会中最高级别的“禁区”，紫禁城的“禁”字正是强调了皇宫的这种无比尊严。

古时认为“玉皇”是居住在天宫之内的，天宫谓之紫宫；而封建皇帝自诩是“天子”，其住所即相当于天上的“紫宫”(亦称紫微宫)。封建社会时，皇帝居住的宫殿，戒备森严，严禁庶民百姓靠近，故称之为“禁城”。

第五关 闯关大冲刺

在21世纪的今天，身处地球村的人类无时无刻不在彼此依存于共赢互惠的生态链之中，无论是囿于书斋的学子，还是际会于国际风云的实干家们，都渴望着了解整个世界。

一、快速判断

1. 如果问大家："南极和北极什么东西最多？"大家一定会说："当然是冰最多，那里到处都是冰雪。"那么南极和北极，北极的冰更多。

答案：错

趣味题点： 南极和北极都在地球的两头，而且都很寒冷。不过根据科学家们的测量，南极比北极的冰要多得多。南极的冰层厚度平均有1700米，冰层总体积有2800万立方千米；而北极的冰层厚度一般不超过4米，冰层总体积只有南极的1/10，真是少多了！

2. 山东、山西的"山"是指太行山。

答案：对

趣味题点： 太行山是山西省与河北省的交界，太行山以东是河北省而不是山东省。山东的"山"古时有两个意思，一是指崤山，古时"山东"是指崤山以东的广大地区，即秦国东边的中原地区。比如《史记》常有"山东豪杰"如何如何，以及古诗"坑灰未冷山东乱"都是指的这层含义。二是指太行山，泛指太行山以东的地区，山东省名即来源于此。

3. 被人们称作通天河的河流是沱沱河。

答案：对

趣味题点： 沱沱河是长江源头，出自海拔6621米的唐古拉山脉主峰——各拉丹冬山上；沱沱河汇合楚马尔河便成通天河，流入四川、云南后，改名金沙江，最后成为长江干流。

4. 杜甫诗云，“晓看红湿处，花重锦官城”，李白诗云，“锦城虽云乐，不如早还家”，这里的“锦官城”或“锦城”指的是成都。

答案：对

趣味题点：三国蜀汉时期，成都是中国的织锦中心，美丽的蜀锦畅销全国，成为朝廷重要的贡赋来源。东汉时期，朝廷就在成都设置了专门管理机构“锦官”，并修筑锦官城，后来，成都又被称为“锦官城”、“锦城”。

5. 北极和南极一样冷。

答案：错

趣味题点：南极与北极的气候差异很大。南极的气候比北极冷得多，即使在夏天，温度也在冰点以下。南极中心曾有－60℃的气温记录，北极目前的记录则只有－30℃，这个统计记录或许可以佐证，南极的确比较寒冷。

二、智慧选择

1. 被称为“玫瑰之国”的是哪个国家？

A．保加利亚　　B．匈牙利　　C．法国　　D．澳大利亚

答案：A

趣味题点：在保加利亚有一个玫瑰谷，经过300多年培植，那儿盛产7000多种玫瑰，成为吸引各国旅客的旅游胜地。保加利亚有种卡赞勒克玫瑰，相传是女神用自己的鲜血浇灌出来的，特别红，异常香。其实这种玫瑰原产亚洲，6世纪末才传入当地。

2. ______是一座国内罕见的多功能省级重点风景名胜地。

A．井冈山风景名胜地　　B．龙虎山风景名胜地

C．三清山风景名胜地　　D．梅岭——滕王阁

答案：B

趣味题点：龙虎山是我国道教的发祥地，其道教圣地、碧水丹山与古崖墓群被誉为“三绝”。现保存了历代天师起居，呈八卦形布局，有气势恢弘的天师府古建筑群，在数十平方千米范围内分布着春秋战国时期到明清的古崖墓群，规模之大，数量之多，保存之好，时间跨度之长，为世界罕见。

3. 五岳之中，文物古迹数量最多、质量最高的是：______。

A．泰山　　B．恒山　　C．嵩山　　D．衡山

答案：C

趣味题点：嵩山名胜古迹有中国六最：禅宗祖庭——少林寺；现存规模最大的塔林——少林寺塔林；现存最古老的塔——北魏嵩岳寺塔；现存最古老的石阙——汉三阙；树龄最高的柏树——汉封“将军柏”；现存最古老的观星台——告城元代观星台。

4. 世界上最早用地热发电的是哪个国家？（　　）

A．中国　　B．英国　　C．意大利　　D．法国

答案：C

趣味题点：意大利的皮也罗·吉诺尼·康蒂王子于1940年在拉德雷罗首次把天然的地热蒸汽用于发电。

5. 世界最重要的IT高科技产业基地硅谷位于美国的哪个州？

A．加利福尼亚　　B．阿拉斯加　　C．夏威夷　　D．哥伦比亚

答案：A

趣味题点：人们传统称谓的硅谷位于美国加利福尼亚州的旧金山经圣克拉拉至圣何塞近50千米的一条狭长地带，是美国重要的电子工业基地，也是世界最为知名的电子工业集中地。

6. 向东飞行的飞机飞越国际日期变更线时，应将日期：______。

A．加上一天　　B．减去一天

答案：B

趣味题点：国际日期变更线是一日开始和终了的界线，因此，它所通过的东西12时区就成为一个十分特殊的时区。在这个时区里，时间一致，日期却不同，西边要比东边早一天。向东跨越国际日期变更线时，须减去一天。

7. 上海商业储蓄银行旅行部1923年在______成立，这是我国的第一家旅行社。

A．北京　　B．大连　　C．青岛　　D．上海

答案：D

趣味题点：1923年，由上海商业储蓄银行（简称上海银行）总经理陈光甫创办上海商业储蓄银行旅行部；1927年，陈光甫将附设在自家银行的旅行部迁出，正式

打出“中国旅行社”的招牌。

8. 呼和浩特市的大召，是呼和浩特市建造的第一座喇嘛教召庙。这座名庙始建于哪个朝代？（　　）

A. 元朝　　B. 明朝　　C. 清朝

答案：B

趣味题点：大召，汉名“无量寺”，始建于明万历七年（1579年），明代称“弘慈寺”。清崇德五年（1640年）重修后，定名为无量寺，沿用至今。大召是呼和浩特建造的第一座喇嘛教召庙。数百年来，一直是内蒙古地区藏传佛教的活动中心和中国北方最有名气的佛刹之一，现为内蒙古自治区的重点文物保护单位。

9. 有“白银之国”之称的是：______。

A. 墨西哥　　B. 中国　　C. 委内瑞拉　　D. 印度

答案：A

趣味题点：墨西哥被称为白银之国，它的白银产量占世界总产量的16%，是第一大白银产国。早在印第安时代人们就开始开采使用白银了。

10. 地势最高之国是哪个国家？（　　）

A. 尼泊尔　　B. 荷兰　　C. 智利

答案：A

趣味题点：荷兰是低洼之国；智利是最狭长的国家。

三、趣味抢答

1. 请在叙述中抢答：这是哪一个国家？

(1) 该国有164多万平方千米国土，是一个高原和山地相间的国家，人口6 000多万。

(2) 该国的主要节日有跳火节、盖迪尔、胡木节等。该国的报刊主要有《世界报》、《消息报》等，伊斯兰共和国通讯社是唯一的官方通讯社。

(3) 它是一个具有四五千年历史的古国，曾称为波斯。

(4)1943年11月，罗斯福、丘吉尔和斯大林曾在该国首都举行二战期间第一次高级会谈。

答案：伊朗。

2．请在叙述中抢答：这是哪一座城市?

大明湖

(1) 宋代词人李清照、辛弃疾皆是此地人，战国为齐国下邑。

(2) 该城位于黄河下游南岸，是京广和胶济两铁路的交点。

(3) 城内有千佛山、大明湖等名胜，还有趵突泉、珍珠泉、黑虎泉等名泉，因而又有“泉城”的美称。

答案：济南。

3．请在叙述中抢答：这个海的名称。

(1) 这是位于北大西洋的海，以一个印第安人部族的名字命名，意思是“勇敢者”或是“堂堂正正的人”。

(2) 它的四周几乎被中、南美洲大陆和大、小安的列斯群岛所包围。有人曾把它和墨西哥湾并称为“美洲地中海”。

(3) 它是沿岸国最多的大海，是世界上最大的内海。

答案：加勒比海。

4．请将下列建筑与其代表的建筑流派连接起来。

A．德国爱因斯坦天文台　　a．后现代建筑

B．英国伦敦国家剧院　　b．高技术建筑

C．法国蓬皮杜国家艺术与文化中心　　c．粗野主义建筑

D．纽约电报电话公司大厦　　d．象征主义建筑

答案：A——d；B——c，C——b，D——a。

5．下面是我国的名塔，请用线正确连接它们的显著特征。

A．开封铁塔　　a．我国现存级数最多的铁塔

B．应县木塔　　b．我国现存级数最多的古塔

C．洛阳大木方塔　　c．我国现存最大的木塔

D．大理南诏塔　　d．我国历史上最早的佛塔

答案：A——a；B——c；C——d；D——b。

趣味乐园

世界上最吸引人的旅游胜地

它们分别是：约旦彼特拉的石头城、埃及金字塔和斯芬克斯狮身人面像、坦桑尼亚的色伦格蒂国家公园、北非撒哈拉大沙漠、中国的长城、美国的大峡谷、阿根廷的巴里洛奇、阿根廷和巴西的伊瓜苏大瀑布、秘鲁的马丘比丘、印度的泰姬陵、美国和加拿大的尼亚加拉大瀑布、俄罗斯的红场和克里姆林宫、中国和尼泊尔的珠穆朗玛峰、意大利罗马大斗兽场、希腊雅典的卫城。

Chapter 3

第三章 生物世界

动物是人类亲密的朋友，人类是动物信赖的伙伴。树木拥有绿色，地球才有脉搏。动物和植物，构成了多彩世界中最生机勃勃的自然景象。让我们走进生物世界，和动物植物一起拥抱大自然！

第一关 闯关总动员

生物世界是一个非常博大的世界，从海洋到天空，从极地到沙漠，处处都有生物在繁衍生息。让我们走近形形色色的生物，去探索生物世界无穷的奥秘！

一、快速判断

1. 凤梨就是菠萝。

答案：对

趣味题点：菠萝原名凤梨，原产巴西，南洋称凤梨。菠萝是一种原产于中、南美洲的热带果树。目前，菠萝已广泛分布在南北回归线之间，成为世界重要的果树之一。在我国主要栽培地区有广东、海南、广西、台湾、福建、云南等省区。

2. 大熊猫也会吃肉。

答案：对

趣味题点：大熊猫是熊科动物，祖先是吃肉的，后来因为环境的改变没有办法才吃竹子的。现在它们食物成分的99%都是高山深谷中生长的20多种竹类植物。随着季节变化，大熊猫食谱中的竹种和所食竹部位也有差异，最喜爱的是竹笋。每年从春到秋，为了吃到不同海拔高度不同种类的竹子竹笋，大熊猫的觅食从中山到高山迁徙，这叫"赶笋"。野外生活的大熊猫，偶尔也采食其他植物，如无芒小麦、木贼、青茅、多孔蕈、野当归、羌活、幼杉树皮等数十种植物。但是它的祖先原始"熊"还是遗传给它了掠食者的本性，在一定的条件下它会攻击小动物，并食其肉的。

3. 蚊子是一种寄生虫。

答案：对

趣味题点： 寄生虫是指暂时或永久在宿主体内或体表营寄生生活的动物。寄生虫依其寄生的部位分为内寄生虫和外寄生虫。内寄生虫主要是指寄生在宿主的内部器官和组织中的寄生虫，如线虫、吸虫等。外寄生虫是指在宿主的体表暂时或永久地寄生的寄生虫，例如蚊子等。

4. 竹子越长越粗。

答案：错

趣味题点： 树随着年龄的增长，都会长高、长粗，而竹子长到一定程度就只长高不长粗。因为树是双子叶植物，而竹子是单子叶植物。它们之间的区别是单子叶植物没有形成层。形成层会使树干内形成木质，对外形成树皮，这样树干就变粗了。但竹子没有形成层，也就不会变粗了。

5. 螃蟹横行是因为它生性霸道。

答案：错

趣味题点： 原来螃蟹是依靠地磁场来判断方向的。在地球形成以后的漫长岁月中，地磁南北极已发生多次倒转。地磁极的倒转使许多生物无所适从，甚至灭绝。螃蟹是一种古老的回游性动物，它的内耳有定向小磁体，对地磁非常敏感。由于地磁场的倒转，使螃蟹体内的小磁体失去了原来的定向作用。为了使自己在地磁场倒转中生存下来，螃蟹采取“以不变应万变”的做法，干脆不前进，也不后退，而是横着走。从生物学的角度看，螃蟹的胸部左右比前后宽，8只步足伸展在身体两侧，它的前足关节只能向下弯曲，这些结构特征也使螃蟹只能横着走。

二、智慧选择（二选一）

1. 我们在市场上买到的鲫鱼大多是：______。

A．雄性的　　　　B．雌性的

答案：B

趣味题点： 鲫鱼可以单性繁殖，单性繁殖的后代都是雌性鱼。

2. 娃娃鱼是我国特有的珍稀动物，它为什么叫“娃娃鱼”？（　　）

A．长得像小孩　　　　B．叫声像小孩

答案：B

趣味题点： 娃娃鱼学名大鲵，是最大的两栖动物，长0.6～0.7米，大的可达1.8米，重达25千克。生活在山谷清澈的溪流中，叫声像小孩哭，所以叫娃娃鱼。是我国的珍稀动物。

3. 蜘蛛会结网，它的网是沿着什么方向结成的？（　　）

A．由外向内　　B．由内向外

答案：B

趣味题点： 结网捕食，是蜘蛛独特的本领。在结网蜘蛛中，因习性不同，结网的形状也不同，它的网都是由内向外。有天幕网、漏斗状网、不规则网和盆网等，其中最精致的便是常见的车轮状圆网，呈放射状，犹如古代的八卦阵。

4. 美丽的蝴蝶在花丛中飞舞，细心的人会发现它飞舞时没有一点声音，这是因为蝴蝶：______。

A．翅膀振动慢　　B．没有声腺，不能发声

答案：A

趣味题点： 蝴蝶飞行的时候，其翅膀振动频率在每秒钟10次左右，或者不到10次。如果单纯从这一点考虑，频率10赫兹的声波是次声波。人的听觉下限是20赫兹左右，所以听不到。

5. 鸵鸟遇到惊吓或敌害时可能会：______。

A．将脖子平贴地面　　B．把头埋进沙子里

答案：A

趣味题点： 鸵鸟遇到危险状况时，会将头低垂到与地面平行，羽毛竖起，远看恍如一堆灌木丛，借以避开狮子等凶猛野兽。将头埋在沙堆里的动作，会导致沙子进入鸵鸟的眼睛和耳朵，从而伤害鸵鸟。

三、智慧选择（三选一）

1. 猪心情很好时，尾巴会呈什么形状？（　　）

A．卷起来　　B．上下摆动　　C．翘起左右摆动

答案：C

趣味题点： 猪在心情很好时，尾巴会微微翘起左右摇个不停。平时猪的尾巴是微微向上翘起的，而在生病、与其他猪争斗打败的时候，尾巴会垂下。

2. 猫头鹰睡觉时：______。

A. 睁着两只眼　　B. 闭着两只眼　　C. 睁一只眼闭一只眼

答案：C

趣味题点：猫头鹰睡觉时总是睁一只眼，闭一只眼。即使在熟睡时，依然能用睁着的那只眼，监视出没的老鼠和敌害的侵袭。

3. 石榴不仅好看而且好吃，石榴原产于：______。

A. 中国　　B. 印度　　C. 波斯

答案：C

趣味题点：石榴在我国已有2100多年的栽培历史。石榴原产古代的波斯，即现在的伊朗、阿富汗等中亚地带。相传女娲炼石补天时，将一块红宝石头落在骊山脚下。有一年，安石国的王子打猎路过此地，救了一只快要冻死的金翅鸟。金翅鸟为答谢王子救命之恩，便将失落在骊山脚下的那块红宝石衔到安石国御花园内，不久便长出了一颗花红叶茂的奇树，国王赐名“安石榴”。公元前向西传入地中海沿岸各国，公元前115年三月，汉使张骞第二次出使西域返回时带入我国。从此，安石榴在中华大地上得以繁衍生息。在8世纪又由我国传入朝鲜、日本；15世纪，才传入美洲。现在石榴几乎遍及世界各地。

石榴

4. 下列哪种植物有很好的驱蚊作用？（　　）

A. 萱草　　B. 青蒿　　C. 鸢尾

答案：B

趣味题点：青蒿有很好的驱蚊作用。青蒿，学名黄花蒿，别名臭蒿、香蒿、苦蒿。菊科，艾属，一年生草本植物。从地上部分叶片、未开放的花蕾可提取生产青蒿素等系列产品。青蒿中提取的有效生理活性成分青蒿素及其衍生物，是一种高效、速效、安全的抗疟新药。

5. 在热带河流里生活着一种奇特的鱼，每当两条鱼游到一起时总喜欢把嘴吸在一起，看上去就像在“接吻”。你知道它们为什么要“接吻”吗？（　　）

A. 求爱　　B. 打招呼　　C. 抢对方嘴里的食物

答案：C

趣味题点：“接吻鱼”特别喜欢吃青苔，找到青苔后，它喜欢把青苔衔在嘴边细嚼慢咽。其他接吻鱼挡不住青苔的诱惑，就上前吮吸对方嘴上的青苔，看起来像在接吻。

四、智慧选择（四选一）

1. 壁虎又叫“天龙”，它常常在光滑的墙壁、门、窗上爬来爬去却不会掉下来，是因为它的脚掌上：______。

A．能分泌黏性胶液　　B．产生的静电使它吸在壁上

C．长着吸盘　　D．长着骨针，可以产生摩擦力

答案：D

趣味题点：壁虎四肢的指（趾）扁平宽大，下面形成了皮肤襞褶，有无数微细的腺毛，且具有黏附能力，可在墙壁、天花板、光滑的平面上爬行。

2. 潜艇的外形模仿了什么动物？（　　）

A．海狗　　B．鲸鱼　　C．海豹　　D．海豚

答案：D

趣味题点：人们做过试验，两艘其他条件一样的潜艇，形似海豚的潜艇明显速度快些。因为海豚的形状进水阻力小、速度快。

3. 鳄鱼凶猛异常，但是它也有致命的弱点，它最害怕见到：______。

A．红色　　B．黄色　　C．黑色　　D．白色

答案：B

趣味题点：黄色能使人情绪高涨，脉搏跳动加快，有明显的提神作用。因此，汽车在雾中行驶要开黄灯；交通指挥也以黄灯作为提醒注意的信号；行人穿上黄色的鲜艳服装，能减少车祸发生。人在水中，穿上黄色的游泳衣，鳄鱼就会远远避开，因为鳄鱼最怕黄色。

4. “穿花蝴蝶深深见，点水蜻蜓款款飞”。夏天，我们常会看到蜻蜓在水面中飞来飞去，还会不时地轻点水面，请问，蜻蜓是用哪个部位点水的？（　　）

A．头部　　B．尾部　　C．腹部　　D．翅膀

答案：C

趣味题点： 蜻蜓点水是在产卵，它的卵必须在水中才能孵化。蜻蜓身体分为头、胸、腹三部分，所以并没有蜻蜓尾巴一说，应该是腹部尾端的生殖器（产卵器）。

5. 黄瓜含多种维生素，是一种深受人们喜爱的蔬菜，它原产于：______。

A．印度　　B．中国　　C．泰国　　D．墨西哥

答案：A

趣味题点： 黄瓜的原产地是印度，后来传入中亚。汉朝张骞出使西域，带回来一种“实长数寸，色黄绿，有刺甚多”的瓜，称为“胡瓜”。后来东晋十六国 (317—420 年) 中最强大的后赵国主石勒，不喜欢这个“胡”字，便将它改为黄瓜。

黄瓜

趣味乐园

鸟为什么会飞行

人们常把鸟儿称作“飞行冠军”，这是事实。长期的飞行，鸟儿练就了一套硬功夫，其飞行非常出色。那么，鸟儿为什么会飞呢？

人们注意到，鸟儿有翅膀，这是它们飞行的首要条件。不同的鸟儿翅膀是不一样的，科学家们认为，鸟翅膀的复杂性不亚于鸟整个机体的复杂性，这样一来，翅膀的差异就造成鸟儿飞行水平的不同。

鸟类的身体外面是轻而温暖的羽毛，羽毛不仅具有保温作用，而且使鸟类外形呈流线型，在空气中运动时受到的阻力最小，有利于飞翔。

鸟类特殊的骨骼也是它们能飞行的条件。据科学发现，鸟骨是优良的“轻质材料”，中空、质软，这样，翅膀极容易带动起来，从而使鸟能够轻松地飞翔于高空。

同时，鸟儿体内还有很多气囊，它们与肺相连，能够减轻鸟的自重，增加空气浮力，从而使鸟能够更好地在空中飞翔。

第二关 闯关热身操

生物世界真奇妙。在多姿多彩的生物中，有的身形庞大，有的身微体小；有的长命万年，有的须臾一生；有的温柔美丽，有的凶猛丑陋……让我们去认识这些神秘的生物吧！

一、快速判断

1. “无肠公子”是螃蟹的代称。
   答案：对

趣味题点：这种说法出自晋·葛洪的《抱朴子·登步》：“称无肠公子者，蟹也。”

2. 十二生肖里没有猫是因为十二生肖产生时，中国还没有“猫”这种动物。
   答案：对

趣味题点：唐朝时，家猫才从波斯传入我国。

3. 生活在海水中的乌贼是一种鱼类。
   答案：错

趣味题点：乌贼是一种软体动物。

4. 信鸽无论飞往哪里，总能很快、很准确地飞回自己的窝中，它是靠自己灵敏的嗅觉来确定方向的。
   答案：错

趣味题点：信鸽对地球的磁场很敏感，它们可以利用地球磁场的变化找到家。

5. 冬虫夏草是一种植物。
   答案：对

趣味题点：冬虫夏草是一种有药用价值的真菌类植物。

二、智慧选择（二选一）

1. 香蕉是长在树上的吗？（　　）

A. 是　　B. 不是

答案：B

趣味题点： 人们常说香蕉长在树上，这是错误的。香蕉是多年生草本植物，它的茎在地下，地上是假茎。

2. 兔子的嘴有裂缝的是：______。

A. 上唇裂　　B. 下唇裂

答案：A

趣味题点： 兔子的上嘴唇中央有裂缝。

3. 疾驰的马在奔跑的状态下是否会四蹄全部离地？（　　）

A. 会　　B. 不会

答案：A

趣味题点： 第一个把照相术用于活动摄影的英国人穆布里奇用多架照相机拍摄到马在奔跑时的分解动作，发现马在奔跑中会有四蹄离地的那一瞬间。

4. 鸳鸯在人们的心目中是永恒爱情的象征，鸳鸯中的“鸳”为：______。

A. 雄鸟　　B. 雌鸟

答案：A

鸳鸯

趣味题点： 据《中华古今注》称：“雄鸟为鸳，雌为鸯，人得其一，则其一必思而死。”

5. 水中的鱼儿总是喜欢：______。

A. 顺流而下　　B. 逆流而上

答案：B

趣味题点： 水中的鱼儿总是喜欢逆流而上，这样可以控制方向，避免顺水情况下失去控制被冲到危险的地方。

三、智慧选择（三选一）

1. 猫在哪个国家受到严格保护？（　　）

A. 古希腊　　B. 古埃及　　C. 古印度

答案：B

趣味题点： 在古埃及，猫被认为是神的化身，人们对猫非常崇拜，猫死后，还要举行厚葬仪式。

2. 有一种动物的形象曾经作为中国古代法律的象征，它是：______。

A. 虎　　B. 独角兽　　C. 龙

答案：B

趣味题点： 皋陶是中国司法鼻祖，传说他在执法时，经常用一只独角兽来判断是非。独角兽去碰哪个人，哪个人就是过错方，没有一次失误过。后来，独角兽就成为中国法律的象征。

3. 很多人在织毛衣时会选择一种叫“马海毛”的毛线，这种马海毛是一种：______。

A. 羊毛　　B. 马毛　　C. 人造毛

答案：A

趣味题点： 马海毛又称“安哥拉羊毛”，“马海”这个词来源于阿拉伯文，意思是“像蚕丝一样的山羊毛织物”，后来就成为安哥拉山羊的专称。

4. “满江红”被用作词牌名，它在自然界中是一种什么东西？（　　）

A. 水生蕨类植物　　B. 浮游动物　　C. 乔木

答案：A

趣味题点： 满江红又名红萍，是一种很小的水生漂浮蕨类，茎细弱易断。

5. 狮子尾巴又粗又长，它的主要功能是用来：______。

A. 扇风降温　　B. 奔跑时维持平衡　　C. 赶走飞虫

答案：B

趣味题点： 狮子尾巴主要起到维持平衡的作用。

四、智慧选择（四选一）

1. 被蚊子叮咬后皮肤发痒是因为：______。

A．叮咬破皮肤　　B．蚊子唾液作用结果　　C．吸血的结果

答案：B

趣味题点： 蚊子在叮咬时唾液里含有抗凝血成分，因此人有反应而发痒。

2. 下列哪个不是蚂蚁？（　　）

A．黑蚁　　B．红蚁　　C．白蚁

答案：C

趣味题点： 白蚁是较低级的半变态昆虫，蚂蚁则是较高级全变态昆虫。白蚁前后翅等长，蚂蚁前翅大于后翅。

3. 下列有袋类动物中哪一种的育儿袋是朝后开的？（　　）

A．袋狸　　B．袋熊　　C．袋鼠　　D．袋狼

答案：B

趣味题点： 袋熊的育儿袋是朝后开的，这是因为它是一种穴居动物，擅长挖洞；如果育儿袋向上开，就容易将沙土弄到育儿袋中。

4. 世界自然保护基金会（WWF）成立于：______。

A．中国　　B．瑞士　　C．美国　　D．英国

答案：B

趣味题点： 世界自然保护基金会（World Wild Fund for Nature，WWF），于1961年9月11日成立于瑞士一个风景秀丽的小镇莫尔各斯，过去叫世界野生生物基金会，1988年更今名。其基本目标是保护地球的生物资源，现已成为一个极具影响力的独立性非政府国际环境保护组织。

5. 我们在买水果时看到一些苹果上面有字，这字是：______。

A．用日光照出来的　　B．用刀子刻上去的

C．用一种颜料写上去的　　D．用蜡笔画上去的

答案：A

趣味题点： 苹果小的时候，在苹果果实上贴一个剪好的字，经过一段时间的日晒，没有贴字的地方变了颜色，而贴字的地方没有变化，所以在果实上面就留下了印记。

趣味乐园

“进口”植物

葡萄：原产于欧洲、西亚和北非一带，西汉武帝时，张骞出使西域后带回。

茄子：原产印度、泰国，我国晋代已有记载。

菠菜：唐代贞观二十一年（647 年）由尼波罗国，即尼泊尔传入我国。

西瓜：原产非洲，南宋初年传入我国。

玉米、马铃薯：原产南美洲，明朝中期传入我国。

花生：原产巴西，明朝晚期传入我国。

西红柿：原产美洲，18 世纪初传入我国。

第三关　闯关进行时

自然界万事万物之间存在着千丝万缕的联系，成千上万的生物和人类共同拥有地球家园。人类只有善待生物，善待地球，才能拯救自己。

一、快速判断

1. 动物也有自己的语言。

答案：对

趣味题点： 俗话说：人有人言，兽有兽语。科学家告诉我们，各种动物也有自己的语言，有着自己独特的“语言交流”方式。例如，猿类动物是人类的“近亲”，科学家对它们的叫声进行了长期的研究，发现猴子攻击对方时，会发出“咽！咽！咽”或者“嘎！嘎！嘎”的叫声，恐吓对方，向对方示威。假如对方不是它的对手，对方就会“吉亚！吉亚”地叫着，逃之夭夭了。

2. **海洋中最多的生物是鱼。**

答案：错

趣味题点：海洋中最多的生物是浮游生物。

3. **骆驼背上的两个大包，一个储存水，另一个储存粮食。**

答案：错

趣味题点：骆驼背上的两个大包，储存的都是脂肪。骆驼有3个胃，其中一个胃是储水的，所以骆驼可以长时间不吃不喝。

4. **老马识途是因为马有比较发达的嗅觉系统以及听觉器官，而且有很强的记忆力。**

答案：对

趣味题点：因为马的脸很长，鼻腔也很大，嗅觉神经细胞也多，这样就构成了比其他动物更为发达的“嗅觉雷达”。这个嗅觉雷达不仅能鉴别饲料、水质好坏，还能辨别方向，自己寻找道路。并且马的耳翼很大，耳部肌肉发达，转动相当灵活，位置又高，内耳中有一种特殊的“曲折感受器”，是用来辨别运动方向以及周围环境中物体的分布情况的。但最主要的是，马对气味、声音以及路途的记忆力相当强。

5. **熊猫和狗熊因为属于同一个家族，所以长相也差不多。**

答案：对

趣味题点：熊猫和狗熊都是哺乳纲食肉目的动物，分别属于猫熊科和熊科。在食肉目中还有猫科等。老虎就是猫科动物。所以，狗熊和熊猫的血缘关系就像老虎和熊猫的血缘关系一样。

二、智慧选择

1. **树林边有一条小河，河里住着一只可爱的河狸。冬天来了，河狸爬上岸，不停地啃着一根小木棍。一到冬天，河狸就老爱啃木棍，这是为了：______。**

A．磨牙　　B．筑窝用

答案：B

趣味题点：河狸原来也叫海狸，为国家一级保护动物。它主要生活在河边，身体肥胖，长度大约为80厘米，脚上有蹼，很善于游泳，平时主要吃草。到了冬天，河狸就开始筑窝，它们的窝是用一截截小树棍搭成的。因此，河狸就不停地咬小树或木棍，把它们弄得长短合适后，搬回家去筑窝。筑好窝后，河狸还要用木棍在窝周围拦一道篱笆，这样就能把水挡住了。

2. “打蛇打七寸”的七寸是指：______。

A. 心脏部位　　B. 脊柱　　C. 头部

答案：A

趣味题点：“打蛇打七寸”、“打蛇打三寸”，都是说打蛇要命中要害。蛇的三寸，是蛇脊椎骨上最脆弱、最容易打断的地方。蛇的脊椎骨被打断以后，沟通神经中枢和身体其他部分的通道就会被破坏。蛇的七寸，是蛇的心脏所在，一受到致命伤，则必死无疑。

3. 毛毛家买了一只画眉鸟，五彩缤纷的羽毛，还有两道弯弯的眉毛，真漂亮。可爸爸却说，画眉鸟没有眉毛，而且所有的鸟儿都没有眉毛。毛毛不相信，要去问老师。你说鸟儿有眉毛吗？（　　）

A. 有　　B. 没有

答案：B

趣味题点：鸟儿没有眉毛。

4. 我国素有“高原之舟”美称的牲畜是：______。

A. 骆驼　　B. 牦牛　　C 藏羚羊

答案：B

趣味题点：牦牛是青藏高原上特有的动物，毛厚而长，可以卧雪御寒，体矮力健，能爬山负重，善于驮运，是高原上的重要交通工具，也是藏民不可缺少的牲畜。骆驼则被誉为“沙漠之舟”。

5. 含羞草是一种很有趣的植物，只要你一碰它，它立即就把叶片合拢起来，把头垂下去，这是因为：______。

A. 害羞　　B. 受刺激后叶片的水分流失

答案：B

趣味题点：含羞草“含羞”的原因：含羞草细胞是由细小如网状的蛋白质“肌动蛋白”所支撑。含羞草受到刺激之后，肌动蛋白束散开，细胞被破坏，结果水分跑出来，以致产生闭合运动。肌动蛋白一般见于动物的肌肉纤维内，与肌肉伸缩有关。没想到它也存在于含羞草内，可说是相当罕见。

6. **在动物园里，人们常看到猴子用手在身上翻弄，然后往嘴里送。猴了翻弄寻找的是什么？（　　）**

A．跳蚤　　B．一种盐质结晶　　C．虱子

答案：B

趣味题点：过去人们误认为猴子在身上翻弄寻找然后放入嘴中的是跳蚤，其实是一种盐质结晶。

7. **“秋风扫落叶”描写的是秋天的景象，但只适用于温带地区的落叶树木。热带树木脱叶的季节不是在秋季，而是在：______。**

A．春季　　B．夏季　　C．冬季

答案：A

趣味题点：热带树木受气候干燥和高温的影响，叶片蒸腾水分旺盛，需要大量的水，因此为了保持自身的“收支平衡”，只得脱落掉一部分老叶。

8. **能够在夜间释放氧气的植物是：______。**

A．吊兰　　B．仙人掌　　C．紫罗兰

答案：B

趣味题点：因为仙人掌原产于美洲沙漠地带，在干旱酷热的环境中形成了一种奇特的本能：它不在白天打开自己的气孔，以防止本身水分的大量蒸发，只在夜间才把气孔打开，吸收二氧化碳，放出氧气。这样，就会增加室内的新鲜空气，并能使室内空气中负离子的浓度增加，从而起到调节和净化室内空气的作用。

9. **我国十大名花有梅花、牡丹、菊花、兰花、月季、杜鹃、茶花、桂花、水仙及：______。**

A．荷花　　B．芍药　　C．报春

答案：A

趣味题点：梅花：凌霜傲雪，象征着中华民族坚贞不屈的伟大风骨。牡丹：被誉为“花中之王”，它是富贵、幸福的象征。菊花：独立冰霜、坚贞不屈的品格受到人们青睐。兰花：素有“花中君子”、“王者之香”的美誉。月季：不但是我国

传统名花，而且是世界著名花卉。杜鹃：属常绿或兰绿灌木，世界著名观赏花卉。荷花：是我国著名水生花卉，栽培历史悠久。茶花："花中娇客"，四季常青。桂花：金风送爽，十里飘香，是吉祥如意的象征。水仙：素有"凌波仙子"的雅称。

10. 到了秋天，万木凋零，落叶满地。树枝上哪部分的叶子最后枯落？(　　)

A．靠树干的部分　　B．树枝的中间部分　　C．树梢

答案：C

趣味题点：树木在生长过程中，把大量的养料送上树梢，树梢平时得到的养料最多，所以那里的叶子能多生存一段时间。

三、趣味抢答

1. 妈妈给小明煎鸡蛋当早点，端到小明面前，他发现是个双黄蛋，他问妈妈："双黄蛋能孵出小鸡吗？"妈妈笑眯眯地说："你说呢？"小明很是迷惑，你能帮他解答吗？

答案：能，可以孵出两只小鸡。但由于这种蛋孵出的鸡体质差，故一般不用双黄蛋孵鸡。

2. 请说出至少5种萝卜的名称。

答案：心里美，胡萝卜，大红袍，樱桃萝卜，酱萝卜。

3. 狐狸是狡猾的野兽，当它饿了，又一时抓不到充饥的猎物时，就找一块有干草覆盖的地方，或者一头倒在尘土里，仰着身子，屏住呼吸，一动也不动。这狡猾的狐狸为何这么做呢？

答案：狐狸假死，是为了引诱小动物到身旁。当一些飞鸟以为狐狸死了，飞来啄它的尸体时，它就会突然一口将鸟儿咬住，吞食掉充饥。

4. 一个宁静的中午，小猫趴在床上睡觉，鱼缸里的金鱼慢慢地游着。突然"砰"的一声巨响，小猫一下跳起来撞到鱼缸上，金鱼吓得在水中乱游。你估计这时每条鱼以每秒钟几次的速度眨眼？

答案：金鱼没有眼睑，不会眨眼。

5. 与熊猫一样珍贵的野骆驼为什么会哭？

答案：野骆驼之所以会哭不是"感情丰富"的原因，而是它用来冲洗眼睛里的沙子的绝技。

趣味乐园

世界上10种最珍贵的动物

爪哇犀牛：约50头，生活在印度尼西亚。

红狼：不到100只，生活在美国。

大熊猫：约800只，生活在中国。

直角大羚羊：不到150只，生活在阿拉伯地区。

夏威夷海豹：700～1 000只，生活在美国。

考艾鸥鸟：不到10只，生活在夏威夷群岛。

毛里求斯茶隼：20只，生活在毛里求斯。

加利福尼亚神鹰：不到40只，生活在美国。

新西兰鹦鹉：不到100只，生活在新西兰。

西班牙王鹰：约150只，生活在西班牙。

第四关 闯关加油站

知识是能力的基础，没有知识就没有能力。鲍鱼不是鱼，鹅是鸟类中寿命最长的，杜鹃鸟不做窝……丰富的生物知识伴你度过美妙的时光。

一、快速判断

1. 鲍鱼不是鱼。

答案：对

趣味题点：鲍鱼的肉好吃，是名贵的海产食品。但它不是鱼，而是一种爬附在浅海低潮线以下岩石上的单壳类软体动物，是海螺的“近亲”。在鲍鱼的身体外边，包被着一个厚的石灰质的贝壳，这是一个右旋的螺形贝壳，呈耳状，它的拉丁文学名按字义翻译可以叫做“海耳”，就是因为它的贝壳的形状像耳朵的缘故。

2. **鹈是鸟类中寿命最长的。**

答案：对

趣味题点： 鹈的平均寿命是25岁。

3. **杜鹃鸟不做窝，它把蛋下到其他鸟的鸟巢里，让其他鸟帮它孵化。**

答案：对

趣味题点： 杜鹃的传说虽然很美丽，而在实际生活中，它们的名誉实在不很好。它们飞翔的时候，喜欢模拟鹰隼的姿态，用来恐吓其他的小鸟。它们自己又从不做巢，喜欢将自己的卵产在喜鹊的巢内，由喜鹊给它孵雏。杜鹃的小雏很凶恶，不仅贪食，而且还排挤巢内其他的小雏，时常将喜鹊的小雏从巢中挤跌到地上。

杜鹃

4. **植物进行光合作用要用叶绿素，有的叶子是红色的，它不用光合作用。**

答案：错

趣味题点： 植物要制造有机物质，要进行光合作用，一定要有叶绿素存在。红苋菜、秋海棠的叶子，常常是红色或紫红色，但它们也能进行光合作用。这些叶子虽然是红色的，但是叶子里也有叶绿素。至于这些叶子之所以成为红色，主要是因为其中含有红色的花青素的缘故，它们含的花青素很多，颜色很浓，把叶绿素的绿色盖住了。

5. **鱼没有突起的鼻子，所以，它们闻不到气味。**

答案：错

趣味题点： 鱼没有突起的鼻子，但有鼻腔，内有嗅囊，不用于呼吸，也不与口腔相连，可闻到水中气味。鱼在游动时，水从前鼻孔流入，再从后鼻孔流出，这样就能嗅出水中的气味。

二、智慧选择

1. **大雁飞翔时的队形变化与下列哪项有关？（　　）**

A．头雁的叫声　　B．风向的变化　　C．天气的阴晴

答案：B

趣味题点：大雁飞的时候，头雁扇动翅膀，会产生一股上升气流，后面的雁也跟着扇动翅膀，靠着这股上升气流托着自己，飞行时可以省力气，这样，队伍就自然地排成了“一”字或“人”字。而队形是随着风向的变化而变化的。风迎面吹来时，头雁在中间，雁群排成“人”字；风从旁边吹来时，头雁在迎风的一边，雁群排成“一”字。

2. 大象长着长长的鼻子和长长的门牙，它的门牙是用来：______。

A. 嚼食　　B. 探路　　C. 防袭击

答案：B

趣味题点：大象一边走，一边将长门牙插入地面，来判断地面的硬度是否能承受自己的体重。

3. 世界自然保护基金会的会徽图案是：______。

A. 丹顶鹤　　B. 大熊猫　　C. 骆驼

答案：B

趣味题点：1983 年，世界自然保护基金会经过投票选举，决定把大熊猫形象印在该会庄严的会徽和会旗之上。大熊猫这一友谊使者与和平象征的美好形象，已经走向世界！

4. 秋天枫树叶子变红主要是因为：______。

A. 叶绿素不起作用了

B. 类胡萝卜素起作用

C. 体内积累较多的糖分，形成花青素

答案：C

趣味题点：叶子里有大量绿色的物质，叫做叶绿素。因为叶子里含有叶绿素最多，大大超过了其他几种色素的颜色，所以叶子是绿色的。秋天，枫树叶子叶绿素被破坏，花青素显示了出来，故叶片变得艳红。

5. 与“梅、竹、菊”并列，合称“四君子”，并被评为中国传统十大名花之一的是：______。

A. 兰花　　B. 牡丹　　C. 月季

答案：A

趣味题点：梅、兰、竹、菊，号称“四君子”。四君子并非浪得虚名，确实各有其特色：梅，剪雪裁冰，一身傲骨；兰，空谷幽香，孤芳自赏；竹，筛风弄月，潇洒一生；菊，凌霜自行，不趋炎附势。

6. 蜘蛛有3万种左右，大小形状不一，但是它们都具有舍命求爱的共同特点。它们的求爱方式不尽相同，但结局却都一样，那就是交配以后，______，因此才被称为“死亡的爱情”。

A．大量雄蛛会被处于饥饿状态的雌蛛吃掉

B．雌蛛会将雄蛛吃掉，然后产下幼蛛

C．雄蛛会疲劳而死

D．雌蛛产下幼蛛饥饿而死

答案：A

趣味题点：蝇虎蜘蛛在求爱的时候，雄蛛必须要在雌蛛面前做一段舞蹈表演，边舞还边十分小心地向雌蛛靠近。假如雌蛛不动，而且把前面两对足全缩到胸前，轻轻抖动它的触须，那就表示它已经接受了对方的求爱。然后，雄蛛就会迈着十分轻快的步伐，慢慢爬进网内与雌蛛交配，最后便是等待死亡的来临。

7. “孑孓”是什么动物的幼虫？（　　）

A．蚊子　　B．苍蝇　　C．蜻蜓　　D．蝴蝶

答案：A

趣味题点：孑孓（jiéjué），无脊椎动物，昆虫纲，双翅目蚊类的幼虫。它是由雌蚊在淡水中产的卵孵化而成的。身体细长，呈深褐色，在水中上下垂直游动，以水中的细菌和单细胞藻类为食，呼吸大气。

8. 你知道蚊子吸血是为了什么吗？（　　）

A．发育　　B．补充能量　　C．交配　　D．产卵

答案：D

趣味题点：蚊子为了要产卵会吸4至5天的血。一旦雌蚊吸血后，就会把血液贮存于消化管之中，然后逐渐消化吸收。卵巢在吸收血液中的养分后，卵粒逐渐成熟，在吸血4至5日后产卵。

9. **世界上共有 8 种老虎，其中 ______ 属于我国特有。**

A. 孟加拉虎　　B. 东北虎　　C. 华南虎　　D. 印度支那虎

答案：C

趣味题点：华南虎是我国特有的虎种，生活在我国中南部，是最小的几个老虎亚种中的一种。华南虎于 1996 年被国际自然与自然资源保护同盟（IUCN）列为极度濒危的十大物种之一。

10. **苍蝇飞落在某处就匆忙搓脚，它是在：______。**

A. 清洁污物，准备开饭　　B. 发射生物雷达波，探测食物

C. 辨别同类气味　　D. 品尝味道

答案：D

趣味题点：苍蝇特别爱吃味道比较重的，像糖和油炸的食物。苍蝇没有鼻子，但是，它有另外的味觉器官，并且还不在头上脸上，而是在脚上。只要它飞到了食物上，就先用脚上的味觉器官去品一品食物的味道如何，然后，再用嘴去吃。

三、趣味抢答

1. **北极和南极都是冰雪世界，十分寒冷。北极有一种个头很大，浑身雪白，看起来十分威风的动物，那就是北极熊。可是同样在寒冷的南极，有企鹅、有海豹，却没有北极熊。这是为什么呢？**

答案：北极熊之所以只在北极有，和它出现的时间以及地壳运动有关。北极熊出现的时间比较晚，在 2000 多万年前才开始出现，而在此以前，地壳运动已经使南极大陆分离出去，孤零零地待在极地了。于是，浩瀚的大海隔断了北极熊前往南极的道路。

2. **小猫一蹲下来，就爱洗脸。它把爪子舔湿，一遍一遍地往脸上蹭。这是为什么？是因为小猫爱干净吗？**

答案：小猫要用胡子帮助自己感觉周围的事物，胡子脏了，感觉就不灵了，小猫洗脸实际是洗胡子。

3. **小黄花鱼长大后就是大黄花鱼吗？**

答案：不是。在鱼的分类上，小黄花鱼和大黄花鱼都属于鲈形目石首鱼科黄鱼属，但并不是一种。成年大黄花鱼一般体长 250—300 毫米，小黄花鱼却只有 150—200 毫米。它们的生活区域也不一样，大黄花鱼为暖水性鱼类，小黄花鱼为温水性鱼类。

4. 请在叙述过程中抢答：这种植物的名称。

(1) 它是多年生草本常绿树，没有主根，只有地下茎抽生的不定根；没有地上茎，只有层层紧压的覆瓦状叶鞘重叠而成的“假干”，起支持和疏导作用。

(2) 它的种类繁多，按用途分为三类：观赏类、果蔬类、纤维类。

(3) 它的果实是世界上古老而著名的果品之一，与荔枝、菠萝、柑橙并称为岭南四大名果，古人则称之为长腰黄果。

答案：香蕉。

5. 请在叙述过程中抢答：这种蔬菜的名称。

大白菜

(1) 它是十字花科芸薹属的一年生或两年生草本植物。它的品种繁多，有结球、半结球、花心和散叶四种。

(2) 它与竹笋、榨菜和大豆被推崇为中国四种世界第一的蔬菜。

(3) 它是我国北方最普通、最肥美的重要冬季蔬菜。

答案：大白菜。

趣味乐园

国花种种

美　国——玫瑰花
英　国——玫瑰花
法　国——鸢尾花
意大利——紫罗兰、雏菊
德　国——矢车菊
西班牙——石榴花
俄罗斯——葵花
日　本——樱花

朝　鲜——木槿花
新加坡——万代兰
泰　国——睡莲

第五关 闯关大冲刺

科学家说：21 世纪是生物学的世纪。我们作为生活在这个生物技术高速发展中的社会的一分子，有必要了解更多关于生物的知识，从而更加珍惜和爱护生命。

一、快速判断

1. 灰狼是一种濒临灭绝的动物，曾经是地球上除人类以外分布最广的哺乳动物。
答案：对

趣味题点：灰狼曾广泛地分布在北半球的大部分地区，是除人类以外分布最广的哺乳动物。自人类开始放牧以来，狼遭到了无情的虐杀。如今，灰狼已经濒临灭绝。

2. 在重阳节插茱萸是一项重要的风俗，这里的茱萸是指一种草。
答案：错

趣味题点：茱萸是一种可以做中药的果实。它是一种小乔木，果实在秋后成熟，嫩时呈黄色，成熟后变成紫红色。

3. 蜜蜂中的工蜂是雄性的。
答案：错

趣味题点：工蜂是生殖器官发育不完全的雌蜂，专司筑巢、采集食料、哺育幼虫、清理巢室和调节巢温等。

4. 朱鹮是目前世界上数量最少的鸟。
答案：对

趣味题点：朱鹮被发现时仅有7只，为濒临绝种的鸟类，栖息地在我国陕西南部的洋县。经过我国科学家和饲养员的精心培养，到现在已经发展到200多只，且呈良好发育态势。

5. 仙人掌是一种没有叶子的植物。

答案：错

趣味题点：仙人掌身上的刺就是它的叶子。仙人掌是生长在干燥、炎热的大沙漠中的植物。仙人掌在干旱的环境中，叶退化成针状，以减少水分的蒸腾；茎肥厚多汁，有发达的薄壁组织细胞贮藏丰富的水分；茎的表皮有厚而硬的蜡质作为保护层，或生有密集的绒毛，保护它不受强光的照射，降低水分蒸发。

二、智慧选择

1. 下列海洋生物中，有强烈“家庭观念”的是：______。

A．海豹　　B．海豚　　C．鲸　　D．鲨鱼

答案：C

趣味题点：鲸通常是以小群作为单位活动的，好像人类的一个家庭一样，幼鲸同其父母一起生活长达15年之久。海洋生物学家发现捕鲸船在捕杀灰鲸的时候，灰鲸父母会誓死保护自己的雏鲸，抵抗捕鲸船的各种威胁。

2. 人参一般每一年能长几片叶子？（　　）

A．一片　　B．两片　　C．三片　　D．四片

答案：A

趣味题点：人参叶片数同年限多寡有关。一年生为一枚三片小叶复叶，称“三花”；两年生为一枚五片小叶复叶，称“巴掌”；三年生两枚五片叶复叶，称“二甲子”；三年生方能开花结果；四年生有三枚复叶，称“灯台子”；五年生有四枚复叶，称“四品叶”；六年生有五枚复叶，称“五品叶”，也有六枚复叶的，称“六品叶”。人参生长六年后，叶数不再变化。

3. 蚕一生要蜕多少次皮？（　　）

A. 1　　B. 2　　C. 3　　D. 4

答案：D

趣味题点： 蚕在生长发育过程中表皮不能随着身体长大而长大。当蚕的身体长大受到限制时，蚕就要蜕皮。蚕蜕皮时，好像在睡觉，大概要蜕一天。新皮形成，蚕又开始吃桑叶了。蚕一生要蜕4次皮。

4. 只有兰科植物才是真正的兰花，在我国有不少名称为兰的植物并不是真正的兰花。下列植物中不是真正兰花的是：______。

A. 君子兰　　B. 兜兰　　C. 蝴蝶兰　　D. 蕙兰

答案：A

趣味题点： 君子兰是花叶兼赏的名贵盆栽花卉，属石蒜科。君子兰叶态优美，形似剑，所以又名剑叶石蕊。叶基部套叠成鳞片状，像一股粗壮的喷泉平地涌出，且有光泽。

5. “水中熊猫”指的是：______。

A. 海豚　　B. 海狮　　C. 鲸鱼　　D. 中华鲟

答案：D

趣味题点： 中华鲟是地球上现存最古老的脊椎动物之一，开始于与恐龙同期的第三纪，衍生至今已有1亿5千多万年，是难得的珍稀鱼类，有“活化石”、“水中大熊猫”等美誉，中国特有种，为国家一级保护动物。

6. 有的鸟长大后会找食物喂母亲，被称为“反哺”。下列哪种鸟会“反哺”？（　）

A. 乌鸦　　B. 麻雀　　C. 燕子　　D. 喜鹊

答案：A

趣味题点： 乌鸦是一种通体漆黑、面貌丑陋的小鸟，因为被人们觉得不吉利而遭到人类的普遍厌恶。正是这种遭人嫌恶的小鸟，却拥有一种真正值得我们人类普遍称道的美德——养老、爱老。据说这种鸟在母亲的哺育下长大后，当母亲年老体衰、双目失明飞不动的时候，小鸟便将觅来的食物喂到母亲的口中，回报母亲的养育之恩。

7. 征服天花的琴纳，是从哪种动物身上取下疫苗来防止天花的？（　　）

A. 奶牛　　B. 猪　　C. 公鸡　　D. 蛇

答案：A

趣味题点： 琴纳发现挤牛奶的女工身上往往出牛痘，却不得天花。经过研究，后来就制成了从牛痘浆置备来的疫苗，所以叫牛痘。

8. 熊号称是动物中的大力士，可是它有一个部位最怕被袭击，那就是：______。

A. 鼻子　　B. 头　　C. 肚子　　D. 脚掌

答案：A

趣味题点：熊的鼻子是它各器官中最敏感的部位，因为这里聚集了许多神经组织，一旦鼻子遭到硬物的碰撞，熊就会晕倒在地。

9. 紫罗兰的原产地是：______。

A. 非洲　　B. 亚洲　　C. 南美洲

答案：A

趣味题点：紫罗兰属葵科草本植物，原产于地中海及周边地区，如今遍布世界各地。花瓣展开时犹如羽翼一般，十分美丽，又被称为紫翼天葵、蓝锦葵。其气味优雅迷人，充满了浪漫、温馨的氛围。

10. 萝卜是我们常见的一种蔬菜，不仅可以用来做菜，还可以用来腌制酱菜。你知道它到什么时候会变成空心吗？（　　）

A. 春天　　B. 夏天　　C. 秋天　　D. 冬天

答案：A

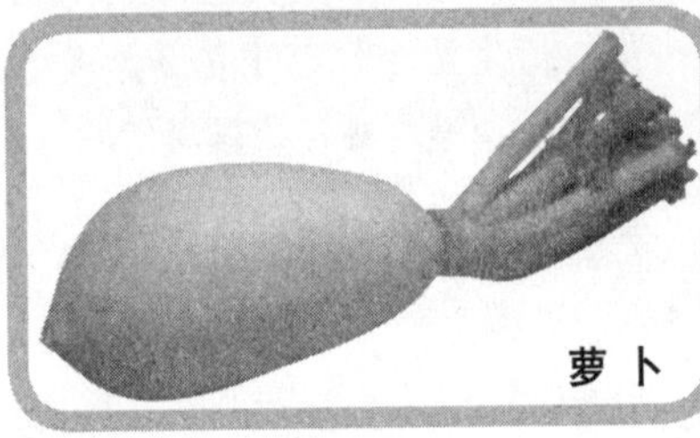

萝卜

趣味题点：萝卜一般在七八月间栽种，霜降前收获，到了冬天味道更加甜美，肉质也更致密，而到了春天就会出现空心、腐烂等现象。

三、趣味抢答

1. 海鸥为什么跟着轮船飞？

答案：轮船行驶时，把海水搅得翻滚起来，很多小鱼、小虾也被卷出水面，这时海鸥就可以找到很多食物。另外，轮船开得很快，挡住了迎面吹来的风，海鸥跟着轮船飞就会省力得多。

2. 春天到了，迎春花和连翘几乎同时开放，而且花的形状和颜色也差不多，那么如何区别这两种花？

答案：迎春花的枝条是实心的，连翘的枝条是空心的；迎春花的花瓣一般是6个，连翘的花瓣一般是4个，里面有红色条纹。

3. 请在叙述过程中抢答：这种植物的名称。

(1) 它是属于桑科的常绿大乔木，分布在热带和亚热带地区。它的果实呈扁圆形，果径不到11厘米，可食用。

(2) 自然界中唯有它“独木成林”，因为它的种子萌发力很强，受飞鸟和风雨的影响，使它附生于母树上，摄取母树的营养。而它的悬垂气根能从潮湿的空气中吸收水分，入土的支柱根又加强了它从土壤中吸取水分和无机盐的作用。

(3) 我国福建省的福州市，更因拥有数量众多的这种植物而获得了一个与它相关的别称。

答案：榕树。

4. 请在叙述中抢答：这种昆虫的名称。

(1) 它是一种食肉性昆虫，平时吃蝗虫、苍蝇、蚊子、蝶、蛾等害虫。

(2) 因为它的一对复眼有一套完整的跟踪瞄准系统，所以捕捉食物百发百中。

(3) 它是不完全变态昆虫，交配后，雌虫往往因饥饿把雄虫吃掉。

(4) 曾有一个成语提到了这种动物，是比喻不自量力的人。

答案：螳螂。

5. 请在叙述过程中抢答：这种植物的名称。

(1) 这种植物原产于亚洲热带，我国栽培历史悠久。

(2) 它属多年生宿根水生植物，根状茎横生在水底泥中，叶片挺出水，而且大似圆盘，花朵大而清香。

(3) 它的种子可以入药，根状茎可以食用。

答案：荷花。

趣味乐园

趣话动物的寿命

什么动物的寿命最长呢？过去常说“千年鹤，万年龟”，其实这只是语言上的夸张，据说体重达260千克的大乌龟能活300—350年，也可算是动物界的长寿者了。

大象的寿命一般来说多为60—70年，很少能有达到100年的。鲸鱼的平均寿命只有30年，寿命最长者也不超过100年。

据说动物的寿命大体上与身体的尺寸成正比，但鱼虽小却意外地长命。鲤鱼可活60—75年，鳟鱼和鲈鱼的寿命则为15年，螯虾也大致相同。堪称百兽之王的狮子能活20—25年，食肉性热血动物一般较之杂食性、食草性动物命短。

灵长类的猴子能活50年，熊能活20—30年，马能活20—35年，蛇及大蜥蜴能活25—35年，蛤蟆能活30年左右，鹿能活18—25年，公鹿衰老较快，母鹿则直到生命最后还能产仔。

狼的寿命为10—15年，狐狸为8—10年，骆驼为40—45年，猫为13—20年。狗活1年大至相当于人类活7年，因此20岁的狗，若为人类的话，应是140岁的老人。山羊的生命是15—20年，猪是20年，犀牛是50年，兔子和松鼠是8—10年，蝙蝠和老鼠是3—5年。在鸟类中，鸵鸟能活60年，秃鹰能活50年以上，鹦鹉大体与人的寿命相同。乌鸦能活100年，但平均寿命不过25年。塘鹅能活50年，山雀、鸣禽类小鸟一般能活5—18年。

鸽子

Chapter 4

第四章 文学国度

文学，是一个永恒的主题，是人类历史情感的结晶。与文学相伴，你会感到生活是如此美好。漫游文学国度，你的精神境界会在净化中得到升华，你的人格魅力也会在提升中逐渐完美！

第一关 闯关总动员

人们最高精神的连锁是文学，使无数弱小的心团结为大心，是文学独具的力量。文学能揭穿黑暗，迎接光明，使人们抛弃卑鄙和浅薄，趋向高尚和精深。

——叶圣陶

一、快速判断

1. “海内存知己，天涯若比邻”是一句千古名句，它出自唐朝诗人李白的《送杜少府之任蜀州》。

答案：错

趣味题点： 这是唐朝诗人王勃的《送杜少府之任蜀州》中的名句，全诗为：城阙辅三秦，风烟望五津。与君离别意，同是宦游人。海内存知己，天涯若比邻。无为在歧路，儿女共沾巾。

王勃(650—675年)，字子安，绛州龙门(今山西省稷山县一带)人，“初唐四杰”之一。留传下来的《王子安集》中，文比较多，诗不足百首，《送杜少府之任蜀州》是他的代表作。

2. “我明天回塔拉再去想吧。那时，我就经受得住一切了。明天，我会想出一个办法把他弄回来。毕竟，明天又是新的一天了。”这是世界著名小说《飘》的结尾。

答案：对

趣味题点：《飘》是美国现代著名女作家玛格丽特·米切尔的唯一一部小说。它以南北战争时期南方动乱的社会现实为背景，以“乱世佳人”郝思嘉为主线，描写了几对青年的爱情纠葛。自问世以来，这部作品已成为享誉世界的爱情小说。

电影《飘》剧照

3. 《水浒传》中“倒拔垂杨柳”的人物是李逵。

答案：错

趣味题点：《水浒传》中“倒拔垂杨柳”的人物是天孤星花和尚鲁智深，梁山泊第十三位好汉，十员步军头领第一名。鲁智深原名鲁达，是经略的提辖，因为见郑屠欺侮金翠莲父女，三拳打死了镇关西，被官府追捕，逃到五台山削发为僧，改名鲁智深。鲁智深忍受不住佛门清规，醉打山门，毁坏金身，被长老派往东京相国寺，看守菜园，因将偷菜的泼皮踢进了粪池，倒拔垂杨柳，威名远扬。鲁智深在野猪林救了林冲，高俅派人捉拿鲁智深，鲁智深在二龙山落草。后投奔水泊梁山，做了步兵头领。宋江攻打方腊，鲁智深一杖打翻了方腊。后在杭州六合寺圆寂。

4. 成语“请君入瓮”请的是周兴。

答案：对

趣味题点：成语“请君入瓮”比喻用某人的方法整治他自己。故事见于《资治通鉴·唐则天皇后天授二年》。唐朝女皇武则天为了镇压反对她的人，任用了一批酷吏。其中一个叫周兴，一个叫来俊臣。有一回，有人告发周兴与人联络谋反，武则天大怒，责令来俊臣严查此事。来俊臣准备了一桌丰盛的酒席，把周兴请到自己家里。酒过三巡，来俊臣叹口气说：“我平日办案常遇到一些犯人死不认罪，不知有何办法？”周兴得意地说：“你找一个大瓮，四周用炭火烤热，再让犯人进到瓮里，还有什么犯人不招供呢？”来俊臣随即命人抬来一口大瓮，在四周点上炭火，然后回头对周兴说：“宫里有人密告你谋反，上边命我严查。对不起，现在就请老兄自己钻进瓮里吧。”周兴大惊失色，只好俯首认罪。

5. 米兰·昆德拉的第一部长篇小说是《不能承受的生命之轻》。

答案：错

趣味题点：米兰·昆德拉，捷克小说家，20世纪50年代初，他作为诗人登上文坛，出版过《人，一座广阔的花园》(1953)、《独白》(1957)以及《最后一个五月》等诗集。1967年，他的第一部长篇小说《玩笑》在捷克出版，获得巨大成功。米兰·昆德拉1975年离开捷克移居法国，很快便成为法国读者最喜爱的外国作家之一。他的绝大多数作品，如《笑忘录》(1978)、《不能承受的生命之轻》(1984)、《不朽》(1990)等都是首先在法国走红，然后才引起世界文坛的瞩目。他曾多次获得国际文学奖，并多次被提名为诺贝尔文学奖的候选人。

二、请根据提示说出以下作品或人物的名字

1. 这部小说是文艺复兴时期欧洲最优秀的现实主义长篇小说，作者是文艺复兴时期西班牙最杰出的作家米盖尔·德·塞万提斯。

答案：《堂吉诃德》

2. 他是文艺复兴时期英国和欧洲最伟大的戏剧家，他在剧院打过杂，演过配角。他的喜剧代表作是《威尼斯商人》。

答案：莎士比亚

3. 德国文学史上最伟大的诗人、剧作家和小说家，他的创作生涯长达 60 多年，《少年维特之烦恼》是他青年时期最出色的作品。

答案：歌德

4. 他是法国浪漫主义文学的杰出代表，法国浪漫主义运动的领袖。他才华横溢，诗歌、戏剧、小说、文论等方面都成就卓著。他的最后一部长篇小说是《九三年》。他的第一部浪漫主义长篇小说的女主人公是爱斯梅拉达，作品名叫《巴黎圣母院》。

答案：雨果

雨果像

5. 他是 19 世纪法国和欧洲现实主义文学最杰出的代表之一。他不愿服从父母的意志去当律师，而是立志要做“法国文坛上的拿破仑”。雨果在他的葬礼上致辞说：他的一生是短促的，然而也是饱满的，作品比岁月还多。他的巨著《人间喜剧》以编年史的方式全面、真实、深刻地反映了 19 世纪上半叶法国的社会生活。

答案：巴尔扎克

三、智慧选择

1. 我们都知道《老人与海》是美国当代文学大师海明威的顶峰作品，那小说中的主人公老渔夫是在等待了多少天之后才捕到鱼的？（　　）

A. 86 天　　B. 85 天　　C. 80 天　　D. 84 天

答案：D

2. 我们平时常说“如果冬天来了，春天还会远吗？”请问，这句名言出自于英国的哪位作家？（　　）

A．雨果　B．拜伦　C．雪莱　D．普希金

答案：C

3. “滚滚长江东逝水，浪沙淘尽英雄。是非成败转头空。青山依旧在，几度夕阳红。”这是我国哪一部古典名著的开篇词？（　　）

A．《红楼梦》　B．《西游记》　C．《水浒传》　D．《三国演义》

答案：D

4. 女娲炼石补天时剩下一块石头，被丢弃在大荒山无稽崖青埂峰下，后被茫茫大士、渺渺真人带入红尘，历尽了离合悲欢。以上情节出自我国哪一部古典名著？（　　）

A．《红楼梦》　B．《西游记》　C．《封神演义》　D．《三国演义》

答案：A

5. 18世纪早期，英国作家笛福的一部小说反映了资产阶段上升时期敢于进取、追求财富的冒险精神，请问这部小说的名称是什么？（　　）

A．《鲁宾逊漂流记》　B．《巴黎圣母院》

C．《人间喜剧》　D．《老人与海》

答案：A

四、诗词联句

1. 路漫漫其修远兮，（　　）。

答案：吾将上下而求索

趣味题点： 出自屈原的名作《离骚》，意思是说：在追寻真理（真知）方面，前方的道路还很漫长，但我将百折不挠、不遗余力地（上天下地）去追求和探索。《离骚》是一首宏伟壮丽的政治抒情诗，在中国文学史上有崇高的地位，它作于屈原放逐江南之时，是诗人充满爱国激情的抒忧发愤之作。

2. 沉舟侧畔千帆过，(　　　)。

答案：病树前头万木春

趣味题点： 选自唐代刘禹锡的《酬乐天扬州初逢席上见赠》，原意为翻覆的船只旁仍有千千万万的帆船经过；枯萎树木的前面也有万千林木欣欣向荣，是运用比喻，借用自然景物的变化暗示社会的发展，现多指新生事物必然战胜旧事物。

3. 晴空一鹤排云上，(　　　)。

答案：便引诗情到碧霄

趣味题点： 选自唐刘禹锡的《秋词》，该诗另辟蹊径，一反常调，以其最大的热情讴歌了秋天的美好。

4. 人生代代无穷已，(　　　)。

答案：江月年年只相似

趣味题点： 选自唐朝诗人张若虚的名作《春江花月夜》，这是唐诗中的一株奇花异葩，曾被前人喻为“孤篇盖全唐”之杰作，被闻一多先生誉为“诗中的诗，顶峰上的顶峰”。

5. 春蚕到死丝方尽，(　　　)。

答案：蜡烛成灰泪始干

趣味题点： 选自唐代诗人李商隐的《无题》。后人常用这两句来赞美人间忠贞不渝的爱情，歌颂心目中的英雄人物和人类灵魂工程师那种“鞠躬尽瘁，死而后已”的崇高精神。

趣味乐园

莎士比亚经典台词

1. 脆弱啊，你的名字是女人！

2. To be or not to be, that's a question.（生存还是死亡，那是个问题。）

3. 放弃时间的人，时间也会放弃他。

4. 成功的骗子，不必再以说谎为生，因为被骗的人已经成为他的拥护者，我再说什么也是枉然。

5. 人们可支配自己的命运，若我们受制于人，那错不在命运，而在我们自己。

6．美满的爱情，使斗士紧绷的心情松弛下来。

7．太完美的爱情，伤心又伤身，身为江湖儿女，没那个闲工夫。

8．嫉妒的手足是谎言！

9．上帝是公平的，掌握命运的人永远站在天平的两端，被命运掌握的人仅仅只明白上帝赐给他命运！

10．一个骄傲的人，结果总是在骄傲里毁灭了自己。

11．爱是一种甜蜜的痛苦，真诚的爱情永不是一条平坦的道路的。

12．因为她生得美丽，所以被男人追求；因为她是女人，所以被男人俘获。

13．如果女性因为感情而嫉妒起来那是很可怕的。

14．不要只因一次挫败，就放弃你原来决心想达到的目的。

15．女人不具备笑傲情场的条件。

16．我承认天底下再没有比爱情的责罚更痛苦的，也没有比服侍它更快乐的事了。

17．新的火焰可以把旧的火焰扑灭，大的苦痛可以使小的苦痛减轻。

18．聪明人变成了痴愚，是一条最容易上钩的游鱼，因为他凭恃才高学广，看不见自己的狂妄。

19．愚人的蠢事算不得稀奇，聪明人的蠢事才叫人笑痛肚皮；因为他用全副的本领，证明他自己愚笨。

莎士比亚像

20．外观往往和事物的本身完全不符，世人都容易为表面的装饰所欺骗。

21．黑暗无论怎样悠长，白昼总会到来。

22．勤劳一天，可得一日安眠；勤奋一生，可永远长眠。

23．女人是被爱的，不是被了解的。

24．金子啊，你是多么神奇。你可以使老的变成少的，丑的变成美的，黑的变成白的，错的变成对的……

第二关 闯关热身操

一首伟大的诗篇像一座喷泉一样，总是喷出智慧和欢愉的水花。

——雪莱

一、快速判断

1. “诗中有画”，“画中有诗”是苏轼对孟浩然诗歌的评价。

答案：错

趣味题点： 苏轼《东坡题跋》下卷《书摩诘蓝田烟雨图》评论唐代王维的作品中指出：“味摩诘之诗，诗中有画；观摩诘之画，画中有诗。”王维既是诗人，又是画家，其所成就，不仅仅能诗善画，而且还把艺术中的诗与画，给以融化。诗画有机结合，是中国画的传统，也是中国画的特点。

2. “理论是灰色的，只有生命之树常青。”这句话出自歌德的《浮士德》。

答案：对

趣味题点： 长篇诗剧《浮士德》是歌德一生最重要的代表作。它的创作延续了将近60年之久。第一部完成于1806年，第二部1831年完成。诗剧以德国民间传说为题材、以文艺复兴以后的德国和欧洲社会为背景，描写了一个新兴资产阶级先进知识分子不满现实，竭力探索人生意义和社会理想的生活道路。

3. “大江东去，浪淘尽，千古风流人物”与“明月几时有，把酒问青天”语出一人。

答案：对

趣味题点： 分别出自苏轼的《念奴娇》和《水调歌头》。苏轼（1036—1101年），字子瞻，号东坡居士，四川眉州眉山（今四川省眉山县）人。父亲苏洵、弟弟苏辙都是唐宋散文八大家之一，世称“三苏”。

4. 小说《骆驼祥子》的主人公是头骆驼。

答案：错

趣味题点：长篇小说《骆驼祥子》是中国现代著名作家老舍的代表作，《骆驼祥子》讲述的是旧中国北平城里一个人力车夫祥子的悲剧故事。

5. “花谢花飞飞满天，红消香断有谁怜……一朝春尽红颜老，花落人亡两不知！”这首诗出自《红楼梦》中人物薛宝钗之手。
答案：错

趣味题点：《葬花吟》出自《红楼梦》第二十七回：“滴翠亭杨妃戏彩蝶，埋香冢飞燕泣残红”，是林黛玉感叹身世遭遇的代表作，也是作者曹雪芹借以塑造这一艺术形象，表现其性格特性的重要作品。

二、请根据提示说出下列人物或著作的名字

1. 他是19世纪挪威最卓越的现实主义戏剧家，他开创了“社会问题剧”。他被誉为“现代戏剧之父”，代表作是《玩偶之家》。
答案：易卜生

2. 他是19世纪俄国浪漫主义文学的主要代表，俄罗斯最伟大的诗人。他童年开始写诗，12岁进入皇村学校，因《西风颂》等政治抒情诗而被流放。他因决斗而死，死时年仅37岁。
答案：普希金

普希金像

3. 她是我国最早写“问题小说”的女作家，她的诗歌深受泰戈尔《飞鸟集》的影响，主旨是对“爱的哲学”的咏唱。她的诗歌格调清新，意境恬淡，清秀蕴藉，被誉为“春水体”或“繁星体”。
答案：冰心

4. 他出身于英国中产阶级家庭，从小就向往冒险。他在一座无人的岛上过了长达28年的原始人生活，还收留一个土著人为仆，取名“星期五”，后又因帮助一个船长制伏叛变的水手而得以乘船返回自己的国家。他的名字叫鲁宾逊，这部作品是什么？
答案：《鲁宾逊漂流记》

5. 他在生活底层长大，后来和战友们一道跃马挥刀，南征北战；在社会主义建

设时期，与自然环境顽强斗争；他全身瘫痪、双目失明之后，克服困难从事创作，继续为党和人民工作。他的那段“人最宝贵的是生命……”的名言，成为一代人的座右铭。他叫保尔，这部作品的名称是什么？

答案：《钢铁是怎样炼成的》

三、智慧选择

1. 《尝试集》的作者是谁？（　　）

A．鲁迅　　B．胡适　　C．郭沫若　　D．茅盾

答案：B

趣味题点：《尝试集》是中国现代文学史上第一部新诗集，作者胡适。《尝试集》的基本内容是反对封建主义，歌颂资产阶级革命，表现了争取民主自由和个性解放的要求。《尝试集》在“诗体的大解放”等方面进行了积极的尝试，是在对旧体诗词改造的基础上形成的自由体诗，全部用白话创作，为中国现代新诗的建立和发展作出了贡献，并且初步建立了白话新诗的地位。

2. 《格林童话》里“灰姑娘”的故事你一定不陌生，那么你知道灰姑娘去参加王子的舞会时所坐的马车是什么东西变的吗？（　　）

A．南瓜　　B．西瓜　　C．冬瓜　　D．黄瓜

答案：A

趣味题点：《格林童话》是德国文苑中的一颗璀璨的明珠，更是瑰丽多彩的世界童话王国中一束争奇斗艳的奇葩。自1812年问世以来，已被译成近100种文字，在世界各国广泛流传。

3. 《一千零一夜》是阿拉伯的民间故事集，又叫做什么？（　　）

A．《天方夜谭》　B．《圣经》　C．《玩偶之家》　D．《格林童话》

答案：A

趣味题点：《一千零一夜》是古代阿拉伯民间故事集，在西方被称为《阿拉伯之夜》，我国却有一个独特的称呼：《天方夜谭》。它是世界上最具生命力、最负盛名、拥有最多读者和影响最大的作品之一；同时，它以民间文学的朴素身份却能跻身于世界古典名著之列，也堪称世界文学史上的一大奇迹。

4. 我国文学史上第一部以家庭日常生活为题材的长篇小说是：______。

A.《金瓶梅》　B.《水浒传》　C.《红楼梦》　D.《三国演义》
答案：A

趣味题点：《金瓶梅》是中国第一部文人独创的长篇小说，又是中国第一部以家庭生活为题材的小说。它第一个把笔触深入到家庭的日常生活范围，多侧面地反映了一个时代光怪陆离的社会生活画卷。

5. 先秦诸子散文中最富有浪漫色彩的一部著作是：______。
A.《韩非子》　B.《庄子》　C.《孟子》　D.《荀子》
答案：B

趣味题点：《庄子》为道家经典之一，是庄周及其后学的著作集。《庄子》也是一部杰出的文学著作。《庄子》中的文章大都构思精巧，想象丰富，多采用寓言形式，在先秦诸子散文中最富有浪漫色彩，文学性最强。《庄子》还以想象丰富，结构灵活见长。富于抒情意味，也是《庄子》散文的一大特色。

四、诗词联句

1. 出师未捷身先死，（　　）。
答案：长使英雄泪满襟

杜甫像

趣味题点：出自唐代杜甫的《蜀相》一诗，全诗为：丞相祠堂何处寻？锦官城外柏森森。映阶碧草自春色，隔叶黄鹂空好音。三顾频烦天下计，两朝开济老臣心。出师未捷身先死，长使英雄泪满襟。

2. 苦恨年年压金线，（　　）。
答案：为他人作嫁衣裳

趣味题点：选自唐代秦韬玉的《贫女》，全诗为：蓬门未识绮罗香，拟托良媒益自伤。谁爱风流高格调，共怜时世俭梳妆。敢将十指夸针巧，不把双眉斗画长。苦恨年年压金线，为他人作嫁衣裳。

3. 昔日戏言身后事，（　　）。
答案：今朝都到眼前来

趣味题点：选自唐代元稹的《遣悲怀·其二》，全诗为：昔日戏言身后事，今朝都到眼前来。衣裳已施行看尽，针线犹存未忍开。尚想旧情怜婢仆，也曾因梦送钱财。诚知此恨人人有，贫贱夫妻百事哀。

4. 忽见陌头杨柳色，(　　　)。

答案：悔教夫婿觅封侯

趣味题点：选自唐代王昌龄的《闺怨》，全诗为：闺中少妇不知愁，春日凝妆上翠楼。忽见陌头杨柳色，悔教夫婿觅封侯。

5. 长风破浪会有时，(　　　)。

答案：直挂云帆济沧海

趣味题点：选自唐代李白的《行路难》，全诗在高度彷徨与大量感叹之后，以“长风破浪会有时”忽开异境，并且坚信美好前景终会到来，因而“直挂云帆济沧海”，激流勇进。蕴意波澜起伏，跌宕多姿。

趣味乐园

风行于世的我国七大古籍

《三字经》：1989年10月，第一部英译《三字经》由新加坡教育出版社向世界各国发行。联合国教科文组织已将《三字经》选作《儿童道德丛书》之一。

《道德经》：在美国已成为研究东方伦理思想的必修课，宗教界人士对它有浓厚的兴趣。

《菜根谭》：是我国明末的一部伦理著作，日本人奉其为集儒、道、佛教精神为一体的经典佳作。

《红楼梦》：在日本相继出版的节译或全译的日文版本有10余种，并有英、法、德、意、荷兰、罗马尼亚、匈牙利和俄文等多种译文。

《孙子兵法》：世界各国的企业家把它视为指导现代社会经济管理、经营战略、企业决策和市场竞争的重要准则。

《周易》：17世纪便传入了欧洲。

《唐诗》：近年来，西方研究唐诗的专著和作品逾百种。

第三关 闯关进行时

社会向文学提供素材，文学向社会提供规范。

——郭沫若

一、快速判断

1. “满纸荒唐言，一把辛酸泪，都云作者痴，谁解其中味？”这是我国古典文学名著《红楼梦》的开卷诗。

答案：对

趣味题点：《红楼梦》又称《石头记》，被认为是中国最具文学成就的古典小说，是中国长篇小说创作的巅峰之作。《红楼梦》的第一回，作者曹雪芹有几句自我评价：“满纸荒唐言，一把辛酸泪。都云作者痴，谁解其中味？”

2. 在安徒生童话《海的女儿》里，小美人鱼变成人是为了见到王子。

答案：对

趣味题点：《海的女儿》是安徒生所有童话中最著名的篇章之一，这则童话讲述了海底人鱼国的小妹在海难中救了王子，并开始向往人类的生活。为了与王子再次见面，她用美妙的嗓音与巫婆换取了一双人类的腿，然而当她出现在王子面前的时候，王子却已经不记得她了。

3. 《悲惨世界》的主人公冉阿让因为偷了一个烛台而服了19年的苦役。

答案：错

趣味题点：在《悲惨世界》里，主人公冉阿让是为了几个快要饿死的孩子偷了一块面包，从而被判了19年苦役，在滑铁卢战役那年获释。

4. 世界上最长的叙事长诗是《孔雀东南飞》。

答案：错

趣味题点：《格萨尔王传》是藏族长篇英雄史诗，也是迄今为止世界上最长的叙事诗。它主要流传于藏族地区。《格萨尔王传》是我国藏族同胞世代创造的艺术精品。全书100多部，100多万行诗，比较重要的有30多部。这部史诗叙述格萨尔一生的丰功伟业。

5. “一叶浮萍归大海”的下句是“人生何处不相逢”。

答案：对

趣味题点：“一叶浮萍归大海，人生何处不相逢”出自吴承恩的《西游记》。

二、请根据提示写出下列作品或人物的名字

1. 他是一位享誉海内外的著名作家，曾经创办杂志《人间世》、《宇宙风》等，提倡“以自我为中心，以闲适为格调”的小品文。他用英文创作的长篇小说《京华烟云》曾获诺贝尔文学奖提名。

答案：林语堂

2. 我国有一部古典名著，它最早的德文译名是《强盗与士兵》，法文译名是《中国的勇士们》，英文译名是《在河边发生的故事》。

答案：《水浒传》

3. 他是一位满族人，曾被授予“人民艺术家”的称号，他的话剧作品《茶馆》以一座茶馆作为舞台，展开了清末戊戌维新失败、民国初年北洋军阀盘踞时期、国民党政权崩溃前夕三个时代的生活场景和历史动向，写出了旧中国的日趋衰微，揭示必须寻找别的出路的真理，是当代中国话剧舞台最享盛名的保留剧目。

答案：老舍

4. 他是美国最著名的短篇小说家之一，曾被誉为美国现代短篇小说之父。他善于描写美国社会尤其是纽约百姓的生活。他的作品构思新颖，语言诙谐，富于生活情趣，被誉为“美国生活的幽默百科全书”。其中一些名篇如《警察与赞美诗》、《麦琪的礼物》、《最后一片藤叶》等使他获得了世界声誉。

答案：欧·亨利

5. 她是《红楼梦》中的一位人物，她在小说中“未见其人，先闻其声”，她最善弄权术，最后落了个“机关算尽太聪明，反误了卿卿性命”的悲剧下场。

答案：王熙凤

三、智慧选择

1. “诺贝尔文学奖”获得者海明威的著名小说《丧钟为谁而鸣》是以哪次战争为背景的？（　　）

A．第一次世界大战　　B．第二次世界大战

C．西班牙内战　　D．美西战争

答案：C

海明威像

趣味题点：1936 年初秋到 1939 年春的西班牙内战早已成为历史陈迹，今天已不大为人们所提及。然而它实际上是第二次世界大战欧洲战线的序幕，是全世界进步力量和德意法西斯政权之间的第一次较量。以文学形式来反映这一历史的作品为数不多，而今天尚被人推崇、阅读的恐怕就只有这一部《丧钟为谁而鸣》了。

2. 《水浒传》的第三回“鲁提辖拳打镇关西”，第二拳打在郑屠的：______。

A．鼻子上　　B．眼睛上　　C．嘴巴上　　D．太阳穴上

答案：B

趣味题点：第一拳：“扑的只一拳，正打在鼻子上，打得鲜血迸流，鼻子歪在半边，却便似开了个油酱铺，咸的、酸的、辣的，一发都滚出来。”第二拳：“提起拳头来就眼眶际眉梢只一拳，打得眼棱缝裂，乌珠迸出，也似开了个彩帛铺的，红的、黑的、绛的，都绽将出来。”第三拳：“又只一拳，太阳上正着，却似做了一个全堂水陆的道场，磬儿、钹儿、铙儿一齐响。”

3. 我国四大名著之一的《西游记》共有多少回？（　　）

A．95　　B．100　　C．120　　D．130

答案：B

趣味题点：《西游记》全书 100 回，第 1 ～ 7 回写孙悟空出世至大闹天宫，第 8 ～ 100 回写唐僧师徒历经八十一难，去西天大雷音寺取经。

4. 拉丁美洲作家马尔克斯的《百年孤独》是一部：______。

A．魔幻现实主义作品　　B．批判现实主义作品

C．浪漫主义作品　　D．现代主义作品

答案：A

趣味题点： 马尔克斯因为这部作品曾获得1982年的诺贝尔文学奖。魔幻现实主义是20世纪中期拉丁美洲小说创作中的一个流派。

5. 《红楼梦》中"才自精明志自高，生于末世运偏消"指的是：______。

A．薛宝钗　B．探春　C．王熙凤　D．袭人

答案：B

趣味题点： 探春是贾府的三小姐，贾政之妾赵姨娘之女。"才自精明志自高"，指的是她的志向高远，精明能干，清醒精敏；"生于末世运偏消"，写她生于封建社会衰亡的末世，又是庶出的不幸，"才"、"志"不能得到充分发挥的可惜。

四、连线题

1. 《三国演义》中运用火攻的战役较多，下列火攻的主要对象各自是什么？

A．濮阳之火　a．烧船
B．乌巢之火　b．烧森林
C．博望之火　c．烧城门
D．赤壁之火　d．烧粮
E．枭亭之火　e．烧山谷

答案：A——c；B——d；C——b；D——a；E——e。

2. 将下列人物与其住处连起来。

A．薛宝钗　a．怡红院
B．林黛玉　b．蘅芜院
C．宝玉　c．潇湘馆
D．李纨　d．秋爽斋
E．探春　e．稻香村
F．惜春　f．蓼风轩

答案：A——b；B——c；C——a；D——e；E——d；F——f。

3. 将下列雅号与对应的诗人连接上。

A．诗魔　a．李贺
B．诗鬼　b．白居易
C．诗瓢　c．唐球
D．青莲居士　d．苏轼

E. 东坡居士　　　　　　　　　　e. 李白

答案：A——b；B——a；C——c；D——e；E——d。

4. 将下列诗句与描写的季节景色连上。

A. 窗含西岭千秋雪，门泊东吴万里船。　　a. 春天

B. 肠断江城雁，高高正北飞。　　b. 夏天

C. 稻花香里说丰年，听取蛙声一片。　　c. 秋天

D. 天街小雨润如酥，草色遥看近却无。　　d. 冬天

答案：A——d；B——c；C——b；D——a。

5. 将下列作品与对应的作者连接上。

A. 《死魂灵》　　a. 雨果

B. 《双城记》　　b. 莫里哀

C. 《巴黎圣母院》　　c. 果戈理

D. 《悭吝人》　　d. 托尔斯泰

E. 《战争与和平》　　e. 狄更斯

答案：A——c；B——e；C——a；D——b；E——d。

狄更斯像

趣味乐园

中国文艺之最

第一部古代文学作品选集《昭明文选》，即《文选》。它是由南朝梁文学家萧统(501—531年)编纂的，共30卷。它以“事出于沉思，文归乎翰藻”为准则，分赋、诗、骚、诏、册、令等38类，计诗歌、辞赋、杂文共752篇。

第一部诗歌评论专著《诗品》，是南朝齐梁时文学批评家钟嵘编著的。全书共3卷，对从汉至梁的122个诗人分别作了评价，分为上中下三品。

第一部完备的歌谣谚语总集《古谣谚》是由清代杜文澜辑的。

第一部戏曲发展史的研究专著《宋元戏曲史》由清末民初王国维编著。它为研究我国古代戏曲的发展提供了十分珍贵的资料。

第一部笔记小说集《世说新语》，由南北朝宋刘义庆著，全书分德行、言语、政事、文字、术解、考艺等36门。

第四关 闯关加油站

对文学工作的渴望基本上是个人的一种自然的、健康的愿望。他想用文字来表现和描绘人们的内心生活和外部生活的无穷尽的、形形色色的现象，借此达到与人民群众的结合。

——高尔基

一、快速判断

1. 当代著名诗人顾城写道："黑夜给了我黑色的眼睛，我用它来寻找光明。"这两句是这首诗的开头。

   答案：错

趣味题点：这首诗题为《一代人》，就这两句，是顾城诗歌作品中最短的一首，这首诗一经发表，立即引起了诗坛的注意并产生了广泛的反响，被认为有高度的历史概括性和强烈的艺术力量。

2. 中国旧时流行的《百家姓》始写于唐朝。

   答案：错

趣味题点：《百家姓》本是北宋初年钱塘的一个书生所编撰的蒙学读物，将常见的姓氏编成四字一句的韵文，像一首四言诗，便于诵读和记忆，因此，流传至今，影响极深。《百家姓》本来收集411个姓，后增补到504个姓，其中单姓440个，复姓60个。

3. "余音绕梁三日不绝"本意是称赞讲学的声音。

   答案：错

趣味题点：这句话源于《列子》中的一个故事：周朝时，韩国女歌手韩娥去齐国，路过雍门时断了钱粮，无奈只得卖唱求食。她那凄婉的歌声在空中回旋，如孤雁长鸣。韩娥离去三天后，其歌声仍缠绕回荡在屋梁之间，令人难以忘怀。

4. 艺术形象"繁漪"是巴金在长篇小说《家》中塑造的。

答案：错

趣味题点：繁漪是著名剧作家曹禺先生在《雷雨》中塑造的人物形象，是中国现代文学史上少有的、极富个性特征的文学形象之一。

5. 鲁迅说它是一部“半真半假的书籍”，它的书名是《搜神记》。
答案：对

趣味题点：《搜神记》这部书据《隋书·经籍志》、《旧唐书·经籍志》和《新唐书·艺文志》记载原为30卷，及至流传到宋代，原书便亡失了。今本《搜神记》共20卷，是由后人缀辑增益而成的。鲁迅先生曾经评价《搜神记》是一部“半真半假的书籍”。

二、请根据提示说出下列人物或著作的名字

1. 他是一位诺贝尔文学奖获得者；他曾经多次来到中国，跟诗人徐志摩结下了很深的友谊；他的代表作有诗集《飞鸟集》、《新月集》，长篇小说《沉船》等。他的《人民的意志》一诗被定为印度国歌。
答案：泰戈尔

2. 他是意大利的伟大诗人，文艺复兴的先驱；他曾经被恩格斯称为“中世纪的最后一位诗人，同时又是新时代的最初一位诗人”。他的主要作品为《神曲》，这部作品以幻想形式，写但丁迷路，被人导引神游三界。在地狱中见到贪官污吏等受着惩罚，在净界中见到贪色贪财等较轻罪人，在天堂里见到殉道者等高贵的灵魂。
答案：但丁

3. 这部作品是法国现实主义作家司汤达的代表作，它开创了后世“意识流小说”、“心理小说”的先河，在今天仍被公认为欧洲文学皇冠上一枚最为璀璨精致的艺术宝石，是文学史上描写政治黑暗最经典的著作之一。作品所塑造的“少年野心家”于连是一个具有高度典型意义的人物形象，已成为个人奋斗的野心家的代名词。
答案：《红与黑》

4. 这部作品是张爱玲最出色的中篇小说，美国学者夏志清曾经推之为“中国从古

以来最伟大的中篇小说”。 在这部作品里面，张爱玲出色地展示了主人公曹七巧从一个健康单纯的姑娘变成一个丧失人性、为金钱所困的变态的疯子的过程。

答案：《金锁记》

5. 这部作品是当代著名作家余华 1995 年创作的一部长篇小说，它以博大的温情描绘了磨难中的人生，以激烈的故事形式表达了人在面对厄运时求生的欲望。小说讲述了主人公许三观靠着卖血渡过了人生的一个个难关，战胜了命运强加给他的惊涛骇浪，而当他老了，知道自己的血再也没有人要时，精神却崩溃了。

答案：《许三观卖血记》

三、智慧选择

1. 下列不是南唐后主李煜作品的是：______。

A．春归何处？寂寞无行路。若有人知春去处，唤取归来同住。

B．无言独上西楼，月如钩，寂寞梧桐深院锁清秋。

C．林花谢了春红，太匆匆，无奈朝来寒雨晚来风。

D．人生愁恨何能免？销魂独我情何限！故国梦重归，觉来双泪垂。

答案：A

趣味题点： A 项出自宋朝黄庭坚的《清平乐》，全词为：春归何处？寂寞无行路。若有人知春去处，唤取归来同住。春无踪迹谁知？除非问取黄鹂。百啭无人能解，因风飞过蔷薇。

2. 歌德的小说《少年维特之烦恼》中，维特为何而烦恼？（　　）

A．单恋　　B．失恋　　C．老是没有零花钱　D．功课太忙

答案：A

趣味题点： 该小说中主人公维特爱上了已订婚的朋友夏绿蒂难以自拔，终致自杀。

3. 中国现代文学馆的正门上，安有一只手做的门手，进门者都可与大师握手。这只手是按一位文学大师的手膜用青铜铸造而成的。这位大师是：______。

A．鲁迅　　B．郭沫若　　C．茅盾　　D．巴金

答案：D

4. “打起黄莺儿，莫教枝上啼。”这名晚唐女子为什么要这样做？（　　）

A．声音不好听　　B．干扰应试迎考

C．影响了弹琴　　D．搅了思念征人的梦

答案：D

趣味题点：诗出自金昌绪《闺怨》。下句是“啼时惊妾梦，不得到辽西”。这是一首抒写儿女之情的小诗，却有深刻的时代内容。它是一首怀念征人的诗，反映了当时兵役制度下广大人民所承受的痛苦。

5. 我国古代诗歌史上被称为“双璧”的一篇是《孔雀东南飞》，另一篇是：______。

A．《木兰诗》　B．《长恨歌》　C．《琵琶行》　D．《春江花月夜》

答案：A

趣味题点：“乐府双璧”即《木兰诗》和《孔雀东南飞》的喻称。《木兰诗》又名《木兰辞》，是北朝民歌；《孔雀东南飞》又名《古诗为焦仲卿妻作》，是古乐府民歌的代表作之一，也是保存下来的最早的一首长篇叙事诗。《木兰诗》，北朝民歌，也是我国古典诗歌中不可多得的优秀叙事长诗之一，选自宋代郭茂倩编的《乐府诗集》，长达300余字。

四、连线题

1. 关于《水浒传》的连线题。

A．误入白虎堂　　a．时迁

B．大闹飞云浦　　b．林冲

C．火烧翠云楼　　c．吴用

D．智赚玉麒麟　　d．武松

答案：A——b；B——d；C——a；D——c。

2. 将下列人物中有母女关系的连起来。

A．王夫人　　a．探春

B．贾敏　　b．宝钗

C．薛姨妈　　c．黛玉

D．赵姨娘　　d．贾敏

E．贾母　　e．元春

答案：A——e；B——c；C——b；D——a；E——d。

3. 下面四首古诗都含有我国民间的传统节令，诗中所表示的节令分别是什么？

A．去年元月时，花市灯如昼。
月上柳梢头，人约黄昏后。　　a．七夕

B．银烛秋光冷画屏，轻罗小扇扑流萤。
天街夜色凉如水，卧看牵牛织女星。　　b．重阳

C．细雨成阴近夕阳，湖边飞阁照寒塘。
黄花应笑关山客，每岁登高在异乡。　　c．春节

D．爆竹声中一岁除，春风送暖入屠苏。
千门万户曈曈日，总把新桃换旧符。　　d．元宵

答案：A——d；B——a；C——b；D——c。

4. 将下列作家与作品联系起来。

A．显克微支　　a．《十日谈》
B．薄伽丘　　b．《罗亭》
C．屠格涅夫　　c．《十字军骑士》
D．拜伦　　d．《唐璜》

答案：A——c；B——a；C——b；D——d。

5. 将下列作者与国家联系起来。

A．雪莱　　a．德国
B．司汤达　　b．苏联
C．席勒　　c．西班牙
D．法捷耶夫　　d．法国
E．塞万提斯　　e．英国

答案：A——e；B——d；C——a；D——b；E——c。

雪莱像

趣味乐园

作家笔名趣谈

鲁迅，原名周樟寿，字豫才，后改名为周树人。1918 年发表《狂人日记》，署名鲁迅。其理由是：鲁迅的母亲姓鲁；周、鲁是同姓之国；有取愚鲁而迅速之意。

茅盾，原名沈雁冰。第一次国内革命战争失败后，他受到通缉，不能用真名发表文章。此时，他看到现实生活中的许多矛盾，也有自己思想上的矛盾，于是在《幻灭》这部小说上署名“矛盾”，含有“嘲笑”之意。出版时，编者叶圣陶给添了个草头，成了“茅盾”。其理由是：百家姓里没有姓“矛”的；这个名字含有“激进”之意，恐招致麻烦。

老舍，原名舒庆春，字舍予，意即“舍我”——放弃私心和个人利益，也含有奉献自己之意。后来，他又取“舍予”中的头一个字，加上一个“老”字，便成了“老舍”。1926 年，发表长篇小说《老张的哲学》时，他正式署名“老舍”。

第五关 闯关大冲刺

只要人越来越堕落，文学也就一落千丈。

——歌 德

一、判断题

1. 被誉为“靖节先生”的陶渊明是我国第一位田园诗人。

答案：对

趣味题点： 陶渊明，一名潜，字元亮，自号五柳先生，谥靖节，我国第一位杰出的田园诗人。有《陶渊明集》，代表作有《桃花源记》、《归去来兮辞》、《归园田居》、《饮酒》等。

2. 斯芬克斯之谜中的“斯芬克斯”是指希腊神话中的女妖。

答案：对

趣味题点：斯芬克斯是希腊神话里一个带翼的怪物。她是巨人堤丰和蛇怪厄喀德娜所生的女儿之一，长着美女的头、狮子的身子，总在底比斯城外悬崖上蹲着，对路过的人说谜语。

3. “非礼勿视，非礼勿听，非礼勿言，非礼勿动”出自我国《论语·颜渊篇》。

答案：对

趣味题点：这句话的译文为：不合于礼的不要看，不合于礼的不要听，不合于礼的不要说，不合于礼的不要做。

4. 希腊神话中宙斯自己生的孩子是雅典娜。

答案：对

趣味题点：传说雅典娜是宙斯与聪慧女神墨提斯所生，因有预言说墨提斯所生的儿女会推翻宙斯，宙斯遂将她整个吞入腹中，因此宙斯得了严重的头痛症。包括药神阿波罗在内的所有山神试图对他实施治疗，但结果都是徒劳的。众神与人类之父宙斯只好要求火神赫斐斯托斯打开他的头颅，火神那样做了。令诸神惊讶的是：一位体态婀娜、披坚执锐的女神从裂开的头颅中走了出来，光彩照人，仪态万方。她就是智慧与知识女神雅典娜，也是雅典的守护神。

5. 我国第一部神话小说是《西游记》。

答案：错

趣味题点：我国第一部神话小说是《山海经》。《山海经》是先秦古籍，是一部富有神话传说色彩的最古地理书。它主要记述古代地理、物产、神话、巫术、宗教等，也包括古史、医药、民俗、民族等方面的内容。旧说本书为夏禹时作，不可信，大约出于周秦间人的记载；成书非一时，作者亦非一人，到西汉刘秀（歆）校书之时才合编在一起。

6. 莎士比亚的“四大喜剧”是他早期的作品，“四大悲剧”是他第二个创作时期的作品。

答案：对

趣味题点：莎士比亚是英国文艺复兴时期的伟大戏剧家，被誉为英国戏剧之父。他一生以饱满的热情写了37部戏剧。其中有四大喜剧：《仲夏夜之梦》、《无事烦恼》、《皆大欢喜》、《第十二夜》；四大悲剧：《哈姆雷特》、《奥赛罗》、《李尔王》、《麦克佩斯》。

莎士比亚的四大喜剧，是他早期的作品，充满着人文主义的理想。而四大悲剧是他第二个创作时期的作品。在这个时期，他已看清了理想和现实之间存在着不可克服的矛盾。他反对暴力，主张人道，他同情人民的疾苦，但他又看到了人的作用，这促使他写出了抑郁的悲剧。

二、智慧选择

1. 《红楼梦》中描写的宁国府和荣国府坐落在一条街上，这两家的位置是：______。

A．东西相连　　B．南北相连

答案：A

趣味题点： 第二回中雨村道："去岁我到金陵地界，因欲游览六朝遗迹，那日进了石头城，从他老宅门前经过。街东是宁国府，街西是荣国府，二宅相连，竟将大半条街占了。"

2. 在《三国演义》里，"关羽温酒斩华雄"的那杯酒是谁让斟上的？（　　）

A．袁绍　　B．刘备　　C．曹操

答案：C

趣味题点：《三国演义》第五回中写到，关羽请命战华雄，出阵前曹操为他倒了一杯酒；待斩了华雄后，酒还是温热的。

3. 诸葛亮"挥泪斩马谡"，是因为马谡刚愎自用，失掉了：______。

A．街亭　　B．荆州　　C．麦城

答案：A

趣味题点：《三国演义》中写到，蜀魏交战，司马懿兵至祁山，因街亭是汉中咽喉要地，诸葛亮料定魏军必来争夺，派马谡驻守。马谡刚愎自用，自作主张扎营于山顶，结果兵败，街亭失守。诸葛亮爱其才，但军法无情，只得挥泪斩之。

4. "半路出家"在小说《西游记》中说的是谁？（　　）

A．孙悟空　　B．猪八戒　　C．沙和尚

答案：B

趣味题点：《西游记》第十九回中写到，猪八戒打入水中，那妖怪见了猪八戒的钉耙，便有意气他："你是个半路出家的和尚。"猪八戒问："何见得？"妖怪说："你的钉耙是种地用的，你是给人家干活逃跑后才当的和尚。"

5. 安徒生童话中"卖火柴的小女孩"在寒冷的风雪中点燃火柴时，在火焰中看到了谁？（　　）

A. 爸爸　　B. 妈妈　　C. 祖母　　D. 姐姐

答案：C

趣味题点：卖火柴的小姑娘在寒冷中点燃了火柴取暖，在火焰中她看见了已经死去的、十分疼爱她的老祖母，亮光中祖母把小姑娘抱在怀中飞走了。

三、请根据叙述说出相关人物的名字

1. 请在叙述过程中抢答：这位著名作家是谁？

(1) 他出生于法国一个中产阶级家庭。在他生活的时代，法国正处在一个大动荡、大变动的历史时期。

(2) 他曾说："拿破仑用宝剑未完成的大业，我将用笔来完成。"经过不懈的努力，他最终成为法国著名的批判现实主义作家。

(3) 从1829年到1850年的20年时间里，他写了《高老头》、《欧也妮·葛朗台》等长篇小说。

答案：巴尔扎克

2. 请在叙述过程中抢答：这个人物是谁？

(1) 他是19世纪欧洲著名诗人，曾发表过许多表现爱国思想的诗歌，如《九月的最后一天》、《我的歌》等。

(2) 1849年，奥地利和俄国以30多万兵力联合进攻匈牙利，他参加了保卫革命成果的殊死决斗，英勇牺牲，年仅26岁。

(3) 他用自己短暂的一生实践了他的著名诗句："生命诚可贵，爱情价更高。若为自由故，二者皆可抛。"

答案：裴多菲

3. 请在叙述过程中抢答：这个人物是谁?

(1) 他于1895年出生于福建永安，青年时受梁启超等人作品的影响，立志要做一个新闻记者。

(2) 他 1926 年接办《生活》周刊，使该刊由只讲职业教育和青年修养转变为讨论社会政治问题。

(3) 他是我国杰出的新闻出版家、报刊评论家，主张办报刊要有“创造的精神”，中华人民共和国政府新闻奖就以他的名字命名。

答案：邹韬奋

4. 请在叙述过程中抢答：这位诗人叫什么名字？

(1) 他 1910 年出生于一个封建地主家庭，但自幼被寄养在一个农民家中。

(2) 1928 年他高中毕业后考入杭州国立西湖艺术学院绘画系，后赴法国勤工俭学，专修绘画，课余也读了不少哲学及文学方面的书，喜爱诗歌。

(3) 1932 年回国，参加中国左翼美术家联盟。

答案：艾青

5. 请在叙述过程中抢答：这位画家叫什么名字？

(1) 他在山东做过 13 年县官，由于不满朝廷的腐败，毅然罢官回扬州老家以卖画为生。

(2) 他是“扬州八怪”之一，擅画兰竹并题以直抒胸臆、时出新意的诗、跋，以寄托自己的人生观。

(3) 他曾为后人留下一句名言“难得糊涂”。传世画作有《竹石图》、《芝兰全性图》、《兰石图》等。

答案：郑板桥

四、趣味抢答

1. 请把下列世界著名作家与各自的特征用线连接。

A. 荷马	a. 苏联无产阶级文学奠基人
B. 但丁	b. 古希腊诗人
C. 歌德	c. 意大利诗人
D. 莎士比亚	d. 德国诗人、剧作家、思想家
E. 泰戈尔	e. 英国文艺复兴时期戏剧家
F. 鲁迅	f. 印度作家、诗人和社会活动家
G. 列夫·托尔斯泰	g. 中国现代伟大的文学家、思想家、革命家
H. 雨果	h. 俄国文学巨匠

I. 拜伦　　　　　　　　　i. 法国著名作家
J. 高尔基　　　　　　　　j. 英国积极浪漫主义诗人

答案：A——b；B——c；C——d；D——e；E——f；F——g；G——h；H——i；I——j；J——a。

2. 请在下面几句诗的末尾填上一个表示颜色的字。

(1) 蜀江水碧蜀山______。
(2) 断无消息石榴______。
(3) 细柳新苗为谁______。
(4) 春来江水绿如______。

答案：(1) 青 (2) 红 (3) 绿 (4) 蓝。

福楼拜像

3. 请问小仲马、福楼拜的处女作分别是什么？

答案：小仲马《茶花女》；福楼拜《包法利夫人》。

4. 在下面空格中填上花的名称。

(1) 忽如一夜春风来，千树万树______开。
(2) 人闲______落，夜静春山空。
(3) 小楼一夜听春雨，深巷明朝卖______。
(4) 待到重阳日，还来就______。

答案：(1) 梨花 (2) 桂花 (3) 杏花 (4) 菊花

趣味乐园

诗词术语

律诗：近体诗之一体，全首八句，每句五字者为五律，每句七字者为七律，中间四句必须对偶工整。全诗有一定的平仄声调。

绝句：近体诗之一体，共四句，每句五字或七字，通常散行，一般后二句对偶较多见。

词：中国旧体韵文文体之一，始于唐，盛于宋代，亦称长短句。每首都有调名，称词牌，须按一定的阕数、句数、字数、用韵、平仄等填写，谓之填词。

韵：和谐的声音称为韵，诗一般都要押韵。中国的诗歌通常两句一韵，押在双句之末，古体诗的声调较自然，以读来顺口为标准，近体诗则有一定的平仄规律。

平仄：中国语言中有平上去入四声，四声中除平声之外，其他都是仄声。

对偶：一种文章修辞法，可以两事相类，两事相连，两事相偶，也可以两事含义相反，如“口蜜”对“腹剑”。

用典：多半是引用历史典故或神话中的片段。

Chapter 5

第五章 字海拾趣

语言文字是思想的酒杯。汉字是最美丽的语言文字之一，无论是结构的匀称规则，还是形象的简约奇特；无论是读诵的音韵旋律，还是字义的丰富深奥，汉字给人的美感是世界上其他任何文字都无法匹敌的。

第一关 闯关总动员

世界上有一个伟大的国家，它的每一个字，都是一首优美的诗，一幅美丽的画，你要好好地学习，我说的这个国家就是中国。

——尼赫鲁

一、快速判断

1. 对联的上联应贴在门框的左边。
   答案：错

趣味题点：对联的上联应贴在门框的右边。

2. 国家公务员应达到的普通话等级是不低于二级乙等（80—87分）。
   答案：对

趣味题点：普通话水平测试是一种口语测试，全部测试内容均以口头方式进行。普通话水平测试不是口才的评定，而是对应试人掌握和运用普通话所达到的规范程度的测查和评定。

3. 我国周边一些国家曾经使用汉字，目前日本、朝鲜仍在部分地区使用汉字。
   答案：错

趣味题点：日本与韩国仍在某些场合使用汉字。

4. “安乐窝”这个词中，“窝”原指鸟巢。
   答案：错

趣味题点：“安乐窝”这个词中，“窝”原指人的住宅。据《宋史·邵雍传》载：宋代哲学家邵雍居于洛阳时，司马光等人曾为他买了一所庄园住宅。他在此耕种劳作，自给自足，并给住宅取名“安乐窝”。

5. “一唱三叹”中的“叹”字本义是叹息。
   答案：错

趣味题点：“一唱三叹”中的“叹”字本义是附和。《荀子·礼论》：“清庙之歌，一唱而三叹也。”意思是一个人歌，三个人相和。后多用来形容音乐、诗文优美。

二、智慧选择

1. “屡见不鲜”指多次看到就不觉得新奇，“鲜”字的本意是指：______。

A. 新来的门客　　B. 新杀的禽兽　　C. 新捕的鱼

答案：B

趣味题点：鲜，本指新杀的禽兽，引指新鲜。“屡见不鲜”原意是说对于常客就不必宰杀禽兽来款待了。

2. 祝寿用语“寿比南山”中的南山指的是哪座山？（　　）

A. 西安终南山　　B. 南面的山　　C. 三亚南山

答案：A

趣味题点：终南山简称南山，是秦岭山脉的一段，为道教发祥地之一。“寿比南山”指像南山一样长久，用于祝人长寿。

3. “阡陌”的“陌”是田间什么方向的小路？（　　）

A. 东西方向　　B. 南北方向

答案：A

趣味题点：阡是南北方向的小路，陌是东西方向的小路。

4. 成语“夜郎自大”中的夜郎是指什么？（　　）

A. 国家　　B. 学者　　C. 国王

答案：A

趣味题点：汉朝的时候，在西南方有个名叫夜郎的小国家，它虽然是一个独立的国家，可是国土很小，百姓也少，物产更是少得可怜。但是由于邻近地区以夜郎这个国家最大，从没离开过国家的夜郎国国王就以为自己统治的国家是全天下最大的国家。

5. 成语“张袂成荫”中的袂指的是什么？（　　）

A. 衣襟　　B. 袖身　　C. 腰带

答案：B

趣味题点： 成语“张袂成荫”指张开袖子能遮掩天日，成为阴天。形容人多。

6. 秦始皇灭六国后，统一了全国文字，这种汉字称作：______。

A. 隶书　　B. 小篆　　C. 楷书　　D. 行书

答案：B

趣味题点： 秦统一后，诏书发至桂林，当地人均不认识。这种状况无疑妨碍了各地经济、文化的交流，也影响了中央政令的畅通。李斯等人整理文字，创造出一种形体匀圆齐整、笔画简略的新文字“小篆”，后来又出现“隶书”。文字统一，对华夏民族的发展和文化的传播，有着积极的意义。

7. “刑天舞干戚，猛志固常在”的“戚”是指一种斧，那么“干”是指：______。

A. 盾牌　　B. 矛　　C. 刀　　D. 剑

答案：A

趣味题点： 干是盾，戚是斧。语出陶渊明《读山海经》诗。刑天，神话人物，因和天帝争权，失败后被砍头，但他不服输，以两乳为目，肚脐为嘴，依然持着盾牌，挥舞着板斧。

8. 下列数词是实数的一项是：______。

A. 三人行，必有我师焉　　B. 军书十二卷

C. 三十功名尘与土，八千里路云和月　　D. 三十而立事无成

答案：D

趣味题点： 关键是对上下文的理解，当碰到的事物是无法数尽的，或者在文中上下文关系不可能只由三个或几个组成时就是多的意思，实指为几一定能够找到具体的数字与之对应。

9. 成语“趋之若鹜”中的“鹜”是指哪一种动物？（　　）

A. 马　　B. 乌鸦　　C. 野鸭　　D. 老鹰

答案：C

趣味题点： 趋：快走，鹜：野鸭。趋之若鹜比喻像鸭子一样成群跑过去，很多人争着赶去。清代曾朴《孽海花》第二十七回：“京外的官员，哪个不趋之若鹜呢！”

10. “弄璋”是指生了：______。

A. 男孩　　B. 女孩

答案：A

趣味题点： 从前，把生男孩子叫“弄璋之喜”，生女孩子叫“弄瓦之喜”。“弄璋、弄瓦”典出《诗经·小雅·斯干》：“乃生男子，载寝之床，载衣之裳，载弄之璋。……乃生女子，载寝之地，载衣之裼，载弄之瓦。”璋是好的玉石；瓦是纺车上的零件。男孩弄璋、女孩弄瓦，实为重男轻女的说法。

三、趣味抢答

1. 请举出以一、二、三、四、五、六、七、八、九、十开头的俗语（包括成语、惯用语等）。例如，一是一，二是二。

答案：一不做，二不休；一心一意；二一添作五；三心二意；三下五除二；三人行，必有我师；四通八达；五花八门；六六大顺；七上八下；八九不离十；八仙过海，各显神通；九九归一；九牛二虎之力；十有八九；十拿九稳。

2. 说出歇后语的后半部分。

矮子坐高凳——（　　）；八月的核桃——（　　）
稻草人救火——（　　）；擦脂粉进棺材——（　　）
炒咸菜放盐巴——（　　）；厕所里挂个钟——（　　）
外甥打灯笼——（　　）；猪鼻子插葱——（　　）

答案：够不着；挤满了人（仁）；引火上身、同归于尽；死要面子；太闲（咸）了；有始（屎）有终（钟）；照舅（旧）；装象。

3. 在下列方框中填成语，表示前后两个字之间的变化关系。

例如：念——有——口——无——心——含
杭——（ ）——（ ）——（ ）——（ ）——航
忍——（ ）——（ ）——（ ）——（ ）——想
感——（ ）——（ ）——（ ）——（ ）——喊
题——（ ）——（ ）——（ ）——（ ）——页

答：（木已成舟）；（拔刀相助）；（有口无心）；（一无是处）。

4. 请将下列词语和相应经典著作连接起来。

A．消息　　　　a．《易经》
B．先生　　　　b．《庄子》

C．华夏　　　　c．《论语》
D．斧正　　　　d．《诗经》
E．流火　　　　e．《左传》

答案：A——a；B——c；C——e；D——b；E——d。

5．请将下列成语与其相对应的方面用线连接起来。

A．雍容娴雅　　　　a．形容不拘小节
B．轩然霞举　　　　b．形容举止态度
C．不修边幅　　　　c．形容俊美潇洒
D．横槊赋诗　　　　d．形容英雄气概

答案：A——b；B——c；C——a；D——d。

趣味乐园

毛泽东智解姓氏

国共重庆谈判期间，毛泽东的一首《沁园春·雪》，以其大气磅礴的笔触、宏伟壮观的意境，在山城重庆的文艺界引起轰动。当时文艺界的名流，借谈判的空隙，邀请毛泽东作了一次演讲。演讲结束后，有人问道："假如这次谈判失败，国共全面开战，毛先生有没有信心战胜蒋先生？"

毛泽东认真地说："国共两党的矛盾，是代表两种不同利益的矛盾。至于我和蒋先生嘛……"他故意拖了拖腔，又接着说："蒋先生的'蒋'字，是将军的'将'字头上加一棵草，他不过是一个草头将军而已。"说着，便情不自禁地发出了豪放的笑声。

"那毛——"不待有人问完，毛泽东就接上去说："我的毛字，可不是毛手毛脚的'毛'字，而是一个反'手'。"意思就是：代表大多数中国人民根本利益的中国共产党，要战胜代表少数人利益的国民党——易如反掌。

第二关 闯关热身操

一切学问没有速成的，尤其是语言。

——傅雷

一、快速判断

1. 汉字笔画最少的一笔字有三个。
   答案：对

趣味题点： 这三个字是：一、乙和〇。

2. 两家结亲，我们常说他们结成了“秦晋之好”，“秦晋”原指秦国和晋国。
   答案：对

趣味题点： 春秋战国时期征战频繁，有些诸侯国为缓和矛盾而联姻。秦国和晋国结成世代婚姻，所以后人将联姻称为“秦晋之好”。

3. “鹊桥”有时候也被称为“蓝桥”。
   答案：错

趣味题点： 人们常用“鹊桥”表示夫妻相会，而用“魂断蓝桥”形容夫妻关系破裂。据《史记·苏秦列传》记载：公元前320年，苏秦向燕王讲过一个“尾生抱柱”的故事。相传有一个叫尾生的人，与一如花似玉的女子相约于桥下会面，但女子没来，尾生为了不失约，水涨桥面时抱柱死于桥下。据《西安府志》记载，这座桥在陕西省蓝田县的兰峪水上，称为“蓝桥”。从此，人们把夫妻一方失约，而另一方殉情叫做“魂断蓝桥”。

4. 异体字在地名中可以保留使用。
   答案：错

趣味题点： 异体字在姓氏中可以保留使用。

5. 因公共服务需要，招牌、广告、告示、标志牌等使用外国文字并同时使用中文的，应当使用印刷体汉字。

答案：错

趣味题点：因公共服务需要，招牌、广告、告示、标志牌等使用外国文字并同时使用中文的，应当使用规范汉字。

二、智慧选择

1. “东道主”中的“东道”指的是：______。

A．方向　　　　B．方位

答案：A

趣味题点：最早见于左丘明的《左传》一书中的《烛之武退秦师》。文中的烛之武对秦穆公说：“若舍郑以为东道主，行李之往来，共其乏困，君亦无所害……”意思是说：让郑国独立存在，把它作为东方道路上的主人（当时郑国在秦国东方），秦国使者来来往往，让郑国供应他们的资财食用物资，对于您也没有什么害处。这就是“东道主”一词的由来。

2. “来龙去脉”的成语产生于：______。

A．历史研究　　　　B．风水勘探　　　　C．政治事件

答案：B

趣味题点：出自明·吾邱瑞《运甓记·牛眠指穴》：“此间前冈有块好地，来龙去脉，靠岭朝山，处处合格。”

3. “司空见惯”中的“司空”是指：______。

A．唐代一位诗人　　　　B．唐代一位高僧　　　　C．一种官职

答案:C

趣味题点：“司空见惯”这句成语是从刘禹锡“高髻云鬟新样妆，春风一曲杜韦娘，司空见惯浑闲事，断尽苏州刺史肠”这首诗中得来的。诗中所用的“司空”两个字，是唐代一种官职的名称，相当于清代的尚书。

4. “破釜沉舟”这个成语出于哪次战争？（　　）

A．淝水之战　　　　B．长平之战

C．巨鹿之战　　　　D．官渡之战

答案：C

趣味题点：出自《史记·项羽本纪》。公元前207年，项羽的起义军与秦将章邯率领的秦军主力部队在巨鹿（今河北邢台地区）展开大战。项羽不畏强敌，引兵渡漳水（由巨鹿东北流向东南的一条河）。渡河后，项羽命令全军："皆沉船，破釜甑，烧庐舍，持三日粮，以示士卒必死，无一还心。"巨鹿一战，大破秦军，项兵威震诸侯。

5. "留学生"一词是由哪国人创造的？（　　）

A．中国人　　B．法国人　　C．美国人　　D．日本人

答案：D

趣味题点："留学生"这个词是由日本人创造的。唐王朝时，日本政府多次派遣唐使来中国吸取中国的文化。遣唐使因是外交使节，所以日本政府从第二次派遣唐使起，同时派遣"留学生"和"还学生"。"留学生"是当遣唐使回国后仍留在中国学习的学生；"还学生"则在遣唐使回国时一起回国。后来，"留学生"这个词一直沿用下来，现在凡是留居外国学习的学生，都被称作"留学生"。

6. 用"桃李"比喻学生是从什么时候开始的？（　　）

A．春秋　　B．战国　　C．唐代　　D．清代

答案：A

趣味题点：汉朝《韩诗外传》载，春秋时，魏国有个叫子质的大臣，他得势时，曾保荐过许多人，后来丢官只身跑到北方，竟没有一个人帮他。简子劝慰他说："春天种了桃树、李树，夏天可以在树荫下纳凉，秋天还可以吃到可口的果实。可是如种的是蒺藜，到夏天不但不能利用它的叶子，它还会长出刺来扎人。所以，君子培养人才，就像种树一样，应先找好对象，然后再培植啊！"因此，后人就用"桃李"比喻有培养前途的人，如今则泛指学生。

7. 人们常把许多人一拥而起做事叫做"一窝蜂"，"一窝蜂"这个词来自于：______。

A．马蜂窝　　B．一个人的绰号

答案：B

趣味题点："一窝蜂"是南宋时农民起义的一个领袖的绰号，由于他领导的军队浩大，后来人们称他的军队为"一窝蜂"，当时没有贬义。

8. "垂青"一词中的"青"是指什么？

A．青色　　B．一种定情之物

C．黑眼珠　　D．玉石

答案：C

趣味题点：古时候黑眼珠叫青眼，对人正视表示看得起叫青眼相加。

9. “露马脚”这个俗语说的是古代哪位夫人？（　　）

A．孙权的夫人　　B．刘备的夫人

C．朱元璋的夫人　　D．诸葛亮的夫人

答案：C

趣味题点：指明代太祖朱元璋的夫人。因为她姓马，长了一双大脚，老是遮遮掩掩，不好意思，有一次突然露了出来，使她羞愧难当。

10. “期期艾艾”这个成语讲的是西汉的周昌和西晋的邓艾两个人说话时的什么毛病？（　　）

A．口吃　　B．好说谎　　C．喜欢骂人　　D．喜欢无病呻吟

答案：A

趣味题点：这句成语是由“期期”和“艾艾”结合而来的。“期期”见于《史记·张丞相列传》：“臣口不能言，然臣期期知其不可。陛下虽欲废太子，臣期不奉诏。”“艾艾”见于《世说新语·言语》：“邓艾口吃，语称‘艾……艾’。”根据以上记载，后人引申出“期期艾艾”这句成语，形容口吃的人说话不流利。

三、趣味抢答

1. 巧填成语。

最小的邮筒（　　）；最高的人（　　）；

最大的被子（　　）；最大的手术（　　）

答案：难以置信；顶天立地；铺天盖地；脱胎换骨、改头换面。

2. 下面是一些关于“半”字的谜，请写出答案。

(1) 半加半减 (2) 半新半旧 (3) 半晴半雨

答案：(1) 喊；　(2) 昕；　(3) 清。

3. 连线题，找出下列成语和哪些人物有关系。

A．纸上谈兵　　a．廉颇

B．指鹿为马　　　　　　　　b．赵括
C．负荆请罪　　　　　　　　c．赵高
答案：A——b； B——c； C——a。

4．请将下列成语与其相对应的方面用线连接起来。
A．长颈乌喙　　　　　　　　a．形容心形伪善
B．鸱目虎吻　　　　　　　　b．形容阴险狠毒
C．道貌岸然　　　　　　　　c．形容面容憔悴
D．鸠形鹄面　　　　　　　　d．形容相貌凶狠
答案：A——b；B——d；C——a；D——c。

5．请将下面几个词汇来源地用线连接起来。
A．平等　　　　　　　　a．日本
B．摩登　　　　　　　　b．法国
C．芭蕾　　　　　　　　c．印度
D．哲学　　　　　　　　d．英国
答案：A——c；B——d；C——b；D——a。

趣味乐园

祖孙猜谜

相传杜甫自幼聪慧，祖父杜审言（唐初有影响的诗人）十分喜爱杜甫。在金秋的一个黄昏，祖孙二人漫步田野，农夫正忙着收割，杜审言触景有感，便吟诗四句，考考孙儿。诗曰：

四个“不”字颠倒颠，四个“八”字紧相连；
四个“人”字不相见，一个“十”字立中间。

杜甫沉思片刻，便说出了答案。祖父喜上眉梢，笑在心间。杜甫也触景生情，吟出一则四句诗谜，让祖父来猜：

四座大山山对山，四条大川川对川；
四方日暖春光好，四家窗口紧相连。

杜审言沉吟片刻，也猜出了答案。原来，两则诗谜的谜底分别为“米”和“田”。

第三关 闯关进行时

思考是我无限的国度，言语是我有翅的道具。

——席勒

一、快速判断

1. “坐井观天”说的是北宋时期徽宗赵佶、钦宗赵桓二帝被囚的故事，“坐井观天”中的井指的是地窖之类的地穴。

答案：错

趣味题点：1127年金灭北宋后，将徽宗、钦宗二帝押解北方，后将二帝囚禁在五国城（今黑龙江省依兰县）内的一个小院内，后来，二帝相继埋骨于此，二帝“坐井观天”的故事也流传开来，此处的“井”应该是指小院之类的地方。

2. 李白的《静夜思》中“床前明月光”的“床”指的是井栏。

答案：对

趣味题点：“床”作为井栏并成为水井的直观的象征。在古代诗歌中有大量体现。例如，李白的《长干行》其一：郎骑白马来，绕床弄青梅。是说儿童在门前庭院的井边玩耍，而不是在屋内床边。

3. “东山再起”比喻隐退后再任要职，现在通常比喻失势后重新得势。这个成语中的“东山”指的是一个人。

答案：错

趣味题点：“东山再起”的典故出自东晋谢安，相传他40多岁重新出来做官。因为他此前一直隐居在东山，所以后来把他重新出来做官这件事称为“东山再起”。

4. 我国历史上第一部语言文字法——《中华人民共和国通用语言文字法》是从2001年1月1日起开始实施的。

答案：对

趣味题点： 2000年10月31日由第九届全国人大常委会第十八次会议通过《通用语言文字法》，于2001年1月1日起施行，是我国第一部语言文字方面的专项法律，第一次以法律的形式明确了普通话和规范汉字作为国家通用语言文字的地位。

5. 我国是多民族国家，55个少数民族大多有自己的民族语言，有的还有两种以上，目前，中国的语言仅正在使用的就有80多种。

答案：对

趣味题点： 中国的全部少数民族语言分属汉藏语系、阿尔泰语系、南亚语系、南岛语系、印欧语系。

二、智慧选择

1. "敲门砖"一词源于：______。

A．考试　　B．拜师　　C．做官　　D．做生意

答案：A

趣味题点： 古人将八股文的套路练熟后参加科举考试，一旦考中，便将八股文那一套完全抛弃掉。八股文对当时的读书人来说，就像敲门砖一样，一旦进了门，它就毫无用处。现在比喻为达到目的采用的某种手段，目的达到后就抛弃不用了。

2. "一问三不知"中的"三不知"最早是指哪"三不知"？（　　）

A．天、地、人　　D．事情的开始、经过、结果

C．爷爷、爸爸、哥哥　　D．邻里、亲朋、好友

答案：B

趣味题点： "三不知"出自《左传·鲁哀公二十七年》：晋荀瑶带领大军伐郑，当时荀父子认为对敌情不了解，不可轻进。他说道："君子之谋也，始、中、终皆举之，而后入焉。今我三不知而入之，不亦难乎？"据此可知，"三不知"意思是对事情的开始、经过、结局都不了解。

3. "别开生面"最早是杜甫用来赞扬别人的：______。

A．容貌体态　　B．谈吐言辞

C．绘画技巧　　D．服饰打扮

答案：C

趣味题点： "别开生面"语出杜甫的《丹青引》："凌烟功臣少颜色，将军下笔开生

面。”称赞曹霸（将军）绘画技艺高超，使失去光彩的图画重放光彩。后用来形容另创新格局。

4. “名花解语”是用来形容什么的？（　　）

A. 女子非常美丽　　B. 花艳丽

C. 花通人性　　D. 美女善解人意

答案：D

趣味题点：唐玄宗把杨贵妃比做能说话的名花，后来就用“名花解语”来比喻善解人意的美女。

5. 大家在写信时，都会在信的结尾写上“此致”、“敬礼”，“此致”是什么意思？（　　）

A. 表示致敬　　B. 到此为止　　C. 奉上、敬上

答案：B

趣味题点：“此”是指前面信中所写的内容。“此”字的作用在于概指前文，了结全篇。“致”者，尽也，含有无保留地给予或呈献之意。“此致”二字连用，意思是“上面的话都说与你了”。它是一封信的煞尾。

三、绕口令竞赛题

1. 七巷一个漆匠，西巷一个锡匠，七巷漆匠偷了西巷锡匠的锡，西巷锡匠偷了七巷漆匠的漆。七巷一个锡匠，西巷一个漆匠，七巷锡匠偷了西巷漆匠的漆，西巷漆匠偷了七巷锡匠的锡。

2. 打南边来了一个喇嘛，手里提着五斤鳎（tǎ）目；打北边来了一个哑巴，腰里别着一个喇叭。提鳎目的喇嘛，想拿鳎目换哑巴腰里别着的喇叭；别喇叭的哑巴，不愿拿喇叭换喇嘛手里提着的鳎目。提鳎目的喇嘛急了，拿起手里的鳎目打了别喇叭的哑巴一鳎目；别喇叭的哑巴也急了，摘下喇叭打了提鳎目的喇嘛一喇叭。也不知是提鳎目的喇嘛用鳎目打了别喇叭的哑巴一鳎目；还是别喇叭的哑巴用喇叭打了提鳎目的喇嘛一喇叭。提鳎目的喇嘛回家炖鳎目，别喇叭的哑巴站那儿，嘀嘀答答吹喇叭。

3. 风吹灰飞，灰飞花上花堆灰。风吹花灰灰飞去，灰在风里飞又飞。

4. 哥挎瓜筐过宽沟，赶快过沟看怪狗。光看怪狗瓜筐扣，瓜滚筐扣哥怪狗。

5. 山前有三十三棵死涩柿子树，山后有四十四只石狮子。山前的三十三棵死涩柿子树，涩死了山后的四十四只石狮子，山后的四十四只石狮子，咬死了山前的三十三棵死涩柿子树，死涩柿子树从此不结死涩大柿子。

四、趣味抢答

1. 猜对联。

一年春节前夕，清代书画家、文学家郑板桥去郊外办事，路过一家门前，看见门上贴着一副对联：上联是：二三四五；下联是：六七八九；横批是：南北。

郑板桥读后，掉头就往自己家里跑。不一会儿，他扛来一袋粮食，还拿着几件衣服和一块肉，急匆匆地走进那户人家。只见屋里的人缺吃少穿，愁眉苦脸，送来的粮食、衣物正好救了他们的急，一家老小十分感激郑板桥。

奇怪的是，郑板桥和这家人素不相识，却从门前的对联里看出了这家人的贫困和急需。从这副对联里你能看出什么？

答案：缺衣少食，没有东西。

2. 猜成语。

12345609（ ）；1256789（ ）；1+2+3（ ）；333555（ ）；3.5（ ）；510（ ）；9寸+1寸=1尺（ ）

答案：分别是：七零八落；丢三落四；接二连三；三五成群；不三不四；一五一十；得寸进尺。

3. 猜字谜。

谜面：春雨绵绵妻独宿（打一字）

答案：一。

趣味题点： 谜面首先提示一个“春”字，“雨绵绵”自然无“日”，“妻独宿”自然无“夫”，去掉“日”、“夫”，“春”字只剩下“一”。

4. 至少写出四个带“月”字的成语。

答案：披星戴月；日积月累；风花雪月；猴年马月。

5. 至少写出四个带“马”字的成语。

答案：马到成功；老马识途；人困马乏；心猿意马。

趣味乐园

一个别字丢状元

宋仁宗至和年间，四川成都府书生赵旭，写得一手好文章。有一次京城科举选考，他赶忙进京赴考。

考试完毕，他自认为考得非常满意，得中必有希望。

不多久，宋仁宗早朝上殿，询问考试情况。试官就将前三名文卷呈到御前，宋仁宗亲自御览。看了第一卷对试官说：此卷答得极好，可惜卷中有一个错字。试官就问：何字写错？仁宗笑着说：乃是一个“唯”字，原来的“口”旁写错成“厶”旁。试官即拜奏说：此二字可通用。仁宗速命此卷考生赵旭进见。

赵旭叩拜皇上，面奏试卷上没有差错。仁宗对赵旭说：卷内确有错字。“唯”本“口”旁，卿如何写作“厶”旁？赵旭回奏：此二字皆可通用。仁宗不悦，就在御案上取下文房四宝写下四个字给赵旭说：卿家看看，吴矣、吕台，卿言通用与朕诉来！赵旭看了半晌无言以对。仁宗说：卿可暂退读书。即将到手的状元桂冠就此落地。

第四关 闯关加油站

语言只是一种工具，通过它我们的意愿和思想就得到交流，它是我们灵魂的解释者。

——蒙田

一、快速判断

1. 在中国的古文字中，没有代表女性的“她”字，这个字最早是由鲁迅提出的。
答案：错

趣味题点：1920 年 9 月，正在英国伦敦的刘半农，写了一首“教我如何不想她”的著名情诗，首次创造了“她”，并第一次将“她”字入诗。

2. “席梦思”三个字源于人名。

答案：对

趣味题点：“席梦思”三个字源于100多年前，美国有个卖家具的商人叫扎尔蒙·席梦思。他听到顾客抱怨床板太硬，睡在上面不舒服，于是动起脑筋，在1900年，推出了世界上第一只用布包着的弹簧床垫，立刻受到广大消费者的好评。人们用他的姓为它起了名。

3. 阿拉伯语不属于联合国工作语言。

答案：错

趣味题点：联合国的工作语言共有6种：汉语、英语、法语、俄语、阿拉伯语与西班牙语。

4. “傻瓜”最初指的是一种植物。

答案：错

趣味题点：据古籍记载，在古代瓜州居住着一群姜姓人，自己取族名为“瓜子族”，他们干活卖力，诚实刻苦，别人却以为他们愚蠢，称之为“瓜子”。“傻瓜”就是由“瓜子”衍化而来的。

二、智慧选择

1. 马中锡的《中山狼传》中的一句话“有狼当道，人立而啼”中，“人”字的词性是什么？（　　）

A．副词　　B．名词　　C．动词

答案：A

趣味题点：“有狼当道，人立而啼”的意思是“有只狼在道上，像人一样站在那儿号叫”。

2. 在“对牛弹琴”这个成语的典故中，音乐家公明仪一开始对牛弹高深的曲子，而牛无动于衷，后来公明仪换了一首曲子，牛停止吃草，摇着尾巴听了起来。公明仪弹的是什么？（　　）

A．鸟叫声　　B．青蛙叫声　　C．蚊蝇叫声

答案：C

趣味题点：“对牛弹琴”比喻对愚蠢的人讲深刻的道理，现在也用来讥笑说话的人不看对象，无的放矢。

3. 外国语言和词汇引进时分意译和音译两种，这些带外国色彩的词汇叫做“借词”。中国最早输入借词是在什么朝代？（　　）

A. 西汉　　B. 东汉　　C. 盛唐

答案：A

趣味题点：中国最早输入借词是在西汉时代，例如，“葡萄”、“石榴”、“苜蓿”等词，是从中亚地区传进来的。

4. 我国汉语中有不少词语是从外国引入后翻译过来的，“幽默”一词来自哪个国家？（　　）

A. 英国　　B. 法国　　C 印度　　D. 日本

答案：A

趣味题点：“幽默”一词是由英文“Humour”一词音译而来的，最初将此词移入中国来的是林语堂。

5. “口若悬河”中的“悬河”是指：______。

A. 银河　　B. 瀑布　　C. 口水

答案：B

趣味题点：据《世说新语》记载：“王太尉（衍）云子玄（象）语仪如悬河泻水，泻而不竭。”“口若悬河”形容讲起话来像瀑布一样滔滔不绝。

三、绕口令竞赛题

1. 两个女孩都穿红，一个叫红粉，一个叫粉红。不知是粉红扶红粉，还是红粉扶粉红。

2. 八百标兵奔北坡，炮兵并排北边跑。炮兵怕把标兵碰，标兵怕碰炮兵炮。

3. 四十四束紫丝线，织四十四只紫狮子，细紫丝线织细紫狮子，织细紫狮子用细紫丝线。

4. 白石塔白石搭，白石搭白塔，白塔白石搭，搭好白石塔，白塔白又大。

5. 打南边儿来了个瘸子，手里托着个碟子，碟子里装着个茄子，地下钉着个橛子， 绊倒了拿碟子的瘸子， 撒了碟子里的茄子， 气的瘸子撇了碟子，拔了橛子， 踩了茄子。

四、趣味抢答

1. 将下列成语和相关人物用线连接起来。

A．百步穿杨　　a．项羽
B．慷慨悲歌　　b．班超
C．投笔从戎　　c．养由基

答案：A——c；B——a；C——b。

2. 将下列成语和相关人物连接起来。

A．横槊赋诗　　a．蔺相如
B．完璧归赵　　b．曹操
C．退避三舍　　c．晋文公重耳

答案：A——b；B——a；C——c。

3. 将下列成语典故和相关人物连接起来。

A．火牛破敌　　a．项羽
B．背水列阵　　b．孙武
C．斩鸡演武　　c．田单
D．破釜沉舟　　d．韩信

答案：A——c；B——d；C——b；D——a。

4. 说出有“舌”字的成语。

答案：七嘴八舌、妄口巴舌、闲嘴淡舌、唇枪舌剑、张口结舌、笨嘴笨舌、鹦鹉学舌等。

5. 排序题。

下面是几则交友的成语，请将其按亲至疏的顺序排列。

a．高山流水 b．班荆道故 c．乘车戴笠 d．八拜之交 e．把臂入林

答案：a → d → c → e → b。

趣味乐园

巧用避讳断案

清代雍正年间，有个县官正在大堂办公事，外面进来两个人打官司。这二人，一人姓王，一人姓邱。姓王的说："10 年前，我自己买了姓邱的两间厢房，因姓邱的家里女孩子多，暂借住自己买的两间厢房里。后来，姓邱的女孩子长大后出嫁了，自己要求收回这两间厢房，姓邱的却不承认自己卖出过两间厢房。"县官问："有否证人？"王答："证人已死。"县官问："有否证据？"王就拿出买房证据。证据中写明了邱家卖房的原因，后面又有邱 ××、王 ×× 和证人的签名，最后又写明时间为康熙五十五年(1716 年)。县官知道康熙是雍正父亲的年号，又看了带有耳旁的"邱"字，就说这张证据是假的，房子应该是邱家的。县官的理由是，"邱"姓本来没有单耳旁，雍正年间为了避孔子的讳，才改为"邱"字。如果证据写于康熙年间，当时还没有避讳的事，"丘"字就应该写作"丘"，显然，证据是假的。

第五关 闯关大冲刺

语言是文学的第一要素。

——高尔基

一、快速判断

1. 最早的"座右铭"写后放在座位的右边。

答案：对

趣味题点： 座右铭，铭的一种，写后放在座位的右边，用以自警。

2. 成语"三教九流"从隋朝起，开始含有贬义。

答案：错

趣味题点： 成语“三教九流”从汉代就形成了，只是当时并不含贬义。到了唐朝时，《春秋谷梁序》将九流与异端并列后，加之佛教、道教日盛，才开始含有贬义。

3. **“鹦鹉学舌”这个词语意思和引申之义人人都知道，据考证这个词语是源于寓言故事。**

答案：错

趣味题点： “鹦鹉学舌”比喻人家怎么说，他也跟着怎么说。出自宋·释道原《景德传灯录·趣州大殊慧海和尚》：“如鹦鹉只学人言，不得人意。经传佛意，不得佛意而但诵，是学语人，所以不许。”

4. **人们常用“一衣带水”比喻两地之间虽有江河海洋阻隔，但友好往来的亲密关系使再宽的江河也不过像一条衣带罢了。成语中的“水”指的是长江。**

答案：对

趣味题点： 南北朝的时候，北方的北周和南方的陈国以长江为界。北周的宰相杨坚废了周静帝，自己当皇帝，建立了隋朝。他决心要灭掉陈国，曾说：“我是全国老百姓的父母，难道能因为有一条像衣带那样窄的长江隔着，就看着南方百姓受苦而不拯救他们吗？”

5. **“女大十八变”这句常说的话最早是出自舞台人物之口。**

答案：错

趣味题点： “女大十八变”人们一般都用来指女孩从小到大容貌的巨大变化，大多是用来夸赞的。这句俗语最早是佛家语言，原指龙女通神善变。据《景德传灯录·幽州谭空和尚》中记载，有一女尼想开堂说法，就去问师父。师父答道：“尼女家不用开堂。”女尼反问道：“龙女八岁成佛，又怎讲？”师父说：“龙女有十八变，你与老僧试一变看一看。”

二、智慧选择

1. **人们常说“三十六计，走为上计”，这句话是什么意思？（　　）**

A．“走为上计”是三十六计中最好的一计。

B．走为上，是第三十六计。

答案：B

趣味题点：“三十六计，走为上计”是指在我不如敌的情况下，为保存实力，主动撤退。所谓上计，不是说“走”在三十六计中是上计，而是说，在敌强我弱的情况下，我方有几种选择：一是求和，二是投降，三是死拼，四是撤退。四种选择中，前三种是完全没有出路的，是彻底的失败。只有第四种，撤退，可以保存实力，以图卷土重来，这是最好的选择，因此，“走”为上。

2. “先生”现在是一种表示礼貌的称谓，这个词最早出现在《论语》里，它原来的意思是：______。

A．老师　　B．父兄　　C．对男人的称谓

答案：B

趣味题点：“先生”这个称呼由来已久，不过历史上各个时期，“先生”这个称呼是针对不同对象的。《论语·为政》：“有酒食，先生馔。”注解说：“先生，父兄也。”意思是有酒肴，就孝敬了父兄。

3. 说出下列对联所隐含的年龄：______。

花甲重逢，增加三七岁月；古稀双庆，再多一度春秋。

A．78岁　　B．96岁　　C．102岁　　D．141岁

答案：D

趣味题点：两个花甲是120，三乘七是21，两者加起来就是141。

4. “风马牛不相及”中的“风”原意是指：______。

A．大风　　B．风光　　C．走失　　D．传说

答案：C

趣味题点：“风马牛不相及”出自《左传僖公四年》。原为楚国君主责问齐君为何伐楚所用的比喻：“君处北海，寡人处南海，唯是风马牛不相及也，不虞君之涉事地也，何故？”意思是指齐、楚两地相离甚远，马、牛不会走失至对方地界。风：放逸，走失。后比喻两不相干的事。

5. “泾渭分明”指的是：______。

A．泾水清，渭水浊　　B．渭水清，泾水浊

答案：A

趣味题点：渭河是黄河最大的支流，泾河又是渭河的支流。“泾渭分明”这一家喻户晓的成语即源出泾渭两河交汇处。据考证，唐代诗人杜甫的《秋雨叹》中“浊泾清渭何当分”大概是这则成语的雏形。

6. “烂醉如泥”的“泥”最初是指：______。

A．棉絮　　B．小虫　　C．泥巴　　D．面团

答案：B

趣味题点：“烂醉如泥”原意指醉得像一条失水的水虫。

7. “分道扬镳”的意思是各奔前程，这句成语中的“镳”指的是什么？（　　）

A．马鞭　　B．马勒口　　C．马缰绳

答案：B

趣味题点：“分道扬镳”指分道而行，比喻因目标不同而各奔各的前程或各干各的事情。“镳”指马嚼子的两端露出嘴外的部分。

8. “丁是丁，卯是卯”中的“丁”和“卯”是指：______。

A．凹凸　　B．时辰　　C．天干

答案：A

趣味题点：丁为物之凸起者，榫头；卯为物之凹入者，指卯眼。丁卯合位一丝不差。

9. 在“如鱼得水”这个成语的典故里，刘备把自己比作“鱼”，把谁比做“水”？（　　）

A．诸葛亮　　B．张飞　　C．关羽

答案：A

趣味题点：据《三国志》记载，刘备和诸葛亮关系日渐亲密，关羽、张飞等人不满意，刘备便向他们解释：“孤之有孔明，犹鱼之有水也。愿诸君勿复言。”

10. “横眉冷对千夫指，俯首甘为孺子牛”是鲁迅先生的名句，其中“孺子牛”一词出自《左传》，当时的意思是什么？（　　）

A．对大众的奉献　　B．对下属的关爱　　C．对子女的宠爱

答案：C

趣味题点：相传，齐景公有个儿子名叫孺子，齐景公非常疼爱他。有一次齐景公和孺子在一起玩耍，作为一国之君竟然趴在地上，口里衔根绳子，让孺子把他当牛骑。从那以后，“孺子牛”就表示父母对子女的过分疼爱。后人们用“孺子牛”来比喻心甘情愿为人民大众服务，无私奉献的人。

三、趣味抢答

1．你知道下面的惯用语是什么吗？

把在团体中起主导的人喻为（　　）

把足智多谋的人喻为（　　）

把接待宾客的当地主人喻为（　　）

把公堂台阶下受审的囚犯喻为（　　）

把吝啬钱财、一毛不拔的人喻为（　　）

把浑浑噩噩、不明事理的人喻为（　　）

把世故圆滑的人喻为（　　）

把没有专业知识的外行人喻为（　　）

把技艺不精、勉强凑合的人喻为（　　）

答案：主心骨；智多星；东道主；阶下囚；铁公鸡；糊涂虫；老油条；门外汉；三脚猫。

2．巧填成语。

最吝啬的人（　　）　　最怪的动物（　　）

最高的柱子（　　）　　最难做的饭（　　）

答案：一毛不拔；七嘴八舌、虎头蛇尾；一柱擎天；无米之炊。

3．请对出下列军事成语。

（1）风声鹤唳——（　　）

（2）内修政策——（　　）

（3）义者无敌——（　　）

（4）射人先射马——（　　）

（5）胜在得威——（　　）

答案：(1) 草木皆兵；(2) 外治武备；(3) 骄者先来；(4) 擒贼先擒王；(5) 败在失气。

4．请将下列成语与其相对应的关系用线连接起来。

A．年谊世好　　a．朋友

B．绸缪束薪　　b．夫妻

C．三盈三虚　　c．同学

D．契若金兰　　d．师生

答案：A——c；B——b；C——d；D——a。

5. 请将下列成语与其形容对象用线连接起来。

A．凤吟鸾吹　　a．形容朗诵

B．脍炙人口　　b．形容歌声

C．龙吟虎啸　　c．形容诗文

D．翩翩起舞　　d．形容舞蹈

答案：A——b；B——c；C——a；D——d。

趣味乐园

鲁迅巧难出版商

20 世纪 30 年代，有位刻薄的出版商曾向鲁迅先生约稿，但又想少付稿费，于是事先讲明，标点符号不计算字数，因它不是文字，希望得到谅解。

没想到鲁迅先生答应得非常爽快，出版商无比高兴。

几个月后，鲁迅先生如约送上稿件，出版商忙打开文稿一看，只见密密麻麻的蝇头小楷布满了一个个方格，但因没有标点，无法断句，怎么也弄不清内在的意思，简直是一本“天书”。

出版商无奈，只得亲自登门向鲁迅道歉，请求加上标点符号。

鲁迅先生严肃地说：“你不是说标点符号不是字吗？但没有标点的文字能叫文章吗？现在你该明白了，标点就是无声的文字！”然后，他从出版商手中接过那叠文稿，认真添加标点，使文字、标点达到了和谐的统一。

Chapter 6

第六章 历史考古

古人云："以铜为鉴，可以正衣冠；以人为鉴，可以明得失；以史为鉴，可以知兴替。"历史是现在与过去之间无休止的对话，跟随历史文化的脚步，我们回顾过去会更深刻，展望未来就愈清晰。

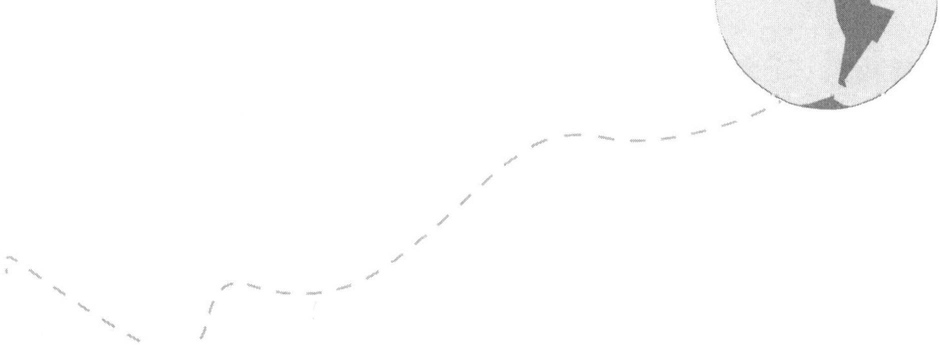

第一关 闯关总动员

历史以人类的活动为特定的对象，它思接万载，视通万里，千姿百态，令人销魂，因此它比其他学科更能激发人们的想象力。

——马克·布洛赫

一、快速判断

1. “香港”名称中一个“香”字，说明其由来与香料有关。

答案：对

趣味题点： 香港的得名，与莞香很有关系。莞香即东莞市所产之沉香。莞香销路很广，明朝时每年贸易额在数万两银以上。古时香港和九龙均属东莞管辖，所产香料质量优良，其中一种“女儿香”更被誉为“海南珍奇”。当时香港、九龙所产沉香都从香港仔海湾运往各地，所以称为香港。

2. 我国最早的佛寺是洛阳白马寺。

答案：对

趣味题点： 白马寺在洛阳市东约 12 千米处，初创于东汉永平十一年（68 年），距今已有 1900 多年的历史，是我国最早的一座佛寺，被尊誉为中国佛教的“祖庭”和“释源”，有“中国第一古刹”之称。

3. 在我国古代，“爵”是一种食器。

答案：错

趣味题点： 爵是用于酌酒的器皿，是最早出现在青铜礼器。爵的一般形式为：前有流，即倾酒的流槽；后有尖锐状尾；中部为杯形；腹侧有柄，下配以三足，流通杯口之间有柱（可能为过滤之用）。

4. 白求恩是一战期间活跃在中国、为我国人民所熟悉的志愿者的杰出代表。

答案：错

趣味题点： 第二次世界大战期间，更多的志愿者活跃在抵抗法西斯的战场和大后方，我国人民所熟悉的白求恩大夫便是其中杰出的代表。

5. 古代刑罚规定一般在秋冬季节执行死刑。

答案：对

趣味题点：秋冬行刑，即把死刑的执行安排在秋冬两季进行，这是中国古代在阴阳五行说的理论指导下形成的一种行刑制度。秋冬行刑虽为历代通例，但也有个别朝代，如秦代，四季均可行刑。各个朝代具体期限也不一致，也有少数统治者破坏这一通例的情况。

二、智慧选择

1. 现存于国家博物馆，标志中国成功入世的物品是：______。

A．入世钟　B．入世槌　C．入世棒　D．入世鼓

答案：B

趣味题点：在 WTO 多哈会议上为中国入世一锤定音的入世槌，2001 年 12 月 12 日在北京作为文物入藏中国革命博物馆（该馆于 2003 年 2 月与中国历史博物馆合并为中国国家博物馆）。

2. 明朝和清朝初年的皇帝居住在紫禁城内的什么地方？（　　）

A．太和殿　B．保和殿　C．乾清宫　D．中和殿

答案：C

趣味题点：“乾清”二字取自唐代韩愈《六合圣德诗》中的诗句“乾清坤夷”，意思就是天下清和，各地平安。在明朝和清朝初年，皇帝的寝宫一直都是这里，到了雍正皇帝以后，就挪到了养心殿，从此，乾清宫就成了皇帝听政的地方。

3. 大禹治水治的是：______。

A．海侵　B．淮河　C．黄河　D．长江

答案：A

趣味题点：实际上，大禹治水，治的并不是滔滔的长江、黄河之水，那时的洪水实际是海侵，就是海平面上升，海水倒灌到陆地上来。这是世界性的，所以许多民族都有被洪水所淹的传说。洪水退后，地面一片淤泥，不加以治理，就不便

耕种。大禹所治理的，正是这种田间水渠的管理。

4．参加第一次世界大战的有多少国家？（　　）

A．28　　B．33　　C．35　　D．42

答案：B

趣味题点：1914年6月，奥匈帝国皇太子在萨拉热窝被刺杀，战争的导火线点燃了。8月爆发了第一次世界大战。战争延续了4年，席卷了大半个地球，有30多个国家、15亿人先后卷入战争，死伤数千万人。人类遭受了空前的大劫难，战争引发了革命。十月革命的胜利和民族与民主革命运动的蓬勃高涨，使世界面貌发生了巨大变化。

5．中国境内迄今所知年代最早的直立人是：______。

A．蓝田人　　B．山顶洞人　　C．元谋人　　D．河姆渡人

答案：C

趣味题点：距今170万年前的元谋人是迄今所知中国境内年代最早的直立人。元谋，有"人类童年摇篮"之美誉。

6．美国历史上曾经有过唯一的一位四次连任总统的著名人物，他是：______。

A．华盛顿　　B．林肯

C．富兰克林·D.罗斯福　　D．尼克松

答案：C

趣味题点：美国第32任总统富兰克林·D.罗斯福被视为美国历史上最伟大的总统之一，是20世纪美国最受爱戴的总统，也是美国历史上唯一连任4届总统的人。从1933年3月起，直到1945年4月去世时为止，他任职长达12年。罗斯福在执政期间，以"新政"对付经济危机，颇有成效，深得民意，故获连任。

7．历史上被称为"铁血宰相"的是：______。

A．加富尔　　B．俾斯麦

C．加里波第　　D．希特勒

答案：B

俾斯麦像

趣味题点：俾斯麦，普鲁士王国首相（1862—1890年），德意志帝国宰相（1871—1890年）。执政期间采取"铁血政策"，故又有"铁血宰相"之称。

8. 历史上被称作“光荣革命”的事件发生在：______。

A. 英国　　B. 法国　　C. 美国　　D. 德国

答案：A

趣味题点：1688—1689 年英国资产阶级和新贵族发动推翻詹姆斯二世的统治、防止天主教复辟的政变，西方资产阶级历史学家传统地将这次事件称之为不流血的光荣革命。

9. 20 世纪 90 年代初，南非产生的其历史上第一位黑人总统是：______。

A. 曼德拉　　B. 尼赫鲁　　C. 铁托　　D. 纳赛尔

答案：A

趣味题点：20 世纪初，南非曾一度成为英国的自治领地。1961 年 5 月 31 日，南非退出英联邦，成立南非共和国。由于南非白人当局在国内推行种族歧视和种族隔离政策，南非人民在以曼德拉为首的非洲人国民大会的领导下，为推翻种族隔离制度，进行了英勇的斗争，并最终取得胜利。1994 年 4 月，南非举行首次由各种族参加的大选，曼德拉当选为南非首任黑人总统。

10. “我自横刀向天笑，去留肝胆两昆仑”是近代哪一著名人士的豪言？（　　）

A. 林则徐　　B. 康有为　　C. 宋教仁　　D. 谭嗣同

答案：D

趣味题点：望门投止思张俭，忍死须臾待杜根。我自横刀向天笑，去留肝胆两昆仑！——谭嗣同《狱中题壁》。

三、趣味抢答

1. 历史谜语。

(1) 说尽心中无限事（打一近代皇帝名）

(2) 夕照街（打一近代皇帝名）

(3) 普遍富起来（打一近代皇帝名）

(4) 会诊（打一近代皇帝名）

答案：(1) 道光；　(2) 道光；　(3) 咸丰；　(4) 同治。

2. 给下列红军在长征途中的行动排序。

强渡大渡河、渡过金沙江、四渡赤水河、飞夺泸定桥、爬雪山、过草地、瑞金出发。

答案：瑞金出发、四渡赤水河、渡过金沙江、强渡大渡河、飞夺泸定桥、爬雪山、过草地。

3. 请将下列遗址与其相对应的发现内容连接起来。

A．周口店遗址　　a．甲骨文
B．河姆渡遗址　　b．矿业冶炼
C．半坡遗址　　c．猿人头骨化石
D．殷墟遗址　　d．民族聚居村落
E．湖北绿山遗址　　e．干栏式民居建筑

答案：A——c；B——e；C——d；D——a；E——b。

4. 请将下列帝王与其国家名称相连接。

A．所罗门　　a．罗马帝国
B．居鲁士大帝　　b．马其顿帝国
C．亚历山大大帝　　c．波斯帝国
D．君士坦丁大帝　　d．犹太王国
E．秦始皇　　e．中国

答案：A——d；B——c；C——b；D——a；E——e。

5. 请将下列发生在汉朝的几次农民起义，按起义时间先后排列。

黄巾军　　赤眉军　　黑山军　　绿林军

答案：绿林军⟶赤眉军⟶黄巾军⟶黑山军。

趣味乐园

中国皇帝之最

最长命的皇帝是清高宗乾隆皇帝爱新觉罗·弘历，享年88岁。

最短命的皇帝是东汉殇帝，不到1岁即夭折。

即位时年龄最小的是东汉殇帝，刚过100天。

即位时年龄最大的是女皇帝武则天，67岁即位。五代十国的荆南王高季兴即位时也是67岁。

在位时间最长的是清康熙皇帝，跨62个年头。

在位时间最短的是金末帝完颜承麟，仅仅 1 天即战死。
嫔妃最多的是晋武帝司马炎，后宫佳丽达 10 000 多人。
子女最多的是清康熙皇帝，有男孩 36 人，女孩 20 人。

第二关 闯关热身操

路是脚踏出来的，历史是人写出来的。人的每一步行动都在书写自己的历史。

——吉鸿昌

一、快速判断

1. 宋代的代表性刑罚是刺配。
答案：对

趣味题点：“刺配”这种刑罚，始于五代的后晋。后晋以前的流配，限于远涉，而不刺面。到了宋代，还把刺面与脊杖、流配等刑罚施于罪犯一身，美其名曰“打金印”。

2. 淮海战役的胜利，被陈毅元帅称作是“人民群众用小车推出来的”。
答案：对

趣味题点：在淮海战役中，有大量的人民群众推着小车为部队运送补给作为后勤，保证了战争的胜利，所以陈毅元帅形象地称之为是用小车推出来的。

3. 从中国革命史看，中国工农红军有一、二、四方面军，没有第三方面军。
答案：对

趣味题点：1930 年，红军召开军委扩大会议，研究编制问题。当时打算将活动在赣南和闽西、湘鄂西、鄂豫皖等革命根据地的红军，分别编为红一至红四共四个军团，然后再扩编为四个方面军。在实际发展过程中，红三军团没有单独扩编，而和红一军团在浏阳永和市会合，扩编为红一方面军。1933 年秋，中央军委曾计划把新成立的四个军团合编为红三方面军，但后来由于一部分组成了“北上抗日先遣队”，一部分跟红一方面军进行长征，合编为三方面军的计划再次未能实现。

4. 自由女神像是法国为纪念美国独立100周年（1876年）而送给美国的礼品。

答案：对

趣味题点： 自由女神像是法国为纪念美国独立100周年（1876年）而送给美国的礼品。这尊巨像的设计者是法国艺术家柏陶蒂。

5. “曾剃头”指曾国藩。

答案：对

趣味题点： 曾国藩刚到湖南创建湘军之时，长沙正发生抢米风波。百姓痛恨贪官污吏，被逼反抗。曾国藩认为乱世发生抢米之风乃饥民暴动的先兆，必须严厉镇压。他派人抓住了13名打劫米行的人。曾国藩知道，按大清律令，这13人各杖50棍，游街3日就可以放了，但他准备使用超常的严刑，于是下令把这13人全部砍头。百姓噤若寒蝉，私下里却叫曾国藩“曾剃头”——杀人如剃头一样。

二、智慧选择

1. 15—16世纪欧洲白人刚踏上一个新发现的海岸时所要的第一件东西是：______。

A．钻石　　B．黄金　　C．白银　　D．丝绸

答案：B

趣味题点： 15—16世纪时，随着欧洲社会经济的发展，人们对货币的需求也在不断增加，当时欧洲使用的货币主要是金币。黄金是财富的象征。人们对它的欲望是无穷的。恩格斯指出：“黄金一词是驱使西班牙人横渡大西洋到美洲去的咒语；黄金是白人刚踏上一个新发现的海岸时所需要的第一件东西。”

2. 美国学者罗伯特通过比较研究认为：“近代世界赖于建立的种种基本发明与发现，可能有一半以上源于中国。”下列源于中国且对近代世界的建立产生了深刻影响的发明是：______。

A．指南针　　B．地动仪　　C．内燃机　　D．电动机

答案：A

趣味题点： 宋代时，指南针用于航海。阿拉伯人从与中国商船交往中学会了使用指南针来导航。约在12世纪，指南针传播到了欧洲。指南针在航海上应

用，导致了以后哥伦布发现美洲新大陆的航行和麦哲伦的环球航行，大大加速了世界经济发展的进程。

3. 请问下列哪位不是元帅？（　　）

A．朱德　B．彭德怀　C．叶挺　D．聂荣臻

答案：C

趣味题点：中国十大元帅分别是：朱德、彭德怀、林彪、刘伯承、贺龙、陈毅、罗荣桓、徐向前、聂荣臻、叶剑英。

4. 法国巴黎的凯旋门是与埃菲尔铁塔一样有名的建筑。那么，是谁下令建造了凯旋门呢？（　　）

A．法国的拿破仑

B．戴高乐，为庆祝第二次世界大战打败纳粹德国而下令修建

答案：A

趣味题点：凯旋门建在巴黎市的星形广场中央，全称“星形凯旋门”。巴黎的道路就是以这个广场为中心向四面发散的。这个门是1806年当时的皇帝拿破仑命令修建的。可是，8年后拿破仑战败被流放到圣赫勒拿岛，工程一度停止，后来的皇帝路易·菲利普命令继续修，直到1836年才终于建成。

5. 1949年10月1日，是中华人民共和国成立的日子，在天安门广场举行了隆重的开国大典。在开国大典上鸣放了多少响礼炮？（　　）

A．21响　B．28响　C．49响

答案：B

趣味题点：28响礼炮表示从1921年中国共产党成立，到1949年中华人民共和国诞生，共经历了28个年头。

6. “中华人民共和国”的名称最早是由谁提出来的？（　　）

A．毛泽东　B．周恩来　C．任弼时　D．刘少奇

答案：C

趣味题点：任弼时同志在1948年1月首先提出了“中华人民共和国”的名称，被1949年9月的全国政协会议通过。

7. 破除“满汉不通婚”这个祖训的是：______。

A．雍正　　B．乾隆　　C．道光　　D．康熙

答案：B

趣味题点：据历史记载，乾隆皇帝有个女儿，十分宠爱。这个公主脸上长了一颗黑痣，相士为她算命，说“主灾”，须嫁给比王公大臣更显赫的人家才能“免灾”。乾隆想到了山东曲阜的孔府。但是，孔氏乃汉人，按照祖训，满汉不通婚。乾隆皇帝巧妙安排，先把女儿送到汉族大臣于敏中家里，做于敏中的干女儿，然后以于敏中干女儿的身份嫁给了孔子第七十二代嫡孙衍圣公孔宪培。

8. 《春天的故事》的部分歌词：“一九七九年，那是一个春天，有一位老人在中国的南海边画了一个圈，神话般崛起座座城，奇迹般聚起座座金山。”

“一九七九年，那是一个春天”，这里的“春天”指的是（　　）

A．改革开放　　B．科教兴国　　C．“文革”结束　　D．包产到户

答案：A

趣味题点：1978年，党的十一届三中全会作出了实行改革开放的重大决策。1979年，党中央、国务院批准广东、福建在对外经济活动中实行“特殊政策、灵活措施”，并决定在深圳、珠海、厦门试办经济特区。

9. 我国古代通过科举考试选拔文武官吏，科举制度始于：______。

A．隋朝　　B．唐朝　　C．宋朝

答案：A

趣味题点：隋文帝杨坚统一中国后，为了选拔全国各地的人才，采取了开科取士的方法。

10. 我国历史上唯一的女状元是：______。

A．苏小妹　　B．梁红玉　　C．谢道韫　　D．傅善祥

答案：D

趣味题点：我国历史上才女很多，但从唐代开始实行科举到清末废止科举，历代封建王朝点出的状元中并没有一名女子。我国唯一的一名女状元产生于太平天国。太平天国提倡男女平等，自起事以来就建有女官统领的女营。定都天京后，为了选取有才干的女子参加行政工作，曾在太平天国癸丑三年（1853年）专门举行过女子科举考试，取傅善祥为第一。傅善祥是金陵人，时年20岁，很有才华。

三、趣味抢答

1. 请将下列相关的内容用直线连接起来。

A．太平天国运动　　a．地主阶级
B．洋务运动　　b．农民阶级
C．辛亥革命　　c．无产阶级
D．五四运动　　d．资产阶级

答案：A——b；B——a；C——d；D——c。

2. 毛泽东同志下面的话分别是评价我军哪位将领的？

A．意志坚如铁，度量大如海。　　a．彭德怀
B．君今不幸离人世，国有疑难可问谁。　　b．朱德
C．诸葛一生唯谨慎，吕端大事不糊涂。　　c．罗荣桓
D．谁敢横刀立马，唯我彭大将军。　　d．叶剑英

答案：A——b；B——c；C——d；D——a。

3. 请你说出与下列成语有关的历史人物。

A．罄竹难书　　a．项羽
B．世外桃源　　b．隋炀帝
C．姜太公钓鱼，愿者上钩　　c．陶渊明
D．四面楚歌　　d．姜尚

答案：A——b；B——c；C——d；D——a。

4. 2001年10月15日，江泽民总书记发给______亲属的唁电称他："是伟大的爱国者，是中华民族的千古功臣！"

答案：张学良

5. 在《辛丑条约》签字仪式上，有一外国人出了一副羞辱中国人的对联，上联是"琵琶琴瑟，八大王王王在上"。有一文人写了下联："魑魅魍魉，四小鬼鬼鬼犯边"。请问此对联中的"八大王"指的是哪八个国家？

答案：英、美、俄、日、法、德、意、奥。

趣味乐园

我国主要朝代名称的由来

夏：禹原为夏后氏部落首领，因此，禹的儿子启建立的奴隶制国家叫“夏”。

商（殷）：契（xiè）是商部族的始祖，曾居于商（河南商丘），所以其后代汤在灭夏后以“商”为国名。又因盘庚将都城迁到殷（河南安阳），所以商朝也叫殷朝。

周：因太王（古公亶父）居于岐山下的周原，所以武王姬发克殷后，以“周”为国名。

秦：据《史记》记载，本为古部落，周孝王赐其首领非子“嬴”姓，并封“秦”（甘肃天水）地，以后立国就以“秦”为国号。

汉：刘邦原被项羽封为汉王，后国号称“汉”。

三国：魏——曹操在汉献帝时封爵为魏王。他的儿子曹丕称帝后以“魏”为国号。蜀汉——刘备在成都称帝时，国号“汉”，因都城在蜀，故称蜀汉。吴——孙权建都建业（今南京），为古吴地，所以称“吴”。

晋：司马昭在魏国先封爵为晋公，后为晋王。他的儿子司马炎为帝，国号“晋”。

隋：杨坚原为后周之随王，后废周帝改“周”为“隋”，因讳“随”有走义，故省“辶”为“隋”。

唐：李渊在西魏时，被封为唐国公。李渊称帝后建立了唐朝。

宋：赵匡胤在后周朝时，被封为宋州节度使。因发迹于宋州，所以国号称“宋”。

元：本无国号，称蒙古。世祖忽必烈始建国号叫“大元”，取《易》中“大哉乾元”之意。

明：出于明教，明教有明主出世的传说。

清：努尔哈赤建立政权后，国号大金。皇太极继位后，为了避免汉族对历史上金国侵略的仇恨，改“金”为“清”（清即金的音转）。

第三关 闯关进行时

不尊重历史的人，注定要重犯历史的错误。

——桑塔亚

一、快速判断

1. 宋体字是宋太宗赵光义创造的。

答案：错

趣味题点： 宋体字的创始人（准确的说法是代表者）是宋人秦桧。秦桧，状元出身，曾随高宗为相。他不仅博学，而且在书法上造诣很深。他综合前人书法之长，自成一家，创立了宋体字。秦桧早年为官，官声尚好。但后来在高宗手下为相，迎合高宗的偏安政策，镇压抗金将领，以“莫须有”的罪名在风波亭害死岳飞父子。人们由于厌恶他的人品德行，就将他的字改称为宋体字。印刷字体是模仿宋体字而来的，当然就命名为仿宋体了。

2. 我们常说自己是“炎黄子孙”，这里的“炎黄”是部落领袖名。

答案：对

趣味题点：“炎黄”是指传说中的上古时代的炎帝和黄帝，是原始社会时期的两位著名的部落领袖。

3. 出席1919年巴黎和会的英国代表劳合·乔治、法国代表克里孟梭和美国的威尔逊中，因博学多才、工于辞令而享有“百灵鸟”之称的是克里孟梭。

答案：错

趣味题点： 威尔逊(1856－1924年)，民主党人，曾连任两届美国总统（1913—1921年)。他本人因博学多才、善于辞令而享有“百灵鸟”之称。

4. 现代"革命"一词是孙中山最先使用的。

答案：对

趣味题点： 现代意义的"革命"一词，是孙中山先生首先倡议采用的。在这之前，从太平天国到兴中会，都把自己的行动称之为"造反"、"起义"或"光复"，而不用"革命"二字。

5. 被中国古代少数民族尊为"天可汗"的人是唐太宗。

答案：对

趣味题点： 唐太宗时期加强了国内汉族与少数民族的联系，加强对西北等地区的管辖，得到了周边很多民族的拥护和爱戴，他们纷纷将唐太宗尊为"天可汗"（意思为"像天一样伟大的领袖"）。

二、智慧选择

1. 我国伟大的爱国主义诗人屈原被坏人诬陷而遭流放，后来投江自杀，他投的江是：______。

A. 长江　　B. 漓江　　C. 汨罗江

答案：C

趣味题点： 据记载，诗人屈原自沉于汨罗江。传说那一天是夏历五月初五。

2. 白宫的命名是根据：______。

A. 建筑的颜色　　B. 居住人的名称　　C. 建筑所处的位置

答案：A

趣味题点： 白宫是由建筑师詹姆士·贺朋设计的。据说贺朋受了一座爱尔兰宫殿的启发，把白宫也设计成类似宫殿的建筑。这项建筑工程在1792年动工，1800年由第二届总统约翰·亚当斯夫妇启用。1814年，白宫（当时并没有这个名称）不幸失火。火灾之后，为了消除火烧的痕迹，整个建筑被涂成白色。1901年，西奥多·罗斯福总统给该楼命名为"White House"，意即"白色的房屋"。后人根据这幢小楼的颜色称它为"白宫"。

3. "亚洲第一象"在哪个省出土？（　　）

A. 河南　　B. 云南　　C. 江西　　D. 安徽

答案：D

趣味题点：“亚洲第一象”是目前亚洲出土的乳齿象化石中最完整的一头，因而被中科院考古专家称为“亚洲第一象”。它的发现对研究古生物学、环境气候学、古地理和埋藏学具有相当高的价值。

4. 据考古学家推算，全世界的海洋中有近多少万艘尚未打捞的沉船等待世人去探索？（　　）

A．100　B．200　C．300　D．400　E．500

答案：C

趣味题点：随着科技的发展，历史上沉入海底的巨额财富将被陆续找到。伴随着这些财富的重见天日，海底沉宝的归属权也一直是国际上有争议的话题之一。在国际海底考古界，目前尚无各国统一遵守的成果分配法规。以前处理此类纠纷，一种不成文的方式是：如果在公海上，谁发现归谁拥有；在国家所属海域，则个案具体处理。

5. 岳飞是我国历史上的大英雄。他抗击的金国是哪个少数民族建立的政权？（　　）

A．鲜卑　B．女真　C．蒙古　D．匈奴

答案：B

趣味题点：女真族是今天的满族的祖先。

6. 据考古资料记载，早在4 000多年前也就是原始社会末期，我们的祖先就已经开始制造和使用铜镜了。不同的时代，铜镜的制形、纹饰和铭文都有不同的风格，到了什么时期，中国铜镜已发展到了一个鼎盛时期？（　　）

A．春秋早期　B．战国时期　C．汉代　D．唐代

答案：C

趣味题点：综观铜镜发展的历史，它在春秋战国时期得到普及和发展；汉代至隋唐达到鼎盛时期；五代十国、宋元时期由于长期的战乱，铜镜铸造业随之走向萧条；明清时期，铜镜随着玻璃镜子的出现而逐步退出了历史舞台。

7. 甲骨文的发现表明我国历史上最早有文字记载的是哪个朝代？（　　）

A．商朝　B．夏朝　C．周朝

答案：A

趣味题点：甲骨文是商朝（约公元前17—前11世纪）的文化产物，距今3600多年的

历史。商代统治者迷信鬼神，其行事以前往往用龟甲、兽骨占卜吉凶，以后又在甲骨上刻记所占人事项及事后应验的卜辞或有关记事，其文字称甲骨文。甲骨文记载了3000多年前中国社会政治、经济、文化等各方面的资料，是现存最早最珍贵的历史文物。

8. 我国的第一部编年体史书是：______。

A.《史记》 B.《史通》 C.《春秋》 D.《汉书》

答案：C

趣味题点：《史记》是我国第一部纪传体史书；《史通》是我国第一部历史评论著作；《汉书》是我国第一部断代体史书。

9. 唐朝是我国历史上空前强盛的帝国，第二个皇帝李世民执政清明。他在位这段时间社会安定，经济繁荣，被称之为什么？（ ）

A. 开元之治 B. 贞观之治

答案：B

趣味题点：唐太宗李世民的年号为“贞观”，贞观共23年。李世民的英明执政也叫贞观之治。“开元”是唐玄宗李隆基统治前期的年号，开元年间，唐朝社会政治、经济繁荣，政治清明，后人称为“开元盛世”。

10. 历史上第一个社会主义国家是：______。

A. 法国 B. 苏联 C. 德国 D. 中国

答案：B

趣味题点：苏联全称为苏维埃社会主义共和国联盟，是1922年12月30日—1991年12月26日存在的联邦制多民族国家。

三、趣味抢答

1. 连线题。

(1) 儒家 A. 孔子、孟子 a. 仁政

(2) 道家 B. 老子、庄子 b. 兼爱、非攻

(3) 墨家 C. 墨子 c. 无为而治

(4) 法家 D. 孙子、孙膑 d. 强化中央集权

答案：(1) —A—a；(2) —B—c；(3) —C—b；(4) —D—d。

2. 连线题。

A．尼罗河流域　　a．陶片放逐法
B．两河流域　　b．十二铜表法
C．古代希腊　　c．60 进位法
D．古代罗马　　d．太阳历
E．古代阿拉伯　　e．伊斯兰文化

答案：A——d；B——c；C——a；D——b；E——e。

3. 现在铁路已经成为人们出远门重要的交通工具。请问由中国人自行设计和建造的第一条铁路是由谁主持的什么铁路？

答案：詹天佑主持的京张铁路。

4. 我国历史上哪个朝代曾实行过一国两制？请简要说说实行的具体情况。

答案：北宋时的辽国曾实行过“一国两制”，长达 200 年之久。契丹族是游牧民族，与汉族的语言文字、风俗习惯、文化传统都不相同。为了实现两个不同社会的统一，契丹本土内契丹大可汗以契丹法直接统治；汉地以汉法自治，由大可汗间接统治。历史学家称此为“二元政治”。

趣味乐园

我国古代十圣人

“至圣”孔子，名丘，字仲尼，春秋时鲁国人，我国古代著名思想家、政治家、教育家、儒家学说创始人，号称“至圣先师”。

“亚圣”孟子，名轲，战国时邹国人，我国古代著名思想家、政治家、教育家。与孔子并称“孔孟”。

“医圣”张仲景，名机，汉末南阳人，我国古代杰出的医学家，著有《伤寒杂病论》。

“书圣”王羲之，字逸少，东晋山东临沂人，著名书法家，其字“飘若浮云”，“矫若惊龙”。

“画圣”吴道子，名道玄，唐代阳翟人，擅长人物画，有“吴带当风”之誉。

“诗圣”杜甫，字子美，号少陵，河南巩县人，一生写了许多反映现实生活的诗歌。

“茶圣”陆羽，字鸿渐，号东冈子，唐代复州竟陵人，我国古代著名的茶叶专家，著有世界上第一部茶叶专著《茶经》。

李时珍像

“词圣”苏轼，字子瞻，号东坡居士，四川眉山人，我国宋代著名词人，文学家、书画家，“唐宋八大家”之一，对后世影响很大。

“文圣”欧阳修，字永叔，号醉翁，又号六一居士，北宋吉水人，我国古代著名文学家、史学家，“唐宋八大家”之一，北宋古文运动领袖。

“药圣”李时珍，字东壁，号濒湖，明代蕲州人，杰出的医药学家，著有《本草纲目》，书中共收录药物 1 892 种。

第四关 闯关加油站

一切历史都是当代史。

——克罗齐

一、快速判断

1. 厦门不是 1980 年被确定设置的经济特区。

答案：错

趣味题点：1980 年 8 月 26 日，第五届全国人大常委会第 15 次会议批准国务院提出的决定在广东省的深圳、珠海、汕头和福建省的厦门建立经济特区。

2. 意大利的但丁被誉为文艺复兴时的“人文主义之父”。

答案：错

趣味题点：彼特拉克是人文主义的鼻祖，被誉为“人文主义之父”。他第一个发出复兴古典文化的号召，提出以“人学”反对“神学”。彼特拉克主要创作了许多优美的诗篇，代表作是抒情十四行诗诗集《歌集》。

3. 康有为的思想被称为“思想界之大飓风”。
答案：对

趣味题点：19 世纪 90 年代，康有为把西方资本主义的政治学说同传统的儒家思想相结合，宣传维新变法的道理，在社会上引起极大轰动，被称为“思想界之大飓风”、“火山大喷火”。

4. 日本帝国主义被称为“带军事封建性的帝国主义”。
答案：对

趣味题点：日本封建性垄断集团因为无力用经济手段同其他强国竞争，就与军阀集团联合采取军事手段，发动日俄战争等，为其资本主义的发展寻找广阔市场。所以，日本帝国主义被称为“带军事封建性的帝国主义”。

5. 杨锐不是“戊戌六君子”之一。
答案：错

趣味题点：戊戌政变时，以慈禧太后为首的封建顽固派大肆捕杀维新党人，维新志士谭嗣同、康广仁、林旭、杨深秀、杨锐、刘光第 6 人于 1898 年 9 月 28 日在北京惨遭杀害，史称“戊戌六君子”。

二、智慧选择

1. 第二次世界大战期间，英、美、苏三国首脑曾举行过一次重要会议，通过了《关于被解放的欧洲的宣言》，宣布各国人民有权根据自己的选择，用民主的方式来解决他们的政治和经济问题。请问这是什么会议？（　　）
A．雅尔塔会议　　B．波茨坦会议
答案：A

趣味题点：雅尔塔会议是美国、英国和苏联三个大国在 1945 年 2 月 4 日至 2 月 11 日之间在黑海北部的克里木半岛的雅尔塔皇宫内举行的一次关于制定战后世界新秩序和列强利益分配问题的一次关键性的首脑会议。这次会议对第二次世界大战以后世界历史的发展产生了极其深远的影响，决定了直到今天许多国家的命运与发展方向。

2. 秋瑾是我国近代民主革命的巾帼英雄，她曾经主办了什么报？（　　）
A．《白话报》　　B．《中国女报》

答案：B

趣味题点：1907 年 1 月 14 日，《中国女报》在上海创办，秋瑾任主编兼发行人。该报称："本报之设以开通风气，提倡女学，联感情，结团体，并为他日创设中国妇人协会之基础为宗旨。"辟有"社说"、"译编"、"文苑"、"新闻"等栏目。该报以通俗易懂的文字鼓吹妇女解放，呼吁妇女走向社会，争取人格和尊严的独立。

3. **哪个火山的爆发毁灭了古罗马帝国的庞贝城？（　　）**

A．维苏威火山　　B．埃特纳火山　　C．圣海伦斯火山

答案：A

趣味题点：维苏威火山最著名的一次喷发发生在 79 年，当时赫库兰尼姆和庞培两地被毁灭。火山喷出黑色的烟云，炽热的火山灰石雨点般落下，有毒气体涌入空气中。庞培城只有 1/4 的居民幸免于难，其余的不是被火山灰掩埋，就是被浓烟窒息，或者被倒塌的建筑物压死。

维苏威火山

4. **以下历史事件中，与关羽无关的是：______。**

A．单刀赴会　　B．水淹七军

C．大意失荆州　　D．七擒七纵

答案：D

趣味题点："七擒七纵"指的是诸葛亮七擒七纵孟获的故事，其他三件事都和关羽有关，其中两个作为成语和熟语一直沿用至今。

5. **世界上最早的志愿者组织，其主要工作是为了：______。**

A．战后重建家园　　B．保护生态平衡

C．传播技术知识　　D．宣传宗教理念

答案：A

趣味题点：第一次世界大战以后，生产等待恢复，城市需要重建，人民需要团结和平的氛围，需要理解和沟通。在瑞士，德国人皮埃尔组建了"国际民众服务组织"，该组织致力于救灾、重建家园，促进人们之间的交流。该组织被认为是最早的志愿者组织。

6. **猿人能够制造和使用工具，这种工具很简单，一件是______。**

A．铁棒石头　　B．木棒石头　　C．木棒手枪

答案：B

趣味题点：猿人是从猿到人的过渡阶段的中间环节之一。恩格斯称之为“完全形成了的人”。他们和任何动物根本不同的地方，就是猿人能够制造和使用工具。

7. 尧觉得舜品德好，又能干，把首领的位子让给舜，这种让位，历史上叫做：______。

A．礼让　　B．禅让　　C．谦让　　D．互让

答案：B

趣味题点：禅让制实际上是以传贤为宗旨的民主选举首领制度，后被禹的儿子夏启破坏，代之以家天下的世袭制。

8. 美国独立后扩张领土的手段不包括：______。

A．赎买　　B．探险　　C．武装颠覆　　D．入侵

答案：B

趣味题点：美国独立后，采取购买、武装颠覆或发动战争等手段，先后获得路易斯安那、佛罗里达、得克萨斯、加利福尼亚、亚利桑那、新墨西哥、俄勒冈、亚利桑那南端基拉河流域、阿拉斯加等地，于19世纪中期，领土从大西洋扩展至太平洋沿岸。

9. 下列不是亡国之君的是：______。

A．夏桀　　B．商纣　　C．周厉王　　D．周幽王

答案：C

趣味题点：周厉王，西周第十位国王，在位期间横征暴敛，实行残暴的“专利”政策，爆发了历史上有名的“国人暴动”。

10. 知识经济首先形成于：______。

A．英国　　B．美国　　C．德国　　D．日本

答案：B

趣味题点：知识经济理论形成于20世纪80年代初期。1983年，美国加州大学教授保罗·罗默提出了“新经济增长理论”，认为知识是一个重要的生产要素，它可以提高投资的收益。“新经济增长理论”的提出，标志着知识经济在理论上的初步形成。

三、趣味抢答

1. 秦始皇兵马俑是怎么被誉为“世界第八大奇迹”的？

答案：1978 年 9 月，法国总理希拉克参观兵马俑时说：“世界上原有七大奇迹，秦俑的发现，可以说是第八大奇迹。不看金字塔，不算真正到过埃及，不看秦俑，不算真正到过中国。”从此，“世界第八大奇迹”就成了秦俑的代名词。

兵马俑

2. “有一天，两个强盗闯入了夏宫（指圆明园），一个动手抢劫，一个把它付之一炬。原来胜利就是进行一场掠夺。胜利者窃走了夏宫的全部财富。收藏在这个东方博物馆里的不仅有杰出的艺术品，而且还保存有琳琅满目的金银制品。即使把我国所有圣母院的全部宝物加在一起，也不能同这个规模宏大而富丽堂皇的东方博物馆媲美。有一个胜利者把一个个口袋都塞得满满的，至于那另外一个，也如法炮制，装满了好几只箱子。之后，他们双双拉着手荣归欧洲。这就是两个强盗的一段经历。在将来交付审判的时候，一个强盗就会被人们叫做______，另一个叫______。”（法国作家雨果）

请在横线上填上两个强盗的名字。

答案：法兰西、英吉利。

3. 请将以下女性的名字与其突出成就连接起来。

A．班昭　　a．第一个女将军

B．蔡琰　　b．第一个女诗人

C．冯潦　　c．第一个女史学家

D．李贞　　d．第一个女外交家

答案：A——c；B——b；C——d；D——a。

4. 请将下列三个企业与兴办人用线连接起来。

A．湖北铁厂　　a．黄佐卿

B．公和永丝厂　　b．张之洞

C．继昌隆缫丝厂　　c．陈启源

答案：A——b；B——a；C——c。

5. 请将下列重大考古发现按其所处的时间顺序排列。
A．元谋猿人　　B．北京猿人　　C．山顶洞人
答案：A——B——C。

趣味乐园

古代七大建筑物

埃及金字塔：建于4 000多年前，是最古老并留存至今的唯一古奇观。金字塔是埃及法老的陵墓，安放法老的木乃伊，随葬大量珍宝及法老的私人物件等。

巴比伦空中花园：公元前6世纪尼布甲尼撒二世所建，由一层层台阶组成，上植花木。空中花园建造在幼发拉底河两岸，用灌溉渠引水灌溉。

亚历山大港的灯塔：大约在公元前270年建于埃及亚历山大港法老岛上，高达122米，有一座螺旋梯通往灯台。这是世界上第一座灯塔，到15世纪才倒塌荒废。

奥林匹亚的主神像：公元前5世纪由雅典雕刻家斐迪亚斯设计，是希腊主神宙斯像，高9米，像身用木制造，外包黄金、象牙。475年焚毁。

罗得岛巨像：大约在公元前305—前292年间建于希腊，为太阳神赫利阿斯铜像，高32米。相传此像的两腿跨在海港入口的两边，船只由其胯下通过，公元前224年毁于地震。

小亚细亚哈利加那苏斯的陵墓：公元前4世纪统治此城的墨索洛斯之墓，由其妻子下令修建，15世纪毁于地震。

小亚细亚以弗所的阿耳特弥斯神庙：公元前6世纪以大理石建造，供奉希腊狩猎和月亮女神，3世纪被破坏，其残余遗物藏于伦敦大英博物馆。

第五关 闯关大冲刺

忘记历史就意味着背叛。

——列宁

一、快速判断

1. 拉丁美洲第一个独立国家是海地。

答案：对

趣味题点： 1804 年 1 月 1 日，海地正式宣布独立，成为拉丁美洲第一个独立的国家。海地革命的胜利为拉丁美洲被压迫人民作出了榜样，它动摇了 300 多年的殖民统治，揭开了拉丁美洲独立战争的序幕。

2. 东汉末年的地方最高军政长官是州牧。

答案：对

趣味题点： 东汉末年，为镇压黄巾起义，汉天子听从刘焉建议，改刺史为州牧，真正掌管一州的军政大权，成为地方的最高军政长官，州也因此真正成了郡之上一级的行政单位。

3. 第一次世界性的经济危机出现于 1929 年。

答案：错

趣味题点： 1848 年以后资本主义虽然进入经济繁荣的年代，但却摆脱不了它的基本矛盾和周期性的经济危机。1857 年，爆发了新的危机，它首先出现于英国，接着就蔓延到欧洲大陆，这是历史上第一次世界性的经济危机。

4. 张艺谋的电影中最具有历史震撼力的是《活着》。电影中有一个场景：小孩找出父亲的铁皮包的箱子要交给街道干部用来炼铁。这个场景应该是在 20 世纪 50 年代。

答案：对

趣味题点： 20世纪50年代出现的大炼钢铁运动。

5. 有一对联"万寿无疆，普天同庆；三军败绩，割地求和"指的是甲午中日战争。
   答案：对

趣味题点： 1894年，甲午中日战争爆发。同年11月2日，日军侵占大连。败讯传来，正值慈禧太后60大寿，有人愤然书联于北京墙头：万寿无疆，普天同庆；三军败绩，割地求和。

二、智慧选择

1. 册封云南王的是：______。
   A．唐太宗　B．武则天　C．唐玄宗　D．唐中宗
   答案：C

趣味题点： 唐玄宗时，册封南诏首领为云南王，加强了对边疆的管辖。

2. 中共打响武装反抗国民党反动派第一枪的是：______。
   A．南昌起义　B．秋收起义　C．武昌起义
   答案：A

趣味题点： 1927年8月1日，中国共产党为反击国民党当权派屠杀共产党人和工农群众，挽救革命，在江西省城南昌发动的武装起义，打响了武装反抗国民党反动派的第一枪，是中国共产党独立领导武装斗争和创建革命军队的开始。

3. 新航路开辟时西班牙王室支持的葡萄牙航海家是：______。
   A．迪亚士　B．达·伽马　C．哥伦布　D．麦哲伦
   答案：D

趣味题点： 1519年9月20日，葡萄牙人麦哲伦在西班牙国王的资助下，率领一支由5艘帆船266人组成的探险队，从西班牙塞维利亚港起航，开始环球航行。

4. 我国历史上第一个奴隶制王朝是：______。
   A．秦朝　B．唐朝　C．宋朝　D．夏朝
   答案：D

趣味题点： 夏王朝是我国历史上第一个奴隶制王朝，它的建立标志着我国历史正式进入了文明时代。

5. 二战中下列战场最早出现转折的是：______。

A．苏德战场　　B．整个世界反法西斯战场

C．太平洋战场　　D．北非战场

答案：C

趣味题点： 1942年春的中途岛及珊瑚海之战是第二次世界大战太平洋战场的转折点，美军在太平洋上从此由守势改为攻势。

6. 从周成王到他的儿子康王两代，前后约50年，是周朝强盛和统一的时期，历史上叫做："______"。

A．少康中兴　　B．太平盛世　　C．康乾盛世　　D．成康之治

答案：D

趣味题点： 成康时期，是周最为强盛的阶段，史称"天下安宁，刑具40余年不曾动用"，故有"成康之治"的赞誉。

7. 钟类乐器中名气最大的是编钟，1978年在湖北出土的65枚编钟全套总重量在多少千克以上？（　　）

A．2 500千克　　B．2 600千克　　C．2 700千克

答案：A

编钟

趣味题点： 1978年湖北随州出土的春秋战国时期的曾侯乙大型编钟群由8组65枚组成，铸造精细，音域宽广，可以演奏各类乐曲，每钟能发出两个成大、小三度音程的乐音。其重超过2500千克

8. 我国最早到达波斯湾的使臣是：______。

A．张骞　　B．甘英

C．郑和　　D．鉴真

答案：B

趣味题点： 东汉使者甘英97年奉班超之命出使大秦（东罗马帝国），最远到达条支海滨（即今天的波斯湾附近）。

9. 造纸术和印刷术是我国伟大的发明，而下列哪部著作就是世界上第一部用纸印刷的书籍？（　　）

A．《三国志》　　B．《营造方式》

C．《禽经》　　D．《金刚经》

答案：D

趣味题点：敦煌发现的868年的卷子本《金刚经》，是现存最早的木刻印书，用纸七张缀合成卷。这卷举世闻名的唐代刻本佛经，被英国人斯坦因窃去，现藏于伦敦大英博物馆。

10. 秦始皇陵及兵马俑于什么时间被列入《世界遗产名录》？（　　）

A．1986年12月　　B．1987年12月　　C．1988年12月

答案：B

趣味题点：秦始皇陵位于陕西省西安市以东35千米的临潼区境内，是中国历史上第一个皇帝陵园，于公元前246—前208年营建。其巨大的规模、丰富的陪葬物居中国历代帝王陵之首，是最大的皇帝陵。

三、趣味抢答

1. 请将下列故事与相关人物对应起来。

A．一条扁担的故事　　a．彭德怀

B．两把菜刀闹革命的故事　　b．朱德

C．从奴隶到将军的故事　　c．贺龙

D．两条半枪闹革命的故事　　d．罗炳辉

E．一匹枣红马的故事　　e．方志敏

答案：A——b；B——c；C——d；D——e；E——a。

2. 将下列历史典故与相关历史人物对应起来。

A．投笔从戎　　a．韩信

B．火烧连营　　b．班超

C．火烧赤壁　　c．陆逊

D．中流击楫　　d．周瑜

E．十面埋伏　　e．祖逖

答案：A——b；B——c；C——d；D——e；E——a。

3. 请根据叙述，说出这位人物是谁。

(1) 他是汉初三杰之一，曾提出“可以马上打天下，不可马上治天下”。

(2) 曾有一个关于他的成语，比喻事情的好坏或成败都由于同一个人。

(3) 他曾与吕后合谋害死了淮阴侯韩信。

答案：萧何，关于他的成语是“成也萧何，败也萧何”。

4. 请根据叙述，说出这位人物是谁。

(1) 他自幼就有“神童”之称，后来做了内阁大学士，成为皇帝的顾问。

(2) 他是我国历史上的一位改革家，对明代政治、军事、经济进行了一系列的改革，整顿吏治，提高行政效率，用名将戚继光等练兵，加强防御，推行“一条鞭法”，清丈土地。

(3) 他是万历年间的一位宰相，因常独揽大权于一身，所以许多历史工作者称他为“权相”，他死后因涉嫌贪污被抄了家。

答案：张居正。

5. 请根据叙述，说出这件文物的名称。

(1) 它 1969 年在甘肃省武威县一座东汉墓中出土，是墓中近百件青铜车马仪仗俑中的一件。

(2) 它是我国旅游业的标志。

(3) 这件青铜奔马虽然只有 34.5 厘米高，但它布满铜绿的身躯却显得十分矫健饱满。奔马四蹄腾起，昂首扬尾，逼真地表现了骏马在疾驰中的形象，更巧妙的是奔马的右蹄下，还有一只展翅疾飞的燕子。

答案：马踏飞燕。

趣味乐园

北京九门

西直门：走水车，旧时每天由玉泉山拉水经此门入宫，门洞刻有水波纹。

朝阳门：走粮车，旧时南方的粮食由水路运至通州后，粮车由此进京，门洞刻有谷穗儿。

崇文门：走酒车，旧时卖酒的均到此处上税。

阜成门：走煤车，旧时京西门头沟之煤由此门进京，门洞刻有一枝梅花。

东直门：走砖车，旧时砖窑大都在此门以外，木材车也由此门进出。

正阳门：走“龙车”，只有皇帝及皇家交通工具出入经此门。

德胜门：出兵时兵车走此门。

安定门：收兵时兵车走此门。运粪车亦由此门进出。

宣武门：走“囚车”，菜市口是旧刑场，在此门外，门洞刻有“后悔迟”三字。

Chapter 7

第七章 综艺大观

艺术是人类文化的核心和精华，它不断向文化的其他领域发射能量，并渗透到人们生活的深处。千姿百态、林林总总的艺术世界，凝聚着人们对美好生活的追求与向往。

第一关 闯关总动员

艺术使自然更完美。

——雷诺兹

一、快速判断

1. 第一幅印象派画叫《最后的晚餐》。

答案：错

趣味题点： 第一幅印象派画叫《日出·印象》。

2. 人类最古老的绘画形式是壁画。

答案：对

趣味题点： 壁画是历史最悠久的绘画形式，分为粗地壁画、刷地壁画和装饰壁画等。

3. 小号不属于我国民族乐器。

答案：对

趣味题点： 小号属于西洋乐器中的铜管乐器。

4. 《百鸟朝凤》是一首唢呐曲。

答案：对

趣味题点：《百鸟朝凤》是一首非常著名的唢呐曲，也是民间管乐的合奏曲。流行于山东（中国东部）、安徽（中国东部）、河南（中国中部）、河北（中国北部）等地区。曲调活泼欢畅、热烈。非常细腻地模拟各种飞禽的啼鸣，活灵活现，很是生动有趣。同时，也表现了人们对大自然的热爱。

5. “花儿”是维吾尔族的民歌。

答案：错

趣味题点：“花儿”又称“少年”，是流传在甘肃、宁夏、青海、新疆回族地区的一种民歌，实际上是一种高腔山歌。在“花儿”对唱中，男方称女方为“花儿”，女方称男方为“少年”，这种对人的昵称逐渐成为回族山歌的名称，亦统称为“花儿”。

二、智慧选择

1. 交响乐是指多种乐器组合的大型管弦乐队的演出形式和为这种形式写作的乐曲，往往寓意深刻、概括性强，篇幅较长、规模宏大，因而必须在统一指导下进行。下列的乐曲中哪首不是交响乐？（　　）

A.《天鹅之歌》　　B.《命运》

C.《蓝色多瑙河》　　D.《朱比特交响曲》

答案：C

趣味题点：《蓝色多瑙河》是奥地利作曲家约翰·施特劳斯创作的一首圆舞曲即华尔兹，有“圆舞曲之王”的美称。《命运》是贝多芬创作的一部歌颂光明战胜黑暗的凯歌，几乎家喻户晓、人人皆知。《天鹅之歌》是舒伯特的交响乐作品。《朱比特交响曲》的作者是莫扎特。

2. 电影《泰坦尼克号》的协奏曲中主奏乐器是什么？（　　）

A. 长笛　　B. 排箫　　C. 苏格兰风笛　　D. 单簧管

答案：C

趣味题点：苏格兰风笛这种乐器，早在15世纪，就在欧洲各国出现了。风笛演奏的曲谱丰富多彩，既有高雅古典的变奏曲，也有促人奋起的进行曲，令古往今来无数的听众心痴神迷。

3. 中国四大名砚是指安徽的歙砚、甘肃的洮砚、山东的澄砚和：______。

A. 陕西的瓦砚　　B. 广东的端砚

C. 四川的石砚　　D. 江西的瓷砚

答案：B

趣味题点：从唐代起，端砚、歙砚、洮砚和澄砚被并称为“四大名砚”，其中尤以端砚和歙砚为佳。

4. 五线谱是被各国普遍采用的记谱法，它的发明使几百年前许多不朽的名作得以流传下来。五线谱是由哪国人发明的呢？（　　）

A. 希腊　　B. 意大利　　C. 德国　　D. 法国

答案：B

趣味题点： 在11世纪，意大利人季多发明了五线谱，后来又经过其他人的补充使五线谱更加完善起来。

5. 世界上最早的国歌诞生于哪个国家？

A．荷兰　B．英国　C．法国　D．澳大利亚

答案：A

趣味题点： 荷兰是世界上最早出现国歌的国家。1569年，荷兰人民为抵抗西班牙统治者的统治与压迫，高唱《威廉·凡·拿骚进行曲》冲向敌人，并战胜了西班牙统治者。荷兰人民对这首代表着国家民族精神的歌曲十分热爱。后来，这首歌曲便成了荷兰的国歌。从此，许多国家也争相模仿，制定出自己国家的国歌。

6. 京剧中的脸谱使人物的性格一目了然。一般红色脸谱代表：______。

A．耿直　B．奸邪

C．忠勇　D．圆滑

答案：C

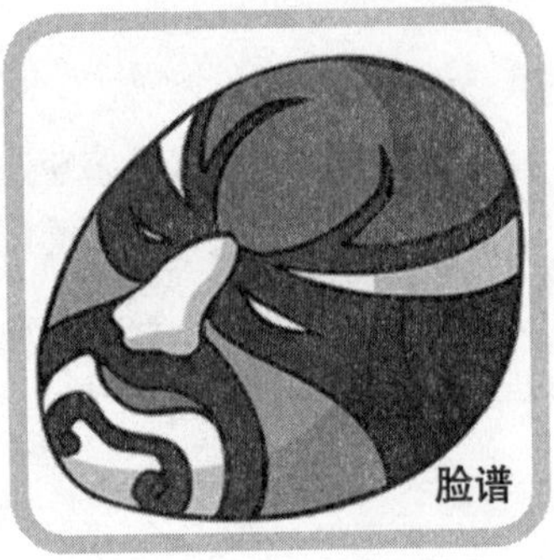

脸谱

趣味题点： 一般以红色脸谱代表忠勇（如关羽），黑色脸谱代表耿直（如包拯、张飞），白色脸谱代表奸邪（如曹操）。

7. 音乐指挥是音乐艺术的导演、组织者、解释者、挖掘者和表达者。专业音乐指挥起源于哪个国家？(　　)

A．德国　B．奥地利　C．意大利

答案：C

趣味题点： 大约在15世纪时，意大利的教堂合唱团首创了一种指挥方法，即把部分总谱纸卷成纸卷，演唱时挥动纸卷打拍子。到了17世纪，纸卷被一种雕花木刻手杖或木棒所代替，到了19世纪才出现专业的音乐指挥。

8. 我国现在的国歌——《义勇军进行曲》创作于1934年，由田汉作词，聂耳谱曲，但正式定为我国国歌却是在哪一年？(　　)

A．1935年　B．1949年　C．1965年　D．1982年

答案：D

趣味题点： 今天的《中华人民共和国国歌》原名为《义勇军进行曲》，它原是电影《风云儿女》的主题歌，在抗日战争期间风行全国，极大地鼓舞和激励了中国人民的斗志，为夺取抗日战争的最后胜利建立了功勋。为此，新中国成立后它即被定为代国歌；1982 年 12 月 4 日全国人大常委会正式通过决议，确定它为《中华人民共和国国歌》。

9. 由著名导演詹姆斯·卡梅隆于 1997 年导演的《泰坦尼克号》，在 1998 年获得几项奥斯卡大奖，创下了奇迹？(　　)

A．9　　B．10　　C．11　　D．12

答案：C

趣味题点： 造价 2 亿多美元的《泰坦尼克号》是当时成本最为昂贵的影片，该片在全球的票房收入为 18.35 亿美元，其中北美地区收入为 6 亿美元，位居全球及北美地区历史最卖座片的第一名。本片曾在 1998 年奥斯卡奖项上获得最佳影片、最佳导演、最佳音效、最佳摄影等 11 项大奖。

10. 冼星海一生创作了大量革命歌曲，被称为人民音乐家。他的代表作是表现中华民族英雄气概的《黄河大合唱》，这部作品共有几个乐章？(　　)

A．6 个　　B．7 个　　C．8 个　　D．9 个

答案：C

趣味题点： 此作品共有 8 个乐章，分别是《黄河船夫曲》、《黄河颂》、《黄河之水天上来》、《黄水谣》、《河边对口曲》、《黄河怨》、《保卫黄河》、《怒吼吧，黄河》。

三、趣味抢答

1. 请将下列名曲与其相对应的内容用线连接起来。

A．《高山流水》	a．借物咏怀
B．《广陵散琴曲》	b．思乡之情
C．《梅花三弄》	c．决战情景
D．《十面埋伏》	d．视死如归
E．《胡笳十八拍》	e．知音难觅

答案：A——e；B——d；C——a；D——c；E——b。

3. 请根据下列关键词提示，猜一种乐器的名字。

王后　阿拉伯　俞丽拿　魂柱

答案：小提琴。

趣味题点：①小提琴音色优美，音域宽广，表现力强，在乐器中具有显著地位，因个体小巧、造型优美而被誉为“乐器王后”。②小提琴起源于阿拉伯。③俞丽拿是我国著名小提琴演奏家。④小提琴内部支撑面板和背板的木制音柱被法国人称为“魂柱”。

4. **我国历史上曾出现了不少著名的戏剧家，他们的作品构成了我国的戏剧艺术长廊。请将下列戏剧艺术家按年代由远到近排列。**

丁西林　洪昇　欧阳予倩　汤显祖　王实甫

答案：王实甫⟶汤显祖⟶洪昇⟶欧阳予倩⟶丁西林。

5. **简答题**

1938年，影片《南泥湾》摄制完成后，毛泽东亲自为这部电影题词，请回答题词的内容是什么？

答案：自己动手，丰衣足食。

趣味乐园

我国四大戏剧

古今戏剧，数以万计，至今仍有500多个剧种活跃在祖国各地。其中，今天仍然影响较大的有京剧、评剧、越剧、汉剧等“四大戏剧”。

京剧，其前身为徽剧，通称为皮黄戏，清朝同治、光绪年间最为盛行。京剧未形成之前，盛行昆腔与京腔。

评剧，俗称“蹦蹦戏”或“落子戏”，又名“平腔梆子戏”，简称“平戏”。评剧名称是1953年在上海演出时才正式使用的。

越剧，因发源于浙江省绍兴地区嵊州一带，即古越国所在地，故名越剧。

汉剧，属于皮黄戏腔系，声腔以二黄西皮为主。二黄腔原出自平腔，西皮则由西北的梆子腔在湖北襄阳一带变化而成。

第二关 闯关热身操

艺术的伟大意义，基本上在于它能显示人的真正感情、内心生活的奥秘和热情的世界。

——罗曼·罗兰

一、快速判断

1. 1977年，美国发射的太空船中载着一张镀金唱片，其中录有中国乐曲《二泉映月》。

答案：错

趣味题点： 1977年，美国发射的太空船中载着一张镀金唱片，其中录有中国乐曲《高山流水》。《高山流水》取材于“伯牙鼓琴遇知音”，有多种谱本。有琴曲和筝曲两种。两者同名异曲，风格完全不同。

2. 我国的电影金鸡奖是中国电影协会为奖励优秀影片而颁发的奖项，取名“金鸡”是因为金鸡奖创始年是鸡年。

答案：对

趣味题点： 金鸡奖创始于1981年，因这年是农历鸡年，因此得名，此后每年评选一次。

3. 最早的古筝比古琴的弦更多。

答案：对

趣味题点： 古琴是用一整块木头做成的，琴面系有七根弦，古称“七弦琴”，属弹拨乐器类的“无码乐器”；而古筝则由框板、面板和底板构成，最早有5根弦，后来逐渐发展为12、13、16、21弦，现在还有24弦和26弦筝，常用的为21弦。

4. 吉他在我国又称六弦琴。

答案：对

趣味题点： 吉他是一种西洋弹拨乐器。扁平形状，呈腰形。吉他的种类不少，有4

弦的，有6弦、7弦、8弦的，还有10弦、12弦，甚至更多的。我国流行的是6弦，故称“六弦琴”。

5. 法国人创造了芭蕾。

答案：错

趣味题点： 1496年，法国国王查理八世去那不勒斯，一路上他被意大利舞蹈的华美演出惊呆了。于是，他将这种叫做“芭莉”或“芭莱蒂”的舞蹈带回国内。在此之前，法国有一种被称为“假面舞会”的宫廷舞蹈，类似后来的芭蕾。随着意大利舞蹈进入法国，使宫廷舞蹈不断发展。到19世纪，芭蕾进入了它的黄金时代，并形成了意大利、法国、俄罗斯三大学派。在当代，芭蕾和现代舞结合，又赋予芭蕾以新的生命，产生了“现代芭蕾”。

二、智慧选择

1. 有“女子之戏”之称的戏剧是：______。

A．昆剧　　B．越剧　　C．黄梅戏　　D．京剧

答案：B

趣味题点： 越剧原有男、女两种戏班，后女班因扮相俊美、曲调流畅而取代了男班，时称“女子之戏”。昆剧也叫昆山腔或昆曲，明嘉靖年间，世人将北曲，海盐、弋阳腔结合起来，建立了号称“水磨调”的昆腔歌唱体系。

2. “文房四宝”是笔、墨、纸、砚四种文具的统称，无论是书法还是绘画，都少不了它们。这些文具制作历史悠久，品种很多，历代都有著名的制品和艺人。那么安徽泾县制作的哪种文具最有名？

A．徽墨　　B．宣纸　　C．湖笔

答案：B

趣味题点： 安徽泾县（旧属宣城郡或宣州）以生产纸张扬名。安徽歙县以产徽墨著名。浙江吴兴（旧为州府）是湖笔的产地。

3. 成立于1548年，世界历史最悠久的交响乐团是哪一个？（　　）

A．维也纳爱乐管弦乐团　　B．波士顿交响乐团

C．德累斯顿管弦乐团

答案：C

趣味题点：德累斯顿管弦乐团，至今已有450多年的辉煌历史。作为一个歌剧院管弦乐团，在它极富传奇色彩的发展史上，有着不胜枚举的骄人业绩，包括瓦格纳、理查·施特劳斯在内，几乎大部分著名歌剧作家的作品，都是经德累斯顿国立歌剧院管弦乐团的首演而流传下来的。

4. 达·芬奇的肖像画《蒙娜丽莎》是一幅什么样的作品？（　　）

A. 油画　　B. 版画　　C. 水彩画

答案：A

趣味题点：油画是用易干的油料与研磨过的颜料调和后在亚麻布或木板上所作的画。油画有丰富的色彩效果，使蒙娜丽莎的微笑令亿万人倾倒。它精妙地表达了人物的内心感受和微妙表情。版画是木刻、石刻、麻胶版画等一系列画种的总称。水彩画是用毛笔将可溶于水的颜料画于纸上的一个画种。

5. 剧本《长生殿》与哪个人物有关？（　　）

A. 西施　　B. 昭君　　C. 杨玉环　　D. 貂蝉

答案：C

趣味题点：《长生殿》是清初剧作家洪昇（？—1704年）所作的剧本，取材自唐代诗人白居易的长诗《长恨歌》和元代剧作家白朴的剧作《梧桐雨》，讲的是唐玄宗和贵妃杨玉环之间的爱情故事。

6. 罗丹（1840—1917年）是法国19世纪最伟大的雕塑艺术家。他的第一件作品是：______。

A. 《思想者》　　B.《受伤的鼻子》　　C. 《青铜时代》

答案：B

趣味题点：罗丹出身贫寒，十几岁就靠做装饰用的石雕维持生计。他的第一件作品是《受伤的鼻子》，出手不凡。他的现实主义作品《青铜时代》一问世就引起了激烈的争论。1880年，他创作出独具风格的人体雕像《思想者》。

7. 人民大会堂正厅的巨幅国画是1959年著名画家傅抱石与谁共同创作的？（　）

A. 关山月　　B. 潘天寿

C. 李可染

答案：A

趣味题点：人民大会堂内最大的一幅国画是

位于正厅的《江山如此多娇》，画心高 5.65 米，宽 9 米，是 1959 年著名画家傅抱石和关山月以毛泽东《沁园春·雪》的词意为题材创作的，画题为毛泽东手书。

8. 14—16 世纪，欧洲新兴的资产阶级强调人在现实世界中的地位，被称为“人文主义”。在这种思想影响下，出现了“文艺复兴三杰”，他们是达·芬奇、米开朗琪罗和______。

A. 拉斐尔　B. 乔托　C. 大卫　D. 卢梭

答案：A

趣味题点：文艺复兴全盛时期的“三杰”是：达·芬奇、米开朗琪罗和拉斐尔。达·芬奇的代表作是《蒙娜丽莎》、《最后的晚餐》；米开朗琪罗的代表作是梵蒂冈西斯廷教堂的壁画；拉斐尔的代表作是《西斯廷圣母》、《雅典学派》。

9. 哑剧是一种不用台词，只以动作和表情表达剧情的戏剧品种，出现正式哑剧演员是在哪个国家？(　　)

A. 印度　B. 中国　C. 罗马　D. 巴比伦

答案：C

趣味题点：哑剧，作为一个剧种，在我国古代早就存在，有人将哑剧译作“默剧”，是一种不用台词而以动作和表情表达剧情的戏剧。由古代的战争、狩猎等舞蹈演变而来。最先在古代印度和埃及发展为一种无声表演的艺术形式。公元前 3 世纪，罗马出现了正式的哑剧演员。他们演出时戴面具，并有合唱队伴唱。

10. 德国著名剧作《阴谋与爱情》被恩格斯称为“德国第一部有政治倾向的戏剧”，这部剧作是由谁创作的？(　　)

A. 席勒　B. 莫里哀　C. 威廉·格林　D. 歌德

答案：A

趣味题点：《阴谋与爱情》是一部 5 幕的市民悲剧，创作于 18 世纪 80 年代初，这段时间正是席勒反封建意识最强烈的时候，也是席勒的狂飙气质表现得最鲜明的时候。因此，这部剧本是席勒全部创作中反封建倾向最为突出的作品，确立了他反对封建制度、争取民族觉醒的创作道路。

三、趣味抢答

1. 请根据叙述，说出这部电影的名字。

(1) 该片是 1959 年北京电影制片厂摄制的一部以抗日救亡为题材的电影，谢芳、康泰、于是之、葛存壮、赵子岳等都在片中担任角色。

(2) 该片以女学生林道静因反抗地主家庭逼婚投海自杀开头，讲述了她如何被大学生余永泽所救，后来投入爱国学生运动的故事。

(3) 该片是根据作家杨沫的同名小说改编，是新中国电影史上的一部力作。

答案：《青春之歌》。

2. **请根据叙述，说出这位人物的名字。**

(1) 这位作曲家祖籍广东番禺，1905 年 6 月 13 生于澳门，1945 年 10 月 30 日卒于莫斯科，曾用名黄训、孔宇。

(2) 他认为学音乐的人要“负起一个重责，救起不振的中国”，表现出鲜明的爱国民主思想。在上海，他结识了田汉等人，曾参加“南国社”的戏剧活动。

(3) 他曾创作了许多抗战歌曲，如《保卫卢沟桥》、《在太行山上》等。1938 年 11 月在延安鲁迅艺术学院任教期间写出杰出的代表作《黄河大合唱》、《生产大合唱》等大型声乐套曲，在全国产生了巨大影响。

答案：冼星海。

3. **排序题。**

请将下列外国影片的译制程序按合理顺序排列。

进行实录　反复排练　混合录音　检查声画　印制拷贝　翻译剧本

答案：翻译剧本⟶反复排练⟶进行实录⟶检查声画⟶混合录音⟶印制拷贝。

4. **请根据下列提示词，猜一位戏剧家的名字。**

长沙　《名优之死》　“南国社”　农民

答案：田汉。

趣味题点：①田汉的籍贯是长沙。②《名优之死》是田汉的代表作之一。③田汉是中国革命戏剧运动奠基人和戏曲改革运动先驱，他组织和领导了“南国社”。④农民即种田的汉子，意为“田汉”。

5. **如果说中国近代花鸟画历史上的三位画家代表了三个发展高峰的话，请将其按先后顺序排列。**

潘天寿　吴昌硕　齐白石

答案：吴昌硕⟶齐白石⟶潘天寿。

趣味乐园

国外的著名音乐家美誉

音乐之父——巴赫（德国）

音乐神童——莫扎特（德国）

古今乐圣——贝多芬（德国）

歌曲之王——舒伯特（德国）

音乐神灵——亨德尔（德国）

指挥之王——卡拉扬（德国）

歌剧之王——威尔第（意大利）

音乐之王——斯卡拉蒂（意大利）

小提琴之王——帕格尼尼（意大利）

进行曲之王——苏萨（美国）

流行歌曲之王——福斯特（英国）

圆舞曲之父——老约翰·施特劳斯（奥地利）

圆舞曲之王——小约翰·施特劳斯（奥地利）

交响曲之王——海顿（奥地利）

印象派大师——德彪西（法国）

轻歌剧之王——奥芬巴赫（法国）

管弦乐色彩大师——拉威尔（法国）

钢琴诗人——肖邦（波兰）

钢琴之王——李斯特（匈牙利）

舞剧音乐大师——柴可夫斯基（俄国）

第三关 闯关进行时

诚实是艺术的最大要素。只要总对自己诚实，艺术就总在那里。

——柯尼利亚

一、快速判断

1. 舞蹈被誉为“艺术之母”。

答案：对

趣味题点： 舞蹈被誉为“艺术之母”，是人类社会中最早创造的艺术形式之一，几乎和人类同时诞生。有学者说过：“任何一个民族哪怕是最原始的民族的打斗都可以是舞蹈的展现。”舞蹈先于语言文字存在。

2. 交响乐通常由四个乐章组成。

答案：对

趣味题点： 交响乐通常由四个乐章组成。第一乐章通常采用快板的奏鸣曲式，表现人们的斗争，充满戏剧性。全部音乐建立在两个性格不同的主题的对比和发展上。第二乐章通常是抒情的慢板，内容往往与深刻的内心感受及哲学思考有关。第三乐章通常为中速的舞曲或谐谑曲。第四乐章大多采用快板的回旋曲或回旋奏鸣曲式，表现群众生活、风俗的场面和人民胜利。

3. 《命运交响曲》是贝多芬的《第六交响曲》。

答案：错

趣味题点： 贝多芬的《命运交响曲》原名《第五交响曲》，它是一部哲理性很强的作品，也是最能代表贝多芬艺术风格的作品。

4. 最早到中国来放映电影的是美国人。

答案：对

趣味题点： 1896 年 8 月 11 日，电影诞生不到半年，便传到了中国。最早到中国来放映电影的是美国人，他们在上海徐园的杂耍游乐场中放映了几部法国影片。

人们立刻被这种“新奇的玩意儿”震惊了，认为电影是“开古今未有之奇，泄造物无穷之秘”。第二年的夏天，1897年7月，又有美国人到上海放映电影。1899年，西班牙人雷玛斯首先将一些有简单情节的故事短片拿到中国来放映。后来他成了在中国第一个经营电影院的商人。

5. **在中国，“卡拉OK”已经成了家喻户晓的娱乐形式，它的原意是“无人乐队”，最早起源于美国。**

答案：错

趣味题点：“卡拉OK”最早起源于日本，它的日文原意是“无人伴奏乐队”。20世纪60年代井上大佑先生年轻时在日本兵库县西宫市担任沙龙乐队鼓手时，发明了伴唱声轨和可携式麦克风。不到三年，卡拉OK开始大行其道。大公司纷纷剽窃井上的创意，推出自己的机型。等有人建议他申请专利时，已经为时已晚。井上承认：“我从没想过申请专利。”

二、智慧选择

1. **电影《冰山上的来客》中弹奏的“冬不拉”是哪个民族的乐器？（　　）**

A. 哈萨克族　　B. 维吾尔族　　C. 塔吉克族　　D. 俄罗斯族

答案：A

趣味题点：冬不拉是哈萨克民间最流行的传统乐器。冬不拉的类型繁多，大都由整块松木或桦木制成，雕刻精细、镶嵌美观。冬不拉的形式：一种音箱是三角形，哈萨克人以近代大诗人阿巴衣命名，叫“阿巴衣冬不拉”；一种音箱是椭圆形，以哈萨克民间阿肯江布尔命名，叫“江布尔冬不拉”。这两种冬不拉外形不同，音色也各有千秋。

2. **“音乐神童”是指哪个音乐家？（　　）**

A. 贝多芬　　B. 莫扎特　　C. 巴赫　　D. 舒伯特

答案：B

趣味题点：在欧洲音乐史的源远长河中，自幼便显示出音乐才干者并不罕见。可像莫扎特那样早熟的奇才，能在那样小的年龄便被公认为“神童”的音乐家，确是再难找寻。他3岁就能在钢琴上弹奏许多他所听到过的乐曲片断，5岁就能准确无误地辨明任何乐器上奏出的单音、双音、和弦的音名，甚至可以轻易地说出杯子、铃铛等器物碰撞时所发出的音高……如此过硬的绝对音准观念是绝大多数职业乐师一辈子都达不到的。

3. “广告”一词来源于：______。

A. 英文　　B. 意大利文　　C. 阿拉伯文　　D. 拉丁文

答案：D

趣味题点：“广告”一词拉丁文原意是“大喊大叫”，传说古罗马商人常雇一些人在街头大喊大叫，引得大家到商品陈列处购买商品。

4. 源于法语中的“装配”一词，用在电影艺术中有“构成”、“组接”的意思，在电影界把这一技术术语通常称作：______。

A. 特技摄影　　B. 蒙太奇

答案：B

趣味题点：蒙太奇是指由某本素材构成电影艺术的指导思想和艺术处理手段。导演、剪辑师和音响师可以把各个镜头按时间顺序连接起来，也可以把一些画面交错排列造成某种印象或某种联想，产生强烈的效果。特技摄影运用广泛，如人或动物的飞腾、倒行逆动、鬼蜮仙境等。其方法有快速、慢速等非正常摄影。近年来，由于计算机技术的介入，特技摄影出神入化，达到了一个新的高度。

5. 越剧是哪个地区的戏种？（　　）

A. 江苏　　B. 湖北　　C. 浙江　　D. 北京

答案：C

趣味题点：越剧诞生于1906年，时称“小歌班”。其前身是浙江嵊州一带流行的说唱艺术——落地唱书调。艺人基本上是半农半艺的男性农民。曲调沿用唱书时的吟哦调，以人声帮腔，无丝弦伴奏，剧目多民间小戏，在浙东乡镇演出。1910年小歌班进入杭州，1917年到达上海。

6. 美国的“奥斯卡”电影奖是世界上历史最长、影响最大的国际电影奖，“奥斯卡”原来是：______。

A. 地名　　B. 人名

C. 电影片名　　D. 学院名

答案：B

趣味题点：1931年，一位女士发现作为电影奖的雕塑像很像她的叔叔奥斯卡，就脱口而出，喊出了叔叔的名字，从此被传开。

7. 《小蝌蚪找妈妈》是一部______动画片。

A．水墨　　B．油画　　C．皮影　　D．木偶

答案：A

趣味题点：20世纪五六十年代的中国水墨动画是世界动画界的珍宝，《小蝌蚪找妈妈》就是代表作之一，取材于齐白石的鱼虾形象，奠定了影片的美术水准。

8. 东晋大画家顾恺之，人称其有三绝。“才绝”是指他的诗、赋、书、画造诣极高；“画绝”主要指作画方式与众不同；而另一绝是什么？(　　)

A．情绝　　B．痴绝　　C．艺绝

答案：B

趣味题点：顾恺之常常有些不易被常人所理解的文化人特有的“痴”行为。

9. 交响乐是一种富有戏剧性的大型管弦乐套曲，通常由四个乐章组成，包括快板的奏鸣曲式、抒情的慢板、中速的舞曲等。被誉为交响乐之父的作曲家是谁？(　　)

A．贝多芬　　B．巴赫　　C．海顿　　D．莫扎特

答案：C

趣味题点：约瑟夫·海顿（1732—1809年），奥地利著名作曲家，维也纳古典乐派奠基人之一。他主要从事主调音乐的创作，是他确立了“弦乐四重奏”和古典“交响曲”的结构形式，把交响曲固定为四个乐章形式，以完整的交响乐队编制进行配器，为近代交响乐的发展奠定了基础。他一生共创作了100多部交响曲，其中较著名的交响曲有《告别》、《时钟》、《狩猎》、《惊愕》、《军队》、《伦敦》、《牛顿》等，被称作“交响乐之父”。

10. 相传，小提琴是大约在2 000多年前，由埃及的一位名美尔古里的音乐家受什么的启发制成的？(　　)

A．树叶　　B．乌龟壳　　C．法器

答案：B

趣味题点：2000多年前，埃及音乐家美尔古里在尼罗河边散步，一不小心，他的脚下踢到了一个什么东西，呼隆隆发出一阵悦耳的声音。他捡起来一看，原来是个乌龟壳。美尔古里回到家里，经过反复试验，终于制造出了世界上第一把小提琴。

三、趣味抢答

1. 我国拍摄的第一部剪纸片是什么？

答案：《猪八戒吃西瓜》。

2. 甲壳虫乐队是哪个国家的乐队？它又被称为什么乐队？

答案：英国，披头士乐队。

3. 古曲《渔舟唱晚》的标题取自哪个朝代哪个诗人的哪篇文章？

答案：《渔舟唱晚》是一首古筝曲，标题取自唐代诗人王勃《滕王阁序》中“渔舟唱晚，响穷彭蠡之滨”的诗句。

4. 请根据下列关键词，猜一种戏剧艺术表现形式。

灯光　汉武帝　撑竿

答案：皮影戏。

趣味题点： 皮影戏是靠灯光和用撑竿撑着的皮影表演的一种戏剧。相传汉武帝因宠妃李夫人死后日思夜想，茶饭不思，法师将李夫人画像刻在一张羊皮上，用灯照影作为李夫人的灵魂使汉武帝信以为真，后来就形成了皮影戏。

皮影戏

5. 我国古代对绘画评论、鉴赏水平有极高水准，如对绘画就提出以下 6 项标准，请按重要性依次排列。

韵　景　思　笔　气　墨

答案：气⟶韵⟶思⟶景⟶笔⟶墨。

趣味乐园

中国的十大古曲

《高山流水》 传说先秦的琴师伯牙，一次在荒山野地弹琴，一个叫钟子期的樵夫竟能领会到这是描绘“巍巍乎志在高山”和“洋洋乎志在流水”。后来钟子期死了，伯牙痛失知音，终生不再抚琴。

《梅花三弄》 通过梅花的洁白芳芬和耐寒等，来赞颂具有高尚节操的人。曲中泛音曲调在不同的徽位上重复了三次，所以称为“三弄”。

《广陵散琴曲》 汉魏时期相和楚调之一。嵇康因反对司马氏专权而遭到杀害，临刑前从容弹奏此曲。

《雁落平沙》 通过时隐时现的雁鸣，描写雁群稳降前在空中盘旋顾盼的景象。

《夕阳箫鼓》 这是一首抒情曲，旋律优美流畅。1925 年前后，上海大同乐社根据此曲改编成丝竹曲乐《春江花月夜》。

《十面埋伏》 乐曲描写公元前 202 年楚汉战争在垓下最后决战的情景。汉军用十面埋伏的阵法击败楚军。项羽自刎于乌江，刘邦取得胜利。

《渔樵问答》 乐曲表现渔樵在青山绿水之间自得其乐的情趣。

《胡笳十八拍》 根据同名诗谱写，所反映的主题是“文姬归汉”。

《汉宫秋月》 意在表现古代受压迫宫女的幽怨、悲泣情绪，唤起人们对她们不幸遭遇的同情。

《阳春白雪》 相传是春秋时期晋国的师旷或齐国的刘渭子所作。

第四关 闯关加油站

艺术应当担负起哺育思想的责任。

——勃朗宁

一、快速判断

1. 《茉莉花》是我国江苏民歌。

答案：对

趣味题点：《茉莉花》是江苏民歌，《茉莉花》曲名为“鲜花调”，有几百种唱法，但大同小异。

2. 金属弦的扬琴属于“丝竹”乐器。

答案：对

趣味题点： 丝竹乐是一种丝弦与竹管乐器演奏的音乐，是中国传统器乐形式。扬琴属于江南丝竹乐器。

3. 我国曲艺中的相声是北方曲种。

答案：对

趣味题点： 相声是属于北方的曲种。相声是以语言为主要表演手段的喜剧性艺术。初用北京话说，现各地已有用当地方言说的相声。

4. 手鼓是我国内蒙古地区的打击乐器。

答案：错

趣味题点： 手鼓也叫达卜，因用手敲击时发出像“达”、“卜”两种声音而得名，是新疆地区少数民族的打击乐器。桑木木框，单面蒙羊皮或蟒皮，框内侧缀小铁环。演奏时，双手扶框，除拇指外，其他各指均可以拍击鼓面。

5. 作曲家门德尔松被称为“歌曲之王”。

答案：错

趣味题点： 奥地利作曲家弗兰兹·舒伯特被称为歌曲之王，是浪漫主义音乐的开创者之一。

二、智慧选择

1. “唢呐”一词源于：______。

A．阿拉伯语　　B．希伯来语

C．印地语　　D．俄罗斯语

答案：A

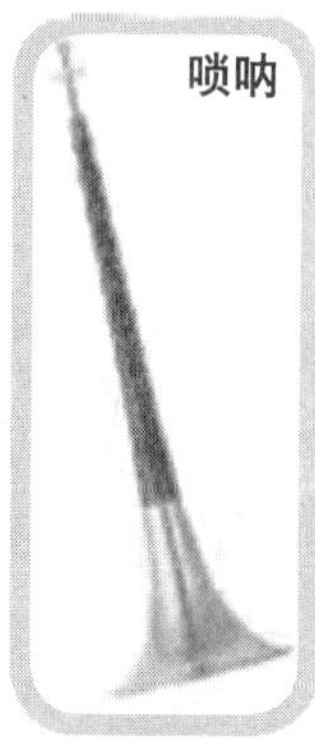

趣味题点： 唢呐是一种吹奏乐器，起源于波斯，流传在波斯、阿拉伯一带。金、元时代传入我国新疆，后流入内地。唢呐是双簧气鸣乐器，广泛流行于亚、非、欧许多国家及中国各地。唢呐是阿拉伯语“surna”（祖尔呐）的一种音译，亦称“唢奈唱”、“苏尔奈”、“喇叭”。

2. 中国哪个民族的舞蹈表现骏马奔驰的形象特别多？（　　）

A．汉族　　B．蒙古族　　C．藏族　　D．维吾尔族

答案：B

趣味题点：蒙古族是能歌善舞的民族。蒙古族舞蹈的特点是节奏明快、热情奔放、语汇新颖、风格独特。动作多以抖肩、翻腕来表现蒙古族姑娘欢快优美、热情开朗的性格。男子的舞姿则造型挺拔豪迈，步伐轻捷洒脱，表现出蒙古族男性剽悍英武、刚劲有力之美。

3. 中国的哪一传统戏剧被称为中国的“祖剧”？（　　）

A．昆剧　　B．京剧　　C．越剧　　D．粤剧

答案：A

趣味题点：昆曲是我国现存的最古老的戏曲艺术，被誉为“百戏之师”。昆剧表现手段丰富，文化品位高，格调高雅，以唱词典雅、表演细腻、音乐缠绵婉转为特色，被大量地吸收到京剧和许多地方剧种中，被尊称为“祖剧”。

4. 被专家称为“人类学研究的中国文本”的是：______。

A．傩戏　　B．湘剧　　C．巴陵戏　　D．荆河戏

答案：A

趣味题点：傩戏是由傩祭、傩舞发展起来的一种宗教与艺术相结合、娱神与娱人相结合的古朴、原始、独特的戏曲样式，一直在民间传承，成为我国傩文化的“活化石”。由于傩戏包含着许多人类原始文化的信息，因此被专家称为“人类学研究的中国文本”。

5. 刺绣是我国历史悠久的一种独特的工艺美术，由于历代刺绣技术的方法不同，因而形成各种不同的风格。湘绣以长沙为中心，其风格是：______。

A．豪放，色彩鲜艳，善于表现景物、动物

B．图案秀丽，色彩文雅，针法活泼，绣工精细

C．构图匀称，繁而不乱，色彩明快

答案：A

趣味题点：刺绣按风格分为苏绣、湘绣、粤绣、蜀绣等四大类。湘绣素以风格豪放、色彩鲜艳，长于表现景物和动物而著称。上述其余两种分别是苏绣、粤绣（也叫广绣）的风格。

6. “飞天奖”是：______。

A．电视剧奖　　B．音乐奖　　C．舞蹈奖　　D．电影奖

答案：A

趣味题点： 飞天奖是由国家广播电影电视总局授权中央电视台、电视剧艺术委员会、中国电视文艺学会举办的中国电视剧奖，是对每年一度电视剧市场艺术成就的检阅和评判。它于1981年开始评奖。评委会由聘请的有关专家组成，评定获奖剧目和个人单项奖。飞天奖每年举办一届。

7. 漫画一般以浪漫的手法表现讽刺或幽默，同时也常用象征和比喻的手法，把一些抽象的概念形象化，使读者一目了然。我国现代漫画的创始人是谁？(　　)

A．华君武　　B．丰子恺　　C．丁聪　　D．张乐平

答案：B

趣味题点： 丰子恺，我国现代著名画家、文学家、美术和音乐教育家，是一位多方面卓有成就的文艺大师。1924年，文艺刊物《我们的七月》4月号首次发表了他的画作《人散后，一钩新月大如水》。其后，他的画在《文学周报》上陆续发表，并冠以“漫画”的题头。自此中国才开始有“漫画”这一名称。

8. 提及电影时，人们都钟情于“好莱坞影片”，好莱坞指的是什么？(　　)

A．电影城　　B．电影公司　　C．电影厂　　D．电影发祥地

答案：A

趣味题点： 好莱坞位于美国加利福尼亚州洛杉矶市郊区，是美国著名的电影生产基地。

9. 我国京剧大师梅兰芳是京剧“四大名旦”之一，同时又与杨小楼和谁被称为“三大贤”？(　　)

A．余叔岩　　B．尚小云　　C．张君秋

答案：A

趣味题点： 京剧老生余叔岩在全面继承谭（鑫培）派艺术的基础上，以丰富的演唱技巧进行了较大的发展与创造，成为“新谭派”的代表人物，世称“余派”。

10. 在辛亥革命前后，我国画坛上涌现出以高剑父、高奇峰、陈树人三人为首的一个画派。他们被称为岭南画派的原因是什么？(　　)

A．他们的籍贯　　B．他们的师承　　C．他们的作品

答案：A

趣味题点： 岭南文化是极具特色的祖国优秀文化之一，岭南画派是中国传统国画中的革命派，它和粤剧、广东音乐被称为“岭南三秀”。

三、趣味抢答

1. 在毛泽东同志发出“向雷锋同志学习”的号召后，全国涌现出许多歌颂雷锋和雷锋精神的歌曲，你能说出三首歌名吗？

答案：《接过雷锋的枪》、《学习雷锋好榜样》、《雷锋，我们的战友》。

2. 德国音乐史上的三 B 分别是指谁？

答案：勃拉姆斯、巴赫、贝多芬，这三个人的姓名都是以字母 B 开头的。

3. 五线谱是用 5 条平行的横线来记述音符，最下面的一条线叫“第一线”，第一线与第二线之间叫什么？

答案：第一线与第二线之间叫“第一间”。五线谱的每根线以及线与线之间的空间，自下而上分别称为第一线、第二线、第三线、第四线、第五线和第一间、第二间、第三间、第四间。线和间如不够使用，可在五线谱上方或下方增加线和间。加线及加间各分别称为上加第一线、上加第一间，下加第一线、下加第一间等，各代表一个音级。这些音级的固定高度根据所用的谱号来决定。

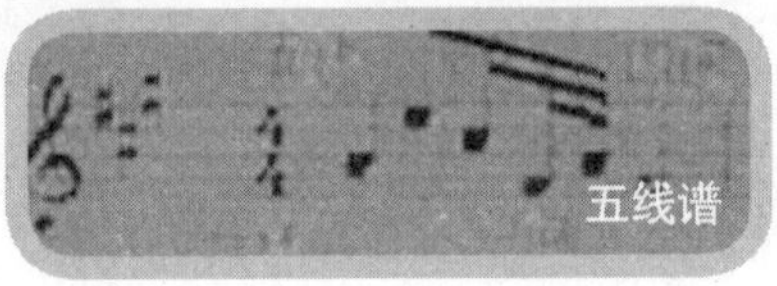
五线谱

4. 请将下列作曲家与其别称用线连接起来。

A. 歌曲王子　　a. 帕尔曼
B. 圆舞曲之王　　b. 肖邦
C. 钢琴诗人　　c. 舒伯特
D. 小提琴王子　　d. 施特劳斯

答案：A——c；B——d；C——b；D——a。

5. 请将下列电影用线与其相对应的影片种类连接起来。

A. 故事片　　a. 《宝莲灯》
B. 舞台艺术片　　b. 《泰坦尼克号》
C. 美术片　　c. 《可可西里》
D. 科教片　　d. 《江姐》

答案：A——b；B——d；C——a；D——c。

趣味乐园

什么是“生、旦、净、丑”

“生、旦、净、丑”是我国传统戏曲中的四种角色。它们是一台戏剧演出的四大台柱。“生、旦、净、丑”的取名和这四个字的反喻之意有关。

“生”是在剧中扮演男子的角色，有老生、小生、武生之分。过去老生是各行当之首，也就是整出戏成败的关键，要求生角的演出团必须老练娴熟、唱做俱佳，故反其意取名为“生”。

“旦”是在剧中扮演女性人物的角色，有青衣、花旦、老旦等之分。“旦”的本意是指旭日东升，也是阳气最盛的时候，旦角表演的是女性，女属阴，故反取名之“旦”。

“净”是在剧中扮演性格刚烈或粗暴的人物，通称花脸，有铜锤花脸、架子花脸、武花脸等之分。“净”本意是清洁干净，而剧中净角都是涂满油彩的大花脸，看起来很不干净，不干净的反面就是净，因而得名。

“丑”是在剧中扮演滑稽人物的角色，有文丑、武丑之分，在十二属相中，丑属牛，牛性笨，因此，丑就是笨的代名词。而演丑角的人，则要求活泼、伶俐、聪明，故相反取名为“丑”。

第五关 闯关大冲刺

艺术与科学既不同又互相关联，它们在审美的方面交会。

——克罗齐

一、快速判断

1. 书画作品上的印章不是随便盖的，而是有一定规矩的，除大小适宜、位置恰当、轻重权衡和风格一致外，数量一般都是奇数。

答案：对

趣味题点： 在书画作品中，一幅作品的印章宜盖奇数，不盖偶数，因奇数为阳，偶数为阴。人们的习俗乃喜抑阴重阳，同时要朱白相间，从而形成视觉的自然美。

2. **观看立体电影时，观众要戴上一种特殊的眼镜，这种眼镜是由一个红镜片和一个绿镜片构成的，红绿镜片的排列应是左红右绿。**

答案：对

趣味题点： 立体电影在放映的时候仍用两部放映机，观众戴上特制的眼镜，使左眼看到左边放映机的画面，右眼看到右面的，这样观众就可以看到立体的画面了。

3. **小提琴音色优美、音域宽广，表现力强，在乐器中占有显著地位，被誉为“乐器王后”。这种乐器的起源地是维也纳。**

答案：错

趣味题点： 小提琴的前身主要是800年左右传入欧洲的阿拉伯巴伯琴，这种琴传入欧洲后叫“列贝克”。

4. **京剧是我国流传全国、影响最大的剧种。它以高超的表演艺术和众多的名角名剧目而成为中国戏曲的杰出代表，被誉为“国粹”，它的发源地就是北京。**

答案：错

趣味题点： 京剧起源于安徽，是徽班进京的结果。

5. **自宋朝起，我国开始设有专门职官主管装裱书画，并在社会上开始有装裱行业。**

答案：对

趣味题点： 我国的装裱技艺起源非常早，秦汉时的“经卷”、“屏风”都是经过装裱的，宋代因书画繁荣，装裱技艺发达，并形成专门的装裱行业。

二、智慧选择

1. **最早的校园歌曲出现在：______。**

A. 日本　　B. 中国　　C. 美国　　D. 德国

答案：A

趣味题点： 最早的校园歌曲是在日本出现的。明治维新之前，日本的音乐大多是雅乐，曲调冗长沉闷，只有那些贵族们才有时间欣赏，学生们对此十分不满。后来，文部省根据学校没有音乐教材的情况，发动社会创作一些适合学生唱的歌。于是，反映校园生活的歌曲便应运而生了。

2. 被周恩来总理称之为“东方芭蕾”的民间歌舞艺术是：______。

A. 花鼓灯　　B. 凤阳花鼓　　C. 东北高跷　　D. 跑旱船

答案：A

趣味题点：花鼓灯艺术源于宋代，集民间艺术之大成，熔舞蹈、锣鼓、灯歌、小戏于一炉，素以节奏明快，气氛热烈奔放，舞姿优美，表演细腻，富有艺术魅力而著称，是汉族民间舞蹈的典范，是淮河文化的代表之一，被周恩来总理誉为“东方芭蕾”，享有“淮畔幽兰”之美誉。

3. 京剧中，饰演性格活泼、开朗的青年女性的应是：______。

A. 青衣　　B. 花旦　　C. 彩旦　　D. 刀马旦

答案：B

趣味题点：花旦，扮演性格活泼明快或泼辣放荡的青年或中年女性，造型要求妩媚清丽、娇憨活泼，多念散白，重做功，重神采，不重唱功但要求唱腔秀丽灵巧。

4. “野兽派”是20世纪初出现在哪个领域的流派？（　　）

A. 绘画　　B. 文学　　C. 音乐　　D. 戏剧

答案：A

趣味题点：法国现代画派之一。1905年出现于法国，因作品画风狂野，越出绘画常规，被评论家称为“野兽群”而得名。

5. 以多幅画表现故事情节的连环画最早出现于：______。

A. 中国　　B. 古埃及　　C. 古巴比伦　　D. 古印度

答案：B

趣味题点：公元前15世纪，古埃及就出现了《名王功迹》（雕刻）、《死者之书》（绘画）等连环画。

6. 《孔雀东南飞》里，刘兰芝“十三能织素，十四学裁衣，十五弹箜篌，十六诵诗书”，请问，“箜篌”是什么乐器？（　　）

A. 拨弦乐器　　B. 击弦乐器

答案：A

趣味题点：“箜篌”是中国古老的弹拨乐器，历史悠久、源远流长。据考证，流传至今已有2000多年的历史了。箜篌在古代除宫廷乐队使用外，在民间也广泛流传。

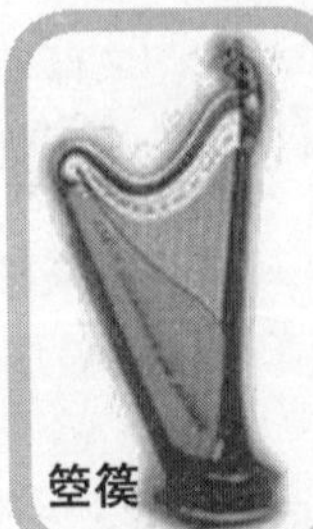
箜篌

7. “变脸”是哪个剧种的绝活？（　　）

A. 川剧　　B. 越剧　　C. 豫剧

答案：A

趣味题点： 变脸是运用在川剧艺术中塑造人物的一种特技，是揭示剧中人物内心思想感情的一种浪漫主义手法。相传“变脸”是古代人类面对凶猛的野兽，为了生存把自己脸部用不同的方式勾画出不同形态，以吓唬入侵的野兽。川剧把“变脸”搬上舞台，用绝妙的技巧使它成为一门独特的艺术。

8. 被称作“法国号”的乐器是：______。

A. 圆号　　B. 长号　　C. 短号

答案：A

趣味题点： 现代管弦乐团中，法国号又名圆号，是最美观迷人的乐器之一，也被认为是最难演奏的乐器。银制（或铜制）的号管长达3.7米（12英尺），卷绕成圆形。法国号属于铜管乐器，音色柔和，但亦可吹出较高的音高。因为它可同时吹出两种号角的声音，故又称为双号。

9. 中国绘画理论最早的功能说是：______。

A. “使民知神奸”　　B. 以形写神

C. 存形莫善于画　　D. 迁想妙得

答案：C

趣味题点： 在中国文化史上，绘画是一个重要组成部分，如陆机所言：“宣物莫大于言，存形莫善于画。”

10. 迪斯科最初起源于：______。

A. 法国　　B. 美国　　C. 意大利　　D. 英国

答案：A

趣味题点： 迪斯科最初起源于法国巴黎，它没有固定舞步，尽情挥洒的舞蹈方式非常适合当时的青年男女。他们总是半夜三更在酒吧间里相聚，用劲歌狂舞来宣泄自己过剩的精力。

三、趣味抢答

1. 连线题。

A．竹　　a．徐悲鸿
B．马　　b．郑板桥
C．牛　　c．王冕
D．虾　　d．齐白石
E．梅　　e．李可染

答：A——b；B——a；C——e；D——d；E——c。

2. 将下列著名电影与其所反映的故事所处的历史时期连接应起来。

A．《大浪淘沙》　　a．抗美援朝战争时期
B．《洪湖赤卫队》　　b．北伐战争时期
C．《东进序曲》　　c．土地革命战争时期
D．《渡江侦察记》　　d．抗日战争时期
E．《英雄儿女》　　e．解放战争时期

答：A——b；B——c；C——d；D——e；E——a。

3. 简答题：国画有“六彩”之说，这“六彩”是什么？

答案：黑、白、浓、淡、干、湿。

4. 请根据叙述，说出这位女性的名字。

(1) 她受母亲的影响，从小爱唱爱跳，3 岁时被导演选中，从此走上银幕，先后主演过 30 多部由电影剧作家专门为她创作的影片。

(2) 1938 年，她由于在影片《白雪公主和七个小矮人》中的出色表演而获得当年的奥斯卡奖。

(3) 她于 1929 年生于美国的加利福尼亚州，是美国 20 世纪 30 年代的童星。

答案：秀兰·邓波儿。

5. 请根据叙述，说出这一剧种的名称。

(1) 它形成于 1910 年前后，最早只有男角、女角之分。受其他剧种影响，再分成青衣、花旦、老旦、小生、老生、小丑等众多行当。

(2) 它起源于河北省东部滦县、迁安、玉田等地的民间说唱艺术——莲花落。直到 1935 年该剧种在上海演出时才正式定名。

(3) 此剧种在表演上吸取了梆子及京剧等艺术形式，其曲调活泼、自然、流畅、质朴，明白如话。它的优秀剧目有《刘巧儿》、《杨三姐》、《花为媒》等。

答案：评剧。

趣味乐园

世界六大电影节

威尼斯国际电影节：世界上第一个国际性电影节，被誉为“国际电影节之父”。每两年举办一次，最高奖项是“金狮奖”和“银狮奖”。

戛纳电影节：每年 5 月举行，最高奖是“金棕榈奖”。

柏林电影节：每年举办一次，奖项是“金熊奖”、“银熊奖”等。

印度电影节：不定期举办，奖项为“金孔雀奖”、“银孔雀奖”以及“铜孔雀奖”。

莫斯科电影节：1959 年创办，每两年举办一次，1999 年起改为一年一届。

卡罗维发利电影节：1946 年由前捷克斯洛伐克创办，每年 6–7 月间举办，最高奖是“水晶地球仪奖”。

金狮奖奖杯

Chapter 8

第八章 体育拾贝

“更高、更快、更强”，这是奥林匹克精神，更是我们每一个人永远的目标和方向。不断地挑战，不断地成长，这是体育的真正魅力，更是我们每一个人发展的动力和追求。

第一关 闯关总动员

如果你想强壮，跑步吧！ 如果你想健美，跑步吧！如果你想聪明，跑步吧！

——古希腊格言

一、快速判断

1. 运动员犯规时需要举起右手。

答案：错

趣味题点： 运动员犯规举左手起源于古代外国的司法。那时犯人入狱时，要在犯人左手掌刺上符号，以说明此人犯过罪。当法庭审判时，被告人必须举起左手，而且指头要伸直，以便了解这个人以前是否犯过罪。后来这种做法逐渐用到竞技场上，运动员用举左手表示犯规。

2. 只看奥运会上各国不同的服装就是一件很有意思的事情。可是，在古代奥林匹克运动会上运动员却什么都不穿。

答案：对

趣味题点： 古希腊的奥林匹克运动会就是裸体比赛的。据说是因为有一个选手在比赛过程中衣服破了也没有停下来，结果裸体得了个第一名，后来大家就都不穿衣服了。而且，当时举办奥林匹克运动会的实际上是斯巴达这个国家，在这个国家里，为了锻炼身体，运动员都是裸体训练的。据说，奥林匹克运动会上运动员裸体参赛也是受了斯巴达的影响。古奥运会是不允许女子参加的，也不允许女子进场观看。

3. 国际奥委会的总部设在华盛顿。

答案：错

趣味题点： 设在瑞士日内瓦。

4. 在柔道中以腰带的颜色区分段位等级，红带代表的段位更高。

答案：对

趣味题点： 在柔道中，1～5段系黑带，6～8段系红白相间的带子，9～10段系红带。

5. 围棋最初起源于战争。

答案：对

趣味题点： 围棋在春秋战国时期就已经流行开来，关于它的得名，《左传·襄公二十五年》中解释说："以子围而杀之，故谓之围棋。"

二、智慧选择

1. 举重比赛的级别是按：______。

A．杠铃重量划分　　B．运动员体重划分　　C．年龄划分

答案：B

趣味题点： 举重按参赛运动员的体重不同来分级，是从1920年第7届奥运会开始的。

2. 我国现在是一个体育大国，然而在第23届奥运会之前，中国却从未得过奥运金牌，是什么比赛项目实现了"零的突破"，为中国赢得了第一枚奥运金牌？（　　）

A．乒乓球　　B．体操　　C．射击

答案：C

趣味题点： 1984年第23届洛杉矶奥运会开赛第一天，射击运动员许海峰为中国赢得了历史上第一枚奥运金牌。

3. 高尔夫球起源于：______。

A．法国　　B．英国

C．德国

答案：B

高尔夫运动

趣味题点： 关于高尔夫球的起源有种种不同的说法，流传最广的一种是古时的一位苏格兰牧人在放牧时，偶然用一根棍子将一颗圆石击入野兔子洞中，从中得到启发，发明了后来

称为高尔夫球的运动。因此，“高尔夫”这个词最早出现在14世纪苏格兰议会的文件中。

4. 拳击比赛的一个回合是几分钟？（　　）

A. 2分钟　　B. 3分钟　　C. 5分钟　　D. 10分钟

答案：B

趣味题点： 业余拳击赛为3个回合，职业拳击赛为8—15个回合，每个回合都是3分钟，回合间休息1分钟。

5. 我们在电视上会看到日本的相扑比赛，非常胖的相扑运动员在一起角力，很有趣。相扑运动并不是日本原创的活动，而是来自：______。

A. 印度　　B. 朝鲜　　C. 中国　　D. 阿拉伯

答案：C

趣味题点： 相扑运动是我国传统的体育项目，古称“角抵”，唐朝时传到了日本。

6. 奥运会的五色环是奥林匹克运动的代表性标志，分别用蓝、黑、红、黄、绿五种颜色的环代表五大洲，蓝色代表的是：______。

A. 欧洲　　B. 大洋洲　　C. 美洲　　D. 非洲

答案：A

趣味题点： 大洋洲的代表颜色是绿色，美洲的代表颜色是红色，非洲的代表颜色是黑色，亚洲的代表颜色是黄色。

7. 跳水动作姿势分几种？（　　）

A. 2种　　B. 4种

C. 6种　　D. 8种

答案：B

跳水

趣味题点： 现代跳水运动始于20世纪，1900年瑞典运动员在第2届奥运会上表演了跳水，1904年跳水成为奥运会比赛项目。根据跳水的空中姿势，可以分为A（直体）、B（屈体）、C（抱膝）、D（翻腾兼转体）4种。

8. 日本相扑比赛之前，相扑运动员通常要在场地上撒些什么东西？（　　）

A. 水　　B. 盐　　C. 镁粉

答案：B

趣味题点： 日本相扑比赛之前，要撒些盐在赛场上，以便使场地清洁，皮肤擦伤不易感染，并祭祀天地、祈求安全。

9. 奥运会历史上的第一只吉祥物是：______。

A. 狗　　B. 猫　　C. 鸽子　　D. 羊

答案：A

趣味题点： 夏季奥运会一直被认为是世界上水平最高、规模最大、参赛人数最多的运动盛会，所以尽管第一只奥运会吉祥物是出现在1968年法国的格伦诺布冬运会上，但是习惯上，人们还是以1972年慕尼黑奥运会的小猎狗“瓦尔迪”为历史上第一只奥运会吉祥物。

10. 法国教育家______以浪漫主义手法，赞美体育是“天神的欢娱，生命的动力”。

A. 顾拜旦　　B. 基拉宁　　C. 卢梭　　D. 罗格

答案：A

趣味题点： 皮埃尔·德·顾拜旦，法国教育家，少年时代酷爱体育，对古希腊灿烂的文化饶有兴趣。1896年创办现代奥运会，开始了体育活动家的生活。他担任国际奥委会主席之职长达27年之久，终生倡导奥林匹克精神，被誉为“奥林匹克之父”。

三、趣味抢答

1. 归类题（请将下列题中所给出的事物按要求归类，填写英文代号即可）。

A. 大力神杯　B. 汤姆斯杯　C. 戴维斯杯　D. 斯韦思林杯

E. 考比伦杯　F. 尤伯杯　G. 金女神杯（或叫雷米特杯）

答案：足球：(A、G)　乒乓球：(D、E)　羽毛球：(B、F)　网球：(C)。

2. 是什么开创了我国导引套路术式的先河？

答案：“五禽戏”。

3. “只有三个人曾经让满座的马拉卡纳体育场（巴西著名球场，曾是世界上最大的足球比赛场）彻底沉默。弗兰克·西纳特拉（20世纪最受欢迎的爵士歌王）、教皇约翰·保罗二世，还有我。”这是谁的名言？他为什么这么说？

答案：说出这句豪言的是乌拉圭球员阿尔喀德斯·吉基亚。他在1950年世界杯最后一场乌拉圭 2 ：1 击败巴西的比赛中，为乌拉圭打进了制胜一球。在他进球的一瞬间，马拉卡纳体育场 199 854 名巴西球迷陷入可怕的死寂之中。

4．请将下列奥运会的吉祥物按举办时间由早到晚排序。

科比　瓦尔迪　阿米克　米沙　山姆　荷多里

答案：瓦尔迪（1972 年慕尼黑，小猎狗）⟶阿米克（1976 年蒙特利尔，海狸）⟶米沙（1980 年莫斯科，棕熊）⟶山姆（1984 年洛杉矶，鹰）⟶荷多里（1988 年汉城，虎）⟶科比（1992 年巴塞罗那，狗）。

5．在 1982 年世界杯体操比赛中，一位不到 20 岁的年轻人囊括了男子 7 项比赛中的 6 个冠军奖杯，他被称为第一位创造体操史奇迹的运动员。你知道他是谁吗？

答案：李宁。

趣味乐园

冠、亚、季军的来历

经过激烈的比赛，我们总会把在比赛中脱颖而出的前三名分别称为“冠军”、“亚军”、“季军”，那么这些称呼是如何来的呢？

冠军：语出《史记·项羽本纪》。秦朝末年，人民起义反对秦朝暴政，各路起义军推举宋义为首领，号称“卿子冠军”。冠军的意思就是冠于诸军之上的将军，现在多用于比赛的第一名。

亚军：仅次于一等的称亚，如古时称仅次于父亲的人为亚父；称仅次于孔子的孟子为亚圣；汉朝称准备递升宰相的御史大夫为亚相。所以仅次于冠军的第二名称亚军。

季军：兄弟中排行最小的称季，竞赛中一般取前三名。第三名最小，故称季军。

第二关 闯关热身操

一个民族，老当益壮的人多，那个民族一定强；一个民族，未老先衰的人多，那个民族一定弱。

——皮埃尔·德·顾拜旦

一、快速判断

1. **棒球比赛中，每个垒位都有裁判。**

   答案：对

趣味题点：正式比赛需4名裁判员，1人为主裁判（又称司球裁判），其余3人为司垒裁判。主裁判位于本垒及接手身后；司垒裁判分别负责1、2、3垒位附近的裁判工作。

2. **篮球运动产生于美国。**

   答案：对

趣味题点：篮球运动是1891年由美国的詹姆斯·奈史密斯发明的。奈史密斯当时在美国马萨诸塞州斯普林菲尔德基督教青年会国际训练学校任教。篮球是这所学校体育系主任卢瑟·古利克教授为贯彻冬季体育课教学大纲而委托他设计的一项室内集体游戏。他从当地儿童在室外喜欢用球投桃子筐的游戏中得到启发，创编了篮球游戏。

3. **国际象棋比赛中，先走的是黑棋。**

   答案：错

趣味题点：在国际象棋比赛中，白棋先走，黑棋后走，双方轮流走子，一次走一步。

4. **温布尔顿每年都要举行世界性的网球大赛，大赛时所使用的场地平时用来租用。**

   答案：错

趣味题点：在英国的温布尔顿，每年6月末到7月初的两周时间里都会举行温布尔顿网球锦标赛。这里的比赛开始于1877年，是世界上最古老的网球大赛。为了保护场地的草坪，这里的场地除了比赛一律不准使用！所以，从这次比赛结束到下次比赛开始期间是不让任何人使用的。

5. 最早的撑竿跳高是允许运动员顺竿爬上去的。

答案：对

趣味题点：最早的撑竿跳高是用装有金属三股叉的白蜡杆叉在地上，运动员爬竿而上，在棍将要倾倒时，迅速推离白蜡杆，越过横杆。据记载，第一个世界纪录是1817年诞生的，成绩为2.92米。1889年，新的比赛规则禁止使用"爬竿"技术，并开始试用竹竿当撑竿。1906年，竹竿正式用于撑竿跳高中，此时的撑"杆"改为撑"竿"。

二、智慧选择

1. 足球比赛实行金球制以后，第一支在国际大赛中被打进金球的球队是：______。

A. 乌拉圭　　B. 丹麦　　C. 意大利　　D. 捷克

答案：D

趣味题点：1996年国际足联开始实行金球的突然死亡法，在当年的欧锦赛的决赛中，德国队凭借比埃尔霍夫在加时赛中打入的第一粒金球击败捷克，而捷克也成了金球制的第一个牺牲品。

2. 足球比赛采用单循环制时，胜一场的得分是多少？（　　）

A. 1分

B. 2分

C. 3分

D. 4分

答案：C

足球运动

趣味题点：足球比赛的记分规则为：胜一场得3分，平一场得1分，输一场得0分。

3. 人们通过参加体育活动，不仅能够锻炼身体，还能磨炼意志、增进友谊。体育起源于：______。

A. 劳动　　B. 竞技　　C. 巫术　　D. 游戏

答案：A

趣味题点：在上古时代，人们为了获得生活资料，在和大自然及禽兽的斗争中，不得不跑相当远的距离，跳过各种障碍，并在劳动中不断重复这些动作，所以说体育起源于劳动。

4. 自由式摔跤以哪个部位着地算输？(　　)

A. 头部　　B. 背部　　C. 臀部　　D. 肩部

答案：D

趣味题点：自由式摔跤以运动员肩部着地算输。

5. 保龄球比赛满分为多少分？(　　)

A. 100 分　　B. 200 分　　C. 300 分　　D. 400 分

答案：C

趣味题点：保龄球球道终端设 10 个木球，如果一击全中则得 10 分，加击两次，10 轮为一局，所以保龄球每局的最高分为 300 分。

6. 乒乓球起源于：______。

A. 韩国　　B. 日本　　C. 俄罗斯　　D. 英国

答案：D

趣味题点：乒乓球起源于英国。欧洲人至今把乒乓球称为“桌上的网球”，由此可知，乒乓球是由网球发展而来。19 世纪末，欧洲盛行网球运动，但由于受到场地和天气的限制，英国有些大学生便把网球移到室内，以餐桌为球台，书做球网，用羊皮纸做球拍，在餐桌上打来打去。

7. 世界大学生运动会每______举办一届。

A. 4 年　　B. 2 年　　C. 3 年　　D. 5 年

答案：B

趣味题点：1957 年，为了庆祝法国全国学联成立 50 周年，在巴黎举行了国际性的大学生运动会和国际文化联欢节。经与会 30 个国家的代表一致同意，决定以后定期举办世界性的大学生体育比赛，定名为“世界大学生运动会”，原则上每 2 年举行一届。

8. “神圣休战月”标志着古奥运会是一个______的象征。

A. 神圣　　B. 和平　　C. 休息　　D. 运动

答案：B

趣味题点：古奥运会规定，在举行运动会期间的一个月中，不得动用武器，不得发动战争，不得携带武器进入奥林匹亚，即使正在交战的双方也得放下武器，准备参加运动会，叫“神圣休战月”。“神圣休战月”后来延长到3个月，这标志着古奥运会是一个和平的象征。

9. 佩剑比赛中，刺中人体的哪些部位（有效部位）可以得分？（　　）

A．腰部以上　B．髋部以上　C．膝部以上　D．脚部以上

答案：A

趣味题点：佩剑是腰部以上身体，重剑是全身，花剑是身体躯干。

10. 举重运动员在比赛时为什么往手上搓白粉？（　　）

A．使手变得粗糙　B．吸收手上的汗

C．刺激肌肉　D．保护皮肤

答案：B

趣味题点：这种白粉叫碳酸镁粉。它具有良好的吸湿性，可以吸收手上的汗，增大手与器械间的摩擦系数，保障运动员比赛时，手不打滑并起保护作用。

三、趣味抢答

1. 古奥运会为何禁止妇女参赛？

答案：因为古希腊竞技是宗教庆典的一种形式，古奥运会的大部分项目要求选手赤身裸体进行比赛，人们认为妇女观看有伤风化，妇女参加有渎神灵。

2. 为什么在一些重要的足球比赛中运动员进场时都会带小孩？

答案：国际足联规定：为了让足球理念深入人心，凡国际A级足球赛事和一些重要的足球比赛，必须携球童入场，男女不限。因为国际足联的口号是 fair play，即公平竞赛。儿童天真无邪，不存在尔虞我诈，是公平竞赛的象征，而且儿童也是未来的希望，所以球员出场唱国歌时都带着他们。一般联赛是不带的，只有国家队之间的正式比赛才会出现，因为那些比赛归国际足联管。队员所领的球童是比赛主办方或主队在当地足球学校或小学挑选的。

3. 足球阵形“三五二”中的“三”指什么？
答案：三名后卫。

4. 身体失去平衡时应立即怎样做动作？
答案：向前或向后跨出一大步。

5. 现在的世界杯足球赛的冠军奖杯定名为什么？
答案：大力神。

趣味乐园

奥运会溯源

公元前 776 年，古希腊人规定每 4 年在奥林匹亚举办一次运动会。同年，第一届奥运会举行。伊利斯城邦的科罗巴斯在短跑比赛中取得冠军。他成为国际奥林匹克运动会荣获桂冠的第一个人。后来，古希腊运动会成为显示民族精神的盛会。人们规定比赛的优胜者获得月桂、野橄榄和棕榈编织的花环等。从公元前 776 年开始，到公元 394 年被罗马皇帝禁止时止，历经 1170 年，共举行了 293 届古代奥林匹克运动会。

1875—1881 年，德国人库蒂乌斯在奥林匹克遗址发掘了出土文物，引起了全世界的兴趣。法国教育家皮埃尔·德·顾拜旦认为，恢复古希腊奥运会的传统，对促进国际体育运动的发展有着十分重大的意义。在他的倡导与积极奔走下，1894 年 6 月，在巴黎举行了首次国际体育大会。国际体育大会决定把世界性的综合体育运动会叫做“奥林匹克运动会”，并于 1896 年 4 月在希腊首都雅典举行第一届现代奥运会，以后每 4 年一次，在各会员国举行。到 2004 年，已经举行了 28 届奥运会。

第三关 闯关进行时

世上没有比结实的肌肉和新鲜的皮肤更美丽的衣裳。

——马雅可夫斯基

一、快速判断

1. 奥运会传递火炬的仪式是从古希腊传下来的。

答案：错

趣味题点： 这种仪式是从1936年在柏林举行的第11届奥运会上才开始的。

2. 奥林匹克会旗——五环旗的设计者是顾拜旦。

答案：对

趣味题点： 奥林匹克旗帜是一面有五个圆环的白色无边旗。它是根据现代奥运会创始人、法国教育家皮埃尔·德·顾拜旦男爵的建议和构思设计制作的。

3. 在赛艇比赛中，运动员划水时背向前进方向。

答案：对

趣味题点： 赛艇比赛中，运动员背向前进方向划水，桨是固定在船上的。

4. 围棋在我国古代称为“弈”。

答案：对

趣味题点： 围棋，是一种两人进行的棋类游戏，中国古时有“弈”、“手谈”等多种称谓。

5. 马术运动比赛分男子组和女子组。

答案：错

马术运动

趣味题点： 马术运动比赛不分男女，而且女的还取得了很多胜利。奥运会中的马术运动包括盛装舞步赛、越野耐力赛、障碍赛三项比赛。

二、智慧选择

1. 艺术体操分几种比赛？（ ）

A．2种 B．3种 C．4种 D．5种

答案：A

趣味题点：艺术体操分个人和集体两种比赛。

2. 游泳比赛总共有多少种游泳姿势？（ ）

A．2种 B．4种 C．5种 D．6种

答案：B

趣味题点：按国际比赛项目要求，游泳姿势共有四项：自由泳、蛙泳、蝶泳、仰泳。

3. 首届奥运会上，组委会按照古老传统向获胜运动员献花环，冠军的花环是用______编制的。

A．橄榄枝 B．橄榄叶 C．棕榈叶 D．树枝

答案：A

趣味题点：橄榄枝花环象征着和平，在古代奥运会举行时，橄榄枝花环是给运动员的最高奖赏。

4. 任何一支足球队在比赛中的人数少于几名时，该场比赛应为无效？（ ）

A．5 B．6 C．7 D．8

答案：C

趣味题点：一场足球比赛应有两队参加，每队上场队员不得多于11名，其中必须有一名守门员。如果任何一队少于7人则比赛不能进行。

5. 男子田径全能运动有多少项？（ ）

A．5项 B．10项 C．12项 D．15项

答案：B

趣味题点：10项全能是男子田径运动综合性比赛项目，是对田径运动员全面的检验。它包括4项径赛、3项跳跃、3项投掷，共10个项目。这些项目分两天比赛，依次为第一天100米、跳远、铅球、跳高和400米；第二天110米跨栏、铁饼、撑竿跳高、标枪和1500米。

6. 观看足球比赛时，我们总能见到足球裁判在场内跑来跑去。为了使裁判员在场内区别于运动员，足球裁判员穿的是什么颜色的衣服？（　　）

A. 黑色　　B. 白色　　C. 红色　　D. 黄色

答案：A

趣味题点：1878 年以前，足球裁判不像现在这样在场内跑来跑去，而是坐在看台上进行裁判。但由于足球场场地大，坐在看台上裁判，不可能发现所有犯规情况，后来决定裁判员到场内进行判决。为了使裁判员在场内区别于运动员，足球裁判员全部都穿黑色服装。据说，黑色是严肃、庄重的象征，因为国外的法官一般都穿黑色制服，所以，人们也尊称足球裁判员是“黑衣法官”。

7. 在国际性的游泳比赛中，举行比赛时的起码水温是多少摄氏度？（　　）

A. 19℃　　B. 20℃　　C. 21℃　　D. 24℃

答案：D

趣味题点：总的来说，水温较高时，人体的浮力较小，同时水分子间的相互摩擦也较小，在水温为 25℃时出现的内摩擦比在水温为 10℃时约小 30%。较高的水温虽有助于取得较好的比赛成绩，但在水温为 24℃—28℃时，摩擦力减小的作用又被相应的密度作用抵消了。因此在国际比赛的规定中，24℃的水温是举行比赛时的起码水温。

8. 世界杯足球赛始于哪一年？（　　）

A. 1906 年　　B. 1918 年　　C. 1930 年　　D. 1942 年

答案：C

趣味题点：第一届世界杯足球赛 1930 年在乌拉圭首都蒙得维的亚举行。

9. 下列哪项不是国际象棋棋手的正式等级名称？（　　）

A. 特级大师　　B. 国际大师　　C. 国内大师　　D. 棋联大师

答案：C

趣味题点：国际象棋棋手划分为三个等级，从高到低依次为特级大师、国际大师和棋联大师。等级的划分是根据棋手在国际棋联规定的比赛中所获成绩折算成等级分来确定的。

10. 我国什么智力玩具被外国人称为“唐图”？（　　）

A. 七巧板　　B. 九连环　　C. 积木　　D. 华容道

答案：A

趣味题点：七巧板是一种拼板玩具，约有上千年的历史，它是将一块正方形纸板分成 7 块，用它们拼成各样的图形，这种玩具很早传到国外，据说 18 世纪末的拿破仑一世就很喜欢玩七巧板，西方还给七巧板起了个“唐图”的名字。

三、趣味抢答

1. 奥运会金牌“中国日”是指哪届奥运会？具体时间是何时？为何有这一称谓？

答案：指的是第 27 届奥运会，具体时间为 2000 年 9 月 22 日。在这一天中国队共获得女子举重、女子柔道、乒乓球女双、羽毛球女单、男子举重、男子射击共 6 枚金牌。五星红旗频频升起在悉尼上空。这一天是中国奥运史上最辉煌灿烂、最振奋人心的一天，被称为奥运会金牌“中国日”。

2. 请讲述振奋人心的中国女排“5 连冠”是怎么回事。

答案：中国女排在 1981 年第 3 届世界杯赛、1982 年第 9 届世界锦标赛、1984 年第 23 届奥运会、1986 年第 10 届世界锦标赛、1988 年第 24 届奥运会上连夺 5 项冠军，被称为“5 连冠”。

3. 北京申办 2008 年奥运会的会徽有何含义？

答案：会徽由奥运五环色构成，形似中国传统民间工艺品“中国结”，又似一个打太极拳的人形，图案如行云流水，和谐生动，充满运动感，象征世界人民团结、协作、交流、发展，携手共创新世纪；表达了奥林匹克“更快、更高、更强”的体育精神。

4. 北京申办 2008 年奥运会的主题是什么？有何含义？

答案：主题——“绿色奥运，人文奥运，科技奥运”；含义——体现环保意识的绿色奥运，体现东西方文化交流的人文奥运，体现尖端科学的科技奥运。

5. 北京申办 2008 年奥运会的口号是什么？有何含义？

答案：口号——“新北京，新奥运”。这个口号表达了有 3 000 余年建城史的北京经过改革开放的洗礼，将以崭新的面貌进入新世纪，并以饱满的热情欢迎全世界体育健儿共同参与奥运会；历经百年沧桑的现代奥运会在占世界人口 1/5 的中国举办，将使奥林匹克精神得到更广泛的传播，翻开奥林匹克运动崭新的一页，向世界人民展示其特有的魅力。

趣味乐园

奥林匹克运动会为什么会点燃“圣火”

圣火起源于古希腊神话传说。古希腊神普罗米修斯为解救饥寒交迫的人类，瞒着宙斯偷取火种带到人间，火一到人间就再也收不回去了。宙斯只好规定，在燃起圣火之前，必须向他祭祀。根据这个神话，古奥运会在开幕前必须举行隆重的点火仪式。

现代奥林匹克运动恢复后，1912 年顾拜旦提出了点燃奥林匹克圣火的建议。1928 年的阿姆斯特丹奥运会上，奥运圣火首次出现。自 1936 年起，奥林匹克圣火首先于奥运会的故乡希腊奥林匹亚被点燃，然后火炬以接力形式传到主办国，并于奥运会开幕前一天被送达举办城市，开幕式时进入会场，一般由东道国著名运动员点燃塔上焰火，直到闭幕时熄灭。奥运会圣火象征着光明、团结、友谊、和平、正义。

第四关 闯关加油站

生命在于运动。

——伏尔泰

一、快速判断

1. 橄榄球起源于英国。

答案：对

趣味题点： 橄榄球运动起源于英国，原名拉格比足球，简称拉格比（Rugby）。因球形似橄榄，在中国称为“橄榄球”。拉格比本是英国中部的一座城市，市中拉格比学校是橄榄球运动的诞生地。据说，1823 年该校学生埃利斯在一次足球赛中，因踢球失误，情急之下抱球就跑，引得其他球员纷纷效仿，这虽是犯规动作，却给人以新的启示。久而久之，橄榄球就从足球运动中派生出来了。

2. 1930 年第一届足球世界杯的冠军是乌拉圭队。

答案：对

趣味题点： 第一届世界杯是 1930 年在乌拉圭举行的，这届世界杯对于乌拉圭来说有着与众不同的意义：1930 年正好是乌拉圭独立的 100 周年，而在此届世界杯上，东道主乌拉圭以 4 战 4 胜的战绩勇夺冠军，成为首届世界杯的得主。

3. 古代奥运会第一个冠军是科罗巴斯。

答案：对

趣味题点： 根据史料记载，在公元前 776 年的第一届古代奥林匹克运动会上的场地赛跑中，伊利斯城邦的厨师科罗巴斯经过多轮的角逐，获得了最后的胜利，摘取了第一届古奥运会上的唯一桂冠。科罗巴斯也就成为古代奥林匹克运动会历史上的第一个冠军，由此他获得了很高的荣誉。

4. 围棋棋盘上的 9 个小圆点叫做星。

答案：对

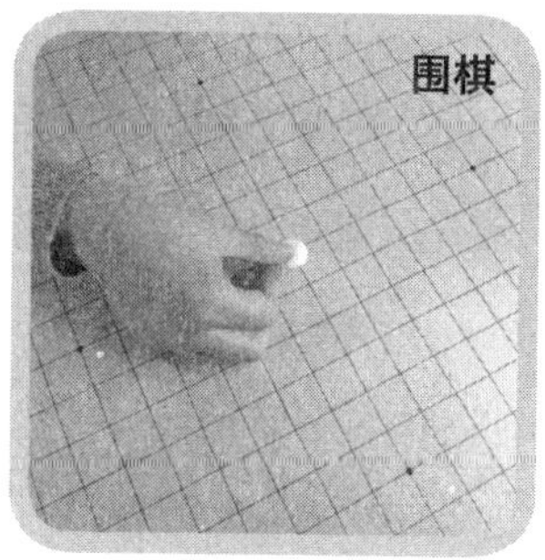

趣味题点： 围棋棋盘上标列了 9 个小圆点，称为“星”，是为了判断位置。

5. 世界杯排球赛每两年举行一次。

答案：错

趣味题点： 世界排球三大赛都是 4 年一届。根据奥运周期，三大赛的比赛时间也做了现有的规定。上届奥运会后的第一年为三大赛轮空年，第二年为世界锦标赛，第三年为世界杯赛，即在这届奥运会的前一年举行，并作为奥运会的首个资格赛，第四年即为奥运会。

二、智慧选择

1. “征吃”是哪种棋类游戏中的术语？（　　）

A．五子棋　　B．围棋　　C．中国象棋

答案：B

趣味题点： 围棋中的一句格言是：“不知‘征吃’不能弈棋”。

2. 足球运动已经风靡世界，世界上最早的原始足球出现在：______。

A．巴西　　B．中国　　C．韩国

答案：B

趣味题点：约在公元前3—4世纪，我国就出现了原始的足球——“鞠”。

3. 保龄球上有几个指洞？(　　)

A．2个

B．3个

C．4个

答案：B

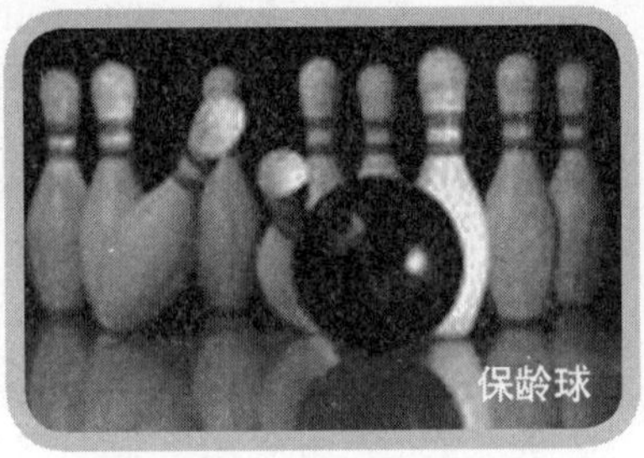

保龄球

趣味题点：保龄球上的3个指洞是让玩球的人能抓紧球体，以免脱落。

4. 有“陆面冲浪”运动之称的是：______。

A．滑雪　B．轮滑　C．滑板　D．体操

答案：C

趣味题点：滑板运动发源于20世纪60年代初，是冲浪运动在陆地上的延伸。后者受地理和气候条件的限制比较多，而前者则有更大的自由度。

5. 铁人三项运动也叫“三项马拉松”，1978年诞生于美国夏威夷。它要求运动员要连续完成长距离游泳、自行车越野和：______。

A．长途越野跑　　B．征服4 000米高山

C．万米竞走　　D．千米跨栏

答案：A

趣味题点：铁人三项运动是体育运动项目之一，属于新兴综合性运动竞赛项目。比赛由天然水域游泳、公路自行车、公路长跑三个项目按顺序组成，运动员需要一鼓作气赛完全程。铁人三项运动是一项培养参赛者战胜自然和战胜自我的铁人精神，充分锻炼和体现运动员体能、技术、意志的项目。

6. 世界乒乓球锦标赛男子单打冠军的奖杯是：______。

A．勃莱德杯　B．汤姆斯杯　C．斯韦思林杯　D．尤伯杯

答案：A

趣味题点： 1929年，在第三届世界乒乓球锦标赛上，英国运动员弗·佩里获得了单打冠军。为了赞扬弗·佩里所取得的成绩，英国的乌德科克先生捐赠了以弗佩里所在的圣·勃莱德乒乓球俱乐部（伦敦）命名的奖杯，作为男子单打比赛的优胜奖杯。

7. 古奥运会的创始国在：______。

A．希腊　　B．印度　　C．巴西　　D．埃及

答案：A

趣味题点： 古代奥运会的创始国是位于伯罗奔尼撒半岛西北部的古代希腊的伊利斯，它是古希腊的城邦，奥林匹亚就在伊利斯境内。

8. 世界乒乓球锦标赛女子团体冠军的奖杯是：______。

A．尤伯杯　　B．考比伦杯　　C．汤姆斯杯　　D．盖斯特杯

答案：B

趣味题点： 世界乒乓球锦标赛女子团体冠军奖杯是考比伦杯。1933年开始设立。奖杯是当时法国乒协主席马赛尔·考比伦捐赠的，因此以她的名字命名。第一个考比伦杯得主为德国队。

9. 历史上第一次两个国家联合举办世界杯的是哪两个国家？

A．中国和日本　　B．日本和韩国　　C．中国和韩国　　D．德国和英国

答案：B

趣味题点： 第17届世界杯2002年在韩国和日本举行，这是世界杯第一次来到亚洲，也是世界杯第一次由两个国家联合举办。结果两个东道主都取得了历史性突破，日本队小组出线杀入16强，韩国队更是一路出人意料地击败葡萄牙、意大利、西班牙，打进4强，创造了奇迹。

10. 中国象棋盘上“米”字形的方框称什么？

A．九宫　　B．迷宫　　C．方宫

答案：A

趣味题点： 九宫，指棋盘上由斜交叉线构成的“米”字形方格，类似古代战争发号施令的“中军帐”，是将（帅）、士（仕）活动的地区。

三、趣味抢答

1. 连线题，请将下列 NBA 球星绰号与各自对应的人物用线连接。

A．飞人　　a．戴夫 · 宾
B．小巨人　　b．迈克尔 · 乔丹
C．闪电侠　　c．姚明
D．大鲨鱼　　d．德维恩 · 韦德
E．小飞人　　e．沙奎尔 · 奥尼尔
F．天钩　　f．科比 · 布莱恩特
G．篮球先生　　g．卡里姆 · 贾巴尔
H．防守天才　　h．鲍勃 · 库西
I．关键先生　　i．比尔 · 拉塞尔
J．全能冠军　　j．杰里 · 韦斯特
K．神偷　　k．奥斯卡 · 罗宾逊
L．得分机器　　l．约翰 · 哈夫利切克
M．公爵　　m．里克 · 巴里

答　案：A——b；B——c；C——d；D——e；E——f；F——g；G——h；H——i；I——j；J——k；K——l；L——m；M——a。

2. 请根据描述，猜出这位运动员的名字。

(1) 她 14 次获得世界冠军，是 4 枚奥运会金牌得主。

(2) 她是乒乓球历史上最伟大的女子选手，5 岁起就随父亲学打球，1988 年进入国家队，在世界乒坛排名连续 8 年保持第一，成为唯一蝉联奥运会乒乓球金牌的运动员，并获得 4 枚奥运会金牌，其中包括单打和与乔红组合的双打。

(3) 她从清华大学本科毕业后，到英国诺丁汉大学攻读硕士学位，后来又被英国剑桥大学录取攻读博士学位。她还加入北京奥组委，成为奥组委市场开发部项目专家。同时，她还是国际奥委会运动员委员会以及体育和环境委员会委员。

答案：邓亚萍。

3. “发展体育运动，增强人民体质”是我国哪位领导人的题词？

答案：毛泽东。

4. 主办奥运会城市是怎样确定的？

答案：申请主办奥运会的城市，经该国奥委会同意后，由该市官方当局向国际奥委会提出申请，如果由几个城市同时申请的，由国际奥委会召开会议，国际奥委会委员投票选举其中的一个。会议必须在非候选城市的国家进行，一般情况下，应在举办该届奥运会6年前选定。

5. 奥运会会旗交接仪式如何举行？

答案：奥运会会旗交接仪式在该届奥运会开幕式上举行。由上届奥运会主办城市代表将会旗交给国际奥委会主席，再由国际奥委会主席将会旗授予当届主办城市的市长，然后将会旗保存在市府大楼，4年后再递交给下届主办城市。当届升起在运动会主体会场上空的是一面代用会旗。

趣味乐园

世界杯足球赛溯源

如今风靡全球的现代足球起源于英国。由于足球运动的发展，国际比赛也应运而生。1896年，第一届现代奥运会在希腊举行时，足球就被列为正式比赛项目，丹麦以9:0大胜希腊，成为奥运会第一个足球冠军。因为奥运会不允许职业运动员参加，到了1928年（第9届奥运会）足球比赛已无法持续。

1928年奥运会结束后，国际足联召开代表会议，一致通过决议，举办4年一次的世界足球锦标赛。这对于世界足球运动的进一步发展和提高起到了积极的推动作用。最初这个新的足球大赛叫做“世界足球锦标赛”。1956年，国际足联在卢森堡召开的会议上，决定更名为“雷米特杯赛”。这是为表彰前国际足联主席法国人雷米特为足球运动所作出的成就。雷米特担任国际足联主席33年（1921—1954年），是世界足球锦标赛的发起者和组织者。后来，有人建议将两个名字联起来，称为“世界足球锦标赛——雷米特杯”。于是，在赫尔辛基会议上决定更名为“世界足球锦标赛——雷米特杯”，简称“世界杯”。

第五关 闯关大冲刺

身体虚弱，它将永远不会培养有活力的灵魂和智慧。

——卢梭

一、快速判断

1. 女运动员掷的铅球重量是4千克。

答案：对

趣味题点：铅球运动起源于14世纪40年代，当时欧洲有了火炮，炮弹是圆球形的铁球。炮兵常用这种炮弹或近似这种炮弹的石头进行掷远比赛，后来逐渐发展形成了推铅球运动。由于当时炮弹的重量为16磅（合为7.257千克），故这一重量成为男子铅球的标准重量，后来国际田联将此重量改为7.26千克。女子铅球的重量为4千克。

2. 象棋中，“顺手炮”又称斗炮局。

答案：对

趣味题点：“顺手炮”也称“斗炮局”，象棋术语。一种开局着法，双方第一步都走中炮，由于双炮方向相同，故名。

3. 尤伯杯是羽毛球赛事的奖杯。

答案：对

尤伯杯

趣味题点：尤伯杯是代表了当今世界羽毛球最高水平的女子团体赛，其实就是世界女子羽毛球团体锦标赛。尤伯杯是贝蒂·尤伯夫人捐赠的。她是英国20世纪30年代著名女子羽毛球选手，从1930年至1949年间，她曾多次夺得全英羽毛球锦标赛的女子单打、女子双打和混合双打比赛的冠军。

4. 在桥牌红心、黑桃、梅花、方块、无将五个等级中，黑桃等级最高。

答案：错

趣味题点： 在桥牌花色中，以“无将”等级最高，以下顺次为黑桃、红心、方块、梅花。

5. **冰壶比赛中的“冰壶”是由石头制成的。**

   答案：对

趣味题点： 冰壶运动的主要器械有砥石和毛刷。砥石就是冰壶，为一种扁圆形石球，由苏格兰产的不含云母的花岗岩石凿琢而成，直径29厘米，厚11.5厘米，重19千克。掷冰壶运动比赛者分2队，每队4人，分站在冰面上划定的场、区两端，各队以相对方向的垒圈为目标，投掷一种扁圆形石球，使之溜进相对的垒圈或接近垒圈，比得分定胜负。它起源于苏格兰，是受夏季草地滚球运动的影响发展起来的。

二、智慧选择

1. **毛泽东对体育事业的发展非常关心，他本人最喜爱的体育项目是：______。**

   A．乒乓球　B．篮球　C．游泳　D．登山

   答案：C

趣味题点： 按常理，生长在山区的人一般不擅长游泳，但在湘中韶山长大的毛泽东却与游泳结下了不解之缘，他最喜爱的体育项目便是游泳。北戴河、长江、珠江、钱塘江、湘江、邕江、韶山水库等地都留下了他劈波斩浪的英姿。

2. **在世界羽毛球大奖赛中，哪项是混合团体杯赛？（　　）**

   A．苏迪曼杯赛　B．汤姆斯杯赛　C．尤伯杯赛

   答案：A

趣味题点： 苏迪曼杯自1989年开始，每两年举行一次，比赛由男女单打、男女双打、男女混合双打5个单项组成。

3. **人们习惯上把一个球员在一场足球比赛中攻进3球称为：______。**

   A．帽子戏法　B．足球戏法　C．古彩戏法

   答案：A

趣味题点： 某一队员在一场比赛中接连攻进了3个球，被称为“帽子戏法”。

4. **“更快、更高、更强”是______的格言。**

   A．奥运会　B．亚运会　C．残运会　D．大学生运动会

答案：A

趣味题点： 奥林匹克的格言是“更快、更高、更强”，亦称奥林匹克座右铭或口号，是顾拜旦一位密友于 1895 年提出的，1913 年被国际奥委会正式批准成为奥运会格言。

5. **中国象棋的棋盘上，共有多少个交叉点？（　　）**

A. 75　　B. 80

C. 90　　D. 100

答案：C

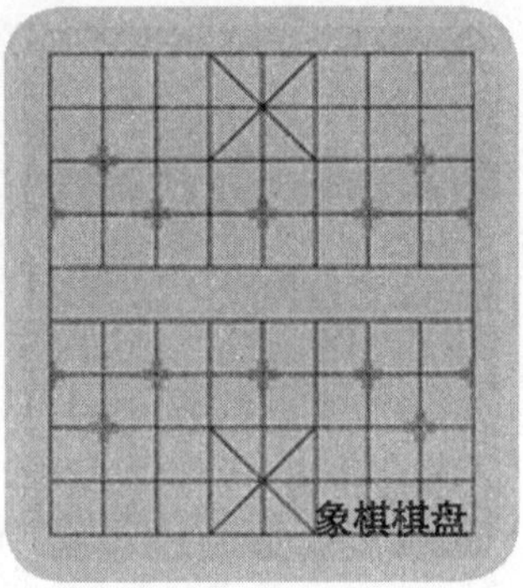
象棋棋盘

趣味题点： 象棋盘由 9 道直线和 10 道横线交叉组成。棋盘上共有 90 个交叉点，象棋子就摆在和活动在这些交叉点上。

6. **中国象棋中的“将”和“卒”属于：______。**

A. 红方　　B. 黑方

答案：B

趣味题点： 中国象棋中的“帅”和“兵”属于红方，“将”和“卒”属于黑方。

7. **足球比赛中“香蕉球”就是：______。**

A. 弧线球　　B. 倒钩球

答案：A

趣味题点： 弧线球，足球运动技术名词，指使球呈弧线运行的踢球技术，是足球在运行中，由于强烈旋转，使两侧的空气发生差异而形成。由于球呈弧线形运行，故俗称“香蕉球”。踢弧线球时，脚击球的部位应偏离球的重心，常用于绕过位于传球路线中间的防守队员，或射门中迷惑守门员，使之产生错误判断。罚直接任意球时，用弧线球射门也是得分的一种重要方法。

8. **奥运会的五环旗象征着什么？（　　）**

A. 五湖四海

B. 五谷丰登

C. 五大洲运动员的友谊和团结

答案：C

趣味题点： 五环的含义是“象征五大洲的团结，全世界的运动员以公正、坦率的比赛和友好的精神，在奥运会上相见”。

9. 足球比赛中的“12 码球”指的是：______。

A．角球　　B．点球　　C．任意球

答案：B

趣味题点： 点球也称为“12 码球”，足球运动规则术语。踢点球时，球应放置罚球点（即距球门线正中 11 米，英制为 12 码）处。

10. 调查资料表明，经常参加体育锻炼的青少年比同龄不经常参加体育锻炼的青少年的身高平均高多少？（　　）

A．1—3 厘米　　B．2—4 厘米　　C．3—5 厘米　　D．5—7 厘米

答案：C

趣味题点： 体育锻炼能刺激脑垂体分泌生长激素，这些都会加速孩子的生长发育，促使孩子长高。但有必要提出的是：孩子过早地剧烈运动亦会影响长高。这是因为过多的体力消耗会影响骨骼和肌肉的营养供给，若再加上营养不足，就会严重影响身体的正常生长发育和身高的增长。同时孩子过早地参加剧烈运动还会抑制生长激素的分泌，从而影响孩子长高。

三、趣味抢答

1. 2008 年北京奥运吉祥物是什么？

答案：2008 年北京奥运吉祥物为福娃贝贝、晶晶、欢欢、迎迎和妮妮，分别是由鱼、熊猫、奥运圣火、藏羚羊和雨燕演化而来的，依次象征海洋、森林、火、大地和天空。

2. 2008 年奥运会场地包括哪些地方？

答案：2008 年奥运会场地除北京外，还有青岛、天津、上海、秦皇岛、沈阳、香港。其中，帆船项目的比赛在青岛举办，马术比赛项目在香港举办，足球赛由天津、上海、沈阳和秦皇岛共同协办。

3. 中国奥委会何时何故曾与国际奥委会断绝关系？

答案：1952 年，经过斗争，国际奥委会承认了新中国在国际奥委会中的合法席位，但个别人仍采取敌视新中国的态度，继续制造“两个中国”。中国政府多次提出抗议无效，中国奥委会于 1956 年 11 月 6 日正式宣布不参加第 16 届奥运会，以示抗议。1958 年 8 月 19 日，中国奥委会发表关于同国际奥运会断绝关系的声明，并退出了国际游泳、田径、篮球、举重、

射击等 8 个国际体育组织，此后，中国未参加第 16 ～ 20 届共 5 届奥运会。

4. 何时恢复中国奥委会在国际奥委会的合法席位？

答案：随着国际形势的变化，中国奥委会于 1979 年向国际奥委会提出了解决中国在国际奥委会合法席位的建议。当年 10 月 25 日，国际奥委会执委会在日本名古屋举行会议，一致通过恢复中国在国际奥委会的合法席位的决议。10 月 26 日国际奥委会在瑞士洛桑通过表决，以 62 票赞成、19 票反对、2 票弃权，批准了执委会在名古屋作出的关于中国代表权的决议，决定中华人民共和国奥林匹克委员会名称为“中国奥林匹克委员会”，使用中华人民共和国的国旗和国歌。设在台北的奥委会的名称改为“中国台北奥林匹克委员会”，不能使用其旗、歌、徽。

趣味乐园

中国奥运史上的“第一”

第一个接到奥运会邀请书的是中国的光绪皇帝。1896 年中国获邀请，但慈禧太后等当权者不懂“田径”一词而置之不理。

第一个支持中国参加奥运会的政界人物是张学良，为此他曾资助 8 000 银元。

第一个奥委会中的中国委员是王正廷，他曾是中国驻美大使，1922 年被委任为奥委会委员。

第一个随队参赛的教练员是宋君复，当时他是东北大学体育系教授。1932 年随队参赛。

第一个支持中国参加奥运会的军界要人是当时国民 32 军军长商启宇，1932 他曾在全军选出 4 名拳击手加入中国体育代表团。

Chapter 9

第九章 哲学宗教

无论哲学，还是宗教，都是我们对自然、对社会、对人生的思考和认识。无论哲学，还是宗教，都是一个深邃的世界。融入这个世界，让我们更加认真地去认识世界、探究真理、感受社会、思考人生、面向未来。

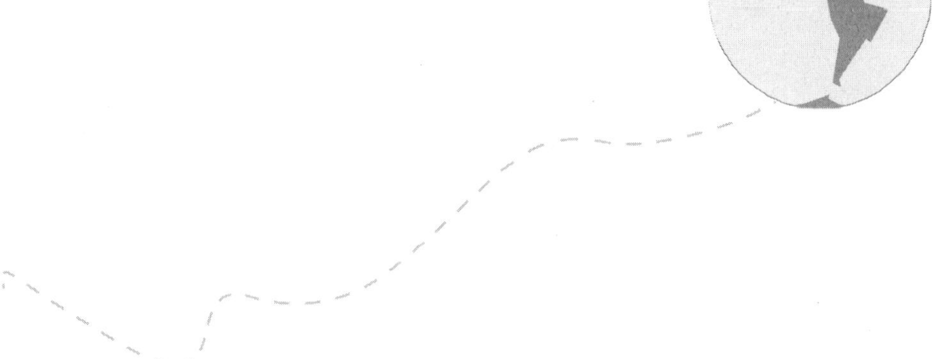

第一关 闯关总动员

哲学家们只是用不同的方式解释世界，而问题在于改变世界。

——马克思

一、快速判断

应县木塔

1. “塔”最初属于皇室建筑。

答案：错

趣味题点： 塔，原指为安置佛陀舍利等物，而以砖石等建造成的建筑物，后来又泛指于佛陀生处、成道处、转法轮处、涅槃处，乃至安置诸佛菩萨像、佛陀足迹、祖师高僧遗骨等，而以土、石、砖、木等筑成的建筑物。

2. 有人认为：“哲学基本问题的第一个方面是区分唯物主义和唯心主义、辩证法和形而上学的标准。”

答案：错

趣味题点： 哲学基本问题的第一方面是区分唯物主义和唯心主义的标准，而不是区分辩证法和形而上学的标准。

3. 袈裟由许多块布补缀而成，所以叫百衲衣。

答案：对

趣味题点： 袈裟是有些和尚为了表白自己苦修苦炼的心迹，特地征用民间花花绿绿的杂碎布片，缝到一起做成袈裟，叫百衲衣。

4. 有人认为：“唯物主义就是重视物质力量，唯心主义就是强调精神作用。”

答案：错

趣味题点： 在“什么是世界的本原”的问题上，认为物质是世界的本原的（物质决定精神、精神源于物质），是唯物主义；认为精神是世界的本原的（精神决定物质、物质源于精神），是唯心主义。

二、智慧选择

1. 人们常说："无事不登三宝殿。"你知道"三宝"是指哪三宝吗？（　　）

A．纸、砚、笔　　B．书、剑、琴

C．佛、法、僧　　D．金、银、玉

答案：C

趣味题点："三宝"指的是佛教中的佛、法、僧。"三宝殿"即佛教寺院中佛、法、僧这三个主要活动场所。"佛"是佛教信徒"大众登场藏事"的地方，如"大雄宝殿"；"法"是佛家"珍藏宝典"之所，如"藏经楼"；"僧"是指和尚睡觉的"寂静禅房"。这些房舍都是佛门重地，平常是不允许人进去闲逛的。"无事不登三宝殿"的说法便由此而来。

2. 下列哪一位先哲首先提出了"无为而治"的主张？（　　）

A．孔子　　B．孟子

C．老子　　D．庄子

答案：C

趣味题点：最早提出"无为而治"这一思想的是老子的《道德经》，"为无为，则无不治"。意思是以顺其自然的态度做事，没有什么管理不好的。

3. 道教首创之地是哪里？（　　）

A．齐云山　　B．武当山　　C．龙虎山　　D．鹤鸣山

答案：D

趣味题点：相传汉顺帝时，张陵入蜀，居于鹤鸣山中，以太上老君口谕之名作道书，并广泛吸收川西地区少数民族的原始信仰，创立五斗米道，标志着道教正式形成。

4. 我国道家学派创始人是：______。

A．孔子　　B．老子　　C．庄子　　D．孟子

答案：B

趣味题点：老子，春秋末人，是道家学派和道教哲学创始人。姓李，名耳，字聃。

楚国苦县人（今河南鹿邑县人，一说今安徽涡阳县人）。他的《道德经》是道教文化的开山之作，其哲理精深，蕴藏着极深的智慧，对宇宙、社会、人生的洞察，对人类理性的反省，对概念的分析都有着极其深刻的见解，在中国及世界影响深远。

5. “比丘尼”是对佛教中哪一类人的称呼？

A. 和尚　　B. 行者　　C. 女居士　　D. 尼姑

答案：D

趣味题点： 比丘尼，bhiksuni 俗称尼姑。满 20 岁出家，受了具足戒的女子，称为比丘尼。

6. 下列哪一部属于儒家经典“四书五经”中的五经？

A. 大学　　B. 中庸　　C. 论语　　D. 春秋

答案：D

趣味题点： “四书五经”是四书和五经的合称，是中国儒家的经典书籍。“四书”是指《论语》、《孟子》、《大学》和《中庸》；而“五经”是指《诗经》、《尚书》、《礼记》、《周易》、《春秋》，简称为“诗、书、礼、易、春秋”。其实本来应该有六经，还有一本《乐经》，合称“诗、书、礼、乐、易、春秋”，但《乐经》亡于秦末战火，只剩下五经。

7. 佛教中的“十恶”最后一恶是：______。

A. 妄语　　B. 邪见　　C. 恶口　　D. 贪欲

答案：B

趣味题点： 佛教“十恶”依次为：杀生、偷盗、邪淫、妄语、两舌、恶口、绮语、贪欲、嗔恚、邪见。

8. 战国时期，主张人们不分贵贱等级、互爱互利，反对不义战争的思想家是：______。

A. 孔子　　B. 孟子　　C. 老子　　D. 墨子

答案：D

趣味题点： 墨子，战国思想家、政治家，提出“兼爱”、“非攻”等观点，创立墨家学说，并有《墨子》一书传世。墨学在当时影响很大，与儒家并称“显学”。

三、趣味抢答

1. 请将以下思想家与其对应的思想政治主张用线连接。

A．老子	a．青出于蓝而胜于蓝
B．孔子	b．天道无为与自然观念
C．墨子	c．己所不欲，勿施于人
D．孟子	d．反对不义战争
E．庄子	e．民为贵、社稷次之、君为轻
F．韩非子	f．清静无为，逍遥而自得
G．荀子	g．君权神圣

答案：A——b；B——c；C——d；D——e；E——f；F——g；G——a。

2. 请问《圣经》的第一卷书的第一句话是什么？

答案：《圣经》第一卷书《创世记》的第一句话是："起初神创造天地。"

3. 中国神话传说中人类的始祖是谁？

答案：女娲和伏羲。

4. 将下列希腊诸神和他们的职能连线。

A．宙斯	a．智慧之神，掌管战争、文艺、技艺
B．赫拉	b．主神
C．雅典娜	c．主神宙斯之妻，守护和嫉妒之神
D．阿波罗	d．海洋与地震之神
E．阿尔忒弥斯	e．性欲与繁殖之神
F．波塞冬	f．太阳神，掌管音乐、医药
G．阿芙洛狄特	g．月亮女神与狩猎女神

答案：A——b；B——c；C——a；D——f；E——g；F——d；G——e。

趣味乐园

什么是"哲学"

哲学是关于世界观的一种学说，是人们对于整个自然界、社会和思维的根本观点和体系。"哲学"一词，是从古希腊语"爱智慧"翻译过来的。相传，古希腊有一个叫苏格拉底的人，他学识渊博，才智过人，大家都称他为“智者”。但是苏格拉底很谦虚，他说，我不是什么“智者”，只是“智慧的爱好者”。从此，“爱智慧”就广为流传了。

在汉语中，“哲”字是“智慧”的意思，它和“学”字合在一起，就是“使人明智的学问”。

第二关 闯关热身操

科学发展的终点是哲学，哲学发展的终点是宗教。

——杨振宁

一、快速判断

1. “庵”里原来住的是尼姑。

答案：错

趣味题点：古时候，人们将圆形的草屋称为“庵”。后来，文人墨客谦称自己的住宅简陋，便将屋舍称为“庐”，书斋称为“庵”。后来，随着佛教的发展，将居住女性僧人（俗称尼姑）的寺庙称之为“庵”，以示区别。

2. 莲花被认为是佛教文化的象征。

答案：对

趣味题点：根据佛教传说，释迦牟尼本来是天上的菩萨，到迦毗罗卫国净饭王处投胎。他降生之前，净饭王的宫廷池沼中突然开放出大得像车盖一样的莲花。得道后的释迦牟尼，每当传教说法之时，就坐“莲花座”，坐姿亦成“莲花坐姿”，即两腿交叠，足心向上。

莲花座

3. 实证主义哲学的创始人是法国哲学家孔德。

答案：对

趣味题点：实证主义哲学的基本主张是，从事实或曰“实证的东西”出发，从哲学中把给定的东西的本质问题即原因问题当做无用的问题排除出去。

4. 和尚一词是对佛教徒的称呼，意思是“以和为尚”。

答案：对

趣味题点：佛教认为，人的生老病死都是痛苦的，其根源在于各种欲望。因此，为了摆脱痛苦，必须寡欲，必须进行修行，忍受人世间的一切疾苦。因而，佛教的人生处世哲学是主张一切调和。“和”即忍耐、服从。“和”是佛教徒所崇尚且必须遵守的。以“和”为“尚”即是称佛教徒为“和尚”的缘由。

二、智慧选择

1. “持剑，坐莲花宝座，骑狮子”的形象是哪位菩萨？（　　）

A．文殊　　B．普贤

C．观音　　D．地藏

答案：A

趣味题点：普贤菩萨的法像一般为戴五佛冠金色身，右手持剑左手施愿，半跏而坐于六牙白象之上。观音菩萨手持玉净瓶和杨柳枝，天冠有一化佛。地藏菩萨多为光头或是头戴毗卢冠，身披袈裟的出家僧人之相，一手持锡杖，一手持莲花，或是手持幡幢、宝珠等。

2. 提出人性善理论的儒家代表人物是：______。

A．孔子　　B．孟子　　C．荀子　　D．韩非子

答案：B

趣味题点：孟子著有《孟子》一书。有《孟子》七篇传世，为儒家经典之一。孟子师承子思，继承、发扬了孔子的思想，成为仅次于孔子的一代儒家宗师，有“亚圣”之称，与孔子并称为“孔孟”。性善论是孟子学说理论的出发点，其主要主张有“仁政”、“王道”理论。

3. 伊斯兰教是谁创立的？（　　）

A．释迦牟尼　　B．耶稣　　C．穆罕默德　　D．乔达摩

答案：C

趣味题点：“伊斯兰”是阿拉伯语，意为“顺服”，即顺从安拉的旨意。伊斯兰教产

生于7世纪初阿拉伯半岛，创始人是穆罕默德。

4. 马克思主义哲学的创立意味着：______。
A. 人类哲学发展的最高峰
B. 绝对真理的体现
C. 人类优秀哲学思想的综合和哲学发展的新起点
D. 科学的哲学体系的最终完成
答案：C

趣味题点： 马克思主义哲学实现了哲学史上的伟大变革，是科学的世界观和方法论，是辩证唯物主义和历史唯物主义的统一。

5. 下列宗教派别哪个不属于基督教的派别？（　　）
A. 天主教　B. 东正教　C. 什叶派　D. 新教
答案：C

趣味题点： 什叶派是以承认阿里为穆罕默德逝世后的合法继承人为标志的许多不同派别的总称。什叶派，原意为"追随者"，专指拥护阿里的人。

6. 列宁说："当然，就是物质与意识的对立，也只有在非常有限的范围内才有绝对的意义，超出这个范围，物质和意识的对立无疑是相对的。"这里所说的"非常有限的范围"是指：______。
A. 物质和意识何者为第一性
B. 物质和意识是相互转化的
C. 物质是否能为意识所正确反映
D. 意识能否反作用于物质
答案：A

趣味题点： 对物质和意识何者为第一性的不同回答，是划分哲学史上两大基本派别——唯物主义和唯心主义的唯一标准。

7. 基督教的重要节日"圣诞节"是在哪一天？（　　）
A. 12月1日　B. 12月25日　C. 1月1日　D. 1月25日
答案：B

趣味题点： "圣诞节"是作为耶稣的诞辰来庆祝的，所以又称之为"耶诞节"。耶稣的诞生日大约是在2000年前，研究人员通过日历上的记载，按着假定日期把时间分为公元前和公元后。在公元后的前300年间，耶稣的生日是在不同的日子庆祝的。最后，在354年，教堂的领导人把12月25日定为耶稣基督的生日。

8. “旧唯物主义是半截子的唯物主义”，这是指：______。

A．旧唯物主义是形而上学的唯物主义

B．旧唯物主义在社会历史观上是唯心主义

C．旧唯物主义是机械唯物主义

D．旧唯物主义是割裂了运动与静止的辩证法

答案：B

趣味题点： 旧唯物主义是指16到18世纪出现在英法等国的唯物主义哲学，其中特别是指17、18世纪的法国唯物主义。这种唯物主义只是在自然观上坚持了物质第一性、意识第二性的原则，并没有把这个原则贯彻到社会历史领域。相反，在社会历史领域他们重又陷入了唯心主义。所以，这种唯物主义是半截子的唯物主义。

三、趣味抢答

1. 八仙是谁？

答案：八仙都是古代神话传说中的人物，他们的传说从汉朝就有流传。分别是：铁拐李、汉钟离（钟离权）、何仙姑、韩湘子、吕洞宾、张果老、蓝采和、曹国舅。

2. 佛教中的三世和六道分别指什么？

答案：三世：前世、今世、来世。六道：天、人、阿修罗、地狱、饿鬼、畜生。

3. 请将下面的民族与所信奉的宗教用线连接起来。

A．汉族	a．藏传佛教
B．裕固族	b．道教
C．傣族	c．东正教
D．哈萨克族	d．小乘佛教

答案：A——b；B——a；C——d；D——c。

4. 佛教有四个重要的佛祖或菩萨讲经说法和显灵的场所，被称为四大道场。请将四大道场名称和相应菩萨名用线连接起来。

A．五台山	a．普贤菩萨

B．普陀山　　　　　　　　　　b．文殊菩萨
C．九华山　　　　　　　　　　c．观音菩萨
D．峨眉山　　　　　　　　　　d．地藏菩萨

答案：A——b；B——c；C——d；D——a。

普陀山

趣味乐园

佛教的起源

佛教产生于公元前6世纪的古印度。创始人为乔达摩·悉达多，是古印度迦毗罗卫国净饭王的王子。他因感慨人生的种种苦难，19岁（或说29岁）时毅然离家，寻求解脱之道。历尽种种苦行，终无所获，后到迦耶（现印度菩提伽耶），坐毕钵罗树（菩提树）下，经7天7夜冥思默想，终于觉悟成道。此后被尊称为“佛陀”，意为觉悟者，简称“佛”。其所传宗教被称为“佛教”。又因佛陀出身于释迦族，故又被称为“释迦牟尼”，意为“释迦族的贤人”。他的名号还有“世尊”、“大雄”等许多种。

佛陀寂灭（去世）后的数百年间，弟子们进行了经典结集，佛教也在古印度阿育王、迦腻色迦王等统治者的支持下，传遍印度次大陆，并逐步向东亚、东南亚发展。佛教发展经过原始佛教、部派佛教、大乘佛教、密教等时期，至13世纪，佛教在印度基本灭亡。近代，佛教组织在印度重新出现。

第三关 闯关进行时

任何一种哲学思想，只要能够自圆其说，它就具有某种真正的知识。

——罗素

一、快速判断

1. 《老子》、《庄子》、《周易》这三部书总称“三玄”。

答案：对

趣味题点： 魏晋时期清谈家称《周易》、《老子》、《庄子》三本书为“三玄”。

2. 中国的尼姑最早出现在南北朝时期。

答案：对

趣味题点： 自南北朝建立僧官制度以来，各个朝代按行政区划设立了许多的僧官，名目繁多，如僧正、僧主、沙门统、僧录、僧统等，也就在这时有了尼姑。

3. “知难行易”是孙中山在认识方面的哲学思想。

答案：对

趣味题点： 孙中山反对知易行难学说，提出知难行易学说，体现了孙中山对理论与实践关系的认识。

4. 常听到的“救人一命，胜造七级浮屠”中的“七级浮屠”就是“七级佛塔”的意思。

答案：对

趣味题点： 在佛教中，“佛塔”的梵文音译为“浮屠”，因而也称“佛塔”为“浮屠”。

二、智慧选择

1. 八卦起源很早，相传是______画出了八卦。

A. 伏羲　　B. 仓颉　　C. 黄帝　　D. 周文王

答案：A

趣味题点：伏羲，中国神话传说中的人物，也有人称太昊伏羲。传说，上古之时，有龙马负图出于河，伏羲降服龙马，观察龙马身上的图纹，画出乾、坤、震、巽、坎、离、艮、兑八种悬卦符号，叫做八卦，以示天地万物之种种变化。

2. 伊斯兰教最神圣的经典，被认为是“安拉的言语”的是：______。

A. 《圣经》　B. 《古兰经》　C. 《金刚经》

答案：B

趣味题点：《古兰经》是伊斯兰教最神圣的经典，被认为是“安拉的言语”。传说是安拉通过天使哲布勒伊来降给先知穆罕默德的最后一部天启经典。它是伊斯兰教信仰及宗教制度的源泉，是伊斯兰国家立法的根本原则。

3. 按其信仰人数和地域分布而言，世界上最大的宗教是：______。

A. 佛教　B. 基督教　C. 伊斯兰教

答案：B

趣味题点：基督教是以信奉耶稣基督为救世主的世界性宗教，亦称“基督宗教”，包括公教（天主教）、正教、新教三大教派和其他一些较小教派，与佛教、伊斯兰教并称为世界三大宗教。按其信仰人数和地域分布而言，是世界上最大的宗教。

4. 被后人公认为是西方哲学史上第一部专门研究哲学问题的著作是：______。

A. 《工具论》　B. 《形而上学》

C. 《判断力批判》　D. 《作为意志和表象的世界》

答案：B

趣味题点：亚里士多德的《形而上学》是古希腊哲学思想的重要标志，并被后人公认为是西方哲学史上第一部专门研究哲学问题的著作。其中的许多名词、术语、观念已深入西方各门学科领域，至今还发挥着巨大作用。亚里士多德也被称为“古代的黑格尔”，因为直到2000多年后，才又出现大致能和他相匹敌的哲学家，比如康德、黑格尔、尼采，等等。

5. 《西游记》中唐僧师徒到西天去取经，“西天”指的是：______。

A. 天竺　B. 波斯　C. 西域

答案：A

趣味题点：天竺即古代的印度。

6. 现代西方哲学的两大思潮是：______。

A．唯物主义与唯心主义　　B．辩证法与形而上学

C．科学主义与人本主义　　D．相对主义与诡辩论

答案：C

趣味题点：现代西方哲学是19世纪中期以来流行于西方社会的各种哲学派系的一个总称。从思想倾向上来看，可分为两股思潮：一个是人本主义思潮，另一个是科学主义思潮。

7. 德国古典唯心主义哲学的最大代表是谁？（　　）

A．黑格尔　　B．康德　　C．叔本华

答案：A

趣味题点：黑格尔（1770—1831年），德国最伟大的古典唯心主义哲学家，创立了欧洲历史上最伟大的唯心主义哲学体系。认为世界的本原是绝对理念，世界充满着矛盾，永远处在运动和变化之中。主要著作是《哲学全书》。

8. “原罪”理论，是______教神学的核心。

A．基督教　　B．天主教　　C．佛教

答案：A

趣味题点：在《圣经》中有这样的记载：上帝创造了亚当、夏娃以后，将他们安置在伊甸园中，过着幸福的生活。夏娃经不住蛇的诱惑，就吃了伊甸园内的“禁果”，而且也给亚当吃了。上帝知道此事后，将亚当、夏娃逐出伊甸园……基督教认为：亚当、夏娃犯的罪就是“原罪”，即原始的罪恶。由于亚当、夏娃是人类的始祖，所以人一生下来就有罪。“原罪”理论，一直是基督教神学的核心。没有“原罪”，就不需要耶稣的救赎，也就不会有基督教。

三、趣味抢答

1. 公孙龙骑一白马过关，守关人根据“马不准通过”的命令，不许公孙龙通过，公孙龙说：“你是不许马过关，我骑的是白马，白马非马。”守关人只好放行了。“白马非马”的命题是哲学中的什么的命题？

答案：诡辩论。

2. 佛教徒相见或向佛行礼，都有严格规定，请按尊敬程度，由低向高将下列八种礼节排序。

A. 五体投地　B. 言词慰问　C. 举手作揖　D. 双手合十　E. 低头致敬

F. 长跪　G. 屈膝行礼　H. 跪地磕头

答案：B → E → C → D → G → F → H → A。

3. 佛教的基本教义有“四谛”，“四谛”是佛教对人生的基本看法，你能从逻辑的顺序将以下四谛排序吗？

A. 道谛　B. 集谛　C. 苦谛　D. 灭谛

答案：C → B → D → A。

4. 请将下列佛教阶层按等级从小到大排列起来。

A. 罗汉　B. 比丘　C. 菩萨　D. 佛

答案：B → A → C → D。

趣味乐园

道教的起源

道教是我国五大宗教中唯一土生土长的宗教。它植根于我国深厚的传统文化和传统宗教的土壤之中。战国秦汉时期，我国远古时期的肉体长生信仰发展为神仙信仰，形成以追求成仙为主要内容的方仙道。两汉时期，失意的黄老学者转入民间，与方仙道方士相结合，形成黄老道。方仙道和黄老道是道教的前身。在融会道家哲学、墨家神鬼思想、阴阳家思想、儒家伦理和礼仪、古代巫术、宗法宗教思想与祭礼、谶纬思想、术数、民间信仰，以及古代医学、科学技术等的基础上，道教逐渐形成。

道教正式创立于东汉末年，其标志是太平道和五斗米道的出现。

第四关 闯关加油站

宗教使人信仰上帝，不是把上帝作为它的对象，而是作为它的目的。

——阿奎那

一、快速判断

1. 麒麟是人们幻想中的“灵物”，和凤、龙、龟，并称为“四灵”。
   答案：对

趣味题点： 早在周代，就出现了麒麟的传说。当时，麒麟和凤、龙、龟，并称为“四灵”。汉代的麒麟形象，与现在的鹿相似，头上有独角，角上长肉球。与龙、凤一样，麒麒也是综合化了的图腾。封建统治者为了满足政治上的需要，总是诡言麒麟出现，借此歌颂所谓的“盛世”。

2. “故有无相生，难易相成，长短相较，高下相倾，音声相和，前后相随。”这句话是孔子说的。
   答案：错

趣味题点： 这句话出自老子的《道德经》。

3. 马克思主义及其哲学产生在 19 世纪中叶。
   答案：对

趣味题点： 马克思主义哲学是 19 世纪中叶社会发展、科学发展和哲学本身发展的必然结果，它的三大思想来源是德国古典哲学、英国古典政治经济学和法国空想社会主义。

4. “天行有常，不为尧存，不为桀亡。”是我国古代荀子说的。
   答案：对

趣味题点： 这句话出自战国末年著名唯物主义思想家荀况的著作《荀子》。

二、智慧选择

1. 宇宙在时间上是：______。

A. 有始有终 B. 有始无终的

C. 无始有终的 D. 无始无终的

答案：D

趣味题点： 宇宙在时间和空间上都是无限的。

2. 基督教中历史最悠久、人数最多的派别是：______。

A. 天主教 B. 正教 C. 新教

答案：A

趣味题点： 天主教与正教、新教并称为基督教的三大派别之一。它是基督教中历史最悠久、人数最多的派别。

3. 以下哪个哲学家不是存在主义哲学流派的代表人物？（　　）

A. 费尔巴哈 B. 海德格尔 C. 萨特 D. 卡缪

答案：A

趣味题点： 存在主义哲学认为哲学的基本问题是个人的生存问题。哲学研究的出发点是“存在”而非“本质”，因为“存在先于本质”。主要代表人物有：德国的海德格尔、亚斯贝尔斯，法国的萨特、马塞尔、卡缪等。

4. 在一般较大的寺院里，都有一座“大雄宝殿”，这“大雄”二字是：______。

A. 佛经的篇名

B. 释迦牟尼的尊号

C. 佛教起源的传说

答案：B

趣味题点： 大雄宝殿即正殿，或称大殿。大雄是称赞释迦牟尼佛威德高大的意思。

5. 十字架是基督教信仰的标志，象征着福音和圣洁，可是，原始的十字架在古罗马时期是干什么用的？（　　）

A. 杀人刑具 B. 劳动工具 C. 教堂用具

答案：A

趣味题点：十字架，原是古代中东和欧洲的一种刑具。用十字架处死罪犯是一种极为残酷的刑罚。行刑时，通常先把罪犯打得体无完肤，然后剥光衣服，把双臂拉直，捆绑或钉在横木上，把两脚捆绑或钉在竖柱上，将受刑者折磨至死。1世纪初，耶稣在各地传教时，遭到犹太教当权者的反对，以“谋反罗马”罪将他逮捕，送到罗马驻犹太总督彼拉多那里，后便死于这种酷刑下。基督教认为，耶稣是为了替世人赎罪而被钉死于十字架的，故尊十字架为信仰标记。基督教徒在胸前画十字的仪式，也是由此而来的。

6. **信奉佛教的人常双手合十，口念“阿弥陀佛”，“阿弥陀佛”是指什么？（　　）**

A．一尊佛的名字　　B．经文警句　　C．一种意念

答案：A

趣味题点：阿弥陀佛是“西方极乐世界”的教主。印度佛经《阿弥陀经》上说，信佛者只要一心长念阿弥陀佛的名号，临死之前佛就会出现，将虔心礼佛者接引至“极乐世界”。所以，佛教的信仰者经常口念“阿弥陀佛”。

7. **复活节是基督教纪念______复活的节日。复活节现已成为欧美各国的传统节日，很多国家规定复活节为休息日。**

A．耶稣　　B．圣母玛丽亚　　C．释迦牟尼

答案：A

趣味题点：《新约全书》记载，耶稣被钉死在十字架上后，第三天便复活。复活节由此而来。根据西方教会的传统，在春分节气（3月21日）当日见到满月或过了春分见到第一个满月之后，遇到的第一个星期日即为复活节。东方教会则规定，如果满月恰好出现在第一个星期日，则复活节再推迟一周。因此，节期大致在3月22日至4月25日之间。在欧美各国，复活节是仅次于圣诞节的重大节日。

8. **古塔是佛教的象征性建筑，我国原来没有塔这种建筑，也没有塔这个字。从哪个时期开始，我国统一了“塔”的译名，并沿用至今？（　　）**

A，春秋　　B．五代　　C．隋唐　　D．明清

答案：C

趣味题点：　古代印度的佛教建筑塔在东汉时期随佛教传入中国，之后迅速与中国本土的楼阁相结合，形成中国的楼阁式塔。在漫长的历史中曾被人们译为“窣堵坡”、“浮屠”、“塔婆”等，亦被意译为“方坟”“圆冢”。随着佛教在中国的

广泛传播，直到隋唐时，翻译家才创造出了“塔”字，作为统一的译名，沿用至今。

三、趣味抢答

1. 请思考，下面这个生物学上的实例说明了什么？

实例：英国著名生物学家达尔文曾观察到一个“生物链”现象。猫多了，喂羊的三叶草就生长茂盛，养羊就发展得快。因为三叶草靠九花蜂授粉，田鼠吃九花蜂的蜜，吃时会破坏九花蜂的窝。田鼠一多，九花蜂少，三叶草靠九花蜂授粉的机会就少了，三叶草产量就会减少，羊的发展就受到了影响。反之，猫多了，田鼠少了，九花蜂就多了，三叶草就茂盛了，羊就易于发展了。

答案：说明一个具体事物总是与它周围的事物相联系，而联系的方式却是复杂多样的。

2. 请将下列哲学名言与相应的哲学家用线连接。

A．宇宙便是吾心，吾心即是宇宙　　a．杜威
B．心外无物　　b．陆象山
C．存在即是被感知　　c．王阳明
D．物质是感觉的复合　　d．贝克莱
E．世界是我的观念，我的活动，我的经验　　e．马赫

答案：A——b；B——c；C——d；D——e；E——a。

3. 请将下列哲学家与其代表作用线连接。

A．亚里士多德　　a．《悲剧的诞生》
B．康德　　b．《形而上学》
C．叔本华　　c．《判断力批判》
D．尼采　　d．《作为意志和表象的世界》

答案：A——b；B——c；C——d；D——a。

4. 以下都是古希腊哲学家，请按时间由早到晚的顺序将他们排列。

a．毕达哥拉斯 b．安提西尼 c．苏格拉底 d．德谟克利特 e．亚里士多德 f．柏拉图 g．芝诺 h．伊壁鸠鲁

答案：a → c → d → b → f → e → h → g。

趣味乐园

基督教的起源

基督教是以信奉耶稣基督为救世主的世界性宗教，亦称“基督宗教”。包括公教（天主教）、正教、新教三大教派和其他一些较小教派。与佛教、伊斯兰教并称为世界三大宗教。按其信仰人数和地域分布而言，为世界上最大的宗教。

1 世纪，基督教起源于巴勒斯坦，相传为犹太的拿撒勒人耶稣所创立，在罗马帝国后期流传于帝国全境。继承犹太教的《圣经》，信仰上帝（天主）创造并主宰世界，认为人类从始祖起就犯了罪，并在罪中受苦，同时又提出只有信仰上帝及其独生子耶稣基督才能获救。相信耶稣乃上帝的道成肉身，通过玛利亚受圣灵降孕而生于人世，故为神子和救主。耶稣受难牺牲自己，救赎人类，标志着上帝与人类重立新约，带来上帝救世的福音，宣告旧约时代的结束。耶稣在宣道过程中招收 12 个使徒，后来以在十字架上的牺牲，为世人赎罪。耶稣死后第 3 天复活，复活后第 40 天升天，于第 50 天差遣圣灵降临。1 世纪 30—40 年代由其使徒以领受圣灵为“灵召”，以耶路撒冷为中心开始传教，建立初期基督教教会，史称早期基督教。这一阶段的基督教分为前后两期，反映基督教会从产生到定型的历史发展及演变。

第五关 闯关大冲刺

科学和宗教这两者并不是对立的，在每一个善于思索的人的心目中，它们是相互补充的。

——普朗克

一、快速判断

1. 人们传说罗汉钱里含有真金，确实有这么一回事。

答案：对

趣味题点：传说清朝康熙年间伊犁河流域的准噶尔部叛乱，皇上派骑兵前往平叛。不料部队到了边关，军饷难以接济。为解燃眉之急，军方便到当地寺庙求援。深明大义的喇嘛以国事为重，慷慨献出院中所有铜佛及18尊金罗汉，让军方熔化铸钱。这次铸的钱是金铜合成，其价值超过面值，为了区别，有意把钱面上“康熙通宝”四个字中的“熙”字减了一笔，以便将来收回。谁知铸钱的秘密被泄露出去。因为钱中含有罗汉真金，所以后世人称为“罗汉钱”，有幸获得者视如珍宝，很少用于交易。

2. **“六根清净”是佛家用语，“六根”是指眼、耳、鼻、舌、身、意。**

答案：对

趣味题点：佛教认为，眼是视根，耳是听根，鼻是嗅根，舌是味根，身是触根，意是念虑之根。根有能生之义，识由根生，如眼根能生眼识，耳根能生耳识，鼻根能生鼻识，舌根能生舌识，身根能生身识，意根能生意识。要做到六根清净关键是要清静，使自己的心地常处于清静之地，就不会妄念妄识，自添烦恼了。

3. **马克思毕生最伟大的两大发现是唯物主义历史观和辩证法。**

答案：错

趣味题点：马克思毕生最伟大的两大发现是唯物主义历史观和剩余价值学说。

4. **唯物辩证法的实质和核心是对立统一。**

答案：对

趣味题点：唯物辩证法认为，世界上的万事万物都处在相互作用的普遍联系之中，都处在不断产生、不断消亡的运动、变化和发展的永恒的过程之中。世界充满着矛盾，矛盾无时不在，无处不有，矛盾着的两个对立方面既对立又统一，由此推动事物的不断发展。内因是变化的根据，外因是变化的条件。对立面的统一和斗争是唯物辩证法的实质和核心。

二、智慧选择

1. **下列哪位僧人是小说《西游记》中唐僧的形象？（　　）**

A. 鸠摩罗比　B. 不空　C. 玄奘　D. 鉴真

答案：C

趣味题点： 玄奘，唐朝著名的三藏法师，汉传佛教历史上最伟大的译师。俗姓陈，本名祎，佛教法相宗创始人，高僧，佛教学者、旅行家，与鸠摩罗什、真谛并称为中国佛教三大翻译家。

2. “天下兴亡，匹夫有责”是哪位思想家的名言？（　　）

A．黄宗羲　　B．顾炎武　　C．王夫之　　D．王充

答案：B

趣味题点： 顾炎武（1613—1682年），原名绛，字忠清。明亡后改名炎武，字宁人，亦自署蒋山佣。学者尊其为亭林先生。江苏昆山人。明末清初著名的思想家、史学家、语言学家。

3. 下列基督教的教职中哪个地位仅次于教皇？（　　）

A．宗主教　　B．大主教　　C．神父　　D．牧师

答案：A

趣味题点： 基督教三大教派分别是天主教、东正教和新教，他们都有自己的教职等级制度。在天主教中，教皇，是世界天主教的最高首领，亦称罗马教皇，是梵蒂冈君主，天主教罗马主教的最高称谓。宗主教，职位仅次于罗马教皇。

4. 主张人性本善的是孟子，那么，主张性恶说的是谁？（　　）

A．老子　　B．孔子　　C．孙子　　D．荀子

答案：D

趣味题点： 荀子在《性恶篇》劈头就说：“人之性恶，其善伪也。”这里“伪”即“为”字之意。就是说：人性本是恶的，但其所以善是人为的。他对“性”“伪”划分很清楚，认为人顺本性去做，一定闹出乱子来，必须靠教育礼法来裁制及诱导才不致为恶。

5. 佛教产生于：______。

A．中国　　B．泰国　　C．印度

答案：C

趣味题点： 佛教产生于公元前6世纪的古印度。创始人为乔达摩·悉达多。

6. 人本主义主要代表人物是：______。

A．费尔巴哈　　B．叔本华　　C．黑格尔

答案：A

趣味题点：人本主义通常是指人本学唯物主义。它是一种把人生物学化了的形而上学唯物主义学说。其主要代表人物是德国哲学家费尔巴哈。

7. 城隍在冥界中是一种基层神仙，是保护______的神。

A. 山林　　B. 城池　　C. 宫殿

答案：B

趣味题点：城隍是保护城市的神，周朝时，在除夕要祭祀八种神，其中就有“水”(即隍)和“庸”(即城)。在古代，人们称无水的城堑为隍。后来，城市规模逐渐具备，绝大多数城市都是靠近水的。于是，水神和庸神合二为一，成为专门守护城池的城隍神了。

8. 德国古典唯心主义哲学的创始人是谁？（　　）

A. 康德　　B. 叔本华　　C. 黑格尔

答案：A

趣味题点：康德（1724—1804 年）德国古典唯心主义哲学创始人。主张在人的意识之外有“自在之物”，是不可认识的“本体”，人所认识的只是现象。人的认识有三个阶段：感性、知性、理性。提出永恒不变的道德原则，即绝对命令。主要著作是《判断力批判》。

三、趣味抢答

1. 八卦的八种符号：乾、坤、震、巽、坎、离、艮、兑，各代表什么物质现象？

答案：天、地、雷、风、水、火、山、沼泽。

2. 将人物与学派画线连起来。

A. 孔子	a. 儒家
B. 老子	b. 墨家
C. 墨子	c. 道家
D. 孟子	d. 法家
E. 荀子	
F. 庄子	
G. 韩非子	

答案：A——a；B——c；C——b；D——a；E——a；F——c；G——d。

3. **世界上三大哲学传统是什么？**

答案：中国哲学、印度哲学、古希腊哲学。

4. **“天人感应”是谁提出来的？**

答案：“天人感应”最早是我国汉朝董仲舒提出来的。“天人感应”的基本内容是把天人格化，把人比附于天，天有什么人有什么，天和人是相通的，把人间的一切都说成是上天的旨意，是上天有目的安排的。这是一种唯心主义神学论。

趣味乐园

伊斯兰教的起源

“伊斯兰”是阿拉伯语，意为“顺从”，即顺从安拉的旨意。伊斯兰教产生于7世纪初阿拉伯半岛上，创始人是穆罕默德。

穆罕默德出生于麦加古来氏部落哈希姆家族，自幼父母双亡，12岁时随伯父和商队到叙利亚、巴勒斯坦一带经商，接触了犹太教和基督教的教义，对当时的阿拉伯社会和国际环境也有所了解。后受雇于麦加富孀赫蒂，并于25岁时同她结婚。穆罕默德自从与赫蒂结婚后，便经常到麦加附近的希拉山洞潜修冥想。610年，穆罕默德40岁时的一天，他声称自己受安拉的启示，是安拉的使者和先知，受命在世上传播伊斯兰教。穆罕默德顺应历史客观要求，以“安拉唯一”为号召，提出了“禁止高利贷”、“施舍济贫”、“和平与安宁”等主张，既反映了上层社会的要求，也符合深受压迫和剥削的广大居民摆脱困境的愿望。

当时阿拉伯半岛正处在社会大变动时期，尚未形成统一的国家，政治动乱，民族部落各据一方。社会矛盾和阶级对立进一步尖锐化。在宗教信仰方面，阿拉伯半岛原始宗教盛行，各部落都有自己的部落神，偶像崇拜极为普遍。因此，阿拉伯半岛当时唯一的出路，是打破氏族壁垒，废除多神崇拜，实现阿拉伯半岛的统一，共同对付外敌，争夺市场，才能缓和社会矛盾。伊斯兰教就是在这种历史转折的关头，为适应社会、经济的变化和建立统一国家的要求而产生的。

Chapter 10

第十章 民族民俗

“民族的才是世界的”，我们的世界是由 2 000 多个民族组成的大家庭，风俗习惯各有千秋，每一个民族发展至今都有其灿烂多姿的文化传统，构成了当今世界文化的多样性和丰富性。

第一关 闯关总动员

民俗是古老而悠长的文化追忆，是文明进步和历史变迁的思索。民俗所沉淀的文化内涵和隐含的人性化东西，永远散发着独特魅力。

一、快速判断

1. 10月1日是中国国庆节，也是国际老人节。

答案：对

趣味题点：1991 年，根据第 45 届联合国大会一致通过的第 106 号决议，每年的 10 月 1 日为国际老人节。国际老人节如今已成为国际上公认的官方的老人节。

2. 尽管印度近年来经济发展迅速，人民消费水平不断提高，但最新的市场调查显示：在麦当劳餐厅里，印度顾客消费最多的是便宜的炸薯条，而不愿点价格较贵的牛肉汉堡。

答案：对

趣味题点：因为牛是印度教的神物，不允许信徒食用其肉。而印度 80% 以上的国民信奉印度教。

3. 每个泰国男子婚前须出家一次（也有个别人婚后出家的），出家的时间可长可短。

答案：对

趣味题点：在泰国，男子出家的时间，儿童只需 3 天或 7 天，也可在佛寺读书；青年人一般为 3 个月时间，但也有一两个星期的。不愿还俗的人也可终身为僧。

4. 在中国的有些地方，人们把洗好的衣服晾在窗外，但在巴黎却没有人这么做。

答案：对

趣味题点：巴黎为了保持城市风景的美丽，通过了不许在外面晾衣服的法律。晒被子就更不可以，屋子里晾的衣服掉到外面都是犯法的。

5. 壮族人的“端午节”也是农历五月初五。

答案：对

趣味题点： 广西壮族出现过最大的粽子，它是将芭蕉叶垫在一个特大的方形笼格中，内放50千克淘净并拌有酱油的糯米，再拌入一只去皮骨、切成小方块的猪腿肉，面上覆一层芭蕉叶，隔水蒸熟，这种粽子壮族人叫“口粽粑”，可供一家三口吃两个月。

二、智慧选择

1. 据说圣诞老人并非人们凭空捏造，实有其人，他是：______。

A. 一个善良的主教　　B. 一个富有的商人

C. 一个有爱心的妇人　　D. 一个开心的穷老头

答案：A

趣味题点： 圣诞老人并不住在北极附近，而是住在地中海。相传是4世纪土耳其的迈拉主教圣尼古拉。他专门护佑儿童和未婚女子。传说他送了3袋金子给3个出身高贵但家境贫困的女子作为妆奁，以免她们沦为妓女。这个传说在荷兰流传时，把3袋金子说成一大袋礼物，由圣诞老人在12月6日圣尼古拉节分给儿童。

2. 在内蒙古大草原，牧民们大多都住在蒙古包中，扎蒙古包而不建房子，这是为了：______。

A. 节省空间　　B. 节省建筑费用

C. 适应游牧生活　　D. 美观

答案：C

蒙古包

趣味题点： 搬家是牧民生活的一大特点，根据草场和季节的情况，一年要搬家四五次到十来次。

3. 我国民族众多，每个民族都有自己独特的风俗和节日。“火把节”是哪个民族的传统节日？（　　）

A. 高山族　　B. 壮族　　C. 彝族　　D. 回族

答案：C

趣味题点：彝族过火把节时，一到夜晚，各村寨即点燃火把，火炬散布游动于田野山乡，颇为壮观。彝民用火炬照田，占岁丰收。民间传说，过火把节是要引谷穗出来看火把，耍火把是为了扑灭秧苗的病虫害。

4. **在马来西亚，什么东西是绝对不能作为礼物送给别人的？（　　）**

A. 手表　　B. 拖鞋　　C. 洋娃娃　　D. 蜡烛

答案：C

趣味题点：因为马来西亚这个国家严禁偶像，所以像“洋娃娃”等外形类似人像的东西，也禁止放在家中当装饰品。因此，绝对不能送这种礼物给别人。相反，在马来西亚人的订婚仪式中，拖鞋、蜡烛等都是作为习俗必送的东西。

5. **在日本用餐时，要将筷子：______。**

A. 横放　　B. 竖放

答案：A

趣味题点：日本人同中国人一样也使用筷子，不过日本人在用餐时是将筷子横放在离自己最近的位置，一般放在自己的左边。

6. **下半旗，是当今世界上通行的一种致哀方式。下半旗志哀最早是从______开始使用并流传开来的。**

A. 美国　　B. 法国　　C. 意大利　　D. 英国

答案：D

趣味题点：用下半旗表示哀悼的做法，据说最早出现在1612年。一天，一艘名叫“哈兹·伊斯”号的英国船徐徐地驶进泰晤士河。它的桅杆上飘半旗，象征船员们对已故船长的敬意。该船长是在北美北部海岸探寻通向太平洋的水道时不幸去世的。以后许多船只沿用了这种哀悼方式。后来，用下半旗表示哀悼的做法流传到陆地上，得到官方承认，并为世界各国所采用。

7. **在一些古代帝王将相的陵墓前面，常常排列着一些石人，这些石人被称为什么？（　　）**

A. 翁仲　　B. 石像生　　C. 生像

答案：A

趣味题点：翁仲原是秦始皇时的一名大力士，名阮翁仲。相传他身长1丈3尺，勇猛异常。秦始皇令翁仲将兵守临洮，威震匈奴。翁仲死后，秦始皇为其铸铜像，置于咸阳宫司马门外。匈奴人来咸阳，远见该铜像，还以为是真的阮翁仲，不敢靠近。于是后人就把立于宫阙庙堂和陵墓前的铜人或石人称为“翁仲”。

8. 居住在东北地区的一个少数民族，非常擅长狩猎，古代曾被称为“使犬部”，这是哪个民族？（　　）

A. 朝鲜族　　B. 赫哲族　　C. 鄂伦春族　　D 达斡尔族

答案：B

趣味题点： 赫哲族是中国东北地区一个历史悠久的民族。主要分布在黑龙江省同江县、饶河县、抚远县。狗拉雪橇是赫哲人主要的交通工具。经过训练的狗，每只可拉70千克左右，日行100～150千米。狗是赫哲人的好帮手，它们在运输、狩猎、看家、保护主人等方面发挥着重要作用，故历史上赫哲人又被称为“使犬部”。

9. 我们的祖先用红色表示吉庆是从哪个朝代开始的？（　　）

A. 秦代　　B. 汉代　　C. 唐代　　D. 宋代

答案：B

趣味题点： 汉高祖称自己是“赤帝之子”。赤，就是红色。从那时起，红色就成了人民崇尚的颜色。汉朝以后，我国各地崇尚红色的风俗习惯已基本趋向一致，并一直沿袭了下来。

10. 各国习俗不同，就连在新年吃什么都有很大的差异。日本人在新年要吃______，以祝愿在新的一年里健康长寿。

A. 拉面　　B. 冷面　　C. 寿司　　D. 饭团

答案：B

趣味题点： 日本人喜欢吃冷面。冷面是放在竹制盘上，用筷子夹起一口的数量放在冷汤里进食。

三、趣味抢答

1. 请将下列乐器名称与民族用线连接起来。

A. 葫芦丝　　a. 佤族
B. 芦笙　　b. 傣族
C. 巴乌　　c. 苗族
D. 克罗克　　d. 彝族
E. 羌笛　　e. 羌族

答案：A——b；B——c；C——d；D——a；E——e。

2. 请列举我国的五个民族自治区。

答案：内蒙古自治区、广西壮族自治区、西藏自治区、宁夏回族自治区、新疆维吾尔自治区。

3. 根据 2000 年第五次全国人口普查，请将五个自治区按人口数从少到多排列。

a. 内蒙古自治区　　b. 新疆维吾尔自治区　　c. 宁夏回族自治区

d. 西藏自治区　　e. 广西壮族自治区

答案：d → c → b → a → e。

4. 将下列美国的节日名称与日期连接起来。

A. 海运节　　a.11 月第四个星期四

B. 父亲节　　b.5 月 22 日

C. 母亲节　　c.6 月 5 日

D. 感恩节　　d.5 月第二个星期日

E. 万圣节　　e.10 月 31 日

答案：A——b；B——c；C——d；D——a；E——e。

5. 请将下列人种与主要聚居地域用线连接起来。

A. 黄种人　　a. 非洲

B. 白种人　　b. 亚洲东部和美洲

C. 黑种人　　c. 非洲西半部、北部和欧洲

答案：A——b；B——c；C——a。

趣味乐园

情人节的来历

传说 3 世纪时，古罗马有一位暴君叫克劳多斯。离暴君的宫殿不远处，有一座很漂亮的神庙，修士瓦伦丁就住在这里。罗马人无论男女老少、贫富贵贱都非常崇敬他，大家经常群集在他的周围，在祭坛的熊熊圣火前，聆听瓦伦丁的祈祷。

这一时代，古罗马一直战事连连，暴君克劳多斯征召了大批公民前往战场，为了保证人们参与战争，他下令禁止人们在此时结婚，甚至连

已订了婚的人也必须马上解除婚约。无奈之下，许多年轻人就这样告别爱人，满怀悲愤地走向战场。

瓦伦丁对克劳多斯的虐行感到十分难过。当一对情侣来到神庙向他请求帮助时，瓦伦丁在神圣的祭坛前悄悄为他们举行了婚礼。事情传开后，很多人来到这里，在瓦伦丁的帮助下结成伴侣。消息终于传到了克劳多斯的耳里。他暴跳如雷，命令士兵们冲进神庙，将瓦伦丁从一对正在举行婚礼的新人身旁拖走，关入地牢。270 年的 2 月 14 日，瓦伦丁在地牢里受尽折磨而死。满怀悲伤的人们将他安葬于圣普拉教堂。为了纪念瓦伦丁，后来人们把每年的 2 月 14 日定为“情人节”。

第二关 闯关热身操

民俗，既是一种生活文化，又是一种文化生活。了解民俗，既可以学到知识，又能够获得更多的审美享受、想象空间和人文熏陶。

一、快速判断

1. 跳板是朝鲜族的妇女传统体育活动之一，多在元宵、端午和中秋等节日举行。

   答案：对

趣味题点： 跳板一般长近 6 米，宽 40 厘米、厚 5 厘米左右，大多用木质坚硬又极具弹性的水曲柳木板制成。跳板中间有一个支点，跳时两人分别站在两端，轮流起跳，利用跳板的反弹力把自己和对方弹向空中。这样反复地一起一伏，奋力向上跃起，不断增加腾空的高度并作出各种花样动作。

2. 黎族把槟榔作为待客、订婚不可缺少的佳品。

   答案：对

趣味题点： 嚼槟榔是黎族人的一种嗜好，槟榔是待客、订婚不可缺少的佳品。据说槟榔有助消化、驱绦虫、降血压、提神健胃的作用。

3. 朝鲜族有“白衣民族”之称，喜爱穿白色素服。

   答案：对

趣味题点： 朝鲜族男女都崇尚白色，以白色最为尊贵。

4. 在黎族，儿女成年后时兴住在村外的“寮房”。

答案：对

趣味题点： 寮房是黎寨船形房边小巧别致的茅屋，是黎族少女成年后离开父母独立居住的地方，亦是黎族青年男女谈情说爱的地方。每到黄昏，小伙子们三五成群或独自一人前往寮房，通过对歌等方式向姑娘求婚。

二、智慧选择

1. 苗族民间用什么方法给子女记岁？（　　）

A. 在墙上画横　　B. 在树上挂红包

C. 在篱笆上挂鸡腿骨　　D. 在门口挂菖蒲

答案：C

趣味题点： 苗族民间记岁风俗，流行于今广西隆林各族自治县等地。子女过生日，父母杀鸡庆贺，然后把吃剩的一对鸡腿骨挂在篱笆上，一直挂到17岁。当地人们问孩子年龄时，只问几对鸡骨，不问几岁。

2. 美国的感恩节在每年11月第______个星期四。

A. 一　　B. 二　　C. 三　　D. 四

答案：D

趣味题点： 美国的感恩节在每年11月第四个星期四，这一天晚餐习惯上要吃火鸡及蔓越橘甜酱和南瓜馅饼。这个风俗始于1621年，那年刚从英国移民到美洲定居的清教徒举行宴会，邀请住在附近帮助他们定居下来的印第安人，一起来庆祝丰收。1863年，林肯总统宣布这个传统节日为全国假日。如今，这一天要举行盛大的游行，教堂举行特别的感恩节礼拜。

加拿大人也庆祝这个节日。现在，在这两个国家和地区，这一节日已深入人心。

3. 我国是一个众多民族团结的大家庭，其中人口最多的少数民族是：______。

A. 朝鲜族　　B. 回族　　C. 蒙古族　　D. 壮族

答案：D

趣味题点： 壮族是我国人口最多的少数民族，2 000年人口普查资料显示，壮族总人口为 1617.88 万人。

4. **我国著名的九寨沟，沟内有九个什么民族的村寨？（　　）**

A. 汉族　　B. 壮族　　C. 藏族　　D. 回族

答案：C

趣味题点：九寨沟自然保护区位于四川九寨沟县，面积约 600 平方千米，因沟内有九个藏族村寨而得名，是森林自然景观和珍稀动物的综合保护区。

5. **每年 2 月 3 日，______家家都要绕着房子撒豆子，一面撒一面高声喊："好运进来，妖魔走开！"每一个人按照岁数多少撒多少豆子。**

A. 日本人　　B. 中国人　　C. 荷兰人　　D. 朝鲜人

答案：A

趣味题点：日本这个风俗的起源已无从稽考，不过在许多文化里，都认为豆子有不可思议的神力，可能由于豆子外形有些像人的肾脏和睾丸，象征更新和生育力。日本人把这个节日叫做撒豆之夜，庆祝冬天过去，春天来临，各寺庙和神社也都庆祝这个节日。

6. **相传，基诺族的先民曾是三国时期蜀军的一支掉队队伍演变而来的。据说当他们赶上大队时，诸葛亮因其违犯军纪而拒绝收留他们，并令其在当地生活下来，于是他们就形成了一个民族。那么，他们为何而起名基诺呢？（　　）**

A. 因居留地名而得名　　B. 因队伍首领的名字而得名

答案：A

趣味题点：基诺族自称"基诺"，"基"为舅舅，"诺"为后边，意为尊敬舅舅的民族，主要分布在云南省西双版纳傣族自治州景洪市的基诺山基诺族乡等地。基诺山是基诺族的发祥地及主要聚居区。

7. **塔吉克族传统上以畜牧业为主。下面的游戏中哪一项属于塔吉克族？（　　）**

A. 叼羊　　B. 姑娘追　　C. 赛马

答案：A

趣味题点：我国塔吉克族在婚礼、剪发礼、割节、引水节等各种喜庆的日子里，一般要举行叼羊活动。参加叼羊的骑手，前一天晚上不能喂马，因为马吃得太饱，比赛时跑不快。比赛当天的早晨，主办者要杀一头山羊，把羊头切下，从脖子处掏出内脏，灌水洗干净，砍去四条腿，并将羊的脊梁骨敲断，这就是骑手们将要争夺的那只山羊了。叼羊一般在戈壁滩上进行。参加者骑着高头大马，腰系一条红布，随着主办者把羊往地上一扔，骑手们策马而上，要身不离鞍俯身从地上拣起山羊，拾起者把山羊压在右腿底下的马鞍处，拼命往前奔跑，后面的人紧追不舍，你争我夺，异常激烈，最后获胜者还可以获得丰盛的奖品。

叼羊

8. 每年的______，是生活在靠近地球北极的芬兰人民的节日——仲夏节，因为这一天，芬兰北部地区整天都可以看见太阳。

A.6 月 23 日　　B.6 月 24 日　　C.6 月 25 日

答案：B

趣味题点： 仲夏节是北欧国家的传统节日，每年 6 月 24 日前后举行，原为纪念基督教施洗者约翰的生日（6 月 24 日）而设，后来其宗教色彩逐渐消失，成为民间节日。瑞典、芬兰等北欧国家靠近北极，冬季漫长，大部分地区几乎有半年时间不能见到太阳。仲夏节前后，这一地区处于一年中阳光最为充足的时节，仲夏节又是白天最长的一天，几乎没有黑夜。因此人们在这一天庆祝光明驱除黑暗以及万物争荣日子的到来。

9. 维吾尔人在农业发展中根据当地自然地理条件和水资源状况创造了独具特色的农业灌溉方式，这种灌溉方式是：______。

A. 旱井　　B. 组合井　　C. 坎儿井

答案：C

趣味题点： 坎儿井是古代新疆人创造的地下水利灌溉工程，与万里长城、京杭大运河并称为中国古代三大工程，早在 2 000 年前的汉代就已经出现雏形，以后传到中亚和波斯。吐鲁番地区共有坎儿井 1 100 多道，年径流量达 2.94 亿立方米，它是绿洲的生命之源。

10. 朝鲜族的传统服饰是短衣长裙。短上衣斜襟，以长布带打结。男子穿短衣，外罩坎肩，那么，他们穿不穿长袍呢？（　　）

A. 穿　　B. 不穿

答案：A

趣味题点： 朝鲜族不分男女都比较喜欢穿素白色的服装，显示出他们喜爱清净朴素的个性。妇女的民族服装，上身是白色斜襟的短衣，垂着飘带；下身是裙子，分长裙和短裙。长裙到脚面，短裙仅过膝，有筒裙和缠裙两种。男子在短衣外加坎肩，下面穿比较肥大的裤子，外出时再穿上斜襟的用布带做纽扣的长袍。

三、趣味抢答

1. 请在叙述中说出这个民族的名字。

（1）这个民族主要居住在美丽富饶的祖国宝岛台湾，在美丽的阿里山和迷人的日月潭，人们常常能听到他们美妙的歌声，看到他们动人的舞姿。

（2）这个民族有自己的语言，属南岛语系印度尼西亚语族，没有文字，通用汉文。

（3）这个民族崇拜祖先，信仰万物有灵。基督教传入后，该族一部分人信奉基督教。

答案：高山族。

2. 请将下列少数民族文学代表作与各自对应的民族用线连接。

A.《江格尔》　　a. 维吾尔族
B.《格斯尔传》　　b. 傣族
C.《嘎达梅林》　　c. 蒙古族
D.《阿凡提的故事》
E.《召树屯》

答案：A——c；B——c；C——c；D——a；E——b。

3. 请将下列我国传统节日按农历日期由早到晚排序。

a. 中秋节　b. 端午节　c. 龙头节　d. 重阳节　e. 元宵节

答案：e → c → b → a → d。

趣味题点： 元宵节：正月十五；龙头节：二月初二；端午节：五月初五；中秋节：八月十五；重阳节：九月九日。

4. 请将下列节日与其所属国家用线连接。

A. 城市节　　a. 美国
B. 神牛节　　b. 印度

C. 十胜节　　　　　　　　c. 葡萄牙
D. 同龄节　　　　　　　　d. 尼泊尔
E. 海运节　　　　　　　　e. 法国

答案：A——c；B——d；C——b；D——e；E——a。

5. **我国各少数民族因习俗、文化差异，有各自的节日。将下列节日与其所属民族用线连接。**

A. 雪顿节　　　　a. 苗族
B. 赶秋节　　　　b. 瑶族
C. 花王节　　　　c. 藏族
D. 达努节　　　　d. 壮族
E. 七月会　　　　e. 土族

答案：A——c；B——a；C——d；D——b；E——e。

趣味乐园

“抓周”风俗

“抓周”又叫“试儿”，这种习俗，在民间流传已久。它是小孩周岁时举行的一种预测前途和性情的仪式，是第一个生日纪念日的庆祝方式。在古代，每逢“抓周”的时候，讲究一些的富户都要在床（炕）前陈设大案，上摆：印章，儒、释、道三教的经书，笔，墨，纸，砚，算盘，钱币，账册，首饰，花朵，胭脂，吃食，玩具，如是女孩“抓周”还要加摆：铲子、勺子（炊具），剪子、尺子（缝纫用具），绣线、花样子（刺绣用具）等等。一般人家，限于经济条件，多予简化，仅用一铜茶盘，内放私塾启蒙课本：《三字经》或《千字文》一本，毛笔一枝，算盘一个，烧饼油果一套。女孩加摆：铲子、剪子、尺子各一把。由大人将小孩抱来，令其端坐，不予任何诱导，任其挑选，视其先抓何物，后抓何物。以此来测卜其志趣、前途和将要从事的职业。

如果小孩先抓了印章，则谓长大以后官运亨通；如果先抓了文具，则谓长大以后好学，终能三元及第；如是小孩先抓算盘，则谓将来长大善于理财。如是女孩先抓剪、尺之类的缝纫用具或铲子、勺子之类的炊事用具，则谓长大善于料理家务。反之，小孩先抓了吃食、玩具，也不能当场就斥之为“好吃”、“贪玩”，也要被说成“孩子长大之后，必有口福，善于及时行乐”。

总之，“抓周”核心是对生命延续、顺利和兴旺的祝愿，反映了父母对子女的舐犊深情，具有家庭游戏性质，是一种具有人伦味、以育儿为追求的信仰风俗，也在客观上检验了母亲是如何带领的，如何进行启蒙教育的。

第三关 闯关进行时

“入国问禁，入乡问俗”，一方水土养一方人，不同的地理环境塑造了不同的民族性格和习惯，形成了风格迥异、色彩斑斓的民情风俗。

一、快速判断

1. **西班牙盛行的斗牛看起来有些残忍，却是那里古老的传统，蕴涵着独特的意义。通常，用于斗牛的牛死后会被恭敬地埋葬，还有为牛准备的专用陵园。**

   答案：错

趣味题点：斗牛的历史非常古老，公元前2000年的埃及就有关于斗牛的记载。西班牙开始采用人和牛搏斗这种形式是进入18世纪后，人和牛疯狂表演的同时，也是一种神圣的仪式。原来，在西班牙的地中海沿岸，牛被视为神圣的动物，有把牛作为祭品的传统，并将这种传统保留至今。斗牛就是通过吃牛肉来表达对赐予食物的神明的谢意。

2. **古罗马斗兽场里同时囚禁着奴隶和猛兽。**

   答案：对

趣味题点：作为古罗马标志的科洛西奥大斗兽场，是罗马最宏伟的古建筑之一。它始建于75年，动用了8万名战俘，修建时间达10年之久。建筑高52米，为一座露天的圆形大理石建筑。几百年前，斗兽场因地震而部分倒塌，但至今仍可看到囚禁奴隶和猛兽的地窖。

3. **德国青年志愿者的服务项目很多，经常义务为政府从事一些报酬低、又累又脏**

且没人愿干的工作，如帮替农民清洁烟囱。

答案：错

趣味题点： 在德国，烟囱清洁工的报酬比一般公务员还高。所以，许多人都乐意从事此项职业。

4. 仫佬族几乎每个月都有节日。

答案：对

趣味题点： 仫佬族过去崇信多神，节日较多。一年之中除农历十月、十一月之外，几乎每个月都有节日。三年一次的“依饭”节（也叫“喜乐厚”）较为隆重。“依饭节”在立冬后的“吉日”举行。做“依饭”的目的主要是向祖先还愿，祈保人畜平安、五谷丰收。

5. 闻名中外的蜡染，是瑶族的传统手工艺。

答案：对

趣味题点： 瑶族的工艺美术有印染、挑花、刺绣、织锦、竹编、雕刻、绘画、打造等，形式多样，内涵丰富，其中尤以蜡染、挑花出名。

二、智慧选择

1. 扑克的正面版有四种图案，其中代表幸福的是：______。

A. 梅花　　B. 方块　　C. 黑桃　　D. 红桃

答案：A

趣味题点： 红桃、方块、梅花、黑桃 4 种花色，分别代表春夏秋冬 4 个季节。“红桃”是红心形，象征智慧、爱情；“方块”表示钻石形状，其含意是“财富”；“梅花”的黑色三叶，源于三叶草，代表幸福；“黑桃”代表橄榄叶，其意象征和平。

2. 农历正月十五是我国人民的传统节日，在这天要吃元宵，还会举行灯会，这天又叫：______。

A. 上元节　　B. 中元节　　C. 下元节

答案：A

趣味题点： 中元节是农历七月十五，下元节是农历十月十五。

3. 把自己心爱的人称为“卷心菜”的是哪个国家？（ ）

A. 意大利人 B. 美国人 C. 芬兰人 D. 法国人

答案：D

趣味题点： 世界各国由于风俗习惯不同，对情人的称谓也各不相同。美国人把恋人称为“蜜”。法国人把自己心爱的人称为“卷心菜”。意大利人对爱人常称“小甜菜”。波兰人把自己的情人比喻为“饼干”。立陶宛人把自己心爱的人称为“啤酒”。以色列人叫爱人为“我的大蒜”。阿拉伯人称妻子为“我的胡瓜”。浪漫的维也纳人用“我的小蜗牛”来称呼心爱的人。最妙的算是墨西哥人，他们称爱人为“爆炸的火山”。

4. 西方历史悠久的万圣节也叫：______。

A. 鬼节 B. 南瓜节 C. 亡灵节 D. 故人节

答案：A

趣味题点： “万圣节”又称“鬼节”。它是西方历史悠久的节日之一。据说，早在公元前，住在英伦三岛、爱尔兰、法国一带的凯尔特人每逢10月31日都要为残废和黑暗之神举行庆祝活动。这一天晚上，他们预备了许多美味佳肴，让善良的鬼来吃，还在旷野的山丘上燃起篝火，让明亮的火焰招来善鬼，驱走恶魔。这可能是鬼节的最早形式了。后来，“鬼节”又与基督教相结合，成为圣徒们的一个传统节日，并改称为“万圣节”，时间定于每年的11月1日。以后，这一节日逐渐从欧洲传入北美及世界其他一些地区。

5. 在每年的圣诞节，澳大利亚的圣诞老人有点与众不同，因为他们：______。

A. 没有胡须 B. 用袋鼠拉车 C. 穿着短裤、背心

答案：C

趣味题点： 澳大利亚的圣诞节正值仲夏，天气很热，所以这里的圣诞老人穿戴特殊，尽管须发也沾着“雪花”，但却穿着短裤和背心。

6. 向上旋转不已的红、白、蓝三色斜条玻璃圆柱是哪个行业的标志？（ ）

A. 印刷 B. 旅店 C. 洗衣 D. 理发

答案：D

趣味题点： 在中世纪，西欧流行一种说法：人生病主要是因为体内各种元素不平衡，只要引出多余的“元素”，就会恢复健康。而血液则被认为是最容易引出的一种“元素”，因而欧洲人认为“放血是康复之始”。但医师认为这是下等人做的

事，自己不肯自动手放血，而托理发师来做，于是理发师就成了业余外科医师。1540年，经英格兰国王批准，成立了理发师、外科医师联合会，并为此举行了庄严的仪式。国王亲自把批准书交给联合会主席维凯瑞。从此，理发师正式打出了外科医师的牌子，并选择三色柱作为他们行医和理发的标志。三色柱中的红色代表动脉，蓝色代表静脉，白色代表纱布。1745年，英王乔治二世敕令成立皇家外科医学会，外科医师从此与理发师分家，但理发店门前的三色柱却一直沿用下来。世界各国的理发店认为这种花柱很好看，也很醒目，就纷纷效仿，把它作为理发店的唯一标志。

7. **在我国民间长期流传下来的习俗——祭“灶神”的时间各地不一，北方人是农历腊月二十三日，南方人是哪天？（　　）**

A. 腊月二十四日　　B. 腊月二十五日　　C. 腊月二十七日

答案：A

趣味题点：祭灶的时间各地不一，北方为腊月二十三，南方为腊月二十四。民间还有“官三、民四、家五”的说法，也就是官府在腊月二十三，老百姓在腊月二十四，水上人家在腊月二十五举行祭祀。

8. **“新年纳余庆，佳节号长春”是人们公认的我国第一副春联，它的作者是谁？（　　）**

A. 诸葛亮　　B. 陶渊明　　C. 孟昶　　D. 曹植

答案：C

趣味题点：964年春节前夕，后蜀主孟昶下令要大臣在“桃符”（画有神像的桃木板，旧时认为可以避邪）上题写对句，以试才华。可是，孟昶对大臣们写好的对句都不满意。于是，他亲手提笔，在“桃符板”上写了：“新年纳余庆，佳节号长春”。这就是我国文字记载下来的一副最早的春联。

9. **云南省丽江地区聚居的纳西族妇女后腰部披一件羊皮做成的饰物，上面绣着日月和七星，表示什么意思？（　　）**

A. 美丽　　B. 地位　　C. 勤劳

答案：C

趣味题点：羊皮之上有两枚较大的圆盘，分别代表日和月，而7枚稍小的圆盘代表7颗星星，象征着纳西妇女“肩担日月，背负繁星”，以颂扬纳西族妇女辛勤劳作之美德。

10. 我国南方有一个民族家家户户都栽种茶树，饮茶也是他们的一大嗜好。很久以前，他们就以种茶村著称，并被誉为“古老的茶农”，这个民族是：______族。

A. 普米　　B. 拉祜　　C. 傣　　D. 德昂

答案：D

趣味题点： 德昂族所以被称为“古老的茶农”，是因为其创世史诗《达古达楞格莱标》中，曾有这样的说法：在没有人类之前，从天空飘下102片茶叶；单数变成了51个健壮的小伙子，双数变成了51个美丽的姑娘，他们组成了51对恩爱夫妻，经过10001次磨难之后，其中的50对返回了天界，最小的1对留在地上，他们就是德昂族的祖先。

三、趣味抢答

1. 全世界大大小小的民族大致有2 700个，请说出人口上亿的民族。

答案：人口上亿的民族有7个，即汉族人、印度斯坦人、美利坚人、俄罗斯人、孟加拉人、日本人和巴西人。

2. 1911年，孙中山先生当选临时大总统，在他的提议下，将国旗改为“红黄蓝白黑”五色，表示多民族共和之意。请你将上述颜色对应的民族排列出来。

a. 满族　　b. 蒙古族　　c. 藏族

d. 回族　　e. 汉族

答案：红色—e；　黄色—a；　蓝色—b；　白色—d；　黑色—c。

3. 请将戴戒指的不同部位与表示出的意思用线连接起来______。

A. 食指　　a. 独身或离婚

B. 中指　　b. 求婚或想结婚

C. 无名指　　c. 恋爱中

D. 小指　　d. 已订婚或结婚

答案：A——b；B——c；C——d；D——a。

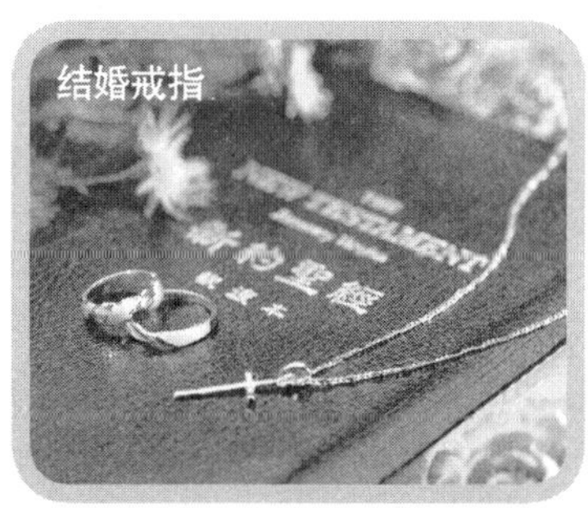
结婚戒指

4. 我国的少数民族大多数能歌善舞，其民族乐器也异彩纷呈，各具特色。请将下列民族与乐器名称用线连接起来。

A. 蒙古族　　a. 冬不拉

B. 哈萨克族　　　　　　b. 马头琴
C. 达斡尔族　　　　　　c. 斜格乃
D. 乌兹别克族　　　　　d. 木库连

答案：A——b；B——a；C——d；D——c。

5. 关于吉人赛人的起源有如下说法。

A. 英国人　　　　　　　a. 称他们"茨冈人"
B. 法国人　　　　　　　b. 认为他们起源于埃及
C. 俄罗斯　　　　　　　c. 认为他们起源于波希米亚，故称之为波希米亚人

答案：A——b；B——c；C——a。

趣味乐园

"压岁钱"的传说

除夕的晚上，很多孩子都能够得到长辈给的压岁钱。为什么会有压岁钱呢？这里有一个传说故事。

传说古代有一个叫"祟"的小妖，黑身白手，他每年除夕夜里出来，专门摸熟睡的小孩子的脑门。小孩被摸过后就会发高烧、说梦话，退烧后就会变成痴呆疯癫的傻子。大人们怕"祟"来伤害孩子，常常在除夕整夜亮灯不睡，这也叫做"守祟"。

有一户姓管的人家，夫妻老年得子，十分珍爱。在年三十晚上，为了防止"祟"来侵扰，这对老夫妻不睡觉，一直逗着孩子玩，他们用红纸包了几枚铜钱，包了拆，拆了包。但随着夜渐渐深了，小孩子受不了，先睡着了。这对老夫妻便把包好的几枚铜钱放在他的枕边。老夫妻年岁大，也熬不住，一看都已是四更天了，想来那"祟"该不会来伤害他们的孩子了吧！可他们刚一睡着，一阵阴风吹过，黑矮的小妖就进了屋，就在他要用手摸孩子头的时候，突然孩子枕边发出一道金光，"祟"尖叫着逃跑了。

很快，这件事就传扬开来，大家纷纷效仿，在大年除夕夜里用红纸包上钱给孩子，"祟"就不敢再来侵扰了。因而人们把这种钱叫"压祟钱"，"祟"与"岁"发音相同，日久天长，就被称为"压岁钱"了。

第四关 闯关加油站

民族民俗，是开阔视野，面向世界，认识人类社会、历史、文化、宗教、礼仪等的窗口。历史渐渐久远，而民俗却似不同风格的水墨画，诗意浓郁，回味无穷。

一、快速判断

1. 花炮节是湖南、贵州、广西相毗邻的侗族地区最热闹的传统节日之一。
   答案：对

花炮节

趣味题点： 花炮节是侗、壮、仫佬族传统节日。流行于广西三江、龙胜和湖南通道等地。各地节期不一，有正月初三，也有正月十五、二月初二、二月十五和三月初三。

2. 我国的藏族有一种“天葬”的习俗。
   答案：对

趣味题点： 人死了以后，邀请自然界的鸟类来啄食尸体的“天葬”，是西藏藏族人民的古老风俗。

3. 从战国时期，壮族人就能铸造铜鼓。
   答案：对

趣味题点： 从战国时期开始，壮族人民就能铸造铜鼓，它既是乐器，又是权力和财富的象征。

4. 少数民族自治州最多的省份是云南省。
   答案：对

趣味题点： 云南省有8个少数民族自治州，是自治州最多的省份。

5. 木球是在宁夏回族自治区流行的打毛球基础上改进发展而成的传统体育项目。

答案：对

趣味题点： 木球是聚居农村的回族人民喜爱的一项体育活动。它是由宁夏回族自治区广泛流行的“大兰子”、“打毛球”发展、改进而成的一种球类运动。它的比赛既有强烈的对抗竞争，又有浓郁的乡土气息。

二、智慧选择

1. 每年七八月间，______族在草原上举行那达慕大会，节日期间举行传统的摔跤、赛马和射箭等比赛。

   A. 维吾尔　　B. 达斡尔　　C. 蒙古　　D. 塔塔尔

   答案：C

趣味题点：“那达慕”是蒙古语，是“娱乐或游戏”的意思。它是蒙古族人民传统的群众性集会，也是一年一度的盛大节日。

2. 荡秋千是______族妇女最喜爱的体育运动之一。

   A. 朝鲜　　B. 维吾尔　　C. 蒙古　　D. 哈尼

   答案：A

趣味题点： 荡秋千，是朝鲜族妇女喜爱的民间游戏，每逢节日聚会，人们便会看到成群结队、身穿鲜艳民族服装的朝鲜族妇女，聚集在一起荡秋千。

3. 我国信仰伊斯兰教的有______个少数民族。

   A.8　　B.9　　C.10　　D.11

   答案：C

趣味题点： 回族、维吾尔族、乌兹别克族、塔吉克族、塔塔尔族、柯尔克孜族、东乡族、保安族、撒拉族、哈萨克族是我国信仰伊斯兰教的10个少数民族。

4. “三月街”又名“观音节”，是______族盛大的节日。

   A. 彝　　B. 苗　　C. 壮　　D. 白

   答案：D

趣味题点： 三月街是白族最盛大的节日，每年农历三月十五至二十在云南大理的点苍山麓举行，其宗旨是祈盼五谷丰登。三月街过去叫做“观音节”。

5. ______是藏族的传统体育项目，这项活动在牧区、半农半牧区较为盛行。

A. 摔跤　　B. 赛牦牛　　C. 斗牛　　D. 拔河

答案：B

趣味题点： 赛牦牛是藏族的传统体育项目。由经验丰富的牧民驾驭性情暴躁的牦牛进行赛跑，原在11月25日进行，现在改在望杲节(秋收前)。牦牛是青藏高原的生产运输工具。赛牦牛在牧区和半农半牧区比较盛行。

赛牦牛

6. 在我国古代，人们把立于宫庙殿堂门前，用以识日影与拴马匹的石柱，称为碑。碑在秦代被称为：______。

A. 刻石　　B. 石像　　C. 神柱

答案：A

趣味题点： 古时，人们把立于宫、庙、殿、堂门前的用以识日影及拴马匹的石桩称为碑。尔后，在人死入葬时，人们在墓坑周围树立石桩——碑，并筑上孔，用以系绳徐徐下棺。这时的碑不具有纪念意义，只是行葬的一种工具。后来，立于墓旁的石碑有些未被拔掉，并被人在上面镌刻上纪念或说明文字，为死者歌功颂德，于是便出现了“树碑立传”的墓碑。碑在秦代称为刻石，到汉代才称为碑。

7. 历史上的佤族一般用刻木记事，用各种实物分别代表特定意思，比如甘蔗、芭蕉表示友好，鸡毛表示紧急，火药表示械斗等，而用辣椒表示的意思是：______。

A. 绝交　　B. 气愤　　C. 反抗

答案：B

趣味题点： 在佤族地区，如果村寨之间发生纠纷，送甘蔗、芭蕉、黄蜡、草烟、牛肋骨和盐巴表示友好；送辣椒表示气愤；送鸡毛表示事情紧急或最后警告；送火炭表示要烧对方寨子；送子弹或火药表示要打对方。

8. 明朝末年，努尔哈赤统一了中国东北地区，把满洲人分别组成黄、白、红、蓝、镶黄、镶白、镶红和镶蓝八旗，为的是什么？（　　）

A. 便于管理　　B. 便于战争　　C. 便于收税

答案：B

趣味题点： 八旗初建时兵民合一，全民皆兵，凡满洲成员皆隶于满洲八旗之下。旗的组织具有军事、行政和生产等多方面职能。入关前，八旗兵丁平时从事生产劳动，战时荷戈从征，军械粮草自备。入关以后，建立了八旗常备兵制和兵饷制度，八旗兵从而成了职业兵。八旗制度是清王朝统治全国的重要军事支柱。

9. 世界上大约有2 700个民族，在各大洲之间，民族的数量很不平衡，而国家按民族构成又可分为单一民族国家、两大民族并立国家和多民族国家。下列属于两大民族并立的国家是：______。

A. 朝鲜　　B. 捷克　　C. 中国　　D. 加拿大

答案：D

趣味题点： 加拿大是多民族国家，主要居民是英裔和法裔的加拿大人，其中英裔加拿大人占44%，法裔加拿大人占28%。

10. 不戴狗皮帽、不铺狗皮褥，忌打狗、杀狗和食狗肉的是哪个民族？

A. 维吾尔族　　B. 满族　　C. 苗族　　D. 壮族

答案：B

趣味题点： 早期满族人以狩猎、采集为生，这两项生产活动都由狗来帮助。狗是他们的生产工具，是他们最要好的朋友，因此，满族人与狗的感情十分密切，他们忌打狗、杀狗和食狗肉；不戴狗皮帽、不铺狗皮褥，忌讳戴狗皮帽或狗皮套袖的客人。

三、趣味抢答

1. 被朱德元帅誉为“壮志难移回汉各族模范，大节不死母子两代英雄”的是谁？

答案：马本斋。

2. 中国各民族分布的特点是什么？

答案：中国各民族分布的特点是：大杂居、小聚居，相互交错居住。

3. 把以下饮食与各自对应的少数民族用线连接起来。

A. 竹筒饭　　　　a. 彝族

B. 馕　　　　　　b. 蒙古族

C. 糌粑　　　　　c. 傣族

D. 马奶酒　　　　d. 维吾尔族
E. 坨坨肉　　　　e. 藏族

答案：A——c；B——d；C——e；D——b；E——a。

4. **请根据叙述，说出这个民族的名字。**

(1) 中国境内的该族人一半以上居住在辽宁省，其他散居在吉林、黑龙江、河北等省以及北京、西安等大城市。

(2) 该族的文字是在蒙古字母的基础上创建的。

(3) 1644 年，该族八旗铁骑入关，占领北京。

答案：满族。

5. **请将下列语族与其相应的语种用线连接起来。**

A. 壮侗语族　　　　a. 达斡尔语
B. 蒙古语族　　　　b. 傣语
C. 伊朗语族　　　　c. 景颇语
D. 孟高棉语族　　　　d. 塔吉克语
E. 藏缅语族　　　　e. 佤语

答案：A——b；B——a；C——d；D——e；E——c。

趣味乐园

各国的婚礼习俗

法国——白色婚姻。白色是浪漫的法国婚礼的主色调，无论是布置用的鲜花，还是新娘的服饰，乃至所有的布置装饰，都是白色的，可以看出法国人眼中的婚姻应该是纯洁无瑕的。

德国　德国人的疯狂。与德国人一直崇尚的理智与冷静不同，他们的婚礼更多呈现出疯狂的一面。德国人在婚礼中会举行派对。派对中，新人会被戏弄，这类似于我们中国的“闹洞房”，其中重头节目就是兴高采烈地将碟子掷碎。

希腊——手套中的糖。希腊的新娘子会在手套中放一些糖，代表把甜蜜带进婚姻生活。

英国——贮放时间最长的蛋糕。英国人的婚礼多在正午举行，随后安排午餐聚会，称作新婚早餐。而英式的结婚蛋糕由大量水果制成，并在蛋糕面上饰以碎桃仁，顶层叫“Christening Cake”，会保留至第一个婴儿出生。

第五关 闯关大冲刺

民俗的发展演变，留下了不同时期的社会、经济、文化印记，代表着各民族古老文明发展的历程，是各民族从遥远时期走来的足迹的记录。

一、快速判断

1. 南太平洋的瓦努阿图部落用来证明男孩的成人仪式，发展成了蹦极运动。

答案：对

趣味题点： 在南太平洋的瓦努阿图部落，男孩的成人仪式就是用粗蔓条拴住脚脖子，从大约 20 米的高处跳下。蔓条不是很有弹性，稍稍长一点就会有撞到地面的危险。男孩用克服恐惧，勇敢地跳下以证明自己，才能被大家认可为成人。

2. 在缅甸的巴洞地区，每一个家庭都以长脖为美。最年长的女人都是脖子最长的，在大家眼中也是最美的。

答案：对

趣味题点： 在缅甸的巴洞地区，女孩子长到 5 岁时，就由乡村医生把一根直径为 1/3 英寸的黄铜环绕在女孩子的脖子上。第二次用鸡骨占卜，确定黄道吉日再绕上几圈。以后随着年龄的增长，定期加圈。妇女颈部套上一圈一圈类似“脖套”的黄铜环，抬高了颌骨，压低了锁骨，致使脖颈最长的可达 30 厘米。

3. 印度妇女喜欢在眉心点痣，这种痣被称为吉祥痣。

答案：对

趣味题点： 爱美，是人的天性，特别是妇女们。但不同国家的妇女，她们对美的追求又不同，像印度妇女，她们喜欢在前额正中点一颗指头大小的红痣。印度人认为，眉心点痣是一种喜庆而且吉祥的表示，因此称其为“吉祥痣”。

4. 荷兰萨安河流域有一种古老的习俗，就是当送丧行列经过风车旁边时，风车就立刻停止工作，把车叶的位置微微移动，表示哀悼。

答案：对

趣味题点： 风车是荷兰的标志。荷兰的风车有大有小。大风车有数层楼之高，风车里还可住人，还可用作堆放物品的仓库，最高一层才是风车的转动枢纽。

二、智慧选择

1. 壮族素有 ______ 的美誉。

A. 铜鼓之乡　B. 孔雀之乡　C. 软玉之乡　D. 鱼米之乡

答案：A

趣味题点： 铜鼓是我国古代南方少数民族用青铜铸造的一种具有特殊社会意义的打击乐器和礼器。它约产生于公元前1000年中叶或稍早。铜鼓是壮族极具代表性的文化遗存之一。

2. 维吾尔族人最普遍的民间集体舞蹈是：______。

A. 踩芦笙　B. 赛乃姆　C. 孔雀舞　D. 玄子舞

答案：B

趣味题点： 维吾尔族传统舞蹈有顶碗舞、大鼓舞、铁环舞、普塔舞等；民间舞蹈有赛乃姆、夏地亚纳；民间乐器有“达甫（手鼓）”、“都他尔”和“热瓦甫”等。

3. 维吾尔族的吉祥物是：______。

A. 百灵鸟　B. 牦牛　C. 山羊　D. 骆驼

答案：A

趣味题点： 百灵鸟是新疆牧区少数民族喜爱的鸟类之一。1991年12月被新疆维吾尔自治区民委确定为维吾尔族的吉祥鸟，象征着能歌善舞、憧憬美好生活的愿望和天性。

4. 青年婚前社交自由，晚上吹芦笙串姑娘是哪个民族选择对象和表达爱情的方式？（　　）

A. 傣族　　B. 布依族　　C. 满族　　D. 黎族

答案：A

趣味题点：晚上吹芦笙串姑娘、“串寨子”和傣历新年“丢包”等都是傣族选择对象和表达爱情的方式。

5. “抛绣球、碰红蛋、抢花炮”是哪个节日中举行的活动？（　　）

A. 彝族火把节　　B. 壮族歌圩节

C. 藏族望果节　　D. 白族三月街

答案：B

趣味题点：每逢农闲、节假日或婚丧嫁娶，壮族各地区都要举行对歌活动。壮族人称之为“歌圩”。“歌圩”还是娱乐和青年男女社交恋爱的场所，在三月三歌节上，要举行搭彩棚、摆歌台、抛绣球、碰红蛋、择佳偶、放花炮等活动。

6. ______是彝族人为驱虫保护庄稼而延续下来的节日。

A. 赶年　　B. 六月六　　C. 火把节　　D. 沐浴节

答案：C

趣味题点：火把节是彝族最隆重、最普遍的节日。传说很久以前，天王恩泽不让彝族过好日子，派了十大力神到人间糟蹋庄稼。勇敢的彝族小伙包聪与十大力神摔跤3天3夜，终于将十大力神摔倒，十大力神低下头变成了一座秃山。天王恩泽恼羞成怒，往地下撒了一把香面，香面变成了无数害虫来吃庄稼，聪明的彝族每人点燃一把火，把害虫全部烧光。天王恩泽不甘心失败，年年农历六月二十四日都要撒下害虫，彝族也毫不妥协地点燃火把对付害虫。于是，农历六月二十四日就成了彝族传统的火把节。

7. 我国“东巴文化”已经吸引了国内外的有关学者，并开始研究其形成和发展。请问，“东巴文化”属于哪个民族？（　　）

A. 纳西族　　B. 傣族　　C. 摩梭族　　D. 高山族

答案：A

趣味题点：“东巴文化”是指纳西族古代传统文化，因保存于东巴教而得名。纳西族是一个古老文明的民族，早在1000多年前就崇信东巴教。“东巴”意为“导师”、“智者”，是巫、医学、艺术、匠于一身的宗教职业者。他们创造了东巴文和东巴经、东巴画、东巴乐、东巴舞等文化艺术，统称“东巴文化”。

8. **忌讳别人在其屋内吹口哨、剪指甲，饮食上一般都不吃羊肉的是______族人。**

A. 瑶　　B. 侗　　C. 白　　D. 傣

答案：D

趣味题点：傣族忌讳外人骑马、赶牛、挑担和蓬乱着头发进寨子；进入傣家竹楼，要把鞋脱在门外，而且在屋内走路要轻；不能坐在火塘上方或跨过火塘，不能进入主人内室，不能坐门槛；不能移动火塘上的三脚架，也不能用脚踏火；忌讳在家里吹口哨、剪指甲；不准用衣服当枕头或坐枕头；晒衣服时，上衣要晒在高处，裤子和裙子要晒在低处；进佛寺要脱鞋，忌讳摸小和尚的头、佛像、戈矛、旗幡等一系列佛家圣物。在饮食方面，傣族人不食或少食羊肉。

9. **每年伊斯兰教历的______，是伊斯兰教传统的开斋节。这天，人们要到清真寺做礼拜，然后还要去扫墓、诵经，全家吃“粉汤”，结伴拜年。**

A.8月1日　　B.9月1日　　C.10月1日

答案：C

趣味题点：伊斯兰教历10月1日是开斋节，又称“肉孜节”。按伊斯兰教法规定，伊斯兰教历每年9月为斋戒月，每日自破晓至日落禁止饮食和房事等，称为“封斋”。伊斯兰教认为，9月是颁降天启《古兰经》经文元月，且是12个月中最吉祥、最高贵的月份，信徒逢此月应封斋。斋月最后一天寻看新月（月牙），见月的次日即10月1日即行开斋，为开斋节。如未见月，则继续斋戒，开斋节顺延（一般不超过3天）。开斋节期间，人们身着洁净的服装，走亲访友，互相登门祝贺，家家炸油香、馓子等食品待客或馈赠，各族穆斯林沐浴后前往清真寺会礼，听教长讲经布道，并上坟悼念亡人。

10. **清明节前后的泼水节是______族的年节。在这几天，人们会互相往对方身上泼水，祝福新的一年平安、幸福。**

A. 傣　　B. 白　　C. 苗　　D. 壮

答案：A

趣味题点：每年清明节前后10天左右（傣历六七月）的泼水节，是云南西双版纳傣族人民的传统节日。节日期间，年轻人放鞭炮、赛龙船，载歌载舞，一直持续三四天。

三、趣味抢答

1. 请在叙述中说出该民族的名字。

(1) 这个民族居住在海南省最南端的“天涯海角”。该族生活的五指山区地处亚热带，风光秀丽，景色迷人，稻作三熟，旅游资源更是前景看好。

(2) 该族家庭手工纺织技术历史悠久，早在唐宋时代其棉纺织就领先于中原。元初，我国著名的女科学家黄道婆，就是到崖州学习了该族的纺织工艺，并把它传播到江南地区，带动了中原棉纺技艺的发展，因而才名垂青史的。

(3) 跳竹竿是该族人民喜闻乐见的一种传统体育活动，有着浓郁的乡土气息。

答案：黎族。

2. 请在叙述中说出该民族的名字。

(1) 在被誉为“神秘的东方女儿国”、“人类母系氏族领地的活化石”的国家级风景名胜区泸沽湖湖畔，居住着一个神秘的民族。

(2) 这个民族因至今保留着淳朴独特的种种奇风异俗而著称于世。

(3) 这个民族的人至今生活在以女性为轴心的母系氏族大家庭里，过着男不娶、女不嫁的走婚生活。

答案：摩梭族。

3. “十二生肖”也叫十二属相。干支和生肖，我国古代主要用于纪年。请将我国的“十二生肖”正确排序。

a. 申猴 b. 亥猪 c. 酉鸡 d. 戌狗 e. 未羊 f. 午马 g. 子鼠 h. 巳蛇 i. 辰龙 j. 卯兔 k. 寅虎 l. 丑牛

答案：g→l→k→j→i→h→f→e→a→c→d→b。

4. 各民族都有各民族的文化传统和不朽之作，请将下列民族与他们的传世作品连接起来。

A. 维吾尔族　　a.《阿诗玛》
B. 柯尔克孜族　　b.《格萨尔王》
C. 锡伯族　　c.《福乐智慧》
D. 藏族　　d.《玛纳斯》
E. 彝族　　e.《迁徙歌》

答案：A——c；B——d；C——e；D——b；E——a。

5. 将下面这些国家与他们在新年所要吃的食物用线连接起来______。

A. 蒜瓣汤	a. 伊朗
B. 抓饭	b. 伊拉克
C. 麦粥	c. 朝鲜
D. 甜饭	d. 西班牙
E. 七道菜	e. 尼泊尔

答案：A——d；B——e；C——b；D——c；E——a。

趣味乐园

一些国家的颜色禁忌

欧美许多国家平时忌讳黑色，以黑色为丧礼的颜色。

埃塞俄比亚人当对死者表示深切哀悼时穿淡黄色服装。因此，出门做客时不能穿淡黄色的衣服。

比利时人最忌蓝色，如遇不祥之事，都用蓝衣作为标志。

泰国忌红色，认为红色是不吉利的颜色，因为写死人姓氏是用红色墨水。

印度视白色为不受欢迎的颜色。

伊拉克讨厌蓝色，视蓝色为魔鬼，在日常生活中忌讳使用蓝色。

乌拉圭人忌青色，认为青色意味着黑暗的前夕。

Chapter 11

第十一章 礼仪称谓

泱泱中华素以礼仪之邦著称于世，讲礼重仪是中华民族世代相传的优良传统。千百年来，各种礼仪在社会生活中发挥着至关重要的作用。在今天这个信息时代，它同样会渗透到人类生活的每个细节，更富有鲜明的时代内涵。

第一关 闯关总动员

不学礼，无以立。

——孔子

一、快速判断

1. **脱帽礼源于战时表示友好。**

答案：对

趣味题点： 脱帽礼来源于冷兵器时代。当时的战士作战时，都要戴上头盔。头盔多用铁制成，十分笨重。战士到了安全地带，便脱下头盔以减轻负担。这样，脱帽就意味着没有敌意。遇到友人，为了表示友好，也以脱盔示意。这种习惯流传下来，就是今天的脱帽礼。

2. **海军战士的军帽上都有一个飘带，设计这个飘带是为了纪念海军军官。**

答案：对

趣味题点： 这一设计源于英国。当年，为了悼念在反击拿破仑入侵战争中牺牲的英国海军统帅纳尔逊，全体海军士兵在帽子后缀上两条黑纱。后来就演变成军帽上的飘带。

3. **肩章最初是用来区别军衔高低和军兵种的符号。**

答案：错

趣味题点： 肩章最早是古代军人用来保护双肩，以防冷兵器打击的金属板片。这种金属板片佩带在铠甲和锁子甲之间。1763 年，俄国军队把肩章戴在男式长衣的左肩膀上，作为隶属于某一团队的识别记号，同时还是一种用来绊住子弹带绳的装备。从 1810 年以后，各种肩章便逐渐固定下了各自的颜色，用来戴在双肩上面，成了区别军衔高低和军兵种的符号。

4. **“新郎”这一称呼最初是人名。**

答案：错

趣味题点： “郎”之称，从我国汉朝时起就有，在中央官署里的侍从官，通称为“郎”。到了唐朝时，则对六品以下的官员通称为“郎”。在封建社会里，在官贵民贱的思想统治下，百姓都尊称上述官员为“郎官”或“郎君”。自从唐朝开科取士，凡中了进士的人，就有做官的资格。他们被分到中央官署任“校书郎”、“秘书郎”等“郎”职。所以，人们称呼新科进士为“新郎官”。

5. 古时候男子到了20岁时举行“冠礼”，表示成年；古时的女子是在18岁时算成年。

答案：错

趣味题点：古时候，女孩子15岁时盘发插笄，表示成年。

二、智慧选择

1. 为什么夫妻中女方将男方称作“丈夫”？（　　）

A．男人都好斗，喜欢打仗　　B．男人作为劳动力要丈量土地

C．男人身高约一丈（古时的计量单位）

答案：C

趣味题点：古人称8寸为1尺，10尺为丈，10尺之男人称丈夫。但并非皆以尺测量，仅仅是以形容大气的男人为丈夫，或大丈夫。反之则蔑视之为“小人”。

2. “万岁”一词最初是：______。

A．皇帝之“别称”　　B．用作欢呼、祝贺

C．对神的称呼　　D．祈祷时的用语

答案：B

趣味题点：“万岁”一词，起初并非皇帝之“别称”，而是用做欢呼、祝贺的。如蔺相如持璧入秦，秦王喜，左右呼万岁；汉将军纪信假乘汉王车，举汉王旗曰“食尽，汉王降”，楚军皆呼万岁，等等。

3. “黄花闺女”专指待嫁女子，所谓的“黄花”是：______。

A．一种黄颜色的花　　B．古时女子用黄纸剪成的装饰

答案：B

趣味题点：在我国古代，女子在梳妆时会对着镜子贴一些用黄纸剪成花形的装饰品，后来“黄花”就引申为待嫁女子。

4. 我们常把那些一知半解，却喜欢在人前卖弄的人叫：______。

A．半截剑　　B．半段枪　　C．半面　　D．半瓶醋

答案：D

趣味题点： 通常用“半瓶醋”比喻对某一门知识只是一知半解却好在人前卖弄的人。出自《古今杂剧·无名氏〈司马相如题桥记〉》：“如今那街上常人，粗读几句书，咬文嚼字，人叫他做半瓶醋。”

5. 按照国际惯例，接待国家元首时鸣放礼炮多少响？（　　）

A．21 响　　B．23 响　　C．25 响　　D．28 响

答案：A

趣味题点： 鸣礼炮起源于英国。早在400年前，英国海军就有了以鸣炮迎宾的习惯。鸣放礼炮是隆重迎送国宾仪式上的一种礼遇。长久以来鸣放礼炮已形成国际惯例。凡欢迎外国元首，鸣礼炮21响；欢迎外国政府首脑，则鸣放19响。鸣放礼炮成为最高规格的礼遇。

6. ______起源于中国，是由我国商代祭天仪式“鞠祭”演化而来的。

A．握手　　B．下跪　　C．鞠躬

答案：C

趣味题点： 商代有一种祭天仪式曰“鞠祭”：将祭品（猪、牛、羊等）整体弯蜷成圆的鞠形，放到祭处奉祭，以此来表达祭祀者的恭敬与虔诚。这种习惯一直保持到现在。人们在现实生活中，逐渐援引这种形式来表达自己对地位崇高者或长辈的崇敬。于是，弯一弯腰，象征性地表示愿把自己作为鞠祭的一个牺牲品而奉献给对方。这就是“鞠躬”的来历。

7. ______族人视糯米为珍贵礼品，遇逢喜事赠送亲朋好友一两斗糯米是很得体的。

A．傣　　B．白　　C．京　　D．侗

答案：D

趣味题点： 侗族地区的糯米很多，有红糯、黑糯、白糯、长须糯、秃壳糯、旱地糯和香米糯等七八种，其中香米糯有“糯米王”之称，有“一家蒸饭，全寨飘香”之誉。

8. 合十礼多流行于印度和东南亚一些国家，它是信奉______的人的特有礼节。

A．佛教　　B．天主教　　C．伊斯兰教

答案：A

趣味题点： 合十礼源自印度，最初仅为佛教徒之间的拜礼，后发展成全民性的见面

礼。施合十礼时，身体要站正，面对受礼者，双手合拢，掌尖与鼻尖基本平行，手掌略向外倾斜，头部微微向下，口中念念有词。

9. 筵席中，暂时停餐，可以把筷子直搁在碟子或调羹上。宴会中，如果将筷子______在碟子上，那就表示酒足饭饱不再用膳了。

A．斜放　　B．横搁　　C．分开放

答案：B

趣味题点： 将筷子横搁在碟子上，那是表示酒足饭饱不再进膳了，但不收拾碗碟，表示“人不陪君筷陪君”。这种横筷的礼仪，我国古代就有。横筷礼一般用于平辈或比较熟悉的朋友之间。小辈为了表示对长辈的尊敬，必须等长者先横筷后才可跟着这么做。

三、趣味抢答

1. “五讲四美”指的是什么？

答案：“五讲”即“讲文明、讲礼貌、讲卫生、讲秩序、讲道德”，“四美”即“心灵美、语言美、行为美、环境美”。

2. 公民道德基本规范的内容是什么？

答案：爱国守法、明礼诚信、团结友善、勤俭自强、敬业奉献。

3. 与西方人交谈时的“八不问”是什么？

答案：不问年龄、婚否、收入、经历、住址、个人生活、宗教信仰与政治见解，以及不谈对其他人的看法。

4. 使用筷子有哪些忌讳？

答案：一忌敲筷；二忌掷筷；三忌叉筷；四忌插筷；五忌和筷；六忌舞筷。

5. 请将以下尊称与各自对应的人物身份用线连接。

A．陛下　　a．外国部长以上的高级官员

B．殿下　　b．国王、王后

C．阁下　　c．王子、公主、亲王

答案：A——b；B——c；C——a。

趣味乐园

皇帝的由来

中国古代最早所称的“皇帝”是对“三皇五帝”的统称。三皇指天皇、地皇和人皇，是传说中的三个古代帝王；“帝”原来指宇宙万物至高无上的主宰者——天帝，后来许多国家混战，各自称帝，出现西帝、东帝、中帝、北帝等，使天上的“帝”来到人间，成为超越“王”的人间尊号。也有说“帝”是部落时期的黄帝、炎帝、蚩尤等。

公元前221年，秦王嬴政统率秦军灭掉最后一个强国齐，实现全国统一，结束了中国历史上长期分裂割据的局面，建立起了第一个统一的中央集权的封建帝国。他自认为是“德兼三皇，功高五帝”，将“皇”、“帝”两个人间最高的称呼结合起来，作为自己的帝号，从此统一天下的帝王就称为皇帝。

第二关 闯关热身操

人无礼则不生，事无礼则不成，国无礼则不宁。

——荀子

一、快速判断

1. “不倒翁”又叫“扳不倒”，原是个褒义词。它的由来与卞和有关。

答案：对

趣味题点： 相传在春秋时，楚国的卞和一次在荆州的荆山采得一块玉璞，外表看来是石，却有美玉包藏其中。卞和两次将玉璞献给楚王，楚王见是顽石，又听信谗言，便先后剁去了卞和的两足，逐出宫门。楚文王继位，发现那块璞中果然是块美玉，遂命制成玉璧，命名为“和氏璧”。楚文王见卞和削去双足，仍坚持真知灼见，不禁赞叹道：“和氏真是个扳不倒之翁也！”这就是“不倒翁”的由来。

2. 献哈达是藏族最普遍的一种礼节，是对人表示纯洁、诚心、忠诚的意思。

答案：对

趣味题点：哈达是一种生丝制品，长短不一。藏族认为白色象征纯洁、吉利，所以哈达一般是白色的。献哈达的动作因人而异，一般来说，要用双手捧哈达，高举与肩平，然后再伸平向前，弯腰献给对方，这时，哈达正与头顶平，这是表示对对方的尊敬和最大的祝福——吉祥如意。对方以恭敬的姿态双手平接。对尊者、长辈献哈达时要双手举过头，身体略向前倾，将哈达捧到长辈的坐前或足下。对平辈或下属，则可以系在他们的颈上。

3. 在战国之前“百姓”是对贵族的总称。

答案：对

趣味题点：战国之前“百姓”是对贵族的统称，战国之后，成为对平民的通称。《诗·小雅·天宝》“群黎百姓”郑玄笺：“百姓，百官族姓也。”

4. 无冕之王是对从事法律职业的人们的尊称。

答案：错

趣味题点：无冕之王是对从事记者职业的人们的尊称。

5. 西宾是过去对家庭教师的称呼。

答案：对

趣味题点：西宾，又称西席。是古时人们对家庭教师的尊称。因古人席地而坐，以西边为尊，给教师安排的座位坐西向东，故教师被尊称为西席、西宾。

二、智慧选择

1. “豆蔻年华”指的是女子几岁？（　　）

A．10 岁　　B．13 岁　　C．15 岁　　D．16 岁

答案：B

趣味题点：“豆蔻年华”，出自唐代杜牧《赠别》诗：“娉娉袅袅十三余，豆蔻梢头二月初。”后称女子十三四岁的年纪为“豆蔻年华”。

2. 第一个举行大典，将自己的父亲封为太上皇的人是谁？（　　）

A．刘备　　B．刘邦　　C．赵构

答案：B

趣味题点：汉高祖刘邦平定天下后去拜见太公，寻思太公会像从前一样当堂坐着，等待自己。谁知刚到门前，只见太公着旧袄，执竹帚，毕恭毕敬地迎接他。这突然之举，使他大吃一惊，上前急问何事。太公说："你贵为天子，谁敢不敬？我虽是你父亲，也不过一个平民百姓。平民不敬皇帝，是杀头之罪啊！"刘邦好说歹说，他父亲就是不听，依旧如此。事后，有人讲秦始皇曾尊称故去的父为太上皇，建议封刘太公为"太上皇"。刘邦听了求之不得，马上举行仪式，将父亲封为太上皇。这就是太上皇的由来。

3. 相传"二百五"的由来与哪个历史人物的死有关？（　　）

A. 苏秦　　B. 商鞅　　C. 齐王

答案：A

趣味题点：相传战国时期，身挂六国相印的苏秦被人暗杀。齐王很恼怒，要给苏秦报仇，可一时拿不到凶手。于是，他就想了一条计策，让人把苏秦的头从尸体上割下来，悬挂在城门上，贴榜说：苏秦是个内奸，杀了他乃为齐国除了大害，当赏黄金千两，望为领赏。榜文一贴出，就有4个人前来，并都一口咬定是自己杀了苏秦。齐王说："真勇士也！一千两黄金，你们4个人各分得多少？"4人齐声回答："一人二百五。"齐王拍案大怒道："来人，把这4个'二百五'推出去斩了！"

4. 古时候的人常用贬义词来称呼自己的妻子和孩子，叫谦称。如称自己的儿子为"犬子"，那么称呼自己妻子时叫什么呢？（　　）

A. 夫人　　B. 妻子　　C. 糟糠　　D. 老婆

答案：C

趣味题点：糟糠一词仅从字面上看，容易理解为指妻子不漂亮，如同食物中的酒糟、米糠之类的粗劣者。但是，仅仅从字面上理解词的原意，这就难免出差错。其文原本并无贬义，"糟糠"是指吃粗劣食物的贫苦生活，"糟糠之妻"指共患难、同甘苦的妻子。糟糠形容贫穷时共患难的妻子。

5. 在______，新郎、新娘在婚礼上同喝一杯结发酒后，要用力把酒杯摔坏，客人们齐声欢呼"祝你们幸福"。碎片不能复合，象征夫妻永不分离。（　　）

A. 伊朗　　B. 巴基斯坦　　C. 尼泊尔

答案：B

趣味题点： 新婚男女在接受完所有来宾的祝福后必须同喝一杯“结发酒”，然后用全身力气把酒杯摔碎，碎片越小越多，意味着夫妻生活会越和谐圆满——此时新郎的兄弟向新婚夫妇抛撒花瓣，客人们会齐声欢呼：“祝你们幸福！”新郎的父母会小心地拾起碎片赠送给自己的儿子儿媳。有的夫妻一直珍藏着这些“爱的证物”直到去世。

6. 吃西餐擦嘴时，一定要用餐纸擦拭，避免用自己的手帕。并且用纸巾的______擦嘴是应有的礼貌。

A．内侧　　B．正面　　C 外侧

答案：A

趣味题点： 吃西餐擦嘴时，一定要用餐巾擦拭，避免用自己的手帕。用餐巾的内侧来擦，而不是弄脏其正面，是应有的礼貌。手指洗过后也是用餐巾擦的。若餐巾脏得厉害，可请侍者重新更换一条。

7. 下面哪个国家用摇头表示同意，点头表示不同意？（　　）

A．印度　　B．新西兰　　C．也门

答案：A

趣味题点： 中国人的习惯是“摇头不算点头算”，但在阿尔巴尼亚、保加利亚、斯里兰卡、印度、尼泊尔等很多地方，人们却以摇头表示同意，点头表示不同意。

8. ______人送礼时避偶就奇，通常用1、3、5、7等奇数，但忌讳“9”。

A．朝鲜　　B．泰国　　C．德国　　D．日本

答案：D

趣味题点： 日本人将送礼看做是向对方表达心意。礼不在厚，赠送得当便会给对方留下深刻印象。中国人送礼成双，日本人则避偶就奇，通常用1、3、5、7等奇数，但又忌讳其中的“9”，因为在日语中“9”的读音与“苦”相同。按日本习俗，向个人赠礼须在私下进行，不宜当众送出。

9. 藏族同胞非常重视礼仪。他们喜欢在姓名后面加个______字表示对人的尊敬。

A．先　　B．士　　C．拉

答案：C

趣味题点： 藏族非常注意使用敬语，这种风气拉萨人更为讲究。在拉萨甚至整个西藏，每句话都有三种讲法，一是普通话，一是敬语，一是最敬语。无论名词、

动词、形容词都是这样。地位相同的人相互用敬语，地位低的人对地位高的人也用敬语，对地位悬殊的人用最敬语。不会敬语的人被认为缺少教养，而敬语用错了，便会闹出笑话。藏族人非常重视称谓，称谓不准确，往往被认为不懂礼貌，在对方名字后面加个“拉”字，表示尊敬。

三、趣味抢答

1. 什么是正确的走姿？

答案：行走时，应抬头，身体重心稍前倾，挺胸收腹，上体正直，双肩放松，两臂自然前后摆动，脚步轻而稳。

2. 饮茶的礼节、礼貌要求是什么？

答案：请客人喝茶，要将茶杯放在托盘上端出，或用双手奉上。茶杯应放在客人右手的前方。要及时给客人添水。客人则需善“品”，小口啜饮，而不是大口喝。

3. 如何保持良好的坐姿？

答案：入座时动作应轻而缓，轻松自然。不可随意拖拉椅凳。就座时要留意从坐椅的左侧入座，背部要与椅背平行，沉着安静地坐下。女士着裙装入座时，应将裙子后片拢一下。坐时，要保持上身端正，两手应自然下垂，肩部放松，五指并拢。男性可以微分双腿（一般不超过肩宽），双手自然放在膝盖上或椅子扶手上。女性一般应并膝或双腿交叉端坐，双手放于膝盖上。离座时，应请身份高者先离座；离开座位时动作要轻缓，不可猛起猛出，发出声响。坚持“左入左出”，从座位左侧离开，站好再走，保持轻盈、稳重的体态。

4. 若一个人与许多人握手，应遵守怎样的顺序？

答案：先长辈后晚辈，先主人后客人，先上级后下级，先女士后男士。

5. 正确的站姿是怎样的？

答案：站立应挺直、舒展、收腹、眼睛平视前方，嘴微闭，手臂自然下垂。正式场合不应将手插在裤袋里或交叉在胸前，更不要有下意识的小动作。男性通常可采取双手相握叠放于腹前的前腹式站姿，或将双手背于身后两手相握的后背式站姿，双脚可稍许叉开，与肩部同宽为限。女性的主要站姿为前腹式，但双腿要基本并拢，脚位应与服装相适应，穿紧身短裙时，脚跟靠近，脚掌分开呈“V”状或“Y”状；穿礼服或旗袍时，可双脚微分。

趣味乐园

数字礼仪

“0”：在印度，以 0 结尾的数是积极的。

“1”：西方人认为它是完美、独尊、起始。

“3”：在希腊和埃及，它是神性、尊贵、祥瑞的象征；其他大多数国家认为它表示的是敌意或诀别。

“4”：在阿拉伯，它是长生不老、重视的意思；而在日本、中国它表示的是死亡、厄运。

“5”：在埃及、印度北部，它表示的是尊重、好感与重视。

“6”：日本人认为它代表无用之人。

“7”：一些欧美人认为它表示吉祥、如意；其他许多国家人也认为它是纯洁、神奇、崇高的象征；而在新加坡，它却成了不吉利、背运的表示。

“8”：在中国，它表示的是“发”，是好运的象征；而在新加坡它表示不顺利。

“9”：中国人认为它是祥瑞长久的象征；在西方，它是神圣之至的意思；而在日本，它却表示苦命、痛苦。

第三关 闯关进行时

一个人的成功，15%是靠专业知识，85%是靠人际关系与处世能力。

——安德鲁·卡内基

一、快速判断

1. **在泰国，头是神圣不可侵犯的，认为头被人触摸是一种极大的侮辱。**

答案：对

趣味题点： 在泰国，人的头部被认为是精灵所在的重要部位。如果您无意中碰及他人的头部，您应立即诚恳地道歉。泰国人忌讳外人抚摸小孩（尤其是小和尚）的头部，小孩子的头只允许国王、僧侣和自己的父母抚摸。即使是理发师也不能乱动别人的头，在理发之前必须说一声“对不起”。

2. **使用筷子的国家，可以将筷子随意插在米饭中。**

答案：错

趣味题点： 将筷子插在米饭中，这正好像葬礼上的香烛，被认为是不吉利的。

3. **岳父被称为“泰山”始自唐朝。**

答案：对

趣味题点： 据史书记载，唐朝时，一次唐玄宗前往泰山封禅，整个仪式由宰相张说主持。到达泰山后，唐玄宗下圣旨，将所有跟随封禅的官员加官一品。张说假公济私，竟将自己的女婿郑镒连升了四品，使郑镒从九品小官骤然升到五品。唐玄宗得知此事后，责问张说，张说无言以对。这时，玄宗身边的弄臣黄幡绰说：“郑镒能升官，都是泰山的功劳啊。”从此，人们便将岳父称为“泰山”。

4. **用西餐时要使用刀叉，一般应该用左手拿刀。**

答案：错

趣味题点： 吃西餐时，使用餐具时要左手拿叉，右手拿刀，不用时刀口不能朝外而放。

5. 人们戏称大龄未婚者是“王老五”。

答案：对

趣味题点：王老五是民间俗语，特指没有家室之人。

二、智慧选择

1. 下列几种花中，什么花最适合赠送给母亲？（　　）

A．玫瑰　　B．月季　　C．康乃馨

答案：C

趣味题点：1934年的5月，美国首次发行母亲节纪念邮票，邮票上一位慈祥的母亲，双手放在膝上，欣喜地看着前面的花瓶中一束鲜艳美丽的康乃馨。随着邮票的传播，在许多人的心目中就把母亲节与康乃馨联系起来，康乃馨便成了象征母爱之花，受到人们的敬重。

2. 小费制度源于：______。

A．美国　　B 英国　　C．法国　　D．德国

答案：B

趣味题点：小费制度源于18世纪英国伦敦。那时，当地酒店的餐桌上一般都摆着写有“To insure prompt service”（保证服务迅速）的碗。顾客落座后，将少量零钱放入碗中，就会得到服务人员迅速而周到的服务。后来，这种做法演变成为感谢服务人员而付给的报酬。上面几个英文单词的头一个字母联起来，就成了“tips”（即小费）。

3. 以下数字，哪个是西方人特别忌讳的？（　　）

A．1　　B．13　　C．4　　D．9

答案：B

趣味题点：在西方人眼里，“13”是个很不吉利的数字，这其中有很多原因，最著名的一个原因是源于基督教的一个传说：在“最后的晚餐”上，耶稣和他的弟子们一起吃饭，其中的第13个门徒叫犹大。他因为贪图30块银币，将耶稣出卖给当权者，并为捉拿耶稣的人带路。结果，耶稣被钉在十字架上。《圣经》上的故事广为流传，使西方人禁忌“13”的习俗一直延续至今。

4. 客人来访时，我们要为客人打开房门。当房门向外开时，应该：______。

A．客人先进　　B．我们先进　　C．同时进门

答案：A

趣味题点：客人来访，主人要迎至门外，握手言欢；让客人先进门，主人随后；若客人持有礼物，须主动接过放置于适当地方并致谢意。

5．在国际交往中献花惯例禁用的花卉是：______。

A．菊花、杜鹃花、石竹花、黄色的花

B．菊花、杜鹃花、荷花、黄色的花

答案：A

趣味题点：在国际交往中献花惯例禁用花卉有菊花、杜鹃花、石竹花、黄色的花。

6．欧美各国有婚日纪念的礼仪。人们把结婚第1年称作纸婚，把结婚第2年称作棉婚，第5年为木婚，第10年为锡婚，把结婚第50年称作______婚。

A．金　　B．银　　C．钻石　　D．红宝石

答案：A

趣味题点：结婚第25年，银婚，是婚后第一个大庆典；第50年，金婚，这是夫妇的第二个大庆典；第55年，翡翠婚，如翡翠玉石，是无价之宝；第60年，钻石婚，这可以说是人生中极其珍贵稀罕的，亦为夫妇间最隆重的庆典。

7．在______，男子喝酒是有限制的，即男人每月只准喝3千克。

A．芬兰　　B．挪威　　C．荷兰　　D．瑞典

答案：D

趣味题点：对于喝酒，很多国家都有自己的习俗：在澳大利亚，只有在下午6时后才准喝酒。如果在冬天，则要向后延迟一小时。至于新年及节日，饮酒时间要到11时才能开始；在瑞典，男子每月只准喝3千克；在印度，喝酒只能在酒市，只准尝“杯中物”；在德国，有许多地方，只许居民喝啤酒，其他烈酒均在禁止之列。

8．______族人久别相见多以吻手为礼，妇女相遇以接吻为礼。

A．塔吉克　　B．哈萨克　　C．鄂温克

答案：A

趣味题点：塔吉克族男子平辈相见时互相握手，然后俯身互吻握着的手背，或互相拥抱；不同辈之间长辈吻幼辈之额，幼辈吻长辈手心。女子相见时，长辈吻幼

辈的眼睛或前额，幼辈吻长辈的手心；平辈互吻面颊，近亲之间则吻唇。男女相见，一般行握手礼；如男子是亲近的年老长辈，则女子吻其手心。近亲久别重逢时有许多问候语并互相拥抱。

9. **敬礼姿势要标准正规。敬礼不准以左手相敬，即使右手有残疾也不得用左手，可改用点头代替。敬礼起源于中世纪的：______。**

A．亚洲　　B．北美洲　　C．欧洲

答案：C

趣味题点：敬礼起源于中世纪的欧洲。那时骑士们常常在公主和贵妇们面前比武，他们经过公主的座席时要颂唱一首赞美歌，歌词里往往把公主比作炫目的太阳，武士们都要把手举起来做挡着太阳光的姿势，后来就演变成了举手齐眉的敬礼。

10. **流行于港澳地区的叩指礼一般是以______个指尖在桌面轻轻叩打，以致礼感谢。**

A．1　　B．2　　C．3　　D．4

答案：C

趣味题点：“叩指礼”是指主人在给客人斟酒时，客人要把拇指、食指、中指捏在一块，轻轻在桌上叩几下，表示感谢主人的斟酒。

三、趣味抢答

1. **连线题，古人不同的朋友关系之间的称谓。**

A．贫贱而地位低下时结交的朋友	a．神交
B．情谊契合、亲如兄弟的朋友	b．贫贱之交
C．同生死、共患难的朋友	c．金兰之交
D．在遇到磨难时结成的朋友	d．刎颈之交
E．情投意合、友谊深厚的朋友	e．患难之交
F．从小一块儿长大的异性好朋友	f．莫逆之交
G．以平民身份相交往的朋友	g．竹马之交
H．辈分不同、年龄相差较大的朋友	h．布衣之交
I．不拘于身份、形迹的朋友	i．忘年交
J．不因贵贱的变化而改变深厚友情的朋友	j．忘形交
K．在道义上彼此支持的朋友	k．车笠交

L．心意相投、相知很深的朋友　　　　l．君子之交

答　案：A——b；B——c；C——d；D——e；E——f；F——g；G——h；H——i；I——j；J——k；K——l；L——a。

2．古人的年龄有时不用数字表示，不直接说出某人多少岁或自己多少岁，而是用一种与年龄有关的称谓来代替，请用线连接以下对应关系。

A．孩提　　　　a 男子二十岁

B．垂髫　　　　b．二三岁之间

C．黄口　　　　c．三四岁至八九岁的儿童

D．总角　　　　d．婴儿

E．豆蔻　　　　e．八九岁至十三四岁的少年

F．束发　　　　f．十三四岁的女子

G．及笄　　　　g．男子十五岁

H．弱冠　　　　h．女子十五岁

答案：A——b；B——c；C——d；D——e；E——f；F——g；G——h；H——a。

3．涉外馈赠礼品有“涉外交往八不送”，请简要回答出几项。

答案：一定数额的现金、有价证券；天然珠宝与贵金属首饰；药品与营养品；广告性、宣传性物品；易于引起异性误会的物品；为受礼人所忌讳的物品；涉及国家机密或商业秘密的物品；不道德的物品。

4．请简要回答一下名片礼仪的有关内容。

答案：(1) 职位低者先递名片。在拜访单位，拜访者先递名片。

(2) 递名片时，要准确告诉对方自己公司名称，所属部门及本人姓名。

(3) 双手接受对方名片。

(4) 客人递名片时，应站起来接受。

(5) 接受对方名片后，要仔细地看一遍，决不要一眼都不看就收起来，最好还可以将对方的姓名和职称等默默读一遍。

5．“介绍”是建立人际关系的一个重要方面，请简要说一下介绍的礼仪。

答案：正式介绍一般用于正式、郑重的场合。总的原则是：年轻的或后辈被介绍给年长的或前辈，男性被介绍给女性，一般来客被介绍给身份较高的人等。

非正式介绍一般用于非正式场合。这种介绍不必过分讲究介绍的规则，如果大家都是年轻人，就更可以轻松、随便一些。

趣味乐园

送花礼仪

1. 给亲友生日送花，青年人可送玫瑰、月季，中年人可送兰花或茶花，给老年人祝寿可送万年青、榕树，象征长寿。

2. 给新婚夫妻赠花，最好送玫瑰花或月季花。

3. 给恋人赠花适宜送红玫瑰花、蔷薇花、丁香花或蝴蝶兰。

4. 友人乔迁之喜赠花可送大方之仙人掌花，寓意乔迁顺利，万事如意。

5. 给病人赠送马蹄莲、康乃馨等，是希望其早日康复。

6. 给工商界朋友赠花，可用杜鹃花、大丽花，象征前程万里，事业发达。

7. 新春佳节可送金橘、水仙、百合、状元红、万年青，表达美好的祝愿。

8. 情人节送红玫瑰、郁金香。

9. 父亲节送红莲花、可斛花。

10. 母亲节送康乃馨。

11. 教师节送剑兰、菊花。

12. 芍药花代表离别惦念之意。

第四关 闯关加油站

礼节是所有规范中最微小却最稳定的规范。

——拉罗什福科

一、快速判断

1. 从古至今，“夫人”一词为对已婚女性的专称。

答案：对

趣味题点： 源于《礼记·曲礼下》"天子之妃曰后，诸侯曰夫人"句。先秦时，诸侯的妻子、帝王的妃子均称夫人。由于夫人之称含有尊贵之意，故现泛用为对已婚女性的专称。

2. 秦王嬴政是第一个自称"皇帝"的人。

答案：对

趣味题点： 公元前221年，秦王嬴政实现全国统一，建立起了第一个统一的中央集权的封建帝国。他自认为是"德兼三皇，功高五帝"，将"皇"、"帝"两个人间最高的称呼结合起来，作为自己的帝号，从此统一天下的帝王就被称为"皇帝"。

3. 皇帝的女婿被称为驸马，驸马最早是一种官职。

答案：对

趣味题点： 古时，"驸"指的是马，三匹马拉一辆车，左右两边的马称为"驸"。"驸马"则是掌管皇帝之"驸"的人。汉武帝时开始有"驸马都尉"这种官职，掌管皇帝舆车之"驸"，年俸两千石。魏晋以后，皇帝的女婿往往被封为这个称号。

4. 由于民族、宗教信仰和风俗习惯的差异，俄罗斯人送女士鲜花宜为单数。

答案：对

趣味题点： 在俄罗斯民族文化中，单数是吉祥、幸运的数字，所以俄罗斯人送与亲友的鲜花是3、5、7枝，祭悼亡人则用2、4、6枝。

5. 在国际交往中，对不了解婚姻情况的女子称女士。

答案：对

趣味题点： 在涉外交往中，对男子一般称先生，对女子称小姐、太太。对未婚女子，无论年龄大小，都称小姐。对已婚的女子称太太，对不了解婚姻状况的女子称女士。对地位较高、年龄稍长的已婚女子称夫人。近年来，女士已逐渐成为对女子最常用的称呼。

二、智慧选择

1. "老师"之称开始于：______。

A．宋代　　　B．明代　　　C．清代

答案：A

趣味题点：“老师”之称，始于宋代，时为地方小学教师的称词。宋代的太学教师称“学政”。

2. 中国古代“双手抱拳举过头顶，鞠躬”，这是什么拜礼？（　　）

A．长揖　　B．再拜　　C．顿首　　D．稽首

答案：A

趣味题点：长揖是古代汉族交际礼仪风俗，流行于全国大部分地区，即拱手高举，处上而下。上古时开始流行，不分长幼尊卑都可用，但多数用于平辈之间。

3. “令堂”是古代对对方亲属中哪一位的尊称？（　　）

A．父亲　　B．母亲　　C．伯父　　D．伯母

答案：B

趣味题点：令尊 / 令严：尊称对方父亲；令堂 / 令慈：尊称对方母亲。

4. 皇帝或国王常被尊称为“陛下”，陛下是指：______。

A．宫殿下的台阶　　B．宫殿里的大厅　　C．宫殿里的小路

答案：A

趣味题点：陛，指宫殿下的台阶，表示人臣奏事，必须请在陛下的近臣转呈，不敢直接惊动皇帝，以示对皇帝的尊敬。同样，对于居住在宫殿内的其他皇族，如太子、公主等，统称为殿下，以示尊崇（对皇后也可称陛下）。

5. 在国际礼仪中，二人同行，尊卑有序，具体是指：______。

A．前为尊，后为卑，右为大。

B．后为尊，左为大。

答案：A

趣味题点：二人同行，尊卑有序：前为尊，后为卑，右为大，左为小；三人并行，则以中央为尊，右边次之，左边又次之。

6. 行走步幅适中才有风度和韵味。步幅一般为：______。

A．男士 50 厘米左右，女士略小些

B．男士 60 厘米左右，女士略小些

C．男士 70 厘米左右，女士略小些

答案：C

趣味题点：在人际交往中，行走时的步幅男士可以控制在 70 厘米左右，女士

略小些。

7. “法老”的原意是指：______。

A. 王宫　　B. 国王

C. 金字塔

答案：A

趣味题点：“法老”是古埃及君主的尊称，原意为大房屋，在古王国时代（约公元前2686—前2181年）仅指王宫，并不包含国王本身。公元前2000年代中叶（第十八王朝）开始用于国王自身，并逐渐演变成对国王的一种尊称。第二十二王朝（公元前945—前730年）以后，“法老”成为国王的正式头衔。

8. “将军”的称谓从何时开始？（　　）

A. 秦朝　　B. 春秋　　C. 唐朝

答案：B

趣味题点：在春秋之前还没有“将军”这个称谓，掌管军事的官职叫“司马”。那时国家军队数量并不多，天子只有六军（每军2500人），诸侯最多不超过三军。各军的统帅叫卿，卿以下叫大夫（师），大夫以下叫士。到了春秋时代，诸侯为了扩大势力范围，不断增加兵力，大国诸侯常常拥有三军以上的兵力，而在编制上诸侯只能有三军，只能设三卿。于是，就把扩充军的统帅称为“将军”，意即率领一军的意思。

9. “足下”，常用于对平辈或是朋友之间的敬称，相传这一词跟哪个历史人物有关？（　　）

A. 姜子牙　　B. 周公旦　　C. 介子推

答案：C

趣味题点：据刘敬叔《异苑》卷十记载：“介子推逃禄隐迹，抱树烧死。文公（晋文公重耳）拊木哀嗟，伐而制屐（以木作底的鞋）。每怀割股之功（在重耳出逃中，介子推曾割自己大腿上的肉为重耳充饥，亦称“刚肉奉君”），俯视其屐曰：‘悲乎足下！’‘足下’之称将起于此。”

10. 总统是共和制国家的最高行政元首名称。总统制起源于美国，世界上第一个总统是：______。

A．华盛顿　　B．林肯　　C．罗斯福

答案：A

趣味题点：1787年，刚获得独立的美利坚合众国13个州的代表55人，在费城独立厅召开制宪会议，制定了联邦宪法。1789年1月，根据宪法美国举行历史上第一次大选，选举独立战争的杰出领导华盛顿为美利坚合众国第一任总统，也是世界上第一位总统。

三、趣味抢答

1. 将下列尊称与各自对应的人物身份用线连接。

A．令尊／令严　　a．对方母亲
B．令堂／令慈　　b．对方父亲
C．令爱／令媛　　c．对方儿子
D．令郎　　d．对方女儿

答案：A——b；B——a；C——d；D——c。

2. 请将下列自称与各自对应的人物用线连接。

A．家严／家父　　a．自己的母亲
B．家慈／家母　　b．自己的父亲
C．舍弟／舍妹　　c．自己的弟弟，妹妹
D．小犬　　d．自己的妻子
E．拙荆／贱内：　　e．自己的儿子

答案：A——b；B——a；C——c；D——e；E——d。

3. 下面是我国古代婚姻礼仪中的“六礼”，请按先后顺序排列。

a．请期 b．纳征 c．问名 d．迎亲 e．纳吉 f．纳彩

答案：f→c→e→b→a→d。

4. 下面是我国古代对50岁到100岁老人的敬称，请按年龄的先后顺序排列。

a．耄　b．期颐　c．艾　d．耆　e．耋　f．鲐背

答案：c→d→a→e→f→b。

5. 请将下列各种“吻礼”与其表示的含义用线连接

A．吻指礼	a．挚交性礼节
B．吻足礼	b．受辱性礼节
C．吻脚礼	c．热望性礼节
D．吻膝礼	d．尊敬性礼节

答案：A——c；B——d；C——a；D——b。

趣味乐园

餐桌礼仪

1．入座后姿势端正，脚踏在本人座位下，不可任意伸直，手肘不得靠桌缘，或将手放在邻座椅背上。

2．用餐时须温文尔雅，从容安静，不能急躁。

3．在餐桌上不能只顾自己，要关心别人，尤其要招呼两侧的女宾。

4．口内有食物时，应避免说话。

5．自用餐具不可伸入公用餐盘夹取菜肴。

6．必须小口进食，不要大口塞，食物未咽下前，不能再塞入口。

7．取菜舀汤，应使用公筷公匙。

8．吃进口的东西，不能吐出来，如系滚烫的食物，可喝水或果汁冲凉。

9．送食物入口时，两肘应向内靠，不直向两旁张开，碰及邻座。

10．自己手上持刀叉，或他人在咀嚼食物时，均应避免跟人说话或敬酒。

11．好的吃相是食物就口，不可将口就食物。食物带汁，不能匆忙送入口，否则汤汁滴在桌布上，极为不雅。

12．切忌用手指掏牙，应用牙签，并以手或手帕遮掩。

第五关 闯关大冲刺

使一个人伟大，并不在于富裕和门第，而在于可贵的行为和高尚的品性。

——奥维

一、快速判断

1. “老佛爷”是慈禧太后的专称。

答案：错

趣味题点： 清代皇帝的“特称”叫“老佛爷”。清朝帝王之所以用“老佛爷”这个称呼，是因为满族的祖先女真族首领最早称为“满柱”。“满柱”是佛号“曼殊”的转音，意为“佛爷”、“吉祥”。后来，有的显赫家族、世袭首领，起名就叫“满柱”。清朝建国后，将“满柱”汉译为“佛爷”，并把它作为皇帝的特称。

2. “主席”一词源于中国。

答案：对

趣味题点： 中国古代没有桌椅，人们席地而坐。席地而坐也颇讲究，先铺上的像房间那么大小的席子叫“筵”。每个人坐的小垫子叫“席”。古人进屋，先脱鞋，再走过筵，坐在席上。入席时，客人有客座，主人中的长辈独自坐在正位或主家席位，叫做主席。这个称谓于是叫开，慢慢演变成现在的会议主持人，或是国家、团体、公司领导人的职位名衔了。

3. 土耳其人房间和客厅禁用花色。

答案：对

趣味题点： 土耳其人认为花色是凶兆，因此在布置房间、客厅时绝对禁用花色，而用素色。

4. 用西餐吃全鱼时，吃完鱼的上面，可以翻身再吃。

答案：错

趣味题点: 西餐吃鱼时，一面吃完后，则拆去骨头吃另一面，不要将鱼翻过身吃。

5. “泰斗”一词的使用与韩愈有关。

答案：对

趣味题点: “泰斗”是“泰山北斗”的简称。起初，人们把韩愈比作“泰山”、“北斗”，是表示对这位文学家的推崇、敬仰之情。后来，人们就用“泰斗”一词称在某一方面成就卓越，在社会上有名望、有影响的人。

二、智慧选择

1. 在我国民间，姐妹的丈夫互称“连襟”，又称“连袂”。这个俗称与谁有关？（　　）

A. 杜甫　　B. 李白　　C. 苏轼　　D. 白居易

答案：A

趣味题点: 杜甫晚年居于川东，结识了当地一位姓李的老头，细论起来，两家还是远房亲戚。两人很合得来，交往甚密。后来杜甫要出峡东，写了首《送李十五丈别》的诗，其中几句是：“孤陋忝末亲，等级敢比肩？人生意气合，相与襟袂连。”“襟袂连”形容了彼此关系密切，只不过尚未达到后来指的那种关系。宋朝时，“连襟”这个称谓已通行，并代指与现在相同的内容。

2. “东床”一词用于称呼女婿。这个称呼与谁有关？（　　）

A. 李白　　B. 王羲之　　C. 嵇康　　D. 谢安

答案：B

趣味题点: 《晋书·王羲之传》上有一个故事说，晋代有一名太尉郗鉴，有一天派门客去王导家为自己女儿择婿。门客回来后报告说：“我去的时候，正逢他们吃饭，这些年轻人一听说我是奉太尉之命去选女婿的，都不出声，端端正正的。只有坐在东床上的一个青年人，仍敞着衣襟，大吃大嚼，好像根本没有听到我是专为择婿而来的这番话似的。”郗鉴听后说：“这种不做作的人，想必正是一个好女婿。”他亲自带领门客再次探听，得知那个青年叫王羲之，于是就把自己的女儿嫁给了他。这件事流传四方，后来有人便把“东床”用作“女婿”的代称，并一直沿用至今。

3. “下跪”之礼源于：______。

A. 中国　　B. 日本　　C. 朝鲜　　D. 印度

答案：A

趣味题点： 在东汉以前，我国还没有桌椅，人们都是在地上铺上席子，然后坐在席子上。通常坐时要两膝着地，再将臀部坐于后脚跟上，脚掌向后向外。在接待宾客中，每当“坐”着向客人致谢时，为表示尊敬，往往要伸直上半身，即古书上所说的“引身而坐”，然后俯身向下，有时要前额触地。就这样，逐渐演变成了日常生活中的跪拜礼。

4. 男士和女士握手时注意：______。

A．男士在握手前摘掉帽子，可不脱下手套

B．男士轻握一下女方的手指部分即可

C．男士长时间握住女方的手不放

答案：B

趣味题点： 男士不能戴手套与人握手，女士戴的礼服手套除外，与一般女性握手只要握手指部分。

5. 公务时的目光注视区间：______。

A．范围是以两眼为底线，以前额上部为顶点所连接成的三角区

B．范围是以两眼为上线，以下颌额为顶点所连接成的倒三角区域

C．范围是对方的眼睛、嘴部和胸部

答案：B

趣味题点： 公务时的目光注视区间范围是以两眼为上线，以下颌额为顶点所连接成的倒三角区域。注视这一区间能够造成严肃认真、居高临下、压住对方的效果。多采用于商务谈判、外事交往和军事指挥。

6. “耳顺”代指什么年纪？(　　)

A．40 岁　　B．50 岁　　C．60 岁　　D．70 岁

答案：C

趣味题点： 古代孔子曾说：“吾十有五而志于学，三十而立，四十而不惑，五十而知天命，六十而耳顺，七十而从心所欲不逾矩。”

7. 皇帝有许多儿子，将要继承王位的是：______。

A．太子　　B．公子　　C．王公

答案：A

趣味题点： 皇太子是皇帝正式继承人的封号。“太”者，大也。在中国汉朝时期，诸

侯王的正式继承人亦称“太子”。汉以后，亲王正式继承人改称“世子”。

8. 中国古代皇帝常自称为：______。

A. 朕　　B. 天子　　C. 陛下

答案：A

趣味题点：在先秦时代，“朕”是第一人称代词。不分尊卑贵贱，人人都可以自称“朕”。据司马迁《史记·秦始皇本纪》记载：秦嬴政统一天下后，规定：“天子自称曰朕。”从此，一般人不能自称“朕”了。

9. 在外事活动悬挂双方国旗时，确定原则是：______。

A. 以右为上，左为下；客在右，主在左

B. 以左为上，右为下；客在左，主在右

答案：A

趣味题点：悬挂双方国旗，按照国际惯例，以右为上，左为下。但这是以旗面本身为准的，搞不好会弄错。所以还应记住以挂旗人为准，“面对墙壁左为上，右为下。”挂旗时，挂旗人必然面对墙壁，这时左为上，悬挂客方国旗，右为下，挂主方国旗。乘车时应记住“面对车头左为上”，左边挂客方国旗，右边挂主方国旗（有时以汽车行进方向为准，驾驶员右手为上）。

10. “海外赤子”一语与谁有关？(　　)

A. 秦始皇　　B. 汉武帝　　C. 唐太宗　　D. 唐玄宗

答案：C

趣味题点：相传，在唐贞观年间，唐太宗殿试射箭比赛，大臣劝谏：“人们张弓挟矢立在殿前，距离你这么近，万一有狂妄无知的人暗中发射，可对社稷极为不利呀！”唐太宗说：“王者视四海为一家，封域之内，皆朕赤子，朕推心置其腹中，奈何宿卫之士亦加猜忌乎！”

此后，人们便从唐太宗这段话中引申出“海内赤子”一语。而“海外赤子”则是由“海内赤子”一语转换而来的。

三、趣味抢答

1. 到医院看望病人时应注意哪些礼节？

答案：闲谈话题应轻松愉快，尽量绕开病情，注意忌讳。探望时间，最好等病人稍好转时再去探视，次数不可太频繁。时间长短以10分钟至半小时为宜。探望时，可带水果鲜花，长期住院可送书籍、杂志。探望者服饰应朴素，不宜浓妆艳抹。

2. 点烟时有什么礼节礼仪？

答案：几个人同时点烟，年轻的应给年长的先点，男子要给女子点，主人给客人点。一支火柴点两支烟就得熄掉；用打火机，点完两支后应熄灭一下，切忌连点三次。年长者向年轻者借火，年长者可先划火点烟，然后年轻的接过燃着的火柴点自己的烟；男子向女子借火，女子不必替他点火，把火柴或打火机递给他就行了；女子向男子借火，不论这男子是否比自己年纪大，都不能从他手中接过燃着的火柴，应由男子划着火柴或打着打火机，女子俯身就火。别人为自己点了烟，一般应轻声道谢。借火时，应把嘴上的烟拿下来，取过对方的打火机时，再把香烟含在嘴中。

3. 请将下列各种礼俗与它们最早出现的时间正确连接起来。

A．放爆竹	a．唐玄宗天宝年间
B．贴木版年画	b．五代后蜀
C．贴对联	c．清朝末年
D．压岁钱	d．汉代
E．倒贴“福”字	e．宋代

答案：A——d；B——e；C——b；D——a；E——c。

4. 请将下列各种礼节与流行的地区用线连接起来。

A．鞠躬礼	a．欧洲
B．合十礼	b．东亚
C．叩指礼	c．印度及东南亚
D．拥抱礼	d．港澳地区

答案：A——b；B——c；C——d；D——a。

5. 请将下列国家与其特有的新年礼俗用线连接起来。

A．伊朗	a．炸“玩偶”
B．古巴	b．筑雪墙
C．加拿大	c．举行“下水礼”
D．阿根廷	d．跳“祝火”

E. 哥伦比亚　　　　　　　　　　　e. 泼水除旧

答案：A——d；B——e；C——b；D——c；E——a。

趣味乐园

为什么是“男左女右”

据传说，中华民族的始祖盘古氏去世之后，他的身体器官化为日月星辰、四极五岳、江河湖泊及万物生灵。《五运历年纪》中认为：中华民族的日月二神是盘古氏双眼所化，日神是盘古氏的左眼所化，即伏羲；月神是盘古氏的右眼所化，即女娲。民间传说的“男左女右”习俗，就是由此而来。

除此之外，“男左女右”还与古代人的哲学观关系密切。我国的古代哲学认为，宇宙中物质和人事的两大对立面就是“阴阳”。自然界的事物有大小、长短、上下、左右等。古人将其归类为大、长、上、左为阳，小、短、下、右为阴。阳者为刚强，阴者为柔弱。男子性刚强，属阳与左；女子性温柔，属阴与右。中医诊脉，男子取气分脉于左手，女子取血分脉于右手；小儿患病观察手纹，也取“男左女右”。这种区分法早在2 000多年前的战国时期就已经有了。

Chapter 12

第十二章 饮食服饰

珍馐佳肴，风起霓裳，从某种意义上说，饮食、服饰和历史，就是一部感性化了的人类文化发展史。让我们通过对有关饮食服饰知识的有关问答，共享一场饮食服饰的文化盛宴。

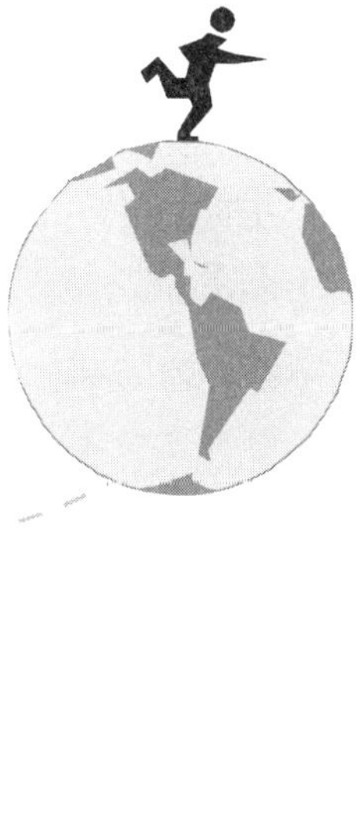

第一关 闯关总动员

从人类诞生的那天起，人们就已将其生活习俗、审美情趣、色彩爱好，以及种种文化心态、宗教观念，都积淀于饮食服饰之中，构筑成了瑰丽多彩的饮食和服饰文化。

一、快速判断

1. 所有珠宝都是矿物质。

答案：错

趣味题点： 虽然大多数宝石都是矿物质，但琥珀和珍珠不是。

2. 樱桃白兰地是用樱桃做原料酿制的。

答案：对

趣味题点： 除葡萄可用来制成白兰地外，其他水果如李子、梅子、樱桃、草莓、橘子等，经过发酵后，同样可以制成各种白兰地。因此，我们通常所说的白兰地事实上是葡萄白兰地，而以其他水果制成的白兰地则统称为水果白兰地。樱桃白兰地精选品质成熟、色泽深厚的樱桃，经破碎、压榨、发酵，再加以蒸馏制成。

3. 云南的“普洱茶”缘于地名。

答案：对

趣味题点： 云南的“普洱茶”缘于地名。据悉，云南有个普洱县，很早以前就盛产茶叶且大量输往欧洲。

4. 维吾尔族的小花帽是四个角。

答案：对

趣味题点： 居住在新疆天山南北的维吾尔人，无论男女老幼，不分春夏秋冬，都喜欢戴一种四棱的小花帽（维吾尔语称为“朵巴”），这是他们几百年来的传统习惯。

5. 最早的“模特儿”是一伙时髦美丽的青年男女。

答案：错

趣味题点： 1573 年，意大利修道士山·马尔何用木料、黏土制作了玩偶，给这个玩偶起个名字叫玛尼奇诺。不久，这种木制的玩偶在法国和荷兰受到青睐，人们争相制作这种玩偶，并叫它为“模特儿”。后来这种模特儿传到了巴黎。一位女裁缝想出个新花样，用模特向顾客展示自己制作的新式服装，收到了极好的效果。于是，其他的裁缝也争着效仿女裁缝的办法。

二、智慧选择

1. 高跟鞋是由谁发明的？（　　）

A．一个不放心自己妻子的威尼斯商人

B．一个爱出风头的美国女子

C．一个淘气的 10 来岁的法国小男孩

D．一个腿脚不便的英国老人

答案：A

趣味题点： 15 世纪时的一个威尼斯商人，总担心他不在家的时候，漂亮的妻子会到处乱跑，招蜂引蝶。于是，他给妻子定做了一双后跟很高的鞋，以为这样一来，妻子就难于在外行走了，可是，他妻子穿上这双鞋后，不仅没有感到有什么不舒服，反而觉得十分好玩，并决意穿上这双鞋四处游玩。行人见了，都觉得她的鞋太美了，于是争相效仿，高跟鞋很快就流行开了。

2. 缠足是我国古代的一种陋习，5 世纪时开始刮起“缠足”之风，之后人皆以小脚为美，脚的大小成为评价妇女美貌与否的标准。但封建帝王中亦有多次下诏禁缠足的，请问，这位皇帝是谁？（　　）

A．康熙　　B．乾隆　　C．朱元璋　　D．顺治

答案：B

趣味题点： 乾隆皇帝多次降旨严禁缠足，但只刹住满族女子的裹足之风，汉族民间女子仍然裹足如故。

3. 旗袍原是满族妇女的服装，最初的旗袍裁制一直采用直线，身体的曲线毫不外露。凸显中国女性身材曲线美的旗袍是在 20 世纪哪个年代才流行的？（　　）

A．20 年代　　B．30 年代　　C．40 年代

答案：B

趣味题点：20 世纪 20 年代到 40 年代，是近代中国女装最光辉灿烂的时期，而 30 年代又可谓这一时期灿烂的顶峰。也就是在此时，旗袍奠定了它在女装舞台上不可替代的重要地位，成为中国女装的典型代表。

4. 粤绣是广州及附近南海、顺德等地的“广绣”和潮州一带的“潮绣”的总称。粤绣作品大量出口海外，成为享誉中外的名绣是在______年间。

A．光绪　　B．同治　　C．咸年

答案：A

趣味题点：粤绣从针法上大体分为广绣和潮绣两大流派，各有风格，各具特点，但其共同之处都是以构图饱满、繁而不乱、色彩浓郁、金碧辉煌、垫绣立体感强等艺术特征著称于世，成为我国丝绣中的一个著名的品种。

5. 西装起源于欧洲。与西装配套的西装裤，沿用了什么服装的式样？（　　）

A．军服　　B．工作服　　C．水兵服　　D．学生服

答案：C

趣味题点：西装最初来源于欧洲，它是欧洲人穿的传统服装。西装的上衣原是渔民的穿着，适于海上捕鱼；西装中背后开衩的燕尾服，原是中世纪欧洲车夫的装束，上装后面开衩是出于骑马方便的考虑；西装硬领则是由古代军人防护咽喉中箭的甲胄演变而来的；西装裤原是西欧水手服的样式，它便于水手将裤腿捋起来干活。这些原始的衣着，后来随着社会的发展，逐渐演变成现在的西装。

6. 放在木桶中的香槟酒开瓶前可倒置，这是为了：______。

A．使酒色好看　　B 使酒温度均匀　　C．使酒瓶中充气

答案：B

趣味题点：香槟酒饮用前应把酒瓶放在有冰和水的小桶中，开瓶前桶中的酒瓶可倒置，以便使瓶中的酒温均匀些。

7. “麻婆豆腐”是中国名菜，也是广为流传的大众菜。麻婆豆腐属于哪个菜系？（　　）

A．粤菜　　B．川菜　　C．湘菜　　D．鲁菜

答案：B

趣味题点： 麻婆豆腐是川菜的传统风味菜肴，具有麻辣味鲜、色泽红亮的特点。

8. 食品罐头发源于：______。

A. 英国　　B. 法国　　C. 德国

答案：B

趣味题点： 18 世纪末，法国皇帝拿破仑征战四方，大批食物运到前线已经腐烂变质，后来，一位住在巴黎附近的制饼师傅尼古拉·阿帕特发明了能够防止食品腐烂的罐头。之后，他开设了世界上第一家罐头工厂。

9. 冰糖葫芦是中国传统美食，它是将山楂用竹签串成串后蘸上麦芽糖稀而成，吃起来酸甜香脆。冰糖葫芦最初是：______。

A. 宫廷食品　　B. 民间偏方

C. 由外国引进的

答案：B

冰糖葫芦

趣味题点： 南宋绍熙年间，宋光宗皇帝宠爱的黄贵妃生病，御医用了许多贵重药品，都不见效。皇帝无奈张榜招医，一位江湖郎中揭榜进宫。他为贵妃诊脉后说："只要将山楂与冰糖煎熬，每饭前吃 5 ~ 10 枚，半月后病准会好。"贵妃按此方服后，果然如期病愈了。

10. "猫耳朵"是一种杭州名点，它不仅色香味俱美，而且清口开胃，营养丰富。小吃"猫耳朵"是：______。

A. 面食　　B. 豆制品　　C 肉食

答案：A

趣味题点： 猫耳朵是将和好的面捏成形似猫耳朵的面疙瘩，放入沸水中煮过，捞出来放入加有配料的鸡汤中煮熟。

三、趣味抢答

1. 请简要说出我国的八大菜系。

答案：鲁菜；川菜；粤菜；淮扬菜；闽菜；浙江菜；湘菜；徽菜。

2. 苏轼写了一首词，"净洗锅，少注水，柴头罨烟焰不起。待它自熟莫催它，火候足时它自美。黄州好猪肉，价贱如泥土。富者不肯吃，贫者不解煮。早晨起来打两碗，饱得自家君莫管。”请问这首词中讲了哪道名菜的做法？

答案：东坡肉。

3. 中国传统的烹饪技法有数 10 种之多，可谓世界之最。请至少写出 6 种。

答案：炒、爆、熘、炸、烹、煎、贴、烧、焖、炖、蒸、汆、煮、烩、炝、腌、拌、烤、卤、冻、拔丝、蜜汁、熏、卷等。

4. 水晶是无色透明的结晶石英，是一种贵重矿石，产量较少，在古代称之为“水精”，即为水之精华。请将下列水晶与其正确的解释相连接。

A．烟水晶　　a．俗称发晶

B．墨晶　　b．含有细小气泡或有淬体充填裂隙

C．蔷薇水晶　　c．有浅玫瑰色的垒密明体

D．草入水晶　　d．含有机质的半透明体

E．彩虹水晶　　e．俗称茶晶

答案：A——e；B——d；C——c；D——a；E——b。

5. 翡翠是深受大众欢迎的饰品之一，高档的翡翠的颜色一定要好。请将下列翡翠的颜色按由劣到优的顺序排列。

a．浓绿 b．淡绿 c．嫩叶绿 d．紫色 e．青色

答案：e → d → b → a → c。

趣味乐园

满汉全席有多少菜

满汉全席原是官场中举办宴会时满人和汉人合坐的一种全席。最多的公开使用场合，是科举考试结束后地方官吏宴请主考官的时候。主人是地方上最高官员，客人是钦差大臣，主客之间往往是“门生故旧”，因此满汉全席上的菜点都是极其精细而丰盛的。入席时大小官员一律顶戴朝珠，身着公服就座。筵席的场面、规模、等级，陪宴人员的职位、供应筵席用的烹饪原料及果、酒的品种和数量等，都有严格的规定。官府中举办满汉全席时首先要奏乐、鸣炮，行礼恭迎宾客入座。客人入座后由侍者上进门点心。进门点心有甜、咸两种，并有干、稀之别。进门

点心之后是三道茶，如清茶、香茶、炒米茶，然后才正式入席。满汉全席上菜分冷菜、头菜、炒菜、饭菜、甜菜、点心和水果等，一般为108种，约3天才能吃完。

第二关 闯关热身操

留住文化的记忆，重拾文化的记忆，饮食服饰既是人类文化的历史标记，也是人类历史的文化象征。

一、快速判断

1. “比基尼”式泳装世界闻名。它的来历与一个叫比基尼的小岛有关。

答案：对

趣味题点：20世纪40年代，美国开始在太平洋上一个叫比基尼的小岛进行原子弹试验，该岛马上成为世人瞩目之地。不久，在法国巴黎，一位大胆的泳装设计师推出了一种新款泳装，即“三点式”。这种泳装覆盖面积小，许多专业时装模特儿都望而却步。然而，一位模特儿却勇敢地向传统观念进行挑战。她的泳装展示带给人们的震惊不亚于比基尼岛上所进行的原子弹试验，故人们将其称为“比基尼”。

2. 方便面是日本人发明的。

答案：对

趣味题点：1955年，日本日清食品公司经理安藤百福在上班的路上，看到人们排着队等着吃热面，就决心制作一种方便的面条。他买了一台轧面机，开始尝试做面条。起初，他在面里加了一些咸肉汤，没有做出方便的面条。最后，他将面条放在模具里用油炸，附带一包调料，用塑料纸包装。这样，他制作出世界上第一批方便面。

3. 唐装是唐朝人的服装。

答案：错

唐装

趣味题点：“唐装”是由清代常服演变而来的。“唐装”的称谓，其实源于海外。盛唐时期，中国声誉远及海外，海外各国都称中国人为“唐人”。外国人称华人街为“唐人街”，顺其自然便把中式服装叫做“唐装”。

4. 风衣是从英国流行开来的。

答案：对

趣味题点：风衣这种服装式样由来已久。早先它是英国部队士兵防风避雨用的外衣，领型可以关闭，也可以打开，当时，人们把这种领口称为“拿破仑”领。其式样是前门双排扣，有前后过肩和腰带，仅限于男子穿用，后来，这种式样流行于民间，发展成为男女老幼都爱穿的日常生活服装。

5. 燕窝既是美味珍馐，也是滋补佳品。我们通常所说的燕窝，是指一种金丝燕筑的巢。

答案：对

趣味题点：燕窝是金丝燕靠喉部分泌出的大量浓厚黏性唾液凝结而成的巢窝，其形状多呈半圆形，有如人耳，深25～35厘米，内径58厘米左右，多筑在悬崖峭壁之上。

二、智慧选择

1. 防皱形服装在制造过程中往往加入了：______。

A．甲醛　　B．黄曲霉菌　　C．食盐

答案：A

趣味题点：服装的面料生产，为了达到防皱、防缩、阻燃等作用，或为了保持印花、染色的耐久性，或为了改善手感，就需在助剂中添加甲醛。目前用甲醛印染助剂比较多的是纯棉纺织品，因为纯棉纺织品容易起皱，使用含甲醛的助剂能提高棉布的硬挺度。因此通常我们穿的衣服，就经常会带有甲醛。

2. 少穿化纤，多穿天然纤维材料的衣服有益于人体健康。下面不属于天然纤维的是：______。

A．棉麻　　B．真丝　　C．冰丝　　D．天然彩棉

答案：C

趣味题点：冰丝产品是由天然棉皮经科学技术提炼而成，具有透气性能好，自动调湿，日照升温慢等特点。彩棉顾名思义就是一种彩色的棉花，它是在国外率先研制成功的。由于其在生产过程中没有使用化学农药和肥料，从而避免了化学药剂对环境的破坏。

3. 一般而言，山羊皮革和绵羊皮革哪个好？（　　）

A．山羊皮革　　B．绵羊皮革

答案：A

趣味题点：山羊皮革纤维结构比绵羊皮革纤维结构细致，强度也高于绵羊皮革，是皮革服装的首选面料。山羊皮革的特点是表面细致，纤维紧密，有大量细绒，毛孔呈半圆形排列，手感坚韧、柔软、有弹性，而绵羊皮革表面较松，毛孔细小，手感柔软。

4. 在麻纺织品的标签上若有"TR"字样，请问它代表什么意思？（　　）

A．涤麻混纺织物　　B．涤纶织物　　C．棉麻混织物

答案：A

趣味题点：商品标签上面的数字前有"R"字样的为纯麻或棉麻织品，"TR"为涤麻混纺品，"RT"为麻涤混纺品。

5. 在中国传统茶艺中，紫砂壶器具一般是用来冲泡哪种茶叶的？（　　）

A．红茶　　B．绿茶　　C．乌龙茶　　D．青茶

答案：C

趣味题点：在中国传统茶艺文化中，红茶最好用瓷质茶具来冲泡；绿茶最好用玻璃茶具等来冲泡，可观其形，观其色；乌龙茶最好用紫砂壶来冲泡，紫砂壶透气性好。

6. 在马来西亚，有一道名菜是用炭火烤熟的牛、羊肉以及鸡肉和虾等做的肉串，被叫做：______。

A．沙嗲　　B．罗惹　　C 肉串

答案：A

趣味题点："沙嗲"是马来西亚最具代表性的一道名菜，是用竹签串上牛肉或羊肉、鸡肉、虾等，用炭火烤熟的一种食物，食用时蘸以又甜又辣的花生酱。

7. 国产名酒具有特殊香味。著名的茅台酒属于下列哪种香型？（　　）

A．浓香型　　B．酱香型　　C．清香型　　D．混合香型

答案：B

趣味题点：浓香型：口感风味具有芳香、绵甜等特点，以泸州老窖为代表；清香型：具有清香、纯甜、柔和等特点，以山西汾酒为代表；酱香型：口感风味具有酱香、细腻、醇厚、回味长久等特点，以贵州茅台酒为代表。

8. “气锅鸡”采用特制的气锅蒸制，它是：______。

A．山东菜　　B．湖南菜

C．云南菜　　D．扬州菜

答案：C

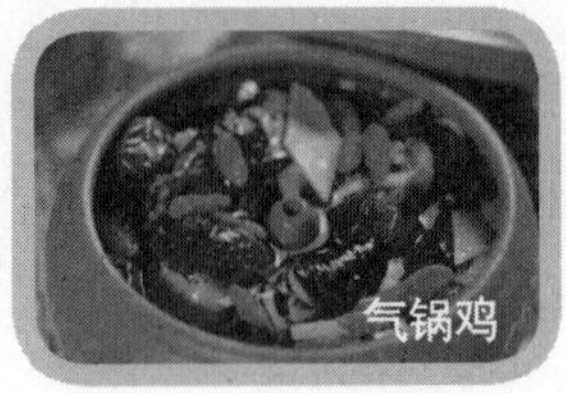

气锅鸡

趣味题点：“气锅鸡”是云南特有的名菜，历史悠久，久负盛名。

9. 月饼最初起源于：______。

A．唐朝　　B．宋朝　　C．元朝　　D．明朝

答案：A

趣味题点：月饼，最初起源于唐朝军队祝捷食品。

10. “五香”是烹调食物时用的五种香料。下列哪一种不在“五香”之内？（　　）

A．茴香子　　B．花椒　　C．八角　　D．胡椒

答案：D

趣味题点：烹调食物时用的五种香料是茴香子、花椒、八角、桂皮、丁香。

三、趣味抢答

1. 传说慈禧太后喜欢吃肥鸭，吃后又总感到肠胃不舒服，烦躁异常，于是太监马上泡了一杯浓茶送到她手中，慈禧太后喝下后顿感神清气爽。你知道这是为什么吗？

答案：因为脂肪不易消化，浓茶中含有芳香油、咖啡碱、茶碱等物质能溶解脂肪，同时胃壁分泌大量胃酸，促使脂肪乳化成细小的颗粒。

2. 夏日炎炎，家中来了几位客人，爸爸叫哥哥去冷饮店买酸梅汤，哥哥拿了只大搪瓷杯去盛，结果不太凉。喝完后，爸爸又叫弟弟去买，弟弟拿了只热水瓶去

盛，结果清凉爽口。可是客人走后，爸爸却批评弟弟表扬哥哥。你知道这是为什么吗？

答案：因为热水瓶中一般有水垢，水垢是氢氧化镁、碳酸钙等碱性物质。酸梅汤等饮料是酸性的，能使水垢溶解，这些有害的离子进入人体后对身体是有害的。

3. 请将旗袍演变的形式与时间连接起来。

A．20 世纪初期　　a．流行大开衩

B．1929　　b．无袖

C．1933 年　　c．下摆变短

D．1936 年　　d．盛行旗袍马甲

答案：A——d；B——c；C——a；D——b。

旗袍

4. 宝石是妇女青睐的饰品，不同的宝石有着不同的意喻，请用短线将与宝石对应的意喻连接起来。

A．红色宝石　　a．可带来好运

B．绿色宝石　　b．避邪的护身符

C．黄色宝石　　c．确保长寿、美丽和智慧

D．玉石　　d．保护生命

E．蛋白石　　e．确保平安，控制情欲，调解争辩

答案：A——e；B——b；C——c；D——a；E——d。

5. 我国戏曲人物的服装颜色有贵贱之分。请将下列官衣色彩与其相对应官职用线连接起来。

A．黄色　　a．州府官员

B．紫色　　b．皇帝

C．蓝色　　c．宰相

D．红色　　d．县官

E．黑色　　e．门官

答案：A——b；B——c；C——d；D——a；E——e。

趣味乐园

何故四菜一汤

“四菜一汤”由来已久，相传为明太祖朱元璋首倡。

1368 年，朱元璋当上皇帝后，遇上天灾，各地粮食歉收，百姓生活十分困苦，可一些达官贵人却穷奢极欲，过着花天酒地的生活。出身贫苦、讨过饭的朱元璋，对此非常恼火，决心予以整治。一天，适逢皇后的生日庆典，朱元璋趁众位大臣前来贺寿之机，有意摆出粗菜淡饭宴客，以此警醒文武百官。当 10 多桌席位的人坐齐以后，朱元璋便令宫女上菜。第一道菜是炒萝卜。萝卜，百味药也，民谚有“萝卜上市，药铺关门”之说。第二道菜是炒韭菜。韭菜生命力旺盛，四季常青，象征国家长治久安。再则是两大碗青菜，以此寓意为官清廉，两袖清风。最后一道是极普通的葱花豆腐汤。

宴后朱元璋当众宣布：“今后众卿请客，最多只能‘四菜一汤’，这次皇后的寿筵席就是榜样，谁若违犯，严惩不贷。”从此，“四菜一汤”的规矩便从宫内传到民间。

第三关 闯关进行时

饮食服饰具有区域性和标志性的特性，一定程度上透视出特定社会文化结构下的特定民族生活习俗和民族审美理念。

一、快速判断

1. 苏格兰男人有穿裙子的习俗。

答案：对

趣味题点： 苏格兰方格裙起源于一种叫“基尔特”的古老服装。这是一种从腰部到膝盖的短裙，用花呢制作，布面有连续的大方格，而且方格要鲜明地展现出来。在苏格兰人看来，“基尔特”是苏格兰民族文化的标志。1707 年苏格兰与英格兰合并后，“基尔特”作为苏格兰的民族服装被保留下来。苏格兰人穿着这种裙服表示他们对英格兰人统治的反抗和要求民族独立的强烈愿望。

2. 剃须刀是由美国的吉列发明的。

答案：对

趣味题点： 1895年的一天，吉列在理发店刮胡须时被刮出了血。吉列以从商者特有的敏感意识到，如果发明一种新式的安全剃须刀，肯定有销路。回到家后，吉列便一头钻进了试验室。在朋友们的帮助下，经过千百次试验，吉列终于制成了一种“T”字形的剃须刀。这种剃须刀的刀刃很薄，很锋利，但在刮胡须时，它能随着接触面变换角度，因而不会伤人。1901年，吉列为自己发明的安全剃须刀申请了专利，同时开办了世界上第一家经营这种剃须刀的公司。

3. 雨衣是由苏格兰的一位工人发明的。

答案：对

趣味题点： 1833年，苏格兰橡胶工人麦金道斯不小心将橡胶汁沾到衣裤上，结果发现这件衣服沾橡胶汁的地方有防水作用，于是，他干脆将橡胶汁涂满整件衣服。这就是世界上第一件胶布雨衣。

4. 在菜肴里加些味精，会使菜的味道变得特别鲜美。味精最早是从紫菜中提炼出来的。

答案：错

趣味题点： 味精最早是由日本的化学教授池田菊苗从海带中提炼出来的。

5. 乌龙茶为一种半发酵茶，是各类茶中加工方法最为精巧的一种，主要产于福建、广东、台湾。

答案：对

趣味题点： 乌龙茶，也称青茶、半发酵茶，因创始人而得名。乌龙茶的特点是回味悠长，耐冲泡，具有解脂肪、助消化之功效，被誉为健美减肥的佳品。

二、智慧选择

1. 衣物等服装中通常对人体健康影响最大的是：______。

A. 外衣　　B. 帽子　　C. 内衣　　D. 鞋子

答案：C

趣味题点：衣物中内衣对人体健康影响最大，要少穿化纤，多穿天然纤维材料的衣服。

2. 北京有名的“大碗茶”是在什么朝代开始出现的？（　　）

A．宋朝　　B．元朝

C．明朝　　D．清朝

答案：C

大碗茶

趣味题点：明代末年，面向普通大众出售的大碗茶，开始出现在北京街头。它给出卖劳动力为生、没有时间上茶馆消闲的劳苦大众暑天解渴提供了大众化的饮料，并从此列入三百六十行的一个行当。

3. 哪一类茶属于发酵茶？（　　）

A．红茶　　B．绿茶　　C．花茶　　D 乌龙茶

答案：A

趣味题点：红茶属于全发酵茶类。初制基本工艺是鲜叶经萎凋、揉捻（揉切）、发酵、干燥四道工序。

4. 过桥米线是哪里的小吃？（　　）

A．云南　　B 四川　　C．湖南　　D．陕西

答案：A

趣味题点：云南将线粉称作米线，制作时把生肉片等另用器皿盛装，临吃时加入米线，在热汤中烫热，称为“过桥米线”。

5. 蒙古族同胞喝的奶茶的味道一般是：______。

A．甜的　　B．咸的　　C．酸的　　D．苦的

答案：B

趣味题点：喝由砖茶煮成的咸奶茶，是蒙古族人的传统饮茶习俗。

6. 以下哪种著名小吃不是用创制者的姓命名的？（　　）

A．龙抄手　　B．赖汤圆　　C．钟水饺　　D．韩包子

答案：A

趣味题点：1941年，张光武等数人在浓花茶社中商议决定共同开办抄手店，以浓花之“浓”的谐音“龙”为吉祥用语，定名为“龙抄手”。

7. “艾窝窝”是哪里的风味小吃？（　　）

A．山西　　B．北京　　C．天津

答案：B

趣味题点：“艾窝窝”是老北京清真风味小吃，也是宫廷小吃。

8. 广东称传统小吃“馄饨”为：______。

A．抄手　　B．云吞

答案：B

趣味题点：广东以谐音称其为“云吞”，四川叫“抄手”，福建名为“扁食”。

9. 朱、紫在中国古代曾长期被视为显贵的颜色。那么，古代中国官品服色制度始形成于哪个朝代？（　　）

A．隋　　B．唐　　C．宋

答案：A

趣味题点：“品色衣”一词最早出现于北周，但其使用范围小，也并未形成一种制度。至隋朝，不同品级的官员之间，服色被严格区别开，规定五品以上的官员可以穿紫袍，六品以下的官员分别用红、绿两色，小吏用青色，平民用白色，而屠夫与商人只许用黑色。任何等级都不得使用其他等级的服装颜色。

10. 藏族人穿藏袍常常只穿一只袖子，请问穿哪只袖子？（　　）

A．左袖　　B．右袖

答案：A

趣味题点：藏族人为干活方便，常常空着一只袖。

三、趣味抢答

1. 请写出至少3种名绿茶的名称。

答案：西湖龙井、洞庭碧螺春、峨眉竹叶青、南京雨花茶、金奖惠明、峨眉毛峰、高桥银峰、韶山韶峰、安化松针、古丈毛尖、江华毛尖、大庸毛尖、信阳毛尖、桂平西山茶、庐山云雾等。

2．请写出至少 3 种中国名酒的名称。

答案：茅台、五粮液、泸州老窖、郎酒、剑南春、西凤酒、浏阳河、汾酒、杏花村、竹叶青、古井贡等。

3．请写出至少 3 个关于饮食的民间俗语。

答案：小葱拌豆腐——一青（清）二白；酱油瓶里倒醋——不知啥滋味；鸡爪子烩豆腐——没多大油水；鸡蛋炒韭黄——一色货；黄豆煮豆腐——父子相认；花椒炒生姜——又麻又辣；豆腐干煎腊肉——有言（盐）在先；豆芽拌粉条——内外勾结（里勾外联）。

4．请将下列部分国际重大女装展览与其展示地点相连接。

A．1 月的女装成衣展　　a．伦敦
B．2 月的欧洲女装节　　b．巴黎
C．3 月的世界服装贸易展　　c．法兰克福
D．4 月的东京时装节　　d．罗马
E．5 月的针织服装展　　e．纽约
F．6 月的国际服装精品展　　f．米兰
G．7 月的高级服饰展　　g．东京
H．8 月的伦敦国际服装展　　h．大阪
I．9 月的巴黎女装展
J．10 月的国际纺织服装展
K．11 月的时装展
L．12 月的肯辛顿时装博览会

答案：A——b；B——e；C——h；D——g；E——f；F——e；G——d；H——a；I——b；J——c；K——b；L——a。

5．请用短线将下列项链的形状与其代表的喻意相连接。

A．心形　　a．温柔善良、美丽贤淑
B．卵形　　b．独具个性、不入俗流
C．梨形　　c．卓越智慧、超强想象力
D．圆形　　d．极具魅力、有事业心
E．橄榄形　　e．活力无限、勇于进取

答案：A——c；B——b；C——e；D——a；E——d。

趣味乐园

世界七大珠宝城

1．金伯利：钻石的老家。1867 年，一个英国人在南非发现一群孩子在玩一块亮晶晶的石头，仔细一看，原来是块价值昂贵的金刚钻。很快，他们找到了钻石的原生矿床，在矿山周围形成了一个城市，并以英国殖民大臣金伯利勋爵的名字来命名。

2．安特卫普：全世界现有 16 个钻石交易所，其中 4 个设在比利时安特卫普市。安特卫普有几条街都是钻石加工中心。

3．拉特纳普拉：斯里兰卡因盛产宝石而被誉为“宝石岛”。拉特纳普拉就是其宝石生产中心。大街上珠宝店一家紧挨一家。

4．鸟羽：鸟羽市为日本最著名的珍珠港，世界特有的“海女采珠”就在此地。

5．仰光：缅甸北部盛产红宝石和玉石，有“珠宝之国”的美称。从 1964 年起，仰光每年都要举办一届珠宝交易会。

6．伊达尔：德国的伊达尔山城，以原料加工为主，加工宝石的厂商成千上万。这里的小孩是玩着宝石长大的。

7．古贝佩迪：蛋白石宝库。蛋白石又叫白宝石，全世界 90%的蛋白石产于澳大利亚的古贝佩迪。

第四关 闯关加油站

饮食服饰不仅传递了特定的文化信息，还凝聚着特定的文化语言，表现出深刻的社会历史文化含义。

一、快速判断

1. 白果生吃、多吃会中毒。

答案：对

趣味题点：银杏果俗称白果，可以煮或炒食，有祛痰、止咳、润肺、定喘等功效，但大量进食后可引起中毒。白果内含有氢氰酸毒素，毒性很强，遇热后毒性减小，故生食更易中毒。一般中毒剂量为10—50颗，中毒症状发生在进食白果后1—12小时。为预防白果中毒，不宜多吃更不宜生吃白果。

2. 圆领文化衫原是内衣。

答案：对

趣味题点：一战期间，法国士兵把圆领汗衫作为内衣穿在军装里面，不论工作、休息还是作战都很方便。英国士兵看到后纷纷效仿，退伍后仍旧穿着。后来，美国影星马龙·白兰度在影片《欲望号街车》中，首次穿这种汗衫上银幕，看上去十分潇洒。在他的带动下，汗衫迅速流行全美国。

3. 涮羊肉的兴起与忽必烈有关。

答案：对

趣味题点：700多年前，元世祖忽必烈率领军队作战的途中，想吃草原美味——清炖羊肉，不料敌情突发，厨师灵机一动将羊肉切成薄片，下锅烫熟就捞出来，放了点调料就送上去了。忽必烈饥不择食，吃罢迎敌并大获全胜，后命令厨师如法炮制，并建议增添调料，大臣们吃后啧啧称赞。后来忽必烈赐名为涮羊肉，并流传下来。

4. 腊八粥与佛教始祖释迦牟尼有关。

答案：对

趣味题点：腊月初八那一天是佛教始祖释迦牟尼成道的佛日，据说古代印度佛教僧徒，鉴于佛祖未成道前，6年的苦行修炼每天只吃一麻一素，佛弟子为了永记佛祖成道前一麻一素的苦厄，所以每年腊八用豆果黍米熬粥供佛永矢弗忘，而且说喝了佛粥，可以上邀佛祖庇佑。自从佛教传入中土，各大禅林寺院都在腊月初八那天拂晓熬粥供佛。

5. 喇叭裤最初是英国人设计的。

答案：错

趣味题点：喇叭裤是法国巴黎服装设计师们参照英国的海军服设计制作的。它的特点是裤裆浅、臀部紧、膝部窄、裤脚宽大。由于它的形式奇特，一度吸引了西方不少好猎奇的青年。20世纪60年代末，流行于法国巴黎。

二、智慧选择

1. 中山装是我国较为普遍流行的一种男式服装，因此款式由孙中山先生首穿，于是得名叫“中山装”。请问，第一件中山装是用什么服装改制的？(　　)

A. 长衫　　B. 西服　　C. 陆军制服　　D. 日本学生装

答案：C

趣味题点： 1919年，孙中山先生在上海居住时，有一次，他将一套已经穿过的陆军制服拿到著名的亨利服装店请裁缝改成“便服”，改成“便服”后仍有点像军制服。但在便服中，它既非“唐装”，更非“西装”，店员便为之起名为“中山装”。由于孙中山先生在海内外声望很高，这种服饰便不胫而走，迅速流传全国。

2. 最早的铂金首饰是古埃及兴旺时期，底比斯城的一种小饰盒，它是用铂金、黄金和白银制成的，被称为“底比斯饰盒”。它产生于______世纪。

A. 15　　B. 16　　C. 17　　D. 18

答案：C

趣味题点： 铂金由自然铂、粗铂矿等矿物熔炼而成。因“铂”由“金”和“白”两字组合，颜色又为银白色，故亦称“白金”。

3. 手套不仅是保护手的具有实用价值的物品，更是具有装饰作用、烘托高雅气质的装饰品。最初，只有贵族们才能戴得起手套。在20世纪的______年代后，手套开始批量生产。

A. 30　　B. 40　　C. 50　　D. 60

答案：C

趣味题点： 20世纪50年代，人们将化学纤维运用在手套生产中，手套开始成为人们的日常用品。

4. 伞是人们日常生活中的必备品，它不仅可以遮风避雨，还具有装饰美化生活的作用。纸伞是汉朝以后出现的，唐朝时传入日本，传入欧洲是在______世纪。

A. 15　　B. 16　　C. 17　　D. 18

答案：B

趣味题点： 唐朝时，中国的伞传入日本,16世纪传入欧洲。意大利的达·芬奇受到中国伞的启发，设计了世界上第一个降落伞。

5. 袜子在今天已成为服饰的一种，是人们的日常生活用品之一。工业化袜子生产始于______年。

A．1840　　B．1860　　C．1880　　D．1890

答案：B

趣味题点： 工业化袜子生产始于1860年。制袜业一直在寻找新的材料代替少而昂贵的真丝，混纺纱的产生令制袜业获得巨大成功。1928年，杜邦公司展示了第一双尼龙袜，同时拜尔公司推出丙纶袜。1940年，高筒尼龙袜在美国创造历史最高销售纪录，并开始成为普通日用品。

6. “花江狗肉”是哪里的风味美食？（　　）

A．湖南　　B．贵州　　C．四川　　D．浙江

答案：B

趣味题点： “花江狗肉”是贵州的传统风味美食，发源于贵州省关岭县的花江镇。

7. 我国第一家味精厂的产品商标为：______。

A．“红梅”　　B．“天厨”　　C．“佛手”　　D．“莲花”

答案：C

趣味题点： 天厨味精厂是中国第一家味精厂。1923年由实业家吴蕴初和张逸之合资创办于上海，产品商标为“佛手”。

8. 每逢新春佳节，民间有吃八宝饭的习惯，这种习俗与什么有关？（　　）

A．食品八宝鸭　　B．佩饰物金八宝

C．古代的八宝图　　D．饮品八宝茶

答案：C

趣味题点： 八宝是明清以来民间对某些事物的美称，用得最多的是八宝图，它画刻着八样祥瑞之物：和合、玉鱼、鼓板、磬、龙门、灵芝、松、鹤。它们都包含着吉祥、祝福之意。

9. 储存瓶装葡萄酒最好的放置方法是：______。

A．水平放置　　B．倒立式放置　　C．倾斜45°放置

答案：A

趣味题点： 保存葡萄酒，尽量让酒瓶躺成水平状，这样可以使葡萄酒与软木塞接触，保持软木塞湿润不干缩，否则外在的空气和气味会渗透到酒中，影响葡萄酒的味道。

10. 西湖醋鱼是用哪种鱼为主料制作的？（　　）

A．鳜鱼　　B．鲈鱼

C．草鱼　　D．鲤鱼

答案：C

西湖醋鱼

趣味题点： 西湖醋鱼是杭州传统风味名菜，用鲜活的草鱼为主料制作。

三、趣味抢答

1. 山珍海味分为上、中、下八珍，请回答分别是什么。

答案：一般来说，山珍海味常分为上、中、下八珍。

上八珍：猩唇，驼峰，猴头，熊掌，燕窝，凫脯，鹿筋，黄唇胶。

中八珍：鱼翅，银耳，鲥鱼，广肚，果子狸，哈什蚂，鱼唇，裙边。

下八珍：海参，龙须菜，大口蘑，川竹笋，赤鳞鱼，干贝，蛎黄，乌龟蛋。

除此以外，鱼肚，鱼骨，鱼皮，鱿鱼，飞龙鸟也属于名贵的山珍海味。

2. “泰山三美”指什么？

答案：白菜、豆腐、水。

3. 东北“地三鲜”指的是哪三种？

答案：茄子、青椒、土豆。

4. 蓝宝石是“世界四大珍贵宝石”之一，色泽非常丰富，因深浅不同而品质、贵重程度不同。请按品质由佳至劣将下列不同色泽的蓝宝石进行排列。

a．滴水蓝　b．洋青蓝　c．灰蓝　d．黑蓝　e．淡蓝

答案：a → b → e → c → d。

5. “地张”是对于翡翠饰物来说，无绿之处就叫地张。地张不一定是白色的，还有灰、青、紫、湖绿、蓝等色。好的地张能和绿色相互衬托，锦上添花。请按质地优劣将下列地张的颜色排出顺序。

a．象牙地　　b．藕粉地　　c．黑云地　　d．湖绿地

答案：d → b → a → c。

趣味乐园

各国服装禁忌

日本人忌绿色服装，视绿色为不祥的服色，不愿穿，也不愿看。

中国部分人忌穿麻色服装，因为只有在送葬时人们才披麻戴孝。

巴西人忌棕色服装，他们认为棕色象征凶祸，人垂危时，就好似棕色的树叶，很快就要从树上零落了。

埃及人忌黄色服装，他们认为黄色是不幸的颜色，只有办丧事时才都穿黄色衣服。

摩洛哥人忌白色衣服，他们认为白色意味着一贫如洗。

土耳其人忌茄花色服装，就是布置房间他们也忌用茄花色。

第五关 闯关大冲刺

饮食服饰的演进，是民族自身发展及其与众多民族往来交流、相互融合的结果。从某种程度上说，饮食服饰凝聚了人类文明发展的历程。

一、快速判断

1. 啤酒瓶上标出的12°，指的是酒精浓度。

答案：错

趣味题点： 啤酒瓶上的度数标志是指麦芽汁的含糖浓度。10°啤酒是每千克麦芽汁含糖100克。啤酒根据麦芽汁浓度可分为三类：6°—8°为低浓度啤酒，酒精含量也最低（为2%左右），最适宜在夏季作为清凉饮料饮用；10°—12°为中浓度啤酒，酒精含量为3.5%左右；14°—20°为高浓度啤酒，酒精含量接近5%。国际上公认12°以上的啤酒为高级啤酒，这种啤酒酿造周期长，耐贮存。

2. 冰激凌起源于中国。

答案：对

趣味题点： 早在3000多年前，我国就已经利用天然冰在夏天消暑。周朝的时候，政府里有专门负责取冰、用冰的官员——“凌人”。唐朝时，京城长安出现了专门靠冰发财的商人。元世祖忽必烈时，政府开始了冰激凌的生产。马可·波罗千方百计得到了制造冰激凌等冷饮的工艺方法，并将它带回意大利，随后传到英法等国。

3. **“宫保鸡丁”中的“宫保”是个人名。**

答案：对

趣味题点： 宫保鸡丁用白嫩的仔鸡鸡脯肉和花生米以急火爆炒而成。相传这道菜是因清末四川总督丁宝桢特别喜爱吃此菜而得名。丁宝桢曾被封为太子少保，人们尊称“宫保”，这道菜被称为“宫保鸡丁”。

4. **“瑞蚨祥”是一家专营珠宝首饰的老字号。**

答案：错

趣味题点： “瑞蚨祥”是一家专营绸布、皮货等高档商品的老字号，创办于清朝光绪年间。新中国成立后，天安门广场升起的第一面五星红旗的面料就是瑞蚨祥提供的。

5. **“老凤祥”是我国珠宝首饰业的著名品牌。**

答案：对

趣味题点： 始创于1848年的老凤祥银楼，是中国珠宝首饰业传承至今历史最悠久的世纪品牌。“老凤祥”三字包含两层意义，“老”是表示资历深厚，足以让人信赖；“凤祥”则是女性至美的象征，并喻示它能给人带来吉祥如意。

二、智慧选择

1. **早期的钻石多为八面体，无法呈现其诱人魅力，自多面体切割法发明后，钻石才显现出其玲珑多变、幻化万千的风采。请问，钻石多面体切割法发明于哪个世纪？（　　）**

A. 15 世纪　　B. 16 世纪　　C. 17 世纪

答案：C

趣味题点：一颗钻坯必须经过仔细的切磨、加工，才会成为我们所惯见的闪烁生辉的钻石。

2. 我们现在常用“巾帼”一词来表示对妇女们的一种尊敬，“巾帼”原是指我国妇女的什么装饰？(　　)

A. 发带　　B. 头巾　　C. 头花　　D. 头巾和发饰

答案：D

趣味题点：本指妇女的头巾和发饰，后成为妇女的代称。

3. 拉锁也叫拉链，在日常生活中，背包、手带、服装、被服套等广泛用了拉锁，在服装上它的方便性尤其得以充分发挥。它的产生已经有近多少年的历史了？(　　)

A. 100　　B. 120　　C. 140　　D. 160

答案：B

趣味题点：1893 年，一个叫贾德森的美国工程师，研制了一个“滑动锁紧装置”，并获得了专利，这是拉链最初的雏形。但这一发明并没有很快流行起来，主要原因是这种早期的锁紧装置质量不过关。后来，瑞典人桑巴克改进了这种粗糙的锁紧装置，使其变成了一种可靠的商品。

4. 第一条牛仔裤诞生于美国的旧金山，那一年是：______。

A. 1850 年　　B. 1851 年　　C. 1852 年　　D. 1853 年

答案：D

趣味题点：世界第一条牛仔裤诞生于 1853 年，它的发明人 Levi Strauss 成立了专门的公司，创造了牛仔裤的经典品牌“LEVI' S”。

5. 裙子是广大妇女喜爱的服饰，穿裙子的历史由来已久。我国的女裙作为专用服饰，最早出现于哪个时期？(　　)

A. 隋　　B. 秦　　C. 三国

答案：C

趣味题点：裙子在我国历史悠久。相传 4000 多年前黄帝即定下“上衣下裳”的制度。那时的“裳”即裙子。裙子在古代男女通用。三国时期，男子渐渐穿起裤、袍来，裙子才成为妇女的专用服饰。

6. “春卷”在我国唐代以前就有，那时被称为：______。

A．春条　　B．春盘　　C．春饼

答案：B

趣味题点： 唐代以前，人们每到立春这天就将面粉制成的薄饼摊在盘中，加上精美蔬菜食用，故称“春盘”。

7. “竹筒饭”是我国哪个少数民族的风味小吃？（　　）

A．傣族　　B．瑶族　　C．彝族

答案：A

趣味题点： 竹筒饭是傣族几百年的传统食品，以其香糯洁白、竹香飘溢的特色而受到多民族的喜爱。

8. 除夕夜，我国北方兴吃“更岁饺子”，人们在饺子中放哪种食品以示祝福长寿？（　　）

A．花生　　B．糖块　　C．硬币

答案：A

趣味题点： 北方包饺子时，往往在饺子里包红枣、花生米、糖块。花生寓意人们长寿，红枣和糖块表示日子越过越甜。

9. “皮蛋”一般由哪种蛋加工而成？（　　）

A．鹅蛋　　B．鸭蛋

C．鸡蛋

答案：B

趣味题点： 皮蛋亦称“松花蛋”。将鸭蛋涂上一层食盐、生石灰、茶汁、草木灰等混合而成的糊状物，再放在稻壳上稍滚，然后放入坛内，用湿黄土和少许食盐封住坛口，经 15～30 天即成。

10. 普洱茶属于：______。

A．红茶　　B．绿茶　　C．花茶　　D．黑茶

答案：D

三、趣味抢答

1. 将下面著名风味小吃与它们所处的城市用线连接起来。

A．幸福环　　a．天津

B．春卷　　b．北京

C．米粉　　c．苏州

D．烤鸭　　d．桂林

E．狗不理包子　　e．杭州

答　案：A——e；B——c；C——d；D——b；E——a。

2. 请根据以下关键词提示，猜一个服装名词。

怀旧　　满族　　张曼玉　　衣服

答案：旗袍

趣味题点： ①旗袍始于清朝，系满族服饰，使人有怀旧之感；②满族人又称旗人、满旗妇女所穿衣服人称旗袍；③张曼玉在电影《花样年华》中，极尽展示了旗袍之美；④衣服使人想到是人身穿扮之物。

3. “乌纱帽”成为官员特有标志而被明文规定在上朝和办公时一定要戴的是在哪个朝代？（　　）

答案：明朝

4. 把以下食物跟所对应的历史人物用线连接起来。

A．年糕　　a．秦桧

B．粽子　　b．伍子胥

C．饺子　　c．袁世凯

D．元宵　　d．屈原

E．油条　　e．张仲景

答案：A——b；B——d；C——e；D——c；E——a。

5. 将以下服饰品牌跟所对应的国家连接起来。

A．香奈尔　　a．美国

B．宝格丽　　b．英国

C．登喜路　　c．德国

D．波士　　d．瑞士

E．蒂芙尼　　e．法国

F．欧米茄　　f．意大利

答案：A——e；B——f；C——b；D——c；E——a；F——d。

趣味乐园

中国古代官服

我国古代官制的级别为九品，不同的品级决定了补缀在官服前胸和后背的鸟兽图形是有区别的。清代规定文官绣鸟，武官绣兽。

	文官	武官
一品	鹤	麒麟
二品	锦鸡	狮
二品	孔雀	豹
四品	雁	虎
五品	白鹇	熊
六品	鹭鸶	彪
七品	鸂鶒	彪
八品	鹌鹑	犀牛
九品	练雁	海马

Chapter 13

第十三章 医药卫生

无论是过去、现在或是将来，健康的体魄都是人类追求美好生活的前提。医药卫生，是有史以来人类与自然、疾病作斗争而留下的丰富、珍贵的物质和精神财富。通过了解医药卫生的有关知识，让我们健康生活每一天。

第一关 闯关总动员

医人不得恃己所长，专心经略财物，但作救苦之心。

——孙思邈

一、快速判断

1. 患贫血的人宜饮绿茶。

答案：对

趣味题点： 因为绿茶中叶酸含量比较丰富，据科学家研究，5 杯绿茶中就含有人体每日所需叶酸量的 25%。叶酸的主要功效是可以预防贫血。所以，有贫血者应饮绿茶为宜。

2. 心脏终生都不休息。

答案：错

趣味题点： 心房和心室的心动周期均为 0.8 秒，心房心动周期中 0.1 秒跳动，0.7 秒休息，心室心动周期中 0.2 秒跳动，0.6 秒休息。因此，心脏终生不觉“累”。

3. 胆汁是由胆分泌出来的。

答案：错

趣味题点： 胆汁来源于肝，胆只贮藏胆汁，而不分泌胆汁。胆汁注入肠中，有促进食物消化的作用。胆汁味苦色黄，故胆病多见胆汁上逆的口苦、呕吐苦水以及胆液外溢、面目发黄等症状。

4. 试管婴儿是指在试管中成长的婴儿。

答案：错

趣味题点： 试管婴儿的胚胎是卵细胞和精子在培养皿中完成受精，在子宫中成长的。因为世界上第一例体外受精婴儿是在试管中完成的，所以人们把体外受精培育的孩子叫“试管婴儿”。

二、智慧选择

1. 下列哪一种中药名不是以传说取名的？（　　）

A. 人参　　B. 何首乌

C. 相思子　　D. 使君子

答案：A

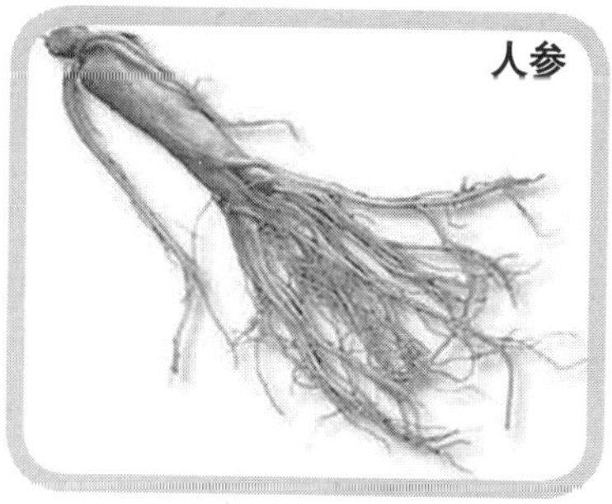

趣味题点：人参是多年生草本植物，人参又名棒槌，因其根似人形，故名人参。

2. 我国古代有位名医活到 101 岁，被称为“百岁神医”，他是：______。

A. 扁鹊　　B. 孙思邈　　C. 李时珍　　D. 华佗

答案：B

趣味题点：中国唐朝时陕西有位名医，叫孙思邈（581—682 年），擅长治疗各种疑难杂症，救活了很多垂危病人。他活到 101 岁，历史上称他为“百岁神医”。

3. 一般情况下，一根头发最多可以吊起多重的物体？（　　）

A. 70 克　　B. 170 克　　C. 270 克　　D. 370 克

答案：B

趣味题点：一根头发能吊起 170 克重的物体，相当于一个大苹果的重量。如果把 100 根头发辫在一起，可以将一个正常体重的成年人吊起来。

4. 我国最长的河流是长江，长 6 300 多千米，然而，它的长度还比不上人体内的血管的总长度。血管的总长度有：______。

A. 2 万千米　　B. 6 万千米

C. 10 万千米　　D. 12 万千米

答案：C

趣味题点：皮肤是人体表面积最大的器官，血管系统则是人体内最庞大的系统。血管系统由静脉、动脉和毛细血管组成，其总长约为 10 万千米（假如连接起来可以绕地球两圈），表面积超过 5 000 平方米。以上两个数据适用于一个普通成年人。

5. 人体的“百会穴”在：______。

A. 脑后部　　B. 腹部正中　　C. 头顶正中　　D. 胸部正中

答案：C

趣味题点：百会穴位置在头顶正中线与两耳尖连线的交点处，为督脉，为手足三阳、督脉之会，被击中将脑晕倒地不省人事。

6. 在4种血型中，只有哪种血型的受血者可以接受任何一种血型的输血者的血液？(　　)

A. A型　　B. B型　　C. O型　　D. AB型

答案：D

趣味题点：O型血可以输给任何一种血型的人，而AB型的人可以接受任何一种血型的人输出的血，其余血型都必须在同种血型之间进行安全输血。因此，O型血的人被称为“万能输血者”，AB型血的人则被称为“万能受血者”。

7. 人体中，不能再生的是：______。

A. 头发　　B. 皮肤　　C. 脑细胞　　D. 骨骼

答案：C

趣味题点：人与生俱来的脑细胞大约有120亿个，且永不增殖，只存在程序性凋亡。

8. 我们到医院会看到医生总是带着听诊器，听诊器是在200多年前由一位法国医生发明的，它最初是用：______。

A. 塑料制成的　　B. 金属制成的　　C. 木头制成的

答案：C

趣味题点：最初的听诊器是用洋杉木制成的，空心直管，两端各安一个喇叭形的听筒。

三、趣味抢答

1. 小李自称“酒豪”，他曾连喝15瓶啤酒不醉，但他只喝了7瓶水，就连连求饶，怎么也喝不下去了。你知道这是怎么回事吗？

答：因为啤酒含有酒精，能被胃和肠吸收，同时吸收水分子。在喝水时，胃基本不吸收水，大部分被肠吸收，水在胃中积压过多会发生呕吐。所以，喝啤酒要比喝水多。

2. 人有“七情六欲”。那么“七情”是指哪几种“情”？

答：“七情”是指人的情绪变化，即喜、怒、忧、思、悲、恐、惊。在一般的情况下，七情是人对客观外界事物的反应，属正常的精神浮动的范围。如果由于长期的精神刺激或突然受到剧烈的精神伤害，超过了人体生理活动所能调节的范围，就会引起体内阴阳、气血的失调，脏腑、经络功能的紊乱，从而导致疾病发生。

3. 人体最大的器官是什么？
答案：皮肤。

4. 生命的最基本特征是什么？
答案：新陈代谢。

趣味乐园

“偷”药锅与“借”药锅

在我国一些地区的民间，有些人家一般不用药锅，认为买药锅会招来灾难、疾病，所以常常借用或找其他东西代煎。

一些地区还流行“偷药锅”的风俗。如遇有患病者需要煎药时，不愿意向长久患病，备有药锅的人家去借，怕借药锅时连病也借来了，所以常常采用“偷”的办法，用完之后，再悄悄归还。丢了药锅的人家，不但不发怒，不追查，不寻找，反而心里高兴，喜形于色，认为药锅被人偷去，自己的病就快好了。如果药锅又送回来，反而觉得不愉快，不高兴。

还有一些地区，药锅的使用有“只能借、不能还”的习俗。就是说，有药锅的人家，希望家人身体健康不再使用药锅，别人可以借走使用，但不能再送回来。借用药锅的人家，煎完药后就把药锅放在自己家里，再等其他病家煎药时借走，这样药锅好像变成公用的，时间长了，也不知放在谁家里了。

药锅

第二关 闯关热身操

科学家也许更多地付诸理智，艺术家也许更多地倾注感情，而医生必须集冷静的理智和热烈的感情于一身。

——郎景和

一、快速判断

1. 遇到打雷或火车拉响汽笛时，有经验的人会张开嘴，或把耳朵捂起来，因为这样可以保护耳朵。

答案：对

趣味题点："隆隆"的雷声会对耳朵产生很大的压力，这种压力由外耳道进入耳朵，如此大的压力会导致鼓膜破裂，甚至造成耳朵出血。如果在这时我们张开嘴，咽鼓管打开，这样就会使鼓室内外的压力一样，从而减弱雷声对耳内的震动。

2. 抢救突然昏倒的人应该掐人中穴位。

答案：对

趣味题点：历代医家认为，人中是一个重要的急救穴位，手指掐或针刺该穴位是种简单有效的急救方法，可以用于治疗中暑、昏迷、晕厥、全身麻醉过程中出现的呼吸停止、低血压、休克、一氧化碳中毒等。

3. "阑尾"是人体中无用的器官。

答案：错

趣味题点：阑尾是人类的一种退化器官（食草动物的阑尾很发达），长7～9厘米，直径约0.5厘米，位于腹部的右下方，盲肠内侧，近端与盲肠相通，远端闭锁。由于阑尾腔细小，又是盲管，食物残渣和粪便等容易掉入腔内，堵塞管腔引起发炎。传统医学认为，阑尾对人体的作用不大，故患阑尾炎后，可以将它切除。现在，科学家研究发现，成人身上的阑尾主要与免疫功能有关。

4. **中医诊脉的创始人是华佗。**

答案：错

扁鹊像

趣味题点：据《史记·扁鹊仓公列传》记载：“至今天下言脉者，由扁鹊也。”

二、智慧选择

1. **人们常说香烟中含有尼古丁，吸烟有害健康，尼古丁其实是一种有毒物质，原名叫烟碱，那么“尼古丁”原本是：______。**

A. 一个叫“尼古丁”的人

B. 一个叫“尼古丁”的地方

C. 一所叫“尼古丁”的医院

答案：A

趣味题点：“尼古丁”是一个法国人，他发现了烟碱，为了纪念他，人们就把烟碱称为“尼古丁”了。

2. **通常所说的“生命中枢”是指：______。**

A. 下丘脑　　B. 中脑　　C. 延脑　　D. 脑桥

答案：C

趣味题点：延髓，亦称“延脑，末脑”，位于脑干的后段，向下延接脊髓。它是管理呼吸、心搏等重要反射的中枢，故又有“生命中枢”之称。

3. **将影响健康的因素归因为“六欲”和“七情”即“外邪”和“内伤”的医书是：______。**

A. 《内经》　　B. 《山海经》　　C. 《外经》　　D. 《心经》

答案：A

趣味题点：《内经》利用阴阳五行学说，对生命的形成、疾病的起因、心理现象和生理现象的关系，作了唯物主义和辩证法的说明。

4. **中医史上第一家药店是谁创建的？（　　）**

A. 王安石　　B. 曹操　　C. 华佗

答案：A

趣味题点：中医史上第一家官办的药店诞生于北宋神宗熙宁九年(1076年)，是大名鼎鼎的改革家王安石批准创建的。当时，王安石基于变法派内部分裂，爱子王雱英年早逝，尤其是自己久病缠身，决定辞职而归隐山林。临别政坛，他命人在首都开封创设一家“太医局熟药所”，也叫“买药所”，可以说，它就是现代中药店的前身。

5. 维生素又叫维他命，是人体内必不可少的营养成分，它最早是在哪里被发现的？（　　）

A．米糠　　B．麦子　　C．高粱　　D．玉米

答案：A

趣味题点：波兰科学家封克1912年从米糠中提取出了维生素。

6. 父亲的血型为A型，母亲的血型为AB型，所生子女的血型不可能为：______。

A．A型　　B．B型　　C．O型　　D．AB型

答案：C

趣味题点：父亲的血型为A型，母亲的血型为AB型，所生子女的血型A型、B型、AB型都有可能，绝对不会是O型。

7. 睡眠的最好姿势是朝向哪个方向？（　　）

A．朝向右侧　　B．朝向左侧　　C．平躺

答案：A

趣味题点：中医学认为：正确的睡觉姿势应该是向右侧卧，微屈双腿。这样，心脏处于高位，不受压迫；肝脏处于低位，供血较好，有利于新陈代谢；胃内食物借重力作用，朝十二指肠推进，可促进消化吸收。同时，全身处于放松状态，呼吸匀和，心跳减慢，大脑、心、肺、胃肠、肌肉、骨骼得到充分的休息和氧气供给。

8. 常见的医疗化验单上显示的“Hb”代表的是：______。

A．血红蛋白　　B．红细胞　　C．白细胞

答案：A

趣味题点：血红蛋白是红细胞的主要成分，其功能是在肺部结合氧气。红细胞与血红蛋白有密切关系，临床意义基本相同，但血红蛋白能更好地反映贫血程度。该指标正常参考值为：男性120～160克／升，女性110～150克／升。通常，红细胞用RBC代表，白细胞用WBC代表。

三、趣味抢答

1．中医界为何被称为“杏林”？

答案：董奉是汉代有名的中医大夫，相传他给人治病时，不收诊费，只要求患者在病愈之后，在他的家宅四周随意种下几棵杏树，一般是重病痊愈栽种 5 棵，轻病痊愈栽种 1 棵。几年之后，董奉住处的四周竟然杏树成林。远远望去，林深树密，茂盛葱郁。之后，人们看到杏林，便联想起医德高尚、医术高明的董奉先生，由此将给人健康保证的中医界称为“杏林”。

2．中药品种虽繁多，来源较广泛，但其命名都有一定的来历和意义，请将下列中药名与各自对应的命名方式用线连接起来。

A．曼陀罗　　a．因功用而命名

B．益母草　　b．因气味而命名

C．甘草　　c．因形态而得名

D．大青叶　　d．因生长特性而命名

E．忍冬　　e．因入药部分而命名

F．虎骨　　f．因秉性而命名

G．急性子　　g．因产地而命名

H．阿胶　　h．人名命名

I．何首乌　　i．外来药物及译音命名

中药

答　案：A——i；B——a；C——b；D——c；E——d；F——e；G——f；H——g；I——h。

3．晚唐诗人皮日休，一日与好友陆龟蒙在江边漫步，见翠竹倒影，碧水荡漾，落叶顺流而下，顿时诗兴大发，随口吟出一首七言绝句：

数曲急溪冲细竹，叶舟来往尽能通；草香石冷无近远，志在天台一遇中。

陆微微一笑说：“我猜到了，诗中含有三个中药名，我也有一首诗说与你猜。”顺口也吟出一七言绝句：

桂叶似茸含露紫，葛花如续蘸溪黄；连云更入幽深地，骨录闲携相猎郎。

请说出这两首诗中暗含的中药名。

答案：这两首诗中的药名嵌于诗的句末、句首，上句末字和下句首字合读即得：竹叶、通草、远志、紫葛、黄连、地骨。

4. **人体五脏指的是哪五种器官？**

答案：人体五脏指的是心、肝、脾、肺和肾。

趣味乐园

麻醉术的由来

现代麻醉术源于美国，而且最先用于牙科领域。1844 年，美国化学家考尔顿在研究了笑气（氧化亚氮）对人体的催眠作用后，带着笑气到各地演讲，并做笑气催眠的示范表演，给在场观看表演的一位观众威尔士留下了深刻的印象。威尔士是一位牙科医生，当时他正为如何减轻病人拔牙时的痛苦而绞尽脑汁。“催眠”表演引发了他对氧化亚氮可能具有麻醉作用的假想。经过几次试验后，1845 年 1 月，威尔士在美国波士顿一家医院里公开演示在麻醉下进行无痛拔牙手术。由于麻醉不足，演示失败。

但是，了解他全部试验过程的青年助手、医学院牙科学生摩顿却仍然相信麻醉可以暂时消除疼痛。摩顿仔细分析了威尔士的整个试验过程，发现氧化亚氮虽然具有麻醉作用，但效力较小。后来他采用乙醚进行麻醉，经多次试验，最终取得满意的效果。

第三关 闯关进行时

医学是一门科学，来不得半点虚假。医务人员不应不懂装懂，更不应知错不改，任何时候都要牢记对病人健康所应当担负的道义责任。

——张孝骞

一、快速判断

1. **东汉名医华佗创编了“五禽戏”，阐明了生命和健康在于运动的道理。**

答案：对

趣味题点：“五禽戏”是华佗在观察了很多动物之后，以模仿虎、鹿、猿、熊、鹤五

华佗像

种动物的形态和神态，来达到舒展筋骨、畅通经脉目的的一种健身方法。今天盛行的太极等传统健身方式，最初就源于华佗创编的“五禽戏”，以至于太极传承至今还留有五禽戏的痕迹。

2. **眉毛的生长是连续不断的。**

答案：错

趣味题点：眉毛的生长和替换也有一定的规律，并非连续不断，而是呈周期性。毛发的生长周期分为三个阶段：生长期（即活跃期）——休止期——脱落期。眉毛、睫毛的生长期约为 2 个月，休止期可长达 3 ～ 9 个月，之后便自然脱落。毛发生长的速度还受性别、年龄、部位和季节等因素的影响。

3. **现代麻醉术源于英国。**

答案：错

趣味题点：现代麻醉术源于美国，而且最先用于牙科领域。

4. **在许多偏远的地方，产妇生育时，人们也往往让她咀嚼柳树皮，作为镇痛的药物。**

答案：对

趣味题点：柳树皮具有解热镇痛的神奇功效。1800 年，科学家从柳树皮中提炼出了具有解热镇痛作用的有效成分——水杨酸。1898 年，德国化学家霍夫曼用水杨酸与醋酐反应，合成了乙酰水杨酸，1899 年，德国拜耳药厂正式生产这种药品，这就是后来常用的药物——阿司匹林。

二、智慧选择

1. **皮肤保健的最佳元素是：______。**

A. 维生素 E　　B. 铁　　C. 锌　　D. 碘

答案：C

趣味题点：据说，锌是目前所能得到的皮肤保健的最佳物质。锌能刺激并促进肌肉的生长，锌的这一作用胜过其他任何无机物。在美国，医院里一般都使用液体锌，作为一种局部搽剂给严重烧伤的病人敷用，其目的就是让烧伤的皮肤组织再生，使之修复得更快。含锌较多的食物有谷类、豆类、麸皮、肝、胰、肉、鱼、蛤、蚌、牡蛎等。

2. 维生素的主要作用是：______。

A. 供给热量　　B. 构成人体组织成分

C. 促进生长和代谢　　D. 润滑器官

答案：C

趣味题点： 维生素是生物的生长和代谢所必需的微量有机物。人和动物缺乏维生素时，不能正常生长，并发生特异性病变。

3. 种痘术起源于：______。

A. 印度　　B. 中国　　C. 希腊

答案：B

趣味题点： 种痘术最早在16世纪中叶由我国发明。在明朝隆庆年间（1567—1572年），我国的中医在世界上率先找到了对付天花的方法，那就是人痘接种。在《张氏医通》（1695年）和《医宗金鉴》（1742年）两部医学著作中，记述了痘衣法和鼻苗法两种人痘接种方法。到了清朝，康熙帝大力提倡将痘术推行全国。不久，很多国家派人来中国学习。

4. 人们把坐在药铺里给人看病的医生，通称为“坐堂医”、“坐堂郎中”。“坐堂医”的起源，同______有关。

A. 扁鹊　　B. 华佗　　C. 张仲景

答案：C

趣味题点： 张仲景是东汉时期人，因学识渊博、人品高尚，举孝廉，成为长沙太守。在当时，做官的不能随便进入民宅，接近百姓。可是不接触百姓，就不能为他们治病。于是张仲景想了一个办法，择定每月初一和十五两天，大开衙门，不问政事，让有病的百姓进来，他端端正正地坐在大堂上，仔细地为民众诊治，这便是“坐堂医”的来历。

张仲景像

5. 人体分解和代谢酒精的器官是：______。

A. 肾　　B. 胃　　C. 肝　　D. 脾

答案：C

趣味题点： 肝脏是分解和代谢酒精的器官，长期大量饮酒会导致酒精性肝炎，进而会发展为肝硬化等。

6. 人在寒冷的环境中，主要通过______方式增加产热。

A．心跳加快　　B．肝脏代谢活动加强肾上腺素

C．打寒战　　D．分泌增加

答案：C

趣味题点：打寒战的作用是经过肌肉的快速抖动（震颤）以缓解寒冷。

7. 人体含水量百分比最高的器官是：______。

A．眼球　　B．大脑　　C．肝脏　　D．肾

答案：A

趣味题点：水母是所有动物中身体内含水量最多的。而人眼球中的晶状体的结构与水母的身体结构相似，能够锁紧水分，因此眼球的含水量是最高的。

8. 唾液可以止血，这是因为唾液中有一种叫______的活细胞。

A．EAB　　B．ECF　　C．ECE　　D．EFC

答案：B

趣味题点：传统的唾液止血的奥秘，最终被美国著名科学家斯坦·科恩揭开。他发现唾液中有一种叫ECF的活细胞。这种由53个氨基酸组成的多肽类物质，最大的特点就是能促进细胞的增殖分化，以新生的细胞代替衰老和死亡的细胞。ECF无疑已揭开人类孜孜以求的生长与衰老之谜的面纱。斯坦·科恩为此荣获1986年度诺贝尔医学奖。

三、趣味抢答

1. 请将下列药材之乡与其所对应的地名用线连接起来。

A．人参之乡　　a．山东省东阿县

B．三七之乡　　b．吉林省抚松县

C．黄连之乡　　c．云南省文山壮族苗族自治州

D．党参之乡　　d．四川省石柱县

E．当归之乡　　e．山西省长治县

F．甘草之乡　　f．甘肃省岷县

G．川贝之乡　　g．内蒙古自治区杭锦旗

H．何首乌之乡　　h．四川省松潘县

I. 阿胶之乡　　　　　　　　　　　i. 广东省德庆县

答案：A——b；B——c；C——d；D——e；E——f；F——g；G——h；H——i；I——a。

2. 古希腊哲学家亚里士多德的教育思想认为体育、德育、智育相互联系，智力的健全依赖于身体的健康，这最终发展为哪句至理名言？

答案：健康的精神源于健康的身体。

3. 手术服为什么是绿色的？

答案：手术服是绿色的，这是有科学道理的。人眼在长时间内观看一种色彩时，视神经易受刺激而疲劳。为了减轻这种疲劳，视神经便会诱发出一种补色作自我调节。例如，若长时间地盯着一张用鲜红的颜色在白纸上绘制的表格后转向另一张空白纸，你会发现这张白纸上出现了一幅和刚才一样的表格，只不过它的颜色变成了浅绿色，因此说红色的补色是浅绿色。医生在手术过程中，眼睛看到的总是鲜血淋漓的血迹。时间一长，偶尔把视线转移到同伴的白大褂上时就会看到斑斑点点的"绿色血迹"，使视觉产生混乱而影响手术效果。采用浅绿色的衣料做手术服，就可以消除绿色错觉，确保手术的顺利进行。

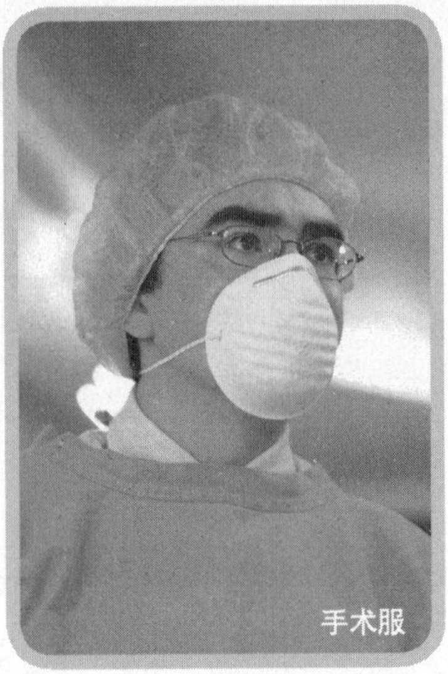
手术服

4. 人体"生物钟"能控制人体正常生理活动，这个"生物钟"其实是指人体的哪个器官？

答案：松果体。

趣味乐园

"悬丝诊脉"是真是假

传说，古时因为尊卑有序、男女有别，御医为娘娘、公主们看病，不能直接望、闻、问、切，只能用丝线一端固定在病人的脉搏上，御医通过丝线另一端的脉象诊治病情，俗称"悬丝诊脉"。到底"悬丝诊脉"能否诊断病情，名医施今默曾道出其"天机"。

施今默是旧时京城四大名医之一，曾为清朝皇室内眷看过病。施老先生说，“悬丝诊脉”亦“真”亦“假”：“真”是说真有这回事；“假”是说这纯属一种形式。旧时，娘娘、公主们生病，总有贴身的太监介绍病情，御医也总是详细地向太监询问各种情况，诸如舌苔、大小便、饮食、病症状况等。为了获得真实而详尽的情况，御医们常常给太监送礼，得到这些贴身情报后，御医也就胸有成竹了。“悬丝诊脉”时，太医必须屏息静气，沉着认真。这样做，一是谨守宫廷礼仪，表示对皇室的尊敬；二是利用此时字斟句酌，暗思处方，准备应付，以免因说错话或用药不慎而惹祸。

第四关 闯关加油站

一个医生必须有音乐家的耳朵，戏剧家的嘴巴。在病人痛楚时，能用精确的听觉去辨别病情，用明快的语言消除疑虑，安抚病人，减轻病人的痛苦。

——罗生特

一、快速判断

1. 印度的希波克拉底提出“四体液病理说”，他主张通过体操和饮食来调节人的体质。

   答案：错

趣味题点： 希波克拉底的国籍是古希腊。

2. 长期饮茶能减轻放射性元素对人体的损害。

   答案：对

趣味题点： 茶中含有 β-胡萝卜素、钼、钙、脂多糖、茶多酚类物质，它们都有减轻视觉疲劳和防辐射的效用。饮茶对减轻屏幕射线的危害很有益，最直接的一个作用就是饮茶能够增加排尿，将毒素排出，“净化”了身体环境。

3. “龙生龙，凤生凤，老鼠的儿子会打洞”说明了生物的遗传特征。

答案：对

趣味题点：生物个体之间在形态特征或生理特征上总有相似的现象属于生物的遗传现象。

4. 烟草的主要有害成分为一氧化碳、尼古丁和烟焦油。

答案：对

趣味题点：烟草燃烧后冒的烟中含有20多种毒素，对生命危害最大的要算尼古丁了。仅就这一点来说，吸烟有三大危害：可以直接毒杀生命；可以破坏人体的营养成分；可以诱发多种疾病。

二、智慧选择

1. 人体内含量最多的金属元素是哪种？（　　）

A. 钙　　B. 铁　　C. 磷　　D. 钾

答案：A

趣味题点：钙是人体内最重要的元素成分之一，其含量仅次于碳、氢、氧、氮，居第五位。同时，钙又是人体内含量最多的金属元素矿物质，对于维持人体的多种生理活动（如调节神经肌肉正常的兴奋性、调节毛细血管的通透性、参与凝血机制等）起着至关重要的作用。

2. 不能用开水煎中药的原因是：______。

A. 开水会杀死植物性中药的有效细胞

B. 开水会使淀粉和蛋白凝结

C. 开水不能和中药溶合

答案：B

趣味题点：如果用开水煎中药，中药材一接触开水，细胞膜受热立即变性凝固，不易让有机物分子通过，中药材中的有效成分就很难渗入水中，中药的药效自然就要大打折扣，甚至达不到治病的目的。只有采用逐步加热的方式才有利于煎取合格的药汁，发挥疗效。

3. 我国现存最早的医学专著是：______。

A. 《五十二产病方》　　B. 《神农本草经》

C. 《黄帝内经》　　D. 《中藏经》

答案：C

趣味题点：《黄帝内经》成书于大约2000年前的秦汉时期，是第一部冠以中华民族先祖“黄帝”之名的传世巨著，是我国医学宝库中现存成书最早的一部医学典籍。

4. 下列不属于人体肝脏功能的是：______。

A．解毒功能　　B．防御功能

C．血糖转化功能　　D．消化功能

答案：D

趣味题点：肝可以分泌胆汁，胆汁具有消化作用，但肝没有消化功能。

5. 中医精气神学说中“神”的含义是指：______。

A．人体生命活动的主宰　　B．人的精神意识

C．人体生命的基本物质　　D．人体生命活动的动力

答案：A

趣味题点：中医理论认为，神是人的精神、意识、知觉、运动等一切生命活动的集中表现和主宰者。

6. 下列人体各部位中汗腺最多的是：______。

A．头部　　B．手掌　　C．腋窝　　D．背部

答案：B

趣味题点：汗腺是皮肤附属结构之一。在人体中，以手掌和足底为最多，是单层上皮细胞组成的细管状结构。位于真皮深部的一端盘曲成团为分泌部，有分泌汗液的作用；排泄部细而直，开口于皮肤表面，为汗孔。

7. 中医理论体系的主要特点是：______。

A．急则治标、缓则治本　　B．辨病与辨证相结合

C．整体观念和辨证论治　　D．异病同治和同病异治

答案：C

趣味题点：所谓整体观念，主要是认为人是一个有机的整体，是由其各个组成部分之间，通过相当复杂的联系和相互作用形成的一个复杂系统，而且又是一个开放系统，即人与自然又存在着密切的联系。所谓辨证论治，是指在诊治疾病时，要通过对征候的分析，而达到对治疗方案的充分个体化。

8. 人体散热量最多的部位是：______。

A. 头顶　　B. 手掌心　　C. 足底　　D. 背

答案：A

趣味题点： 头顶散去的热量几乎是全身散热量的一半。

三、趣味抢答

1. 沈括说："治病有五难"，这"五难"是指什么？

答案：辨疾、治疾、饮药、处方、别药。

2. 请根据叙述，说出这种草药的名称。

(1) 它别名忍冬，是我国古老的药物，享有"药铺小神仙"之誉。

(2) 它具有清热解毒、疏散风热的功能，日常生活中，人们经常以它泡水代茶来治疗咽喉肿痛和预防上呼吸道感染。

(3) 它还是一种观赏植物，其枝条细而柔软，可依人们的需要盘扎成各式各样的盆景造型；它的花芳香典雅，十分美丽。

答案：金银花。

3. 请根据叙述，说出这种草药的名称。

(1) 它为多年生草本植物，地下根和根茎粗壮，外皮红棕色，茎直立，有腺体，喜欢生在干旱原以及河边沙质松软的地方。

(2) 它是最为著名的药用植物之一，能解毒，中医将其视为宝药。

(3) 因为它的根和根茎有甜味，如果将其根剥皮入口嚼之，立刻能感到甜味，故得名。

答案：甘草。

4. 请根据叙述，说出这种疫苗的名称。

(1) 这种疫苗可促进单核巨噬细胞系统的吞噬消化能力，增强机体免疫细胞的功能，常用于细胞内感染性疾病和肿瘤的辅助治疗。

(2) 它是一种预防结核的特异性疫苗，也是一种非特异性的免疫增强剂。

(3) 它是 1923 年由法国兽医介兰与同行卡尔梅特共同试制成功的。为纪念他们对免疫学作出的贡献，因此以他们名字的第一个字母来命名。

答案：卡介苗。

趣味乐园

“蒙汗药”是什么

在古代医书中是没有“蒙汗药”这三个字的，但是确有一些单味药物或者复方剂有麻醉作用。如元代外科医学家危亦林的《世医得效方》记载用“草乌散”作整骨麻醉。书中写道：“服后若麻不得，可加曼陀罗花及草乌各五钱，用好酒少些与服。”该书也记载了很多外科手术治疗的病案，其中提到从战场上送来的伤员中，有人肚皮被划破，肠子流出来了，经过救治，将肠子送回腹中并缝合对齐，病人便痊愈康复了。可见当时的外科技术已达到相当的高度，而麻醉药在当时也已经有了相当的发展。

从这些记载推测，本来医生使用的麻醉药，被“江湖中人”拿去用作蒙汗药，就没什么奇怪的了。

第五关 闯关大冲刺

心情愉快是肉体和精神的最佳卫生法。

——乔治·桑

一、快速判断

1. **脚气病与我们常说的皮肤病“脚气”是两回事。**

答案：对

趣味题点： 脚趾脱皮和糜烂的“脚气”是由于真菌感染引起的。脚气病与维生素 B_1 的缺乏有关，脚气病会损害神经血管系统，最终引起心脏病。

2. **维生素是动物体内不可缺少的有机成分，如果缺少了就会引起各种疾病。夜盲症是因机体缺少维生素 A 引起的。**

答案：对

趣味题点： 夜盲症即由于体内缺乏维生素 A 而引起的到黄昏后即看不清外界事物的

疾病。其主要症状为白天视觉几乎正常，但眼睛对弱光的敏感度下降，黄昏时由于光线渐暗而看不清物体。

3. 青霉素的发现挽救了众多生命，它是 1928 年被英国弗莱明爵士发现的。

答案：对

趣味题点：1928 年 9 月 15 日，亚历山大·弗莱明发现了青霉素，这使他在全世界赢得了 25 个名誉学位、15 个城市的荣誉市民称号以及其他 140 多项荣誉，其中包括诺贝尔医学奖。

4. 坏血病是因缺乏维生素 A 而造成的。

答案：错

趣味题点：坏血病是由长期缺乏维生素 C 所引起的疾病，主要表现为角化性毛囊丘疹、牙龈炎和出血等症状。本病的治疗是多食新鲜水果和绿色蔬菜，补充维生素 C。

二、智慧选择

1. 在第二次世界大战期间，英军中有一位爱尔兰士兵受了严重的腿伤，时值盛夏，天气炎热，加上野战医院的卫生条件不好，所以疮口迅速腐烂，并滋生了大量蛆虫，蛆虫在腐烂的疮口上到处乱爬，有的甚至钻到伤口的内部。这位士兵心想自己的腿可能保不住了。但奇怪的是，疮口不久竟然神奇地愈合了。你知道这是为什么吗？（　　）

A．人体具有免疫功能

B．蛆虫能抗菌消炎

C．士兵的体质比一般人好

答案：B

趣味题点：蛆虫进入患者溃烂处，可吸食腐烂肉体，起到了抗菌消炎的作用。

2. 哪种味道可以调节细胞和血液之间的渗透压平衡及正常的水盐代谢？（　　）

A．咸味　　B．甜味　　C．酸味　　D．苦味

答案：A

趣味题点：食盐的主要作用是调节细胞和血液之间的渗透平衡和正常的水盐代谢。在呕吐、腹泻、发烧、强劳动大汗不止时，适当补充盐分，可防止体内微量元素缺乏。但食盐摄取过量，也会增加肾脏负担，诱发高血压病。肾病、心血管

病患者不可多吃食盐。

3. 有的人有时会晕车和晕船，这是因为体内的平衡感受器受到了刺激，这个感受器位于：______。

A．心脏里　　B．小脑里　　C．胃里　　D．耳朵里

答案：D

趣味题点：这个感受器位于耳朵的内耳里，分为周围前庭系和中枢前庭系，对维持身体平衡极为重要。

4. 红十字标志来自：______。

A．十字架　　B．美国国旗　　C．瑞士国旗

答案：C

趣味题点：1864年8月，来自12个国家的代表在日内瓦开会，规定交战双方承认医院和医务人员的中立，伤病员有不分国别得到治疗的权利。伤兵救护国际委员会便以白底红十字为标志，表示向首先发起和全力支持该组织的瑞士致意。1880年，该组织改称为“红十字国际委员会”。从此以后，红十字也就成为全世界医院和医务设备的标志了。

5. 防治疾病的基本原则是：______。

A．扶正祛邪　　B．泻实补虚　　C．调理阴阳　　D．祛除病邪

答案：C

趣味题点：中医理论认为，机体发生疾病，究其原因，皆由于阴阳失调之故。因此，饮食养生、治疗与康复手段，和药物疗法、针灸、气功、按摩、导引等一样，都将调理阴阳作为基本原则。

6. 平素体弱又不经常锻炼身体的人，从蹲位突然站起时，往往出现头晕、眼前发黑，甚至晕倒等现象，其原因是：______。

A．贫血　　B．饥饿　　C．直立性低血压　　D．高血压

答案：C

趣味题点：直立性低血压缘于体位的改变，血液不能及时供应大脑的需要，使得大脑一次性缺血缺氧，动作慢一些就会好的。

7. 引起生长激素分泌作用最强的因素是：______。

A．高血糖　　B．低血糖　　C．高血脂　　D．低血脂

答案：B

趣味题点： 血中糖、氨基酸与脂肪酸均能影响生长激素的分泌。当血糖降低时，对生长激素分泌的刺激作用最强，而氨基酸和脂肪酸则是在血液中含量增多时引起生长激素分泌增加。此外，性激素、甲状腺激素、运动和饮食等均能影响生长激素的分泌。

8. 因外伤患炎症验血时，往往会发现血液中增多的是：______。

A. 红细胞　　B. 白细胞　　C. 血小板　　D. 血红蛋白

答案：B

趣味题点： 当身体某处受伤或病菌侵入时，白细胞可以穿过毛细血管壁聚集到受伤的部位，吞噬病菌。同时，伤口周围出现红肿现象，这就是我们平时说的“发炎”，当病菌被消灭后，炎症随之消失。

三、趣味抢答

1. 中医看病的“四诊”指的是什么？

答案：中医诊病常采用望、闻、问、切四种诊察方法，习惯上简称“四诊”。望诊即运用视觉观察病人全身和局部的情况；闻诊即听病人的声音，嗅气味的变化；问诊即询问病情和与疾病有关的情况；切诊即切按病人脉搏和触按病人的皮肤、脘腹、手足的变化，以诊察了解病情。

2. 早在2 300多年前的周朝，庄子就提出“卫生”这个词，“原闻卫生之经而已矣”，其指的是什么？

答案：有关的防病保健的卫生知识。

3. 以下谜语均为一种中草药名，请说出其具体名称。

(1) 只生一个好

(2) 孩儿拜见父王

(3) 牧童

(4) 低头思故乡

(5) 偷梁换柱

答案：(1) 杜仲；(2) 太子参；(3) 牵牛子；(4) 怀熟地；(5) 木贼。

4. 请在叙述过程中抢答：这是什么树？

（1）这种树是中国的特产，自39年后先后传入欧洲、日本和俄国。

（2）早在2 000多年前，它就被《神农本草经》列为上品，至今已是名扬海外的贵重中药，有温补肝肾、持久降压的作用。

（3）由于它主要以树皮入药，所以各地经常发生这种树皮被偷剥事件，严重影响了这种名贵树种的生长。

答案：杜仲树

趣味乐园

针灸拔罐，病好一半

针灸和拔罐是我国人民长期以来防病治病的重要手段，已为世界许多国家所推崇和应用，民间有“针灸拔罐，病好一半”的说法。

针灸是针刺和艾灸疗法的合称。针灸疗法是运用针刺和艾灸的物理性刺激，通过腧穴与经络的传导作用，调动人体内在的抗病能力，达到治愈疾病的目的。针灸对许多疾病有非常显著的疗效，而且治疗方便。但其法虽简，其理却深。在操作时除注意正确严格消毒外，一定要注意选择穴位和针刺的角度及深度，否则容易发生危险。

拔罐疗法是一种借助热力和外力排出罐内空气，形成负压，使罐子吸在皮肤上面，造成局部充血或淤血的一种治疗方法。有行气、活血、消肿、散寒、吸脓的作用。所使用的工具非常简单，玻璃罐、杯子、药瓶，只要其口光滑，边缘平整即可，操作方法只要用镊子或手捏住燃烧着的一块或一团酒精棉，点燃后迅速丢入罐内，将罐扣在应拔的部位上，即可吸住，火立即熄灭。拔罐虽然用具简单，但是也要根据病情选择经络上的穴位或病区。

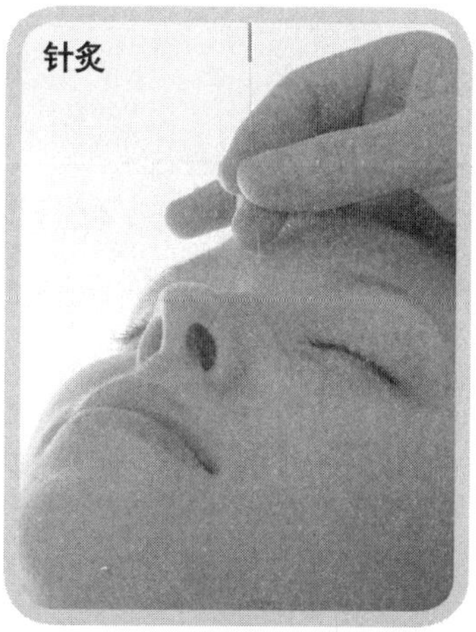
针灸

Chapter 14

第十四章 政治经济

和平与发展，是当今世界两大时代主题。从某种意义上说，和平与发展的关系，就是世界范围内的政治与经济的关系。政治和经济相互依存，相互促进，是人类社会走向美好未来的重要条件。

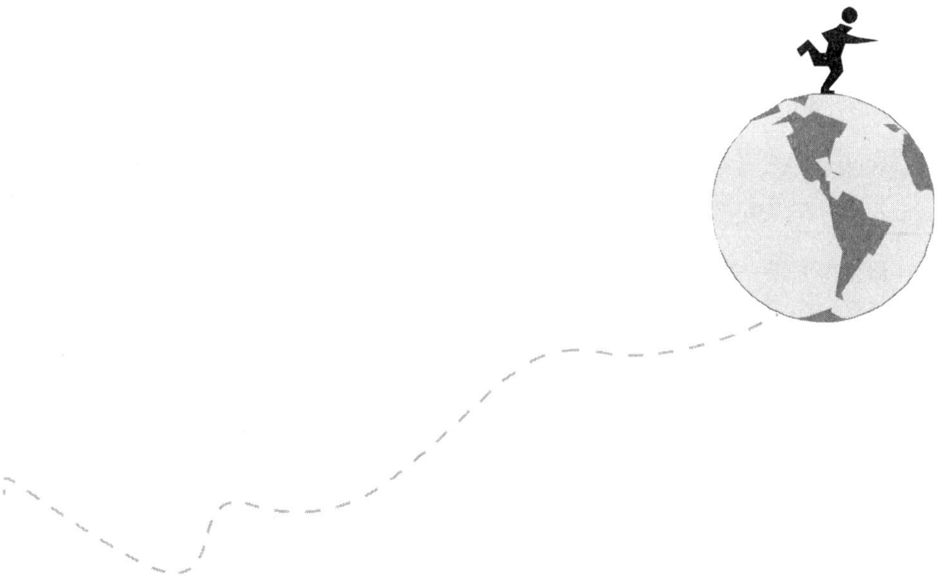

第一关 闯关总动员

每一历史时代的经济生产以及必然由此产生的社会结构，是该时代政治和精神的历史的基础。

——恩格斯

一、快速判断

1．伦敦“城”是一个城市。

答案：错

趣味题点： 伦敦“城”是英国伦敦中心区的一部分。它是英国工商业和金融中心。英国的大银行和许多垄断组织的总部都集中在这里。它已成为英国垄断资本的代名词。

2．贷记卡是可以透支的。

答案：对

趣味题点： 贷记卡是指发卡银行给予持卡人一定的信用额度，持卡人可在信用额度内先消费、后还款的信用卡。

3．白厅是英国最著名的一个会议厅。

答案：错

趣味题点： 白厅是英国伦敦市内的一条街。在这条街上设有一些英国政府机关，因此在新闻报道中，常用“白厅”来代表英国政府行政部门。

4．既然是股票，肯定得上市流通。

答案：错

股票交易所

趣味题点： 股票有多种，有由国家持有的国有股；有由企业、社会团体等法人持有的法人股；有由公司内部职工持有的内部职工股。它们都暂不能上市流通。能够上市流通的只有我们能在市场上买到的社会公众股或者叫做流通股。

二、智慧选择

1. 在我们的印象中，“西方国家”通常是指那些处于西半球的国家，其实不然。下列哪个国家不属于“西方国家”？（　　）

A．加拿大　　B．美国　　C．俄罗斯　　D．日本

答案：C

趣味题点：“西方国家”不是一个地理概念，而是一个政治概念，是泛指首先在西方出现的资本主义发达的国家。因为日本是发达的资本主义国家，所以也称为“西方国家”。

2. 中国最早的票号是以下的哪一家？（　　）

A．山西平遥日升昌　　B．山西平遥蔚泰厚

C．山西祁县三晋源　　D．山西平遥裕泰丰

答案：A

趣味题点：明末清初汇票作为汇兑的工具已开始流行。乾隆、嘉庆以后，由于埠际贸易扩展，汇兑业务发展迅速，专营汇兑的票号应时产生。道光初年，山西平遥县日升昌颜料庄改组为日升昌票庄，它是中国最早的一家票号。

3. 中国民主党派共有多少个？（　　）

A．8　　B．9　　C．10　　D．11

答案：A

趣味题点：民主党派指在中国内地范围内，除执政党中国共产党以外的8个参政党的统称。它们是：中国国民党革命委员会、中国民主同盟、中国民主建国会、中国民主促进会、中国农工民主党、中国致公党、九三学社、台湾民主自治同盟。

4. 欧元纸币共有7款，请问是以下哪7款？（　　）

A．200欧元、100欧元、50欧元、20欧元、10欧元、5欧元和1欧元

B．500欧元、200欧元、100欧元、50欧元、20欧元、10欧元和5欧元

C．1000欧元、100欧元、50欧元、20欧元、10欧元、5欧元和1欧元

D．5000欧元、1000欧元、100欧元、50欧元、20欧元、10欧元和5欧元

答案：B

趣味题点：除纸币外，欧元硬币的面值共有8种，分别为1分、2分、5分、10分、20分、50分、1欧元、2欧元。

5. 统一负责全国发票管理工作的是：______。

A. 国家税务总局　　B. 财政部

C. 国家监督局　　D. 国家物价局

答案：A

趣味题点： 根据《中华人民共和国发票管理办法》的规定，国家税务总局统一负责全国发票管理工作。在全国范围内统一式样的发票，由国家税务总局确定。在省、自治区、直辖市范围内统一式样的发票，由省级税务机关确定。发票的式样包括发票所属的种类、各联用途、具体内容、版面排列、规格、使用范围等。

6. 中华人民共和国何时恢复在联合国的合法席位？（　　）

A. 1970年　　B. 1971年　　C. 1979年　　D. 1949年

答案：B

趣味题点： 1971年10月25日，联合国第26届大会通过表决，恢复中华人民共和国在联合国一切合法权利。

7. 下列哪种个人所得依法不用纳税？（　　）

A. 工资　　B. 股票红利

C. 国务院批准发行的国家债券利息　　D. 存款利息

答案：C

趣味题点： 《中华人民共和国个人所得税法》规定：国债和国家发行的金融债券利息免纳个人所得税。

8. 联合国成立于何年？（　　）

A. 1944　　B. 1945

C. 1946　　D. 1950

答案：B

趣味题点： 1945年“二战”结束后，中国、法国、苏联、英国、美国5国以及大多数签署国签署了《联合国宪章》，并规定联合国这一国际性组织于1945年10月24日正式成立。从此，10月24日就成为联合国日。

联合国会徽

三、趣味抢答

1. 保险公司能买保险吗？

答案：能。保险公司买保险的做法，被称为“再保险”或“分保”。为了保障不致因意外而出现大的亏损，保险公司便把自己承保业务的一部分分到别的公司。另外，按有些资本主义国家的规定，保险公司经营业务量要受本身资本额的限制，而采用分保的方式，就可在不增资的情况下，增加业务数量。

2. 什么叫“财政赤字”，为什么叫“赤字”？

答案：“财政赤字”即预算赤字，指财政年度预算中支出大于收入的差额部分。这个差额部分在会计上习惯用红字表示，所以叫财政“赤字”。

3. 什么是国体和政体？

答案：国体是指一个国家的性质。比如我国是人民民主专政，美国是资产阶级专政。

政体是一个国家的政权组织形式。比如总统制、议会制等。我国是人民代表大会制度。

国体和政体的关系：

政体和国体相互依存、对立统一，不可分割。没有政体，国体无从体现，没有国体，政体无从存在；国体是政体存在和发展的基础，决定着政体的存在形态。政体是由国体决定的，有什么性质的国家，就要求有什么样的政体与之相匹配；政体是国体的体现和反映，对国体有能动的反作用。

4. 人们通常用恩格尔系数来判断消费结构层次的高低。恩格尔系数越小，则消费结构的层次越低还是越高？

答案：高。恩格尔系数是由 19 世纪德国的统计学家恩格尔提出的。恩格尔系数是指食物支出金额占家庭总支出金额的比率。一个家庭收入越少，其中用来购买食物的支出所占的比重越大。随着家庭收入的增加，家庭总支出中用来购买食物的支出将会下降。一个国家越穷，每个国民的平均支出中用来购买食物的费用所占的比重就越大。

趣味乐园

大写数字额的由来

当人们开具正式票证时，除了把金额写成阿拉伯数字外，还要写上汉字大写数字，这是我国财经账务上的一个规定。关于它的起源，还要追溯到明朝。

明朝初年，郭桓曾任户部侍郎，他利用职权，勾结地方官吏更改数字，大肆侵吞政府钱粮，使明初孱弱的财政遭到巨大损失。

为了杜绝这类案件的再次发生，朱元璋制定了严格的惩治经济犯罪的法令，并在全国财务管理上实行了一些有效的措施，其中较重要的一条就是把记载钱粮数字的汉字“一、二、三、四、五、六、七、八、九、十、百、千”改用“壹、贰、叁、肆、伍、陆、柒、捌、玖、拾、陌、阡”。这10个读音相同但不易更改的字，作为庄重场合（如财物收据、记账）的专用数目字。这一方法的实行，防止了财务官员乱改数字，堵住了一些财务管理上的漏洞，对巩固新生的明朝政权，起到了一定的作用。后来，人们在使用这种数字记账的过程中，又逐渐用“佰仟”二字取代了“陌阡”二字。到了近代，阿拉伯数字引入我国，财务系统中用它与汉字大写数字相配合，具有相当大的实用性，因而一直沿用至今。

人民币

第二关 闯关热身操

经济是基础，政治则是经济的集中表现。

——毛泽东

一、快速判断

1. 中国货币史上的第一个货币立法是秦始皇时期的“半两钱”的规定。

答案：对

趣味题点： 公元前221年，秦始皇统一中国，接着实行了一系列巩固封建中央集权的措施，统一货币就是其中之一。秦规定全国使用统一的货币，统一的货币分黄金和铜钱两种，黄金为上币，以镒为单位，铜钱为下币，按枚使用，币面铸有“半两”二字，表明每枚的重量是半两，史称“半两钱”。同时禁止其他财物作为货币流通。

2. 世界上第一个无产阶级政权是苏维埃政权。

答案：对

趣味题点： 1917年11月7日（俄历10月25日），俄国布尔什维克党和列宁领导的工人和革命士兵，推翻了资产阶级政权，建立了世界上第一个无产阶级政权——苏维埃。这就是伟大的震惊世界的十月社会主义革命。

3. 居民在银行储蓄，人民币存款以“元”为计息单位，“角”是不计息的。

答案：对

趣味题点： 存款的计息起点为元，元以下角分不计利息。利息金额算至分位，分以下尾数四舍五入。除活期储蓄在年度结息时并入本金外，各种储蓄存款不论存期多长，一律不计复息。

4. 我国是世界上最早使用纸币的国家，中国历史上最早使用的纸币是元代的“中统钞”。

答案：错

趣味题点： 我国是世界上最早使用纸币的国家，中国历史上最早使用的纸币是北宋的“交子”。

二、智慧选择

1. 按照我国有关法律规定，经营者对于消费者提出索要购物凭证的要求：______。

A. 可与消费者商量后定　　B. 金额较小的可以不出

C. 只对金额较大的出具　　D. 必须出具

答案：D

趣味题点： 经营者提供商品，应当按照国家有关规定或商业惯例向消费者出具购物凭证或单据。

2. 我国第一家契约型开放式基金是：______。

A. 华安创新证券投资基金

B. 博时价值增长基金

C. 海富通收益增长基金

答案：A

趣味题点： 2001 年 3 月，中国证监会批准了华安基金管理公司为第一家开放式基金的基金管理人，其管理的第一只开放式基金——创新基金在全国发行。

3. “WHO”代表什么世界组织？（　　）

A. 世界石油输出国组织　　B. 世界绿色和平组织

C. 世界卫生组织　　D. 世界贸易组织

答案：C

趣味题点： 世界卫生组织 (World Health Organization，WHO) 是一个国际性组织。1946 年 7 月，世界卫生组织在纽约成立筹备会，并通过世界卫生组织法。1948 年 4 月 7 日，该法得到 26 个联合国会员国的批准并生效。同年 6 月 24 日，世界卫生组织在日内瓦召开的第一届世界卫生大会上正式成立，总部设在瑞士日内瓦。

4. 中国人自己创办的第一家证券交易所是 1918 年夏天成立的，它是下面的哪一家交易所？（　　）

A. 上海华商证券交易所　　B. 北平证券交易所

C. 天津证券交易所　　D. 南京证券交易所

答案：B

趣味题点： 中国人自己创办的第一家证券交易所是 1918 年夏天成立的北平证券交易

所。1920 年，上海证券物品交易所得到批准成立。天津证券交易所在 1952 年关闭，旧中国的证券市场相继消失。1990 年 12 月和 1991 年 6 月，上海证券交易所和深圳证券交易所相继成立，我国证券市场正式形成。

5. 下列有权依法对外汇市场进行调控的是：______。

A．国家开发银行　　B．中国银行

C．中国人民银行　　D．经营外汇业务的金融机构

答案：C

趣味题点：中国人民银行根据货币政策的要求和外汇市场的变化，依法对外汇市场进行调整。

6 世界上建立最早的资产阶级国家是：______。

A．英国　　B．美国　　C．德国　　D．荷兰

答案：D

趣味题点：荷兰（尼德兰）是第一个完成资产阶级革命的国家，英国是第一个完成第一次工业革命的国家，法国紧随其后。美国、德国、日本在第二次工业革命中开始成长。

7. 以下哪一个银行是最早出现的近代银行？（　　）

A．瑞士银行　　B．花旗银行

C．威尼斯银行　　D．雄鹰银行

答案：C

趣味题点：近代银行的出现是在中世纪的欧洲，在当时的世界中心意大利首先产生。意大利于 1171 年设立的威尼斯银行是最早成立的近代银行。

8. 个人住房公积金贷款最长年限为：______。

A．20 年　　B．30 年

C．40 年　　D．50 年

答案：B

趣味题点：个人公积金贷款最高可贷 30 年。个人贷款最高额度一是受当地最高限额的限制（如杭州最高 40 万元），二是受个人账户余额和所购房值的影响。

三、趣味抢答

1. 什么是不结盟运动？

答案：不结盟运动是指奉行独立自主、和平中立和不与任何大国结盟的运动，又称“不结盟主义”。1956 年，南斯拉夫总统铁托、埃及总统纳赛尔和印度总理尼赫鲁举行会谈，针对当时东西方两大军事集团严重对抗，使夹在其中的广大中、小国家深受其害的情况，提出了不结盟的主张。1961 年 9 月，在南斯拉夫、埃及、印度和印度尼西亚等国的倡议下，第一次不结盟国家首脑会议在南斯拉夫首都贝尔格莱德举行，25 个国家出席了会议，不结盟运动正式形成。

2. 什么是“象驴之争”？

答案：象驴之争是指美国民主党与共和党的总统选举之争。“大象”是共和党的党徽，“驴子”是民主党的党徽。四年一次的美国总统选举又称为“驴象之争”或“驴象赛跑”。民主党与共和党分别以驴和象作为自己的象征，源于德裔美国政治漫画家汤姆斯·纳斯特的讽刺漫画。

1874 年，美国报纸上出现了画家汤姆斯·纳斯特的一幅漫画。画中有一架跷跷板，板的两端分别坐着一头驴和一头象，驴子的一方写着“民主党”，大象的一方写着“共和党”。此漫画一出现，立刻引起了人们的兴趣，都说这幅画画得再贴切不过了。

原来，美国政体实行两党制，垄断资产阶级利用两党“走马灯”式的轮流执政，借以调节资产阶级的内部关系。又通过两党的互相攻击和谩骂，制造民主假象，转移人民的注意力。因此，两党制对于维持资产阶级的统治起了重要作用。恩格斯把这种由两党执政的制度形象地叫做“跷跷板游戏”。

有意思的是，这两个党都欣然接受了这幅画。民主党认为驴象征自己的倔强；共和党认为自己恰恰像大象一样稳重，于是这两个党干脆把驴和象做了他们的党徽。每逢竞选时，双方都高举着分别绘有驴和象的旗帜，鼓乐喧天地到处进行演讲、宣传等活动。久而久之，人们便习惯地把两党的选举竞争称之为“象驴之争”了。

3. 有限责任公司是不是股份有限公司？

答案：不是。与股份有限公司比较，有限责任公司的股东较少，人数超过规定就必须转为股份有限公司。同时，有限责任公司的资本并不必分为等额股份，也不公开发行股票，股东持有的公司股票可以在公司内部股东之间自由转让。

4. 国民收入是物质生产部门创造的，因此国民收入的分配也只能在物质生产部门范围内进行。这句话对还是错？

答案：错。国民收入的初次分配是在物质生产领域中进行的，经过初次分配，形成国家、企业和个人三种原始收入；国民收入的再分配则是在全社会范围内进行的，即对三种原始收入进行再分配。

趣味乐园

什么是“按揭”

“按揭”一词源自英语“Mortgage”，其含义既为“抵押贷款”，又为“商品房抵押贷款”。它是指抵押人（借款人）将其合法拥有的物业作为抵押物抵押给抵押权人（贷款人），保证抵押权人为第一受益人并保证履行商品房按揭（抵押）贷款合同项下的全部义务，从而从抵押权人处取得一定数量和期限的贷款。

按揭可以分为现楼按揭贷款和楼花按揭贷款。现楼按揭是指借款人借款购买现楼，而以购得现楼作抵押。楼花按揭是金融机构对购买楼花（尚未完工前整栋、分层或分单元先预售的楼房）的置业者提供的以借款人依据购房合同具有权利为抵押的按揭贷款。

“按揭”具有房地产抵押及分期还款两层含义。它是指按揭人将物业的产权转让于按揭受益人（银行）作为还款保证，还款后，按揭受益人将物业的产权转让回给按揭人。

第三关 闯关进行时

政治学并不制造人类，然而它使人类脱离了自然，并驾驭他们。

——亚里士多德

一、快速判断

1. 如果名义利率低于通货膨胀率，储蓄是不划算的。

答案：对

趣味题点： 名义利率是中国人民银行公布的银行储蓄的利率，它没有除去通货膨胀以后的影响。除去通货膨胀影响以后的利率叫做实际利率。一般实际利率都比名义利率低。名义利率低于通货膨胀率时，实际利率就会变为负值，因此，此时存款不划算。银行也是根据这些情况进行调息的。

2. “舰队街”是因为这条街陈列着不同时期退役下来的舰艇而得名。

答案：错

趣味题点： 舰队街是英国伦敦西部的一条街。英国的大报馆、大出版公司和报业垄断集团的总部多数设在这条街上或其附近，因而它成为英国新闻界和英国报业垄断资本的代名词。

3. 牛市是指股票市场前景看好，股价节节上升，像牛抬着头向前冲顶。牛市也叫空头市场。

答案：错

趣味题点： 牛市也叫多头市场。与牛市相对应的是熊市，熊市是指股票市场前景暗淡，股价不断向下跌，像熊低着头慢慢向前走。熊市也叫空头市场。

4. 在海外股票市场上，投资者把那些在其所属行业内占有重要支配地位、业绩优良、成交活跃、红利优厚的大公司股票称为红筹股。

答案：错

趣味题点： 在海外股票市场上，投资者把那些在其所属行业内占有重要支配地位、业绩优良、成交活跃、红利优厚的大公司股票称为蓝筹股。红筹股这一概念诞生于20世纪90年代初期的香港股票市场。香港和国际投资者把在境外注册、在香港上市的那些带有中国内地概念的股票称为红筹股。

二、智慧选择

1. 股份有限公司的“有限”是指：______。

A．股份数量有限　B．股东数量有限　C．股东责任有限

答案：C

趣味题点： “有限”就是指股东对公司的债务履行到股本赔光为止。

2. 中国共产党成立于何时？（　　）

A．1920年7月　B．1921年7月　C．1922年7月　D．1949年10月

答案：B

趣味题点： 1921年7月，中国共产党第一次全国代表大会在上海举行。大会通过了中国共产党的第一个纲领和决议，并选举产生党的领导机构——中央局。党的一大宣告了中国共产党的正式成立。

3. 第二次产业革命是以哪项的运用为标志？（　　）

A．蒸汽机的运用

B．电机的产生和电力的应用

C．计算机的广泛运用

答案：B

趣味题点： 第一次产业革命发生在19世纪初，以蒸汽机的发明为标志，第二次产业革命发生在19世纪末20世纪初，以电力的发明为标志。

4. 世界上面额最大的纸币面额为：______。

A．1万　　B．10万　　C．100万　　D．1 000万

答案：C

趣味题点： 1948年英格兰银行印制面额为100万英镑的钞票11张准备发行。专家认为没有必要发行如此巨大面额的纸币，理由是一旦被仿造者得手，将遭受巨大损失，也给使用者带来不安全感，银行随即决定废止，但留了一张盖有“注销”二字的纸币，送给该行一位资深职员作纪念。这位职员逝世后这张纸币被人廉价买走，后几经易手，1982年被一位收藏家以1.6万英镑买走，现已是价值连城的收藏品。

5. 下列哪种商品的需求价格弹性最小？（　　）

A．洗衣粉　　B．彩电　　C．香水　　D．食盐

答案：D

趣味题点： 商品的需求价格弹性是指其价格的变动率与它所引起的该商品需求量变动率的比率。需求价格弹性可以用来量度需求量对价格变动所作出的反应程度。一般来说，关系国计民生的基本消费品，如食盐、大米、食用油等商品的需求价格弹性较小，因为人们对它们的需求量不会随着价格的变动有太大幅度的波动。反之高档消费品，如电冰箱、彩电，消费弹性就大。

6. 中华人民共和国国家主席、副主席每届任期多少年？（　　）

A．3年　　B．4年　　C．5年　　D．6年

答案：C

趣味题点：中华人民共和国主席是中华人民共和国的代表。由全国人民代表大会选举产生，根据全国人大及其常委会的决定行使国家元首的职权。我国宪法规定，有选举权和被选举权的年满45周岁的中华人民共和国公民，可以当选为国家主席、副主席。国家主席、副主席每届任期5年，连续任职不得超过两届。

7. 全民所有制企业经营权包括：______。

A．占有、使用、收益和处分4项权能

B．占有、使用和依法处分权能

C．占有和使用权能

答案：B

趣味题点：全民所有制企业经营权是指企业对国家授予其经营管理的财产享有占有、使用和依法处分的权利。

8. 我国信用卡透支期限最长为：______。

A．6天　　B．16天

C．60天　　D．90天

答案：C

趣味题点：持卡人逾期仍未全部还款，银行自最早一笔透支交易的记账日起，按当前实际透支金额及天数以一定的透支利率计收利息。收取的利息部分不进入透支本金。透支期限最长不得超过60天。

信用卡

三、趣味抢答

1. 什么是北大西洋公约组织？

答案：美国与欧洲、北美主要发达国家建立的军事集团组织。简称北约，英文简称NATO。第二次世界大战后，美国推行遏制苏联的战略，1949年4月4日与加拿大、英国、法国、比利时、荷兰、卢森堡、丹麦、挪威、冰岛、葡萄牙、意大利共12国在华盛顿签订了《北大西洋公约》，宣布成立北大西洋公约组织，公约于1949年8月24日生效。“北约”是针对当时苏联和东欧社会主义国家的军事政治集团，至2006年共有26个成员国。总部在比利时首都布鲁塞尔。北大西洋公约组织的宗旨是：成员国在集体防务和维持和平与安全方面共同努力，促进北大西洋地区的稳定和福利。上世纪90年代后，随着华沙条约组织的解体和冷战的结束，北约迅速调整战略，以“全方位应付危机战略”取代“前沿防御战略”，通过北约东扩和推行“和平伙伴关系计划”竭力向中、东欧和前苏地区拓展影响，在欧洲安全事务中发挥着日益重要的作用。

2. 被称为“战争时期第一人，和平时期第一人，同胞心目中第一人”的人是谁？

答案：乔治·华盛顿。他是美国开国元勋之一，独立战争时期任大陆军总司令，后来成为美国独立后第一任总统。

3. 世界上进出口贸易量最大的是哪个国家？

答案：美国。

4. 人民币是中国的法定货币，它是什么时候开始发行的？

答案：1948 年 12 月 1 日。

趣味乐园

胜利手势“V”字的由来

“V”形手势表示“Victory”（即“胜利”）这一点早已为人们所熟知，但是“V”字手势源于何时以及由此而引出的一些逸事，恐怕知道的人就不多了。

第二次世界大战期间，西欧沦陷，许多人纷纷流亡英国。当时有个名叫维克多·德拉维利的比利时人，利用电台，每天从英国向比利时进行短波广播，号召同胞们奋起抗击德寇占领军。1940 年的一天晚上，他在广播里号召人们到处书写“V”字，以表示对最后胜利的坚定信心。几天之间，在比利时首都布鲁塞尔和其他城市的建筑物上，大街小巷的墙壁上、树干和电线杆上、影剧院里，“V”字无处不在，甚至在德军重兵把守的兵营、岗楼和纳粹军官的住宅里，也出现了被视为不祥之兆的“V”字，搅得德国法西斯占领军心神不宁。

后来，“V”字不胫而走，传入欧洲各沦陷国。由于它形式简单明了，很快流传开来。朋友们见面，伸出食指和中指，打个“V”字，代替其他一切招呼。用这种无言的方式表达自己的心愿，成为当时的一种时尚。英国首相丘吉尔十分喜爱这一手势，于是“V”字更加出名。餐馆里，桌子上的刀叉被摆成“V”字，甚至钟表店里的时钟也被拨到 11 点 5 分。

第四关 闯关加油站

经济并不意味着消费货币，也不意味着节约货币。经济的意义在于经营和处理一个国家、一个家庭。

——罗斯金

一、快速判断

1. 在股市术语中，多头也称淡友。

答案：错

趣味题点： 在股市术语中，多头是指看好后市的人。他们现在买入股票以待日后股价上涨时抛出。多头也称好友。空头是指看坏后市的人，他们现在售出股票以待日后股价下跌时再行买入。空头也称淡友。

2. 借记卡是不能透支的。

答案：对

趣味题点： 借记卡是指先存款后消费（或取现）、没有透支功能的信用卡。其按功能不同，又可分为转账卡（含储蓄卡）、专用卡及储值卡。

3. 大额存单和定期存单是不同的，大额存单的一个特点是：可以在金融市场上转让，但不能提前支取。

答案：对

趣味题点： 所谓大额存单，一般又称为大额可转让存单。在我国，大额可转让定期存单，是银行发行的一种固定面额、固定期限、可以转让的大额存款凭证。其特点有以下几个方面：固定面额、固定期限、可以转让，并且利率相对一般定期存款要高。

4. 生存保险中，未成年人不可以作为被保险人。

答案：错

趣味题点： 为了防止道德危险，保障被保险人的生命安全，一般无民事行为能力的未成年人或精神病患者不能成为死亡保险的被保险人。但在生存保险和两全保险中，未成年人则可以作为被保险人，只是在死亡责任方面的保险金额有所限制，并且被保险人的身体健康状况要符合可保条件。

二、智慧选择

1. 股票是一种有价证券，以下哪一项不是股票的基本特征？（　　）

A．风险性　　B．期限性　　C．流通性

答案：B

趣味题点：股票是股份公司发给股东作为已投资入股的证书与索取股息的凭票，像一般的商品一样，有价格，能买卖，可以作抵押品。股份公司借助发行股票来筹集资金，而投资者可以通过购买股票获取一定的股息收入。购买股票是一项无确定期限的投资。

2. 实现“一国两制”的前提是：______。

A．港、澳、台享有高度自治权

B．国家的主体坚持社会主义制度

C．国家主权统一于中华人民共和国

D．港、澳、台保持原有的资本主义制度长期不变

答案：C

趣味题点：“一国两制”，即“一个国家，两种制度”，是邓小平为了实现中国统一的目标而创造的方针。“一国两制”政策宣称只有一个中国，中华人民共和国是中国的唯一合法政府，并在中国大部分地区实行社会主义制度，但是在中国的香港、澳门和统一以后的台湾实行资本主义制度。

3. 人们通常在商品价格低时大量购买，在价格高时少量购买，这种现象反映了：______。

A．需求规律　　B．供给规律　　C．供求规律

答案：A

趣味题点：在其他条件不变的情况下，需求量随价格的上升而减少，随价格的下降而增加，这就是需求的基本规律。

4. 最早提出“中国共产党”这个名称的人是：______。

A．陈独秀　　B．蔡和森　　C．胡适　　D．李大钊

答案：B

趣味题点： 最早提出“中国共产党”这一名称的是蔡和森。蔡和森是中国共产党早期领导人之一，他在留法勤工俭学期间，于1920年8月13日和9月16日给毛泽东的两封信中，详细地研讨了共产党问题。其中包括“明目张胆正式成立一个中国共产党”。在此期间，上海的陈独秀，北京的李大钊、张申府等人也通过信函讨论了党的名称问题，决定采用“中国共产党”作为中国无产阶级政党的名称。

5. **目前，老百姓有权拒收银行不足几成新的钞票？（　　）**

A．八成　　B．七成

答案：B

趣味题点：《中华人民共和国人民币管理条例》要求，人民币流通中必须保持一定的整洁度和完好度，并明确“金融机构不得向顾客支付残破、污损的人民币”。但由于核定“残破、污损”没有固定尺度，一直很难操作。现在，中国人民银行确定了“七成新”的标准，弥补了这一缺憾，并发放了参考票样，整洁度高于或等于此的为完整券，反之则为残损人民币。

6. **1948年12月1日中国人民银行成立的当天就发行了第一套人民币。第一套人民币最大面值的券别是以下哪一种？（　　）**

A．50元　　B．100元　　C．10000元　　D．50000元

答案：D

趣味题点： 第一套人民币发行之初，只发行了10元、20元、50元三种钞票，随后又发行了1元、5元、100元三种。但在实际流通使用中，由于战争动乱、物资缺乏、不法商家囤积炒作等原因，商品价格疯涨。粮食价格在1949年1年间涨了2000倍。人们买一件普通商品也要携带大量的钞票，很不方便。所以新发行的人民币钞票面额越来越大，最后一直发行到50000元的面额才满足了流通的需求。

7. **我国发行的国债有许多种类，其中通过证券交易所的交易系统发行和交易，可以记名和挂失的国债是：______。**

A．记账式国债　　B．实物国债

答案：A

趣味题点： 记账式国债又称无纸化国债，它是指将投资者持有的国债登记于证券账

户中，投资者仅取得收据或对账单以证实其所有权的一种国债。其特点是：记账式国债可以记名、挂失，以无券形式发行可以防止证券的遗失、被窃与伪造，安全性好；可上市转让，流通性好；期限有长有短，但更适合短期国债的发行。

8. 供大于求的市场被称为：______。

A. 买方市场　　B. 卖方市场　　C. 过剩市场

答案：A

趣味题点： 所谓“买方市场”，通俗地说，就是市场上多数商品呈供过于求的状态，商品交换的主动权掌握在购买者手中。反之，所谓“卖方市场”就是市场上多数商品呈供小于求的状态，商品交换的主动权掌握在出售者手中。

三、趣味抢答

1. 毛泽东说的“四人帮”指的是哪四个人？（　　）

答案：江青、王洪文、张春桥、姚文元。

2. 什么是南南合作？

答案：南南合作，指发展中国家之间的经济合作。因为发展中国家多在地球南半部，故称“南南合作”。南南合作作为随着大批亚非拉国家取得独立而出现的新生事物，起始于20世纪60年代初期，其纲领是：南方国家按照集体自力更生原则进行经济合作，加强政治、经济独立，并以此作为手段促进南北谈判，以实现建立国际经济新秩序的目标。

3. 什么是南北对话？

答案：当今世界上的200多个国家和地区，根据它们的生产力发展水平和贫富程度，被分为发达国家和发展中国家两类。因为发展中国家大多在南半球，所以通常被称为“南方”；发达国家大多在北半球，通常被称为“北方”。发展中国家同发达国家之间就经济关系进行的对话和会谈通常被称为“南北对话”。

黄金

4. 何谓金本位制度？

答案：金本位制是以黄金作为标准货币的制度，它指黄金作为价值的标准及主要的支付工具。英国于1821年首先实行金本位制度。19世纪70年代以后欧美各国和日本等主要资本主义国家相继仿效，金本位制由一国制度变为国际制度。金本位制分为三种类型：(1) 金币本位制；(2) 金块本位制；(3) 金汇兑本位制。

趣味乐园

新中国国旗与国歌由来

1949 年 6 月 15 日召开的新政治协商会议筹备会第一次全体会议上，决定在常委会下设立六个小组，而其中由马叙伦任组长，由叶剑英、沈雁冰任副组长的第六组，负责拟订有关国旗、国歌等方案。

自 1949 年 7 月 14 日至 8 月 15 日，《人民日报》等报纸同时刊登了新政协筹备会征求国旗图案的通知。在 1 个月的时间里，四面八方的人们踊跃投稿，最后国旗审查小组从近 3000 张国旗图案中筛选出 38 幅编为一本《国旗图案参考资料》，印发给每一位与会代表。

国旗应征图案要符合三个条件，即一要有中国特征；二要含有中国的地理、历史、民族、文化等因素；三要有政权特征，要体现出中国共产党领导之下的统一战线，并且国旗设计要求庄严简洁，一目了然。经过反复讨论，上海曾联松设计的五星红旗图案被筹备会一致通过作为国旗图案。按照曾联松的设想，一颗大星象征领导革命和国家建设的中国共产党，四颗小星象征广大人民。他把五角星设计为黄色，不仅与象征革命的红旗颜色相协调，也表达了中华儿女黄色人种的民族特征。毛泽东在谈到五星红旗的含义时指出：这个图案表现了中国人民的大团结。现在要大团结，将来也要大团结。因此，现在也好，将来也好，又是团结，又是革命。

在国歌问题上，新政协筹备会向全国发出了公开征求国歌词谱的通知，社会上反响非常强烈。截止到 1949 年 9 月下旬，共收到国歌稿件 600 余件。经过国歌词谱评选委员会慎重研讨，认为征集稿件中应选者尚少。因此，著名画家徐悲鸿建议用《义勇军进行曲》作为代国歌。此建议得到周恩来、梁思成等代表的一致赞成。当有人提出歌词中“中华民族到了最危险的时候”的句子是否过时时，周恩来说：“这首歌在历史上起过巨大的作用，尽管现在新中国成立了，但今后还可能有战争，还要进行艰苦卓绝的斗争。因此还要居安思危，还是用原词。”最后，这首在抗日战争中田汉仓促写在香烟衬纸上的歌词和聂耳呕心沥血谱的曲，受到了代表们的一致同意，成为中华人民共和国的代国歌。后正式定为国歌。

第五关 闯关大冲刺

能够在实际上为最大多数的治人者和治于人者创造最大的幸福的政治，便是最好的政治。

——欧文

一、快速判断

1. 在股市交易厅常能听到“斩仓”这个词，所谓“斩仓”就是将股票全部抛出。
答案：错

趣味题点： 在股市术语中，建仓是指买入股票；持仓就是指手持股票不卖，见机行事；斩仓就是指将股票赔本卖出；空仓就是指将股票全部抛出。

2. 世界历史上第一个无产阶级的政权组织是巴黎公社。
答案：对

趣味题点： 1871年3月18日，法国无产阶级在巴黎举行武装起义，推翻了资产阶级的统治，建立了世界历史上第一个无产阶级的政权组织——巴黎公社。

3. 在人身保险中，投保人可以变更受益人并书面通知保险人。
答案：对

趣味题点： 被保险人与投保人都有指定和变更受益人及受益顺序的权利，但投保人这一权利行使须经被保险人同意。无民事行为能力的人作为被保险人时，应由其监护人指定受益人。

4. 银行个人存款账户实名制，只有身份证能作为实名身份证件。
答案：对

趣味题点：《个人存款账户实名制规定》中的实名证件是指：（一）居住在境内的中国公民，为居民身份证或者临时居民身份证；（二）居住在境内的16周岁以下的中国公民，为户口簿；（三）中国人民解放军军人，为军人身份证件；中国人民武装警察，为武装警察身份证件；（四）香港、澳门居民，为港澳居民往来内地通行证；台湾居民，为台湾居民来往大陆通行证或者其他有效旅行证件；(五) 外国公民，为护照。

二、智慧选择

1. “小康”是一种介于温饱和富裕之间的生活发展阶段。不过，“小康”不是一个新词，它最早出自：______。

A.《诗经》　B.《论语》　C.《礼记》

答案：C

趣味题点：《礼记》相传是西汉戴圣编纂，“小康”见于《礼记·礼运》，是相对于“大同”而言的。

2. 下列哪一个国家不属于“ABC 国家”？（　　）

A. 阿根廷　B. 巴西　C. 智利　D. 古巴

答案：D

趣味题点：“ABC 国家”指拉丁美洲的阿根廷、巴西和智利三国。这三个国家英文名字的第一个字母分别为 A、B、C。这三国曾几次共同与他国签订条约，因而得名。

3. 下列机构哪一个不属于联合国的机构？（　　）

A. 联合国大会　B. 安理会　C. 国际法院　D. 国际奥委会

答案：D

趣味题点：联合国有 6 个组成部分：联合国大会、联合国安全理事会、联合国经济及社会理事会、联合国托管理事会、联合国秘书处、国际法院。

4. 公司发行新股，条件之一是必须：______。

A. 连续 2 年赢利　B. 连续 3 年赢利

C. 连续 4 年赢利　D. 连续 5 年赢利

答案：B

趣味题点：《中华人民共和国公司法》规定，公司发行新股，必须具备下列条件：(一) 前一次发行的股份已募足，并间隔 1 年以上；(二) 公司在最近 3 年内连续赢利，并可向股东支付股利；(三) 公司在最近 3 年内财务会计文件无虚假记载；(四) 公司预期利润率可达同期银行存款利率。

5. 世界上最大的区域性贸易集团是：

A．欧洲联盟(EU) B．世界贸易组织(WTO)

C．石油输出国组织(OPEC) D．东南亚国家联盟(ASEAN)

答案：A

趣味题点： 欧洲联盟(欧盟EU)是世界上一体化程度最高、影响最大的区域经济一体化组织。

6. 世界上最大的纸币是用什么原料制成的？（ ）

A．树叶 B．树皮 C．竹片 D．帛布

答案：B

趣味题点： 世界上最大的纸币始发于明洪武八年（1375年）的明朝户部用桑树皮纸印制的"大明通行宝钞"，其票幅面积为133mm×220mm，为世界上最大的纸币。

7. 我国对居民储蓄实行的政策是以下哪一项？（ ）

A．保护、鼓励 B．不保护、自愿 C．不鼓励、强制、付息

答案：A

趣味题点： 为了发展储蓄事业，保护储户的合法权益，国家对居民储蓄一贯实行鼓励和保护的政策。保护个人合法储蓄存款的所有权及其他合法权益，鼓励个人参加储蓄。

8. 依法纳税是公民的基本义务，下面对"纳税人"的理解，不正确的是：______。

A．只要负有直接纳税的义务，就是纳税人

B．纳税人包括所有法人和自然人

C．纳税人是由税法和企业和或个人所处的经济地位决定

D．不同的税种有不同的纳税人。

答案：B

趣味题点： 纳税人是指依照税法规定对国家负有纳税义务的人，而不是所有法人和自然人。

三、趣味抢答

1. 什么叫利空？

答案：利空是指有刺激股价下降的消息，对空头有利。

2. 当我们仔细观察时，就会发现无论哪种面值的人民币上，都有数量不同的凸起的小点儿。这些小点儿是做什么用的？

答案：盲人没有视觉，为了方便盲人使用钱币，在印制纸币时特意把这些小点儿印上，它们是盲文而不是什么特别的防伪标志。这些小点儿是凸起的，只要仔细一摸就能感觉出来，它们代表了不同的数值。当盲人使用人民币时，只要触摸这些小点儿，就能正确判断出手里的钱币值的大小了。

3. 中国国旗的长、宽比例是多少？

答案：旗面为红色，长方形，其长与高之比为3：2，旗面左上方缀黄色五角星五颗：一星较大，其外接圆直径为旗高3/10，居左；四星较小，其外接圆直径为旗高1/10，环拱于大星之右。旗杆套为白色。

4. 被称为旧中国"四大家族"的是谁？

答案：蒋介石，宋子文，孔祥熙，陈果夫、陈立夫兄弟。

趣味乐园

我国股票种种

A股：正式名称是人民币普通股票，它是由我国境内的公司发行，供境内机构、组织或个人（不含港、澳、台投资者）以人民币认购和交易的普通股股票。近年来，A股股票市场已初具规模。

B股：正式名称是人民币特种股票，它是以人民币标明面值，以外币认购和买卖，在境内（上海、深圳）证券交易所上市交易的，它的投资人限于：外国的自然人、法人和其他组织，香港、澳门、台湾地区的自然人、法人和其他组织，定居在国外的中国公民，中国证监会规定的其他投资人。

H股：正式名称是人民币特种股票。它是以人民币标明面值，以外币认购和买卖，在境内（上海、深圳）证券交易所上市交易。它的投资人限于外国的自然人、法人和其他组织，港、澳、台地区的自然人、法人和其他组织，定居在国外的中国公民，中国证监会规定的其他投资人。H股是注册地在我国内地、上市地在香港的外资股。取其香港的英文Hongkong字首，因此，在香港上市外资股就叫H股。

N股和S股是注册地在我国内地，分别在纽约和新加坡上市的股票，纽约的英文为New York，新加坡的英文为Singapore，取其字首，分别叫N股和S股。

Chapter 15

第十五章 教育科技

从古至今，教育和科技的发展水平，决定了一个人、一个组织、一个国家，乃至整个世界的发展进程。当今社会，机遇与挑战并存，置身其中的我们怎能对教育科技的有关知识缺乏了解？

第一关 闯关总动员

教育！科学！学会读书，便是点燃火炬；每个字的每个音节都发射火星。

——雨果

一、快速判断

1. 普利策奖是新闻、文化方面的大奖。

答案：对

趣味题点： 普利策奖分为两类，新闻界和创作界。普利策也是一个鼓励美国人的奖。新闻界的获奖者可以是任何国籍，但是获奖条目必须在美国周报（或日报）上发表。创作界的获奖者必须是美国公民，唯一例外是其中的历史奖。只要是关于美国历史的书都可获奖，作者不必是美国人。

2. 人类基因组计划被誉为生命科学“登月”计划。

答案：对

趣味题点： 人类基因组计划被誉为生命科学领域的“阿波罗登月计划”，是人类生命科学史上最伟大的工程之一，是人类第一次系统、全面地解读和研究人类遗传物质DNA的全球性合作计划。

3. MP3是一种音频压缩格式的缩写。

答案：对

趣味题点： MP3是一种“有损数字音频压缩格式”，全称是Moving Picture Experts Group Audio Layer Ⅲ简称为MPEG Audio Layer 3，由于这个格式使用广泛，就进一步简称为MP3。所谓“有损压缩音频格式”也就是对数字音频使用了对音质有损耗的压缩方式，以达到缩小文件大小的目的，来满足复制、存储、传输的需要。

4. “喝墨水”最早源于“在考试时对‘成绩滥劣者’要罚喝墨水”的规定。

答案：对

趣味题点：北齐朝廷曾下过命令：在考试时对“成绩滥劣者”要罚喝墨水。《隋书·仪礼志》里也规定：士人应试时，凡书迹滥劣的要罚饮墨水一升；甚至当秀才、孝廉等在会试时，监考官发现有“书写滥劣”的，也要叫他到专设的房间里去喝墨水。这条荒唐的法规沿袭了几个朝代，后来虽不实行了，但用“喝墨水”多少来形容知识的多少，却保留在词汇里。

二、智慧选择

1. 我国著名科学家袁隆平被称为：______。

A．杂交水稻之父　　B．中国水稻之父　　C．亚洲水稻之父

答案：A

趣味题点：袁隆平是我国研究与发展杂交水稻的开创者，也是世界上第一个成功地利用水稻杂种优势的科学家，被誉为“杂交水稻之父”。

2. “诺贝尔奖”是当今世界自然科学、社会科学等方面的顶级奖项，诺贝尔基金会设立在下面哪个国家？(　　)

A．瑞典　　B．瑞士　　C．法国　　D．美国

答案：A

趣味题点：瑞典著名的发明家、化学家诺贝尔，在1895年11月27日写下遗嘱，捐献全部财产设立基金，每年把利息作为奖金，授予“一年来对人类作出最大贡献的人”。瑞典政府于同年设立“诺贝尔基金会”，负责颁发此奖。

3. 我国瓷器的发明大约有多少年的历史了？(　　)

A．5 000　　B．4 000　　C．2 000　　D．1 000

答案：B

趣味题点：瓷器的发明已有近4 000年的历史。瓷器造型典雅、釉面光滑、便于拭洗，现在已成为世界上使用得最广泛、最受欢迎的生活用具。

4. 现在因为有尺子，所以测量长度是很方便的。那么，在古代还没有尺子的时候，人们是如何测量长度的？(　　)

A．使用树的“蔓”来测量长度　　B．用身体的一部分代替尺子使用

答案：B

趣味题点：通过研究发现：修建金字塔的时候使用的单位不是“米”，而是叫做“腕

尺”的单位。1腕尺大约是52.4厘米，是指人从胳膊肘到中指指尖的距离。也就是说以人身体的一部分为基础来定长度单位。我们平常所用的“米”，是在那之后很久才规定出的长度单位。

5. 珠算是由哪个国家发明的？（　　）

A．中国　　B．日本

C．韩国

答案：A

算盘

趣味题点：珠算是中国古代数学在计算方法方面继筹算之后的又一项重大发明。早在汉代，徐岳撰的《数术记遗》一书中，就曾记载了14种上古算法，其中有一种便是“珠算”。

6. 中国汉语水平考试的英文缩写是：______。

A．HSK　　B．CHS　　C．CHK　　D．CHSK

答案：A

趣味题点：中国汉语水平考试（HSK）于1997年在国外正式举办。通过HSK的不同等级考试，可获得由中国国家汉语水平考试委员会颁发的相应等级的“汉语水平证书”。

7. 我们国家历史悠久，关于称谓也发生了很多变化，西汉时学校的负责人叫：______。

A．校长　　B．教官　　C．文学

答案：C

趣味题点：“文学”现在是语言艺术的专用名词。

8. 下面哪位美籍华人、著名物理学家未获过诺贝尔物理学奖？（　　）

A．杨振宁　　B．李政道　　C．丁肇中　　D．吴健雄

答案：D

趣味题点：吴健雄（1912—1997年），生于江苏太仓浏河镇，美籍华人，著名物理学家，被世界各国誉为“中国的居里夫人”、“物理女王”、“华人之光”、“核物理学首席女物理学家”等。1990年南京紫金山天文台以她的名字命名了一颗新发现的小行星为“吴健雄星”。

三、趣味抢答

1. 我国科技界的“三钱”是指哪三位科学家？

答案：钱学森、钱三强、钱伟长。

2. 大家都知道鼠标的发明者是 Douglas Englebart 博士，他获得了 1997 年计算机科学的最高奖——图灵奖，请问他当时发明的鼠标用的是什么材料？

答案：木头。

3. 我国到了明朝已形成完备的封建科举考试制度，共分 4 级，请将下列 4 级考试按照从低到高的顺序排列。

A. 院试　　B. 会试　　C. 乡试　　D. 殿试

答案：A → C → B → D。

4. 有一颗金刚石和一颗与它形状、体积完全相同的玻璃仿制品，你能用肉眼把它们区别开来吗？试说明理由。

答案：能。金刚石具有对自然光的折射作用，因此观察金刚石可以看到彩虹效果，而普通玻璃没有这种效果。

趣味乐园

学校溯源

大约在公元前 3000 年已有“图形文字”和“象形文字”了。有了文字自然会有专门传授和学习的机构，当时称为“成均”，这就是学校的最初萌芽。

到了夏代，则有了正式以教为主的学校，称为“校”。商代学校又有增加，称为“学”与“瞽宗”。“学”又有“左学”、“右学”之别。前者专为“国老”而创，后者专为“庶老”而设。国庶之界在于贵族与平民。“学”以明人伦为主，“瞽宗”以习乐为宗。

西周是奴隶社会鼎盛时期，学校组织比较完善。当时分为国学与乡学两种。因地方区域大小不同，亦有塾、庠、序、校之别。一般情况下，塾中优秀者，可升入乡学而学于庠、序、校；庠、序、校中的优秀者，可升入国学而学于大学。国学为中央直属学校，乡学是地方学校。

后来，人们专用塾称呼私人设立的学校，叫私塾，庠、序成了乡学之名，学则和校合并，成为教育机构的通称，一直沿用到现在。

第二关 闯关热身操

科学不但能“给青年人以知识，给老年人以快乐”，还能使人惯于劳动和追求真理，能为人民创造真正的精神财富和物质财富，能创造出没有它就不能获得的东西。

——门捷列夫

一、快速判断

1. 把新、旧电池接在一起用可以省电。

答案：错

趣味题点： 一节电池用旧了，电池内部的电阻增大，电压降低，就不能再输出较大的电流。如果把新、旧电池接在一起用，旧电池内的电阻实际上就成了电路中的一个电器，会把电白白消耗掉，而且一直消耗到新、旧电池的电压相等时才停止。因此，新旧电池不能合在一起使用。

2. 一个人两只手里各拿着一个鸡蛋，把一个鸡蛋向另一个鸡蛋撞去。假如两个鸡蛋都是一样坚硬，大小、形状完全一样，而且都是同一部位互相碰撞，两个鸡蛋被碰破的可能性一样大。

答案：对

趣味题点： 从表面来看，两个鸡蛋所处的状况似乎是不同的，一个不动，一个在运动。其实，任何一个物体在运动，都是相对而言的，也就是说，至少要有两个物体相对位置的变化。所以从这点来看，我们说两个鸡蛋是在相互接近，它们所处的运动状况是相同的，因此，二者被碰破的可能性是一样的。

3. 21世纪高技术的核心是信息技术。

答案：错

趣味题点： 21世纪高技术的核心是生物技术。

4. 第一个公开向神学挑战并宣告自然科学的独立的科学家是哥白尼。

答案：对

哥白尼像

趣味题点： 哥白尼，波兰天文学家，日心说的创立者，近代天文学的奠基人。日心说是天文学史上一次伟大的革命，不仅引起了人类宇宙观的重大革新，而且从根本上动摇了欧洲中世纪宗教神学的理论支柱。

二、智慧选择

1. 许多城市都有电视塔，尽管电视塔的造型繁多，但它们的塔身都是圆柱形的，下面哪个选项不是电视塔建成圆柱形的原因呢？（　　）

A. 受力合理　　B. 防止“风噪声”

C. 用料省　　D. 美观

答案：D

趣味题点： 把电视塔身建成圆柱形有几大好处：一是结实耐用，省工省料省钱；二是它表面光滑，可以避免高空四面八方风力的袭击，延长使用寿命；三是可以防止“风噪声”形成，影响电视的播放与收看质量。

2. 生物科学发展到今天，生物技术研究的对象也已经从微生物扩展到动植物，从陆地生物扩展到海洋和空间生物，继20世纪80年代出现第二代蛋白质工程之后，又出现了第三代生物技术，它是：______。

A. 海洋生物技术　　B. 空间生物技术

C. 陆地生物技术　　D. 克隆技术

答案：A

趣味题点： 海洋生物技术的基础是分子生物学。它给海洋生物学家提供了通过改变遗传分子，人工设计海洋生物性状提供了可能。

3. 互联网上传输速率的单位是：______。

A. 比特／秒　　B. 文件／秒　　C. 帧／秒　　D. 米／秒

答案：A

趣味题点：我们平时所说的带宽传输速度是多少多少，它的单位其实是“比特/秒”，而我们所说的下载速度多少多少，它的单位是“字节/秒”。

4. 最早用来制作香水瓶的原料是：______。

A. 玻璃　　B. 白金

答案：A

趣味题点：在公元前4 000年左右，古埃及人就发明了制作玻璃的方法。花了几个世纪的工夫，他们发展了一种制作容器的方式：让熔化的玻璃液体通过一根金属管，并在管的另一端包上黏土泥芯。在玻璃渐渐变凉和变硬以后，再把泥芯刮掉。

5. 农业、制造业和服务业是我们传统的三大产业，所谓的“第四产业”是：______。

A. 智力产业　　B. 信息产业　　C. 能源产业

答案：B

趣味题点：在工业发达的国家，一般都把信息当做社会生产力发展和国民经济发展的重要资源，把信息产业作为所有产业核心的新型产业群，称为“第四产业”。

6. 目前世界软件出口最多的发展中国家是：______。

A. 印度　　B. 巴西　　C. 埃及　　D. 中国

答案：A

趣味题点：印度是目前世界上软件产品出口大国，仅次于美国。

7. 在人类社会的发展史上，经历了三次科技革命，其标志为：______。

A. 蒸汽机的发明、纺织机的发明、电子计算机的发明

B. 蒸汽机的发明、电力的发明、电子计算机的发明

C. 蒸汽机的发明、电力的发明、电子计算机的发明和原子能的发明与使用

D. 蒸汽机的发明、纺织机的发明、原子能的发明和使用

答案：C

趣味题点：第一次是18世纪中期—19世纪，蒸汽机的发明和使用使机器生产代替手工劳动；第二次是19世纪70年代—20世纪40年代，电力的广泛应用使电力取代蒸汽动力；第三次是20世纪40年代至今，电子计算机和原子能的发明和应用使自动化、信息化取代电气化。

8. 爱迪生是伟大的发明家，他一生中发明了数以千计的适用于人民生活的产品，他的第一项专利是：______。

A．电灯　　B．留声机　　C．投票记录机　　D．激光手术刀

答案：C

趣味题点：1868 年，爱迪生以报务员的身份来到了波士顿。同年，他获得了第一项发明专利权。这是一台自动记录投票数的装置。爱迪生认为这台装置会加快国会的工作，它会受到欢迎的。然而，一位国会议员告诉他说，他们无意加快议程，有的时候慢慢地投票是出于政治上的需要。从此以后，爱迪生决定，再也不搞人们不需要的任何发明。

三、趣味抢答

1. 获诺贝尔奖的夫妇都有谁？

答案：获 1903 年诺贝尔物理学奖的法国科学家皮埃尔 · 居里和玛丽 · 居里夫妇；获 1935 年诺贝尔化学奖的法国科学家约里奥 · 居里夫妇；获 1947 年诺贝尔生理学或医学奖的科里夫妇。

2. 获诺贝尔奖的父子科学家都有谁？

答案：共同荣获 1915 年诺贝尔物理学奖的布拉格父子；分别获 1905 年和 1937 年诺贝尔物理学奖的汤姆逊父子；分别获 1929 年和 1970 年诺贝尔生理学奖或医学奖的奥伊勒父子；分别获 1922 年和 1975 年诺贝尔物理学奖的玻尔父子；分别荣获 1924 年和 1981 年诺贝尔物理学奖的西格巴恩父子。

3. 荣获诺贝尔奖的华裔科学家有哪几位？

答案：荣获 1957 年诺贝尔物理学奖的杨振宁、李政道；荣获 1976 年诺贝尔物理学奖的丁肇中；荣获 1986 年诺贝尔化学奖的李远哲；荣获 1997 年诺贝尔物理学奖的朱棣文；荣获 1998 年诺贝尔物理学奖的崔琦。

4. 什么是“克隆”？

答案：“克隆”（Clone）本意是无性繁殖，它不是靠性细胞而是靠生物的体细胞进行繁殖。

趣味乐园

诺贝尔奖的来历

诺贝尔奖的设立者诺贝尔是瑞典人，生于1833年，卒于1896年。诺贝尔是发明炸药和雷管的科学家，他为后人留下了数百项发明，以及由此带来的巨额资金。他生前立下遗嘱，在他的遗产中提取920万美元作为基金，以其每年的利息奖给对世界科学事业有重大贡献的科学家，这就是现在的诺贝尔奖。

诺贝尔像

诺贝尔奖原设有物理学奖、化学奖、生理学或医学奖、文学奖、和平奖共5项，1969年又增设了经济学奖。1990年，诺贝尔的一位重侄孙提出增设诺贝尔地球奖，授予全世界为保护环境作出重大贡献的人士。这项被称为绿色诺贝尔奖的“联合国—地球是一体”奖于1991年6月5日首次颁发。长期以来，诺贝尔奖是世界上声誉最高的科学奖金。

第三关 闯关进行时

真正的教育者不仅传授真理，而且向自己的学生传授对待真理的态度，激发他们对于善良事物受到鼓舞和钦佩的情感，对于邪恶事物的不可容忍的态度。

——苏霍姆林斯基

一、快速判断

1. 电视图像是靠电磁波传递的。

答案：对

趣味题点： 当你打开收音机，听到的是电磁波传来的声音；打开电视机，听到的、看到的是电磁波传来的声音和图像；移动电话、无线对讲机、雷达、卫星等也是靠电磁波传递信息的。电磁波在信息的传递中扮演着非常重要的角色。

2. 我们现在处于一个信息时代，经常会听到“e 时代”这个词，这里的“e”是指网络。

答案：错

趣味题点：“e”是英文电子（electronic）一词的第一个字母，指的是电子。

3. 义务教育起源于英国。

答案：错

趣味题点：义务教育起源于德国。宗教领袖马丁·路德是最早提出义务教育概念的人。改革胜利后，为使人们都有学习《圣经》的能力，路德颁布了《义务教育法》。1619 年，德国魏玛公国公布的学校法令规定，父母应送其 6—12 岁的子女入学，这是最早的义务教育。在 1763 年到 1819 年，德国基本完善了义务教育法规。

4. 榜眼在北宋初期是指两个人。

答案：对

趣味题点：北宋初期，殿试录取的一甲第二、三名都称榜眼，意思是指榜中双眼。明、清两代专指第二名。

二、智慧选择

1. 首次成功克隆哺乳动物“多利”的国家是：______。

A. 英国　　B. 美国　　C. 德国

答案：A

趣味题点：“多利”是在英国首先克隆出生的，它翻开了人类分子生物克隆新的一页。

2. 南宋理学家朱熹重建的白鹿洞书院位于哪个省境内？（　　）

A. 安徽省　　B. 湖南省　　C. 江西省

答案：C

趣味题点：在江西省九江市庐山区海会镇与星子县交界之处，坐落着中国四大古书院之一的白鹿洞书院。白鹿洞原是唐代洛阳人李渤年轻时隐居求学之地。李渤养有一头白鹿自娱，白鹿十分驯服，常随主人外出走访游玩，还能帮主人传递信件和物品，因此以鹿名人，称李渤为白鹿先生，以鹿名地，称此处为白鹿洞。

3. 紫外线能够杀菌的主要原因是：______。

A. 破坏细菌的核酸　B. 破坏细菌的糖类　C. 破坏细菌的脂类

答案：A

趣味题点： 现代紫外线消毒技术是利用特殊设计的高效率、高强度和长寿命的C波段紫外光发生装置，产生的强紫外C光照射水、空气、物体表面，当水、空气、物体表面中的各种细菌、病毒、寄生虫、水藻以及其他病原体受到一定强度的紫外C光辐射后，其细胞中的DNA结构受到破坏，从而在不使用任何化学药物的情况下杀灭细菌、病毒，以及其他致病体，达到消毒和净化的目的。

4. 1987年9月20日，发出我国第一封电子邮件“越过长城，通向世界”揭开了中国人使用互联网的序幕的科学家是谁？（　　）

A. 钱学森　B. 钱天白　C. 钱三强　D. 王选

答案：B

趣味题点： 钱天白被誉为“中国上网第一人”，他发出中国第一封电子邮件，研发出中国最早的电子邮件系统。

5. 下列对清明两代“乡试”考试地点解释正确的是：______。

A. 在本乡　B. 在各县县城

C. 在各省省城　D. 在京城书院

答案：C

趣味题点： 明清时3年举行一次的乡试，也称为“大比”、“大以”。乡试由朝廷派官主持，各府、州、县的应考者会集省城，被录取者称为“举人”。因试期在秋天，又称秋闱。

6. 美国人口资料都放在电脑里，在2000年的一天，美国的一位106岁的老太太收到了一封小学入学通知书。而美国人口资料都在电脑里，这是为什么？（　　）

A. 老太太活到老学到老

B. 电脑的千年虫问题

C. 电脑中了“I love you”病毒

D. 电脑中了“CIH”病毒

答案：B

趣味题点：“千年虫”是指在某些使用了计算机程序的智能系统中，由于其中的年份只使用两位10进制数来表示，因此当系统进行跨世纪的日期处理运算时，就会出现错误的结果，进而引发各种各样的系统功能紊乱甚至崩溃。

7. 玩魔方可以开发智力，锻炼思维能力，魔方是由多少个小正方体组成的？（　　）

A．9个　　B．16个　　C．27个　　D．36个

答案：C

趣味题点：魔方有6个面，它们是：前面、后面、左面、右面、上面、下面。每个面都是3×3的正方形。每一面中的每个小正方形叫格。显然，魔方的每个面都有9格，共54格。整个魔方共分9层，从左到右分别是：左层、中层、右层；从上到下分别是：上层、中层、下层；从前到后分别是：前层、中层、后层。每一个层，都由若干方块组成。转动魔方，就是转动魔方的层。

8. 科学家经过长期研究认为最理想的燃料是：______。

A．天然气　　B．汽油　　C．氢　　D．液化气

答案：C

趣味题点：科学家经过长期研究，认为氢是一种最理想的燃料，因为氢燃烧后生成水，不会污染环境。同时，氢又是热效率最高的燃料。

三、趣味抢答

1. 钢铁工人在炼钢时，穿了一种不怕烧，不怕钢水、火星的衣服，你知道它是用什么材料做的吗？

答案：石棉。

2. 奴隶社会科学技术发展的高峰在古希腊，涌现了一大批科学家，请将下列誉称和相对应的科学家用线连接。

A．科学之父　　a．欧几里得

B．物理学之父　　b．泰勒斯

C．数学大师　　c．阿基米德

D．自然哲学大师　　d．毕达哥拉斯

E．几何学大师　　e．亚里士多德

答案：A——b；B——c；C——d；D——e；E——a。

3. 请根据叙述，猜一位科学家的名字。

(1) 他是一位犹太人。

(2) 他是诺贝尔奖获得者。

(3) 他是20世纪最伟大的科学家之一，因为他的相对论在全世界享誉盛名。

(4) 他爱好和平，是全人类命运的关注者。

答案：爱因斯坦。

趣味乐园

20世纪主要科学成就

1905年，爱因斯坦提出狭义相对论。

1909年，丹麦的约翰逊提出基因遗传学。

1912年，德国的魏格纳提出大陆漂移说。

1913年，丹麦的玻尔提出原子结构假说。

1915年，爱因斯坦完成广义相对论。

1916年，爱因斯坦完成受激辐射理论（激光）。

1919年，英国的卢瑟福首次实现人工核反应。

1926年，美国的摩尔根创立了基因学说。

1931年，美国的卡罗瑟首次合成纤维尼龙。

1931年，美国的杨基思发现无线电波。

1939年，美国的纽约实现第一次电视直播。

1945年，美国费米试验成功第一颗原子弹。

1946年，美国的埃克特发明了第一台电子计算机。

1953年，美国的沃森选定DNA模型。

1957年，苏联发射第一颗人造卫星。

1960年，美国的梅曼制成第一台激光机。

1966年，高锟、霍克提出光纤传输信息的设想。

1969年，美国登月成功，并首创基特网。

1975年，英国制成单克隆抗体。

1986年，瑞士、德国发现陶瓷材料的超导体。

1987 年，美国、中国获得高温超导体。

1990 年，美国成功发射哈勃太空望远镜。

第四关 闯关加油站

科学书籍让人免于愚昧，而文艺作品则使人摆脱粗鄙；对真正的教育和人们的幸福来说，二者同样有益和必要。

——车尔尼雪夫斯基

一、快速判断

1. 陶瓷不仅可以做碗和杯子，还可以用来制造汽车发动机。

答案：对

趣味题点： 发动机材料的重大改革是用高性能陶瓷零件逐步代替金属零件，直至发动机的主要零件，这就是人们说的陶瓷发动机。高性能陶瓷有许多优于金属的性能，例如，耐高温、耐磨损、耐腐蚀、重量轻和隔热性能好，这些特殊性能可使传统发动机面临的热效率低和结构复杂等许多难题得到合理的解决，并提高了发动机的性能和耐久性。

2. 太阳能电池实现了光能向电能的转换。

答案：对

趣味题点： 太阳能电池又称光电池、光生伏打电池，是一种将光能直接转换成电能的半导体器件。

3. 抗生素既能杀死细菌也能杀死病毒。

答案：错

趣味题点： 抗生素之所以能抑制和杀灭细菌，是因为它能干扰和破坏细菌的新陈代谢。由于病毒寄生在活细胞内，不具备独立的代谢功能，因此，抗生素对病毒感染也就显得无能为力了。

4. 条形码上记录的是该商品的相关信息。

答案：对

趣味题点： 在许多商品的包装纸上，都有一组黑白相间的条形图案，这种图案叫条形码。条形码是一种特殊的图形，里面包含了和商品有关的一些信息，如生产国代码、生产厂商代码、商品名称代码等，这些图形只有计算机才能“看”得懂。

二、智慧选择

1. 1987年9月20日，钱天白教授从内地发往西德的我国第一封电子邮件的内容是：______。

A. 团结、友谊、和平、进步　　B. 跨越长城，走向世界

C. 立足神州，放眼世界　　D. 携手中国，走向全球

答案：B

趣味题点： 我国著名网络专家，被誉为“中国上网第一人”的钱天白毕业于清华大学。1987年9月20日，钱天白向西德卡尔斯鲁厄大学发出中国第一封电子邮件，内容是“跨越长城，走向世界”，实现了中国网络与因特网的连接，使中国成为国际互联网大家庭的一员。

2. 我国古代通过科举考试选拔文武官吏，科举制度始于：______。

A. 隋朝　　B. 唐朝　　C. 宋朝

答案：A

趣味题点： 隋文帝杨坚统一中国后，为了选拔全国各地的人才，采取了开科取士的方法。

3. 中国传统书画用的是下列哪种纸？（　　）

A. 卡纸　　B. 宣纸　　C. 玻璃纸　　D. 蜡光纸

答案：B

趣味题点： 宣纸的出现与中国古代“四大发明”之一造纸术的发明息息相关。宣纸是由纸祖蔡伦发明的植物纤维造纸术发展演变而来的。

4. 中国古代科举制度中在常科、制科之外还有以武取才的设置，武举制度是由谁设立的？（　　）

A. 李世民　　B. 武则天　　C. 李隆基　　D. 赵匡胤

答案：B

趣味题点： 唐代武则天始创选拔武将的武举考试。至清朝时改称武科。历史上武举一共进行过约500次。相对于文科举，武科举较为不受重视。历朝的武举时而被废，时而恢复。而武举出身的地位亦低于文科出身的进士。

5. ______是海洋能发电的一种，而且它是海洋利用中发展最早、规模最大、技术较成熟的一种。

A．潮汐能发电　　B．波力发电　　C．潮流发电

答案：A

趣味题点： 潮汐是指海水受到月球和太阳的引力而产生的周期性涨落现象，而潮汐能是由于海水的涨落产生的机械能（主要利用的是动能）。

6. 在7个国际单位制中，不包括下面哪个？（　　）

A．坎德拉　　B．安培　　C．伏特

答案：C

趣味题点： 目前，国际单位制共有7个基本单位。国际单位制的基本单位为米、千克、秒、安培、开尔文、摩尔和坎德拉。

7. 火是人类科技发展过程中的第一个奇迹。没有用火的实践，人类可能永远走不出愚昧的时代。一位哲人说过，“火的使用不亚于后来人类发明蒸汽机”。请问，这句话是谁说的？（　　）

A．马克思　　B．恩格斯　　C．普罗米修斯　　D．孔子

答案：B

趣味题点： 恩格斯曾经说过：“火的使用不亚于后来人类发明蒸汽机，它使人类从自然界的束缚中摆脱出来，使人类从动物界提升出来了。”

8. 假如带电的电线断落在你身边的地上，为了防止触电，你应该：______。

A．赶快跑步离开　　B．单脚或双脚跳跃离开

答案：B

趣味题点： 跑步会在人体内形成电位差，步子越大电位差越大，危险性就越大，所以千万不要跑步离开危险区。

三、趣味抢答

1. 为什么用红色作为危险报告色？

答案：红色光源光波最长，最具有穿透力，在同样的天气条件下传播的距离最远。

2. 请根据叙述，回答这位人物是谁。

(1) 1914 年，他被湖北省官费选派到日本学习，加入同盟会，辛亥革命失败后，他又到英国伯明翰大学攻读硕士学位。

(2) 1920 年，他放弃国外优越的生活条件，回到祖国，担任北京大学地质系主任、地质学教授。

(3) 新中国成立后，在他的指导下，大庆、胜利、大港、华北等地油田相继被发现。

答案：李四光。

3. 1986 年 3 月，4 位中科院院士，著名科学家王大珩、王淦昌、杨家墀和陈芳允联名向中共中央提出了“关于跟踪世界战略性高科技发展”的建议，此建议被中央采纳，并被誉为“中国高科技发展的第一面旗帜”，你知道这个计划的名称吗？

答案：863 计划。

4. 北宋时期，我国有四大书院，请用线将书院名称和所在地连接起来。

A．嵩阳书院　　a．江西

B．睢阳书院　　b．河南中州

C．岳麓书院　　c．湖南

D．白鹿洞书院　　d．河南商丘

答案：A → b；B → d；C → c；D → a

趣味乐园

考试制度的来龙去脉

早在 1 300 多年前，我国就建立了通过逐级考试选拔人才的科举制度。之前，实行不经考试的推荐制度，叫做“九品中正制”。曹操当政时，提倡“唯才是举”。曹丕在 220 年采纳陈群的建议，让各郡推选有声望的人出任“中正”，将当地士人，按“才能”分别评定为九等，政府按等选用，称为“九品官人法”。隋文帝废除了九品中正制，隋炀帝时开始设置进士科，通过考试选拔官吏，叫做分科取士，即科举制度。唐代武则天执政时，亲自主持殿试，并增设武举。唐代以诗文取士，所以诗风很盛；宋代用经取士，所以理学很盛；明清两朝则用八股文取士；清代光绪三十一年(1905 年)科举制度被废除，开始推行学校教育。

第五关 闯关大冲刺

科学的真正的与合理的目的在于造福于人类生活，用新的发明和财富丰富人类生活。

——培根

一、快速判断

1. 中国古代的青铜器，造型新颖，种类繁多，以商、周、春秋时期的为多。其主要成分是铜与锡。

答案：对

趣味题点： 青铜，是指红铜与锡、铅等化学元素的合金，因颜色呈青灰色而得名。

2. 爱国华侨陈嘉庚出资兴建的大学是厦门大学。

答案：对

趣味题点：厦门大学创办人是毕生致力于兴办教育事业的爱国华侨陈嘉庚。此前，他在集美、厦门等地先后创办了幼儿园、小学、中学，以及师范、水产、商船专科学校等各级学校多所，还设立了图书馆、科学馆、体育馆和教育推广部等。

3. 1964年，我国第一颗氢弹爆炸。

答案：错

趣味题点：1964年，我国第一颗原子弹爆炸；1967年，我国第一颗氢弹爆炸。

4. 因发明激光照排技术而被誉为“当代毕昇”的科学家是王选。

答案：对

趣味题点：王选被人们誉为“当代毕昇”。他研制的汉字激光照排系统引发了我国印刷业“告别铅与火，迈入光与电”的一场技术革命。

二、智慧选择

1. 人类面临移植组织、器官短缺的实际困难。转基因动物的问世给人类带来福音。人们首先想到了一种动物，利用转基因技术为人类提供某种组织、器官。这种动物是：______。

A. 猴　　B. 黑猩猩　　C. 猪　　D. 羊

答案：C

趣味题点：科学家们首选的异种器官移植供体动物是猪。其主要原因是：猪的器官大小与人的相似，解剖结构与人类的也相同，生理指标相近；猪的血型抗原与人类的相近；生长周期短、投资少、经济，便于商品化；猪的许多具有药用价值的蛋白质可直接用于治疗人类疾病，多年应用无不良反应，如猪胰岛素等。

2. 我国现行居民身份证的前6位数字代表：______。

A. 地址　　B. 出生年月日　　C. 性别

答案：A

趣味题点：公民身份证号码按照GB 11643—1999《公民身份证号码》国家标准编制，由18位数字组成：前6位为行政区划分代码，第7—14位为出生日期码，第15—17位为顺序码，第18位为校验码。

3. “程门立雪”这个典故讲的是宋朝的杨时，为了见名士程颐而在他家门前冒雪等待的故事，那么杨时等待的目的是：______。

A. 拜访　　B. 请罪　　C. 道谢　　D. 辞别

答案：A

趣味题点：传说中的"程门立雪"的故事是这样的：杨时、游酢二人有一天去拜见老师程颐，当时程颐瞑目而坐，二人不敢惊动，在门外侍立等待。程颐醒来，门外积雪已经一尺深了。(见《宋史·杨时传》)成语"程门立雪"即由此而来。

4. 人一接近自动门门就会自动打开，这是因为安装了：______。

A. X射线传感器　　B. 红外线传感器

C. 紫外线传感器　　D. 灯光传感器

答案：B

趣味题点：人一接近自动门，红外线传感器就接收到人体反射回的电磁波，从而控制门自动打开。

5. 俗话说："没有规矩，不成方圆。"你知道规和矩是什么东西吗？(　　)

A. 尺子　　B. 鞭子

C. 绳子　　D. 方、圆的校正器

答案：D

趣味题点：所谓规，就是一种玉制的尺子；矩是一种最基本的测量工具。中国是一个讲规矩的国家。规矩的直接含义就是圆规直尺，而延伸的意义就是指法规和准则。

6. 用"桃李"比喻学生是从什么时候开始的？(　　)

A. 春秋　　B. 战国　　C. 唐代　　D. 清代

答案：A

趣味题点：汉朝《韩诗外传》载，春秋时，魏国有个叫子质的大臣，他得势时，曾保荐过许多人，后来丢官只身跑到北方，竟没有一个人帮他。简子劝慰他说："春天种了桃树、李树，夏天可以在树荫下纳凉，秋天还可以吃到可口的果实。可是如果种的是蒺藜，到夏天不但不能乘凉，它还会长出刺来扎人。所以，君子培养人才，就像种树一样，应先找好对象，然后再培植啊！"因此，后人就用"桃李"比喻培养有前途的人，如今则泛指学生。

7. 世界上第一台计算机ENIAC是哪一年研制成功的？(　　)

A. 1944　　B. 1945　　C. 1946

答案：C

趣味题点： 第一台电子计算机叫 ENIAC（电子数字积分计算机的简称，英文全称为 Electronic Numerical Integrator And Computer），它于 1946 年 2 月 15 日在美国宣告诞生。

8. 戴心脏起搏器的病人绝对不可穿：______。

A．棉制衣服　　B．丝绸衣服

C．磁疗衣服　　D．红外衣服

答案：C

趣味题点： 磁疗内衣，若磁场太强，对脑组织、生殖系统损伤严重。戴心脏起搏器的病人绝对不可穿磁疗衣服，否则，磁场干扰起搏器会造成生命危险。

三、趣味抢答

1. 请将下列科学家与所对应的科技成就用线连接。

A．普朗克　　a．发现无线电波

B．爱因斯坦　　b．量子假说

C．约翰逊　　c．狭义相对论

D．魏格纳　　d．基因遗传学

E．波尔　　e．大陆漂移说

F．卢瑟福　　f．原子结构假说

G．摩尔根　　g．首次实现人工核反应

H．卡罗瑟　　h．创立基因学说

I．杨基思　　i．首次合成纤维尼龙

答案：A——b；B——c；C——d；D——e；E——f；F——g；G——h；H——i；I——a。

2. 请将下列科技成就与所对应的时间用线连接。

A．飞机　　a．第一次科技革命

B．电话　　b．第二次科技革命

C．蒸汽火车　　c．第三次科技革命

D．纳米技术

E．基因工程

F．国际空间站

G．珍妮纺纱机

答案：A——b；B——b；C——a；D——c；E——c；F——c；G——a。

3. 请将以下缺乏的营养与其对应农作物表现症状用线连接。

A．缺硼　　a．玉米白苗病

B．缺锌　　b．棉花“蕾而无花”

C．缺钾　　c．果树叶缘烧焦干枯

答案：A——b；B——a；C——c。

4. 在地下建造铁路，地上就可以行驶更多的车辆，方便了人们的出行。可是，地铁是怎么开进地下的呢？

答案：地铁是在地上制造好之后，再开进地下的。将地铁送入地下的是一种叫做“引入线路”的特殊线路。就算地上有地铁的车库，也要使用这种线路把地铁开下去。当然，如果有些地铁存在地上行驶区间的话，也可以利用这一区间将地铁开入地下。

趣味乐园

科学之父

声学之父：德国克拉尼

力学之父：英国牛顿

星学之父：丹麦布拉赫·第谷

医学之父：古希腊波克拉特斯

矿物学之父：德国阿格里科拉

植物学之父：古希腊提阿弗勒斯脱

动物学之父：古希腊亚里士多德

地质学之父：英国赖尔

细菌学之父：德国科赫

核子科学之父：英国卢瑟福

近代化学之父：法国拉瓦锡

近代医学之父：法国巴斯德

近代电学之父：美国富兰克林

现代磁学之父：美国范弗莱克

现代化学之父：英国道尔顿

现代免疫学之父：丹麦耶纳

天体物理学之父：德国夫琅和费

恒星天文学之父：英国赫歇耳

Chapter 16

第十六章 法律军事

法律和军事，是人类用来维护秩序和正义、保障自由和效率的两大武器。对法律军事有关知识的问答，有助于我们做一个懂法、守法，遵守秩序、享受自由的理智公民。

第一关 闯关总动员

秩序意味着光明和安宁，意味着内在的自由和自我控制；秩序就是力量……秩序是人类最大的需要，是真正的幸福所在。

——阿米尔

一、快速判断

1. “阿哈迈德是一个埃及富商，他在国外娶了自己的第五位妻子。回国后，被他的元配夫人以重婚罪起诉，结果被判有罪，投入监狱。”这种情况是不可能的，因为当地人允许一夫多妻制。

答案：错

趣味题点： 埃及等阿拉伯国家的婚姻法只允许成年男子最多娶4个妻子。超出这一数字，即被认定为重婚。

2. 1972年3月11日，西班牙一法院对邮递员布里埃尔·格兰多斯作了目前世界上最长的徒刑判决——总刑期为384 912年。

答案：对

趣味题点： 根据该国法律规定，丢失一封信判9年，他在9年期间丢失信件40 000多封，故总刑期为384 912年，等于人类从类人猿变成现在的样子所需要的时间。

3. ××是我国的外交人员，在一次外交上邂逅了美丽的俄罗斯小姐，两人一见钟情，热恋后去登记结婚，却被告知因××的外交人员身份，两人登记结婚是不被允许的。

答案：对

趣味题点： 我国法律规定以下人员不能同外国人结婚：现役军人、外交人员、公安人员、机要人员和其他掌握重大机密的人员，以及正在接受劳动教养和服刑的人员。

4. 在法庭上，当事人的陈述不算证据。

答案：错

趣味题点：《中华人民共和国民事诉讼法》第一编第六章第六十三条规定，证据有下列几种：(一）书证；(二）物证；(三）视听资料；(四）证人证言；(五）当事人的陈述；(六）鉴定结论；(七）勘验笔录。

二、智慧选择

1. 军队从何时起被称为“长城”？（　　）

A．500年前　B．1 000年前　C．1 500年前　D．2 000年前

答案：C

趣味题点：最早将军队喻称为长城的，是1500多年前南朝时期的著名将领檀道济。《宋书》和《资治通鉴》记载，檀道济一生征战，所率军队常使敌军闻风丧胆。因他功勋显赫，引起宋文帝之宠臣刘湛和司徒刘义康的妒忌。他们力劝文帝召檀道济入朝，尔后又矫诏把他扣禁起来。昏庸的文帝偏信谗言，于元嘉十三年（436年）杀死了檀道济和他的儿子。檀道济临刑时，愤怒地投帻于地，说：“乃坏汝万里长城！”后来，北魏人得悉几位能征善战的名将被杀，便毫无顾忌地派兵伐宋。北魏太武帝亲率步骑10万人直逼宋都建康。宋君岌岌可危之际，才后悔杀了檀道济等军队将领，意识到军队确实犹如万里长城般重要了。

2. 义务兵从部队发出的平信，______邮递。

A．优惠　B．免费　C．和其他信件一样　D．看情况而定

答案：B

趣味题点：《中华人民共和国兵役法》第五十二条明确规定：义务兵从部队发出的平信，免费邮递。

3. 下列哪一位英雄不是在抗美援朝中牺牲的？（　　）

A．董存瑞　B．邱少云　C．罗盛教　D．杨根思

答案：A

趣味题点：董存瑞是在1948年在解放隆化的战斗中牺牲的。

4. 一天，张三因无钱上网，在商场前闲逛，发现一女士穿着时髦，手里拎一个皮包，张三便趁那位女士不注意，将其皮包抢走，发现皮包内有一部手机和3 000多元现金。张三的行为构成了刑事犯罪中的：______。

A．强奸罪　B．偷盗罪　C．网络犯罪　D．抢劫罪

答案：D

趣味题点：抢劫罪，是指以非法占有为目的，以暴力、胁迫或者其他方法当场强行劫取财物的行为。

5. 红军二万五千里长征开始于何年？（ ）

A．1930 B．1931 C．1934 D．1935

答案：C

趣味题点：二万五千里长征，简称“长征”，是第二次国内革命战争时期中国工农红军主力从长江南北各根据地向陕北革命根据地进行的战略大转移。1934 年 10 月开始，1936 年 10 月结束。历时两年，行程二万五千里。

6. 1937 年 8 月 13 日至 11 月 12 日进行的“八一三”淞沪战役是“七七”卢沟桥事变日本全面侵华开始后中国军队首次发起大规模战役。“八一三”淞沪会战中，国民政府调集数十万部队与日本军进行了一场空前规模的大会战。虽然淞沪会战最终以失败告终，但却用事实驳倒了日本人三个月灭亡中国的狂妄之言。由于参战的部队大都装备某国之装备并接受该国顾问训练，因此这些部队被赋予了一种特殊称谓，那么，这个称谓是什么？（ ）

A．美械师 B．英械师 C．苏械师 D．德械师

答案：D

趣味题点：淞沪会战中，国民党将其华中的精华——四个德械师中的三个，即第 87、88 师和中央军校教导总队投入了战斗，是一场和日本军硬碰硬的战役。

7. 严某 16 岁上高中时，出于好奇，写下一份遗嘱放入抽屉中，此后便将此事忘得一干二净。严某 19 岁时由于车祸去世，家人在清理其遗物时发现了这份遗嘱，这份遗嘱：______。

A．有效 B．无效

C．部分有效，部分无效 D．其法律效力由人民法院裁定

答案：B

趣味题点：只有具有完全行为能力的人才可以立遗嘱。因此，年满 16 周岁、并且以自己的劳动收入为主要生活来源的未成年人可以立遗嘱。其他的未成年人还属于限制行为能力人或无行为能力人，不可以立遗嘱，即使立下遗嘱，也是无效的。

8. 在医院里，一个刚降临人世的新生儿，被诊断出患有脑病。婴儿的父母听说新生儿患有这种病很容易成为痴呆儿，甚至会转化为脑瘫，便丢下婴儿不管

了。上述这名新生儿父母的行为是法律所禁止的______行为。

A．虐待　B．遗弃　C．歧视　D．溺婴

答案：B

趣味题点：弃婴行为根据刑法规定的遗弃罪进行处罚。《中华人民共和国刑法》第二百六十一条规定：对于年老、年幼、患病或者其他没有独立生活能力的人，负有扶养义务而拒绝扶养，情节恶劣的，处五年以下有期徒刑、拘役或者管制。

三、趣味抢答

1．在国防现代化建设中，一大批科学家为国家的核武器导弹事业呕心沥血，作出了杰出贡献。请将下列誉称与所对应的科学家用线连接。

A．中国导弹之父　a．王淦昌

B．火箭老总　b．钱学森

C．两弹元勋　c．黄纬禄

D．核弹先驱　d．邓稼先

答案：A——b；B——c；C——d；D　a。

2．请根据叙述，猜一个人名。

（1）他是世界历史上的著名人物。

（2）他曾经横扫欧洲，占领过西欧和中欧的大部分领土。

（3）滑铁卢是他战败的地方。

（4）他是一个法国人，曾经做过法国的皇帝。

答案：拿破仑。

拿破仑像

3．有期徒刑是指6个月以上多少年以下的刑期？

答案：15年以下（数罪并罚可到20年）。

4．我国护照有哪几种？

答案：我国护照分为外交护照、公务护照和普通护照。普通护照又分为因公普通护照和因私普通护照。公民因私出境应向公安机关出入境管理部门申请因私普通护照。

趣味乐园

中国人民解放军名称的来历

1945年8月11日，朱德总司令连续发布了二号、三号、四号、五号、六号、七号六项命令，在延安《解放日报》第1543号（中华民国三十四年八月十二日，即1945年8月12日）第一版公布了命令全文，总标题为“延安总部命令各部解放军向辽吉热察绥等省挺进”，这是我军第一次使用解放军的名称。1946年10月3日，在《解放日报》发表的《为实现一月停战协定及政协决议而斗争》的社论中指出：“蒋介石自顾不暇，在我人民解放军的打击之下，决无办法长久保持他们所占领的解放区城市。”这是我党在报纸上第一次公布“人民解放军”的称号。

1948年，中央军委根据中共中央政治局九月会议的精神，于11月1日发布通令，对全军的编制、番号做了统一规定，规定今后全军番号统一使用“中国人民解放军”称号，团和分区以上各部队，均冠以“中国人民解放军”字样，如“中国人民解放军华北军区”、“中国人民解放军华东野战军”等。

第二关 闯关热身操

自由是做法律所许可的一切事情的权利。如果一个公民能够做法律所禁止的事情，他就不再有自由了，因为其他的人也同样会有这个权利。

——孟德斯鸠

一、快速判断

1. 我国第一位女将军是李贞。

答案：对

趣味题点：我国第一位女将军是参加过红军长征的李贞。她19岁那年即1925年投身革命，参加过秋收起义，并领导组织了“浏东游击队”，1934 年参加了红军二万五千里长征，1951 年 6 月参加抗美援朝作战，1955 年被授予少将军衔。

2. 中国古代有“春秋五霸，战国七雄”之说。在齐桓公之后称霸的晋文公励精图治，使晋国具备了统一中国的物质基础。可是后来发生了“三家分晋”，使晋国分裂成赵、魏、宋三个国家。

答案：错

趣味题点：“三家分晋”是指中国春秋末年，晋国被韩、赵、魏三家瓜分的事件。

3. 从 2002 年 6 月 1 日起，我国审判人员在法庭开庭审理案件时开始使用法槌。

答案：对

趣味题点：最高人民法院以 2002 年第一号通知的形式，向全国法院发出《人民法院法槌使用规定（试行）》。根据最高法院的试行规定，法槌由审判长或独任审判员在审理案件时使用。在法官宣布开庭、继续开庭，宣布休庭、闭庭，宣布判决、裁定时应当使用法槌。

4. 中国古代就十分注重国防，其主要演变进程包括：从“执干戈以卫社稷”到“富国强兵”，从“先为不可胜，以待敌之可胜”到“兵民合一”，从“居安思危”到“修军政，变士风”，从“思大有为于天下”到“保国安民”等。其中，提出“兵民合一”作为国防思想的是汉武帝。

答案：错

趣味题点：提出“兵民合一”作为国防思想的是隋文帝。

二、智慧选择

1. 1955 年授衔的我军大将中，下列哪位没有参加长征？（　　）

A．粟裕　　B．徐海东　　C．陈赓

答案：A

趣味题点：中国人民解放军 10 位元帅中有 9 人，即朱德、彭德怀、林彪、刘伯承、贺龙、罗荣桓、徐向前、聂荣臻、叶剑英参加了长征（只有陈毅 1 人未参加长征），10 位大将中有 8 人，即徐海东、黄克诚、陈赓、谭政、萧劲光、张云逸、罗瑞卿、王树声参加了长征（只有粟裕、许光达 2 人未参加长征）。

2. 20 岁的李四没有工作，整日混迹于歌舞厅等游乐场所，有一天，不知道从何处弄到一些“白粉”，回家后正要吸食，碰巧他的表弟（中学生，17 岁）去家里找他，于是，李四便诱骗表弟与他一起吸食毒品。李四的行为是：______。

A．合法行为　　B．违反治安管理处罚条例的行为

C．犯罪行为　　D．一般违法行为

答案：C

趣味题点：《中华人民共和国刑法》第三百五十三条规定：“引诱、教唆、欺骗他人吸食、注射毒品的，处三年以下有期徒刑、拘役或者管制，并处罚金；情节严重的，处三年以上七年以下有期徒刑，并处罚金。”

3. 在北伐战争中赢得铁军称号的是由谁率领的独立团？（　　）

A．叶剑英　　B．陈赓　　C．叶挺

答案：C

趣味题点：叶挺独立团及其隶属的第四军作为北伐军的先头部队，连以上干部都是黄埔军校的毕业生，多为共产党员和共青团员，他们作战勇猛，纪律严明。1926 年 9 月，攻下了天险汀泗桥和贺胜桥，经过全军将士的浴血奋战，又攻克汉阳和汉口，战功显赫，因而被称为“铁军”。

4. 保健品生产企业要落实“健康、维权”的主题，必须着重把握好企业的“四关”，下列哪一项不属于这“四关”？（　　）

A．信誉关　　B．质量关　　C．品牌关　　D．价格关

答案：C

趣味题点：这“四关”分别是：信誉关、质量关、价格关、服务关。

5. 在抗日战争时期，八路军在一次伏击战中，歼敌 900 余人，缴获大量军用物资。被日军誉为“名将之花”、“山地战专家”的阿部规秀也命丧此役。阿部规秀是在整个抗日战争中被我军击毙的职务最高的日军指挥官。我军备受鼓舞，日军一片悲鸣。日本《朝日新闻》曾撰文称：“中将级指挥官阵亡，皇军成立以来不曾有过。”这次伏击战是：______。

A．黄土岭伏击战　　B．四平伏击战　　C．晋城伏击战

答案：A

趣味题点：1939 年 11 月 7 日，我军在黄土岭伏击战中击毙日军中将阿部规秀。

6. 某超市地下营业厅内张贴了一份顾客须知，其中下列哪一项违反了《消费者权益保护法》？（　　）

A．提醒消费者注意保管好自己的财物
B．要求顾客存包
C．超市在必要时有权对顾客所带的物品进行检查
D．要求顾客在其指定的交款处付款
答案：C

趣味题点： 超市无权对顾客所带的物品进行检查，这种行为侵害了消费者的人格尊严权。

7．我国法定的结婚年龄是：______。
A．男方不得早于 20 周岁，女方不得早于 18 周岁
B．男方不得早于 18 周岁，女方不得早于 18 周岁
C．男方不得早于 22 周岁，女方不得早于 20 周岁
D．男方不得早于 20 周岁，女方不得早于 20 周岁
答案：C

趣味题点： 我国法定结婚年龄男 22 周岁，女 20 周岁。此外，伊朗法定结婚年龄 9 岁；荷兰法定结婚年龄 12 岁，俄罗斯法定结婚年龄 14 岁；法国法定结婚年龄 15 岁；菲律宾法定结婚年龄 16 岁；韩国法定结婚年龄 16 岁。

8．齐国军师孙膑与魏国将军庞涓打仗时，在行军中命令属下逐日减少炉灶。随后追来的庞涓看到齐国军队炉灶的数量在一天天减少，误以为齐国军队的将士锐减，遂命令军队急速追击，结果中了齐军埋伏，兵败身亡。东汉时期，有人效仿孙膑，在敌众我寡的情况下，边撤退边命令军士逐日增加炉灶。敌人误认为对方援兵赶到，便不敢追赶。此人是：______。
A．虞诩　　B．诸葛亮　　C．周瑜
答案：A

趣味题点： 汉安帝元初二年（115 年），西北的羌族起兵反对汉朝统治，名将虞诩用计，打退羌兵。

三、趣味抢答

1．请把以下将领与其所指导的战役用直线连接起来。

A．蒙哥马利　　a．第三次长沙会战
B．拿破仑　　b．阿拉曼战役

C．罗伯特　　　　c．对马海战
D．朱可夫　　　　d．奥斯特里茨三皇会战
E．林彪　　　　e．辽沈战役
F．小毛奇　　　　f．奠边府战役
G．薛岳　　　　g．斯大林格勒战役
H．武元甲　　　　h．色当战役
I．东乡平八郎　　　　i．特拉法尔加海战
J．纳尔逊　　　　j．葛底斯堡战役

答案：A——b；B——d；C——j；D——g；E——e；F——h；G——a；H——f；I——c；J——i。

2．我们知道“一女多嫁”是不被允许的，那么一稿两投或多投呢？

答案：著作权人向报社、期刊社投稿的，自稿件发出之日起15日内未收到报社通知决定刊登的，或者自稿件发出之日起30日内未收到期刊通知决定刊登的，可以将同一作品向其他报社、期刊社投稿（双方另有约定的除外）。

3．《喀秋莎》是一首非常优美的俄罗斯歌曲。在第二次世界大战期间，为了抗击德国军队的疯狂进攻，苏联制造了一种新式武器，这种武器的特点是机动灵活，火力强大。为了对德军实施突然袭击，为保密起见，苏联军队将其命名为“喀秋莎”。这种武器是什么？

答案：“喀秋莎”是苏联卫国战争时期火箭炮的流行名称。系由沃罗涅日州的共产国际兵工厂组织生产，取共产国际俄文第一个字母K命名并印在炮车上。

4．我国刑法规定的主刑有哪几种？

答案：管制、拘役、有期徒刑、无期徒刑、死刑。

趣味乐园

世界军事之最

最大的战争：第二次世界大战，其规模之大、范围之广、死亡人数之多、损失之巨均属空前。

最早的帝国主义战争：1898年，美国和西班牙为争夺殖民地发生的

一场战争。

最早的火箭：中国早在公元1100年前后，便制成了世界上第一支以火药为动力的火箭，将火箭用于战争，这是火箭的起源。

最早使用地雷的国家：地雷发明于中国，最早使用于战争的是宋代。

最早有坦克的国家：1916年，“一战”中英军最早使用坦克向德国进攻，结果英军获胜。

最早使用潜艇的国家：“一战”中德国军事科学家们将潜艇使用于战争。

最先用于战争的原子弹：“二战”末期，美国在日本广岛投下了世界上第一颗用于战争的原子弹。

第三关 闯关进行时

没有自由的秩序和没有秩序的自由，同样具有破坏性。

——西奥多·罗斯福

一、快速判断

1. 美国马里兰州一个6岁小孩突发重病，其母外出寻医出诊，治好了孩子的病。但医生在得知该母亲外出时留孩子一人在家后，以该母亲不认真履行监护义务为由将其告上法庭。结果法庭认为该母亲的做法并无过失，判定医生败诉。

   答案：错

趣味题点：因为美国法律不允许把12岁以下的未成年人单独留在家中，故医生胜诉。

2. 1937年8月，八路军129师师长刘伯承和政委邓小平率部挺进晋东南，在敌后战场开展抗日游击战，打了许多漂亮的战役。其中被日军称为“第一流的游击战”的战役是指明阳堡战役。

   答案：错

趣味题点：1938年3月16日八路军第129师在山西省黎城地区进行的神头岭伏击

战，被日军称为“第一流的游击战”。

3. 某五星级宾馆客房中使用的肥皂无厂名、厂址。这种行为是违法的。

答案：对

趣味题点： 宾馆的这种行为违反了《中华人民共和国产品质量法》的规定。

4. 植树造林，利国利民。著名爱国将领冯玉祥在带兵打仗之余，常带领官兵植树造林，被誉为“植树将军”。

答案：对

趣味题点： 爱国名将冯玉祥爱树如命，曾在军中立下护树军令，“马啃一树，杖责二十，补栽十棵”。他驻兵北京，率领官兵广植树木，被誉为“植树将军”。驻兵徐州时，带兵种植大量树木，并写了一首护林诗：“老冯驻徐州，大树绿油油；谁砍我的树，我砍谁的头。”

二、智慧选择

1. “画地为牢”的“牢”在古代是指：______。

A．监牢　　B．圆圈　　C．篱笆

答案：B

趣味题点： 上古时，在地上画圈，令犯罪者立圈中，以示惩罚。后指限制在一定范围内。

2. 我国古代10大名曲中，有一曲表现的是2 000多年前，刘邦和项羽在垓下大战的故事。该曲通过节奏的变化和旋律的急速起伏，出神入化地表现了千军万马冲锋陷阵、往来奔突、鼓响金鸣、刀剑相击、人喊马嘶的大战场面，堪称惊天地、泣鬼神。此曲是：______。

A．《胡笳十八拍》　　B．《平沙落雁》　　C．《十面埋伏》

答案：C

趣味题点：《十面埋伏》乐曲以我国历史上的楚汉相争为题材，描绘刘邦和项羽在垓下决战的情景。乐曲主要歌颂了楚汉战争的胜利者刘邦，尽力刻画“得胜之师”的威武雄姿，全曲气势恢弘，充斥着金戈铁马的肃杀之声。

3. 关隘因其地势险要，易守难攻，具有重要的战略意义。历来为兵家必争之地。可以说，关隘记录了战争，见证了历史。我国目前尚存几十处著名关隘，有的已成为著名的旅游景点。其中“两京锁钥无双地，万里长城第一关”指的是：______。

A．嘉峪关　　B．居庸关　　C．山海关

答案：C

趣味题点： 山海关之所以被誉为“天下第一关”，一是从地理位置上，为万里长城东部起点的第一座关隘；二是从地理形势上，依山邻海，雄关锁隘，易守难攻。

4．在我国，女职工一般怀孕几个月以上，单位不得安排其从事夜班劳动？（　　）

A．7个月　　B．8个月　　C．9个月

答案：A

趣味题点：《女职工劳动保护规定》中第一条规定，女职工怀孕7个月以上，一般不得安排其延长工作时间和从事夜班劳动。

5．战国中后期，具备统一中国实力的国家仅剩下两个，他们是秦国和赵国。对赵国来说，最悲哀的事情莫过于“长平之战”，40万赵军被坑杀，从此赵国丧失了与秦国争雄的能力，而致使40万大军被坑杀的那位将军是谁？（　　）

A．廉颇　　B．赵奢　　C．赵括　　D．白起

答案：C

趣味题点： 战国时赵国名将赵奢之子赵括，年轻时学兵法，谈起兵事来父亲也难不倒他。后来他接替廉颇为赵将，在长平之战中只知道根据兵书办，不知道变通，结果被秦军大败。这也是成语“纸上谈兵”的出处。

6．某公民张老板上有70岁的老母，下有一子才10岁，当他得知自己得了不治之症后，为了使自己年幼的孩子不因为自己的去世而失去生活的来源，他决定立下遗嘱，将自己的所有财产死后全部由其子继承。当他与自己指定的遗嘱执行人到公证处公证时，遭到拒绝。这是因为：______。

A．他没有权利实行遗嘱继承，因为财产不是他的

B．他必须实行法定继承，因为法定继承最合理

C．他违反了遗嘱应当给没有劳动能力和缺乏生活来源的继承人保留必要的遗产份额的规定

答案：C

趣味题点：《最高人民法院关于贯彻执行〈中华人民共和国继承法〉若干问题的意见》第三十七条第一款规定：“遗嘱人未保留缺乏劳动能力又没有生活来源的继

承人的遗产份额，遗产处理时，应当为该继承人留下必要的遗产，所剩余的部分，才可参照遗嘱确定的分配原则处理。”上述条文属于法律的强制性规定，公民在立遗嘱时必须执行。

7. 坦克自1916年诞生以来，以强大的直射火力、高度的越野机动力和坚强的防护能力而跻身兵器之林。1916年，英国首先制造出“大游民”坦克，为了保密，当时称坦克为“TANK”，意为：______。

A．甲壳虫　　B．水箱　　C．矛盾

答案：B

趣味题点： 因为“水箱”的英文为tank，音译为“坦克”，所以坦克的名字也就这样被叫开，并被各国沿用至今。

8. 我国未成年人保护法规定，任何组织或个人不得招用未满______的未成年人，国家另有规定的除外。

A．14周岁　　B．16周岁　　C．18周岁

答案：B

趣味题点：《中华人民共和国未成年人保护法》第二十八条规定：任何组织或者个人不得招用未满十六周岁的未成年人，国家另有规定的除外。

三、趣味抢答

1. 毛泽东在《中国革命战争的战略问题》中，曾引用了我国古代以弱胜强的6个著名战例，请把每个战例与胜方主帅用线连接起来。

A．楚汉成皋之战　　a．刘秀

B．新汉昆阳之战　　b．曹操

C．袁曹官渡之战　　c．周瑜

D．吴魏赤壁之战　　d．陆逊

E．吴蜀彝陵之战　　e．谢玄

答案：A——e；B——a；C——b；D——c；E——d。

2. 公民的正当权益受法律保护，那么公民之间的借贷关系受法律保护吗？

答案：《中华人民共和国民法通则》规定，合法的借贷关系受法律保护。确定借贷是否合法，应从借贷目的和用途区别。对于非法债务，法律不予保护。

3. 当今世界三大公害是什么？
答案：环境污染、吸毒和青少年犯罪。

4. 现在，我们可以在很多国旗、军旗、党旗上看见红色，那么在大多数国家的国旗上，红色象征什么？
答案：革命斗争。

趣味乐园

军旅之最

最早的战旗：公元前1122年，商王朝首先使用战旗。

最早的军乐：14世纪，欧洲的奥斯曼帝国在军队里建立乐队。

最早的军礼：18世纪，英国海军打败西班牙舰队，英女王接见有功官兵时，全体官兵一律用手遮住双眼，后演化为军礼。

最早的军衔：15世纪，意大利雇佣军用军衔区分军人职务。

最早的头盔：现代战争中使用的头盔，是1914年法国将军亚德里安发明的。

最早的沙盘：32年，东汉刘秀在陇西隗嚣战役中使用沙盘。

第四关 闯关加油站

法律是一种不断完善的实践，虽然可能因其缺陷而失效，甚至根本无效，但它绝不是一种荒唐的玩笑。

——德沃金

一、快速判断

1. “自由是做法律所许可的一切事情的权利。如果一个公民能够做法律所禁止的事情，他就不再有自由了，因为其他的人也同样会有这个权利。”这段话是伏尔泰说的。

答案：错

趣味题点： 这是孟德斯鸠的著名法学著作《论法的精神》中的一句名言。对公民的个人自由的准确解释恐怕没有比这一句更精确的了。

2. 为了区分地面上的山川丘陵、江河湖泊以及各种道路和建筑物，军用地图在绘制时选用了4种不同的颜色。它们是黑、蓝、绿、棕。

答案：对

趣味题点： 我国目前出版的地图均为4色，具体规定如下。

黑色：人工物体——居民地、独立地物、管线、桓栅、道路、境界及其名称与数量注记等；

绿色：植被要素——森林、果园等的普染，1978年后出版图的植被符号及注记等；

棕色：地貌要素——森林、果园等的普染，1978年后出版图的植被符号及注记等；

蓝色：水系要素——河岸线、单线河及其注记和普染、雪山地貌等。

3. 李明一年前借给同事1万元钱，当时没有其他人在场。后来李明向其催要，同事却否认此事，李明想通过法院要回借款，才发现借条丢失，只有复印件了。复印件是不能作为证据的。

答案：对

趣味题点：《中华人民共和国民事诉讼法》第六十八条规定，书证应当提交原件，物证应当提交原物。最高人民法院《关于适用＜中华人民共和国民事诉讼法＞若干问题的意见》中明确规定："证据材料为复制件，提供人拒不提供原件或原件线索，没有其他材料可以印证，对方当事人又不予承认的，在诉讼中不得作为认定事实的根据。"根据以上规定，复印件不能作为证据。

4. 最初的军旗是部落居民图腾崇拜在军事应用上的反映。西方最早使用军旗的是古希腊和古罗马军队。中国人民解放军的军旗是在革命战争时期产生和发展的。1927年，我军研制了秋收起义的旗帜。1930年4月，中央革命军事委员会在《关于红军各级军旗的规定的通知》中规定，在旗幅上方增写"中国工农红军"字样。

答案：错

趣味题点： 1930年4月，中央革命军事委员会发布的《关于红军各级军旗的规定的通知》中，规定旗幅上方增加横写的"全世界无产阶级联合起来"字样，旗边加饰旗须，并确定了旗帜的规格、斧头的样式和刃锋的方向等。

二、智慧选择

1. 根据我国宪法规定，谁有权宣布处于战争状态？(　　)

A. 人民代表大会　　B. 中华人民共和国国务院总理

C. 中华人民共和国主席　　D. 军队最高统帅

答案：C

趣味题点：《中华人民共和国宪法》第八十条：中华人民共和国主席根据全国人民代表大会的决定和全国人民代表大会常务委员会的决定，公布法律，任免国务院总理、副总理、国务委员、各部部长、各委员会主任、审计长、秘书长，授予国家的勋章和荣誉称号，发布特赦令，发布戒严令，宣布战争状态，发布动员令。

2. 1830 年 7 月，巴黎市民为抗议国王查理十世宣布解散议会，与反动军队展开了肉搏。战斗中，有一位名叫克位腊的姑娘高举象征着法兰西共和国的三色旗帜，勇敢地与反动军队搏斗。她不幸被子弹击中后，少年阿莱尔接过这面旗帜，举着它冲锋陷阵，把它插到了巴黎圣母院一侧的桥顶上。巴黎市民英勇奋战，经过 3 天战斗，打败了保皇军队，占领了皇宫。画家德拉克洛瓦由此创作了著名的油画：______。

A.《自由引导人民》　　B.《希阿岛的屠杀》　　C.《织工的反抗》

答案：A

趣味题点：《自由引导人民》(又名《1830 年 7 月 28 日》) 是法国浪漫主义绘画杰出代表德拉克洛瓦的作品。这幅画取材于 1830 年法国 7 月革命事件。

3. 我军历史上有一个著名的神炮手，在 17 勇士强渡大渡河时，他只用两发迫击炮弹就击毁了敌人碉堡。请说出他的名字：______。

A. 赵章成　　B. 朱瑞　　C. 孙继先

答案：A

趣味题点：赵章成少将被誉为“迫击炮之神”。

4. 下列可以申请发明专利的是：______。

A. 某人发明了一种新的体育竞赛规则

B. 某人发明了一种伪造货币的机器

C．某科学家发现了一种新的动物品种

D．某位医生发明了一种有效诊断和治疗疾病的仪器

答案：D

趣味题点： 新的体育竞赛规则不能取得专利权是因为这种新的竞赛规则不属于专利法所称的发明创造。伪造货币的机器不能取得专利权是因为违背了国家法规禁止伪造货币的规定。发现一种新的动物品种不能取得专利权是因为这种动物是自然生长的，不是人们创造的产物。某位医生发明了一种有效诊断和治疗疾病的仪器则可以申请专利，从而可能取得专利权。

5．在我们眼中，飞行员驾机翱翔，一定是心旷神怡，神气极了。但真实情况并非如此。飞行中的飞行员有时感觉身体像被一只巨大的无形的手紧紧压住，动弹不得，眼前一片漆黑，即黑视现象。有时又感到全身血液涌上头颅，眼前似乎是一片红色的海洋，即红视现象。引起这两种生理现象的原因是：______。

A．飞行速度　　B．飞行高度　　C．飞行加速度

答案：C

趣味题点： 飞行员在飞行中受到比较大的正加速度作用时，眼睛会感到发黑，看东西模模糊糊，甚至什么也看不见，这就是黑视。负加速度同正加速度相反，惯性力把血液从足部推向头部，使头部形成高血压。飞行员会感觉戴上了一副红色眼镜，周围成了一片红色世界，这就是红视。

6．以下单位中有权对损害消费者合法权益的行为进行社会监督的是：______。

A．消费者协会　　B．工商行政管理局

C．行业协会　　D．任何单位和个人

答案：A

趣味题点： 消费者协会是依法成立的对商品和服务进行社会监督，以保护消费者合法权益的社会团体。值得指出的是，消费者协会是社会组织，它与行政机关不同，没有行政强制力，而是依靠社会力量，通过调解、督促和社会监督等方式来发挥保护消费者权益的作用。

7．中国的万里长城，是中国古代劳动人民勤劳智慧的结晶，也是一道坚固的军事防线。世界上的军事防线很多，“二战”时法国为防德国入侵修建了一条防线称：______。

A．巴列夫防线　　B．马其诺防线　　C．阿登山防线

答案：B

趣味题点：第一次世界大战后，法国为防御德国和意大利入侵，在法德和法意边境建造了一系列防御工事，这就是举世闻名的“马其诺防线”。

8. 1945年，美国首先研制成功原子弹，第一批制造出3枚。第一枚在美国本土试爆成功后，另外两枚分别于8月6日、8日投放于日本的广岛和长崎。原子弹以其前所未有的巨大杀伤破坏力，彻底摧毁了日本军国主义的战争决心和能力，促使第二次世界大战提前结束。第一枚在美国本土试爆成功的原子弹被命名为：______。

A．胖子　　B．瘦子　　C．男孩

答案：B

趣味题点：世界第一颗原子弹“瘦子”，于1945年7月16日在美国新墨西哥州阿拉莫戈多附近的沙漠地区试爆成功。美国的奥本海默被世人称为“原子弹之父”。

三、趣味抢答

1. 荒芜的岛礁上乱石交错，寸草不生，更不用说养猪种菜了，因而守卫在祖国南海边陲那些岛礁上的解放军官兵，很难吃上一回新鲜的蔬菜，只能靠罐头来维持人体所需的维生素。后来，驻岛官兵掌握了一项技术，使他们能够吃上自己种植的新鲜蔬菜。这项技术是什么技术？

答案：无土栽培技术。

2. 请列举出至少4种常见的毒品。

答案：鸦片、吗啡、海洛因、大麻、可卡因、冰毒、摇头丸、迷幻剂LSD等。

3. 请根据叙述，猜中国人民解放军一支部队番号。

（1）这支部队参加过抗美援朝。

（2）是我军现在战斗力最强的集团军之一。

（3）梁兴初将军曾是这支部队的军长。

（4）曾被彭德怀元帅称之为“万岁军”。

答案：第38集团军。

趣味乐园

中国古代十大兵书

《孙子兵法》，亦称《孙子》、《孙武兵法》，春秋末孙武作。共 82 篇、图 9 卷。中国现存最早的兵法，在历史上被称为“兵经”。

《孙膑兵法》，亦称《齐孙子》，战国时期齐国孙膑作。共 89 篇，图 4 卷。

《吴子》，吴起和魏文侯、魏武侯论兵的辑录，共 48 篇，现存 6 篇。

《六韬》，战国时的作品，包括文韬、武韬、龙韬、虎韬、豹韬、犬韬 6 卷。

《尉缭子》，传为战国时尉缭所作，共 31 篇，现存 24 篇。

《司马法》，战国时齐威王命大夫整理古司马法，共 150 篇，现仅存 5 篇。

《太白阴经》，唐代李筌撰，共 10 卷，分人谋、战攻具、阵图、捷书等类。

《虎钤经》，宋代许洞撰，全书 20 卷，共 120 篇。主要发挥了《孙子兵法》和《太白阴经》的观点。

《纪效新书》，明代戚继光撰，共 18 卷，卷首有《或问篇》作为总序。

《练兵实记》，明代戚继光撰，正集 9 卷，附杂集 6 卷。

第五关 闯关大冲刺

赢得战争的总是人。武器可以改变，然而人的本质是不会变的。

——普里尔

一、快速判断

1. 某店贴出一张“货物售出，概不退换”的店堂告示，这张店堂告示没有法律依据。

答案：对

趣味题点：《中华人民共和国消费者权益保护法》第二十四条明确规定：“经营者不得以格式合同、通知、声明、店堂告示等方式作出对消费者不公平、不合理的规定，或者减轻、免除其损害消费者合法权益应当承担的民事责任。格式合同、通知、声明、店堂告示等含有前款所列内容的，其内容无效。”

2. 起诉离婚，法院判决不准离婚的，6个月后才能再次起诉。

答案：对

趣味题点：根据《中华人民共和国民事诉讼法》的规定，凡是人民法院调解好，原告撤诉或按照撤销处理的离婚案件，以及人民法院判决不准离婚的案件，没有新情况、新理由的，原告在6个月内又起诉的，人民法院不予受理。

3. 注册商标可以让他人使用。

答案：对

趣味题点：可以。但商标注册人应与他人签订使用许可合同，许可他人使用其注册商标。许可人应当监督被许可人使用其注册商标的商品质量。被许可人应当保证使用该注册商标的商品质量。

4. 醉酒的人犯罪，也应该负刑事责任。

答案：对

趣味题点：现行刑法规定醉酒的人犯罪，应当负刑事责任。犯罪人有罪无罪、罪轻或罪重的标准要看该人醉酒时的辨认力和控制力。

二、智慧选择

1. 战国时期，大将庞涓率领大军围攻邯郸，齐国应赵国之请派军师孙膑率领大军增援。但孙膑没有派兵直接救援邯郸，而是挥师直捣大梁（今河南开封），迫使庞涓撤兵回救大梁，并在其回救途中设重兵伏击，使庞涓大败，并解了邯郸之围。这种战法就是历史上有名的：______。

A．围魏救赵　　B．声东击西　　C．暗度陈仓

答案：A

趣味题点： 围魏救赵就是孙膑指挥齐军打败庞涓率领的魏军，援救赵国的著名战役。

2. 李某和肖某从认识到相恋快3年了，已经到了谈婚论嫁的时候。可是肖某（女方）的母亲却反对女儿的婚事，理由是李某家的家庭经济条件不好，怕女儿婚后没有好日子过。肖某动员父亲，做母亲的工作，终于得到母亲的理解。李某和肖某有情人终成眷属。上述材料说明：______。

A．儿女的婚事必须征求父母的同意

B．公民依法享有婚姻自由

C．婚姻自由是自己的事情，与父母无关

D．父母干涉子女的婚姻是违法行为

答案：B

趣味题点： 婚姻自由包括结婚自由和离婚自由两个方面。婚姻自由即男女双方完全自主自愿，以爱情为基础，基于共同理想、情趣、爱好所建立的相互爱慕，构成了男女终身结合的基础，符合婚姻法有关规定，即可登记结婚，它不受财产多少、门第高低等条件的限制，更不允许强迫包办或第三者滥加干涉。

3. 某消费者以180元的价格购买了一双皮鞋，经检测这双皮鞋系假冒产品，按照《中华人民共和国消费者权益保护法》的规定，经营者应当赔偿给消费者多少钱？（　　）

A．180元　　B．540元　　C．360元

答案：C

趣味题点：《中华人民共和国消费者权益保护法》第四十九条规定：经营者提供商品或者服务有欺诈行为的，应当按照消费者的要求增加赔偿其受到的损失，增加

赔偿的金额为消费者购买商品的价款或者接受服务的费用的一倍。

4. 1831年，一支凯旋的骑兵雄赳赳、气昂昂地通过英国曼彻斯特附近的一座吊桥。“嗒、嗒、嗒”的马蹄声整齐而响亮，显示了这支军队优良的素质。但是，不幸的事情发生了，随着一声巨响，大桥莫名其妙地倒塌了。人马纷纷坠入河中，死伤惨重。是什么原因导致了悲剧的发生呢？（　　）

A．大桥年久失修　　B．共振　　C．人马超重

答案：B

趣味题点：大队骑兵前进的频率正好与大桥的固有频率一致，使桥的振动加强，当它的振幅达到最大以至超过桥梁的抗压力时，桥就断了。鉴于成队士兵正步走过桥时容易造成桥的共振，所以后来各国都规定大队人马过桥，要便步通过。

5. 长征中的______，被毛泽东称为龙将军，后来为新中国高等军事学院院长。

A．叶剑英　　B．刘伯承　　C．邓小平

答案：B

趣味题点：刘伯承长征初期参与指挥五军团殿后，掩护中央机关通过国民党军四道封锁线。1934年底任总参谋长并兼中央纵队司令员，指挥先遣部队强渡乌江、智取遵义。1935年1月，参加在遵义召开的中共中央政治局扩大会议，支持毛泽东的主张。毛泽东称刘伯承是“一条龙下凡”，对刘伯承的军事才能深信不疑。

6. 商品保质期和保存期哪一个更长？（　　）

A．保质期　　B．保存期

答案：B

趣味题点：产品的保质期是指产品在正常条件下的质量保证期限。保存期是指产品的最长保存期限。超过保存日期的产品失去了原产品的特征和特性，丧失了产品原有的使用价值，从这个意义上说，保存日期的最后那天，也称为产品的失效日期。对同一产品，其保存期应当长于保质期。

7. 人民法院判决离婚的法定条件是：______。

A．双方自愿　　B．一方愿意

C．出现第三者　　D．夫妻感情确已破裂

答案：D

趣味题点：根据《中华人民共和国婚姻法》第三十二条规定，人民法院判决准予离婚的法定条件是“感情确已破裂，调解无效”。什么情况下可以视为感情确已破裂？

主要有以下标准：重婚或有配偶者与他人同居的；实施家庭暴力或虐待、遗弃家庭成员的；有赌博、吸毒等恶习屡教不改的；因感情不和分居满两年的；其他导致夫妻感情破裂的情形。符合以上规定"应准予离婚"情形的，不应当因当事人有过错而判决不准离婚。另外，一方被宣告失踪，另一方提出离婚诉讼的，应准予离婚。

8. 元旦前夕，在某小学发现，学校门口已经被十来个卖贺卡的摊贩占据。他们所卖的贺卡大多是"恐怖卡"，打开后，里面弹出一个鲜血淋漓的骷髅头，还披着阴森森的黑纱。还有一些则显得粗俗不堪。依据《中华人民共和国预防未成年人犯罪法》的规定，这些摊贩的行为：______。

A．属于自由买卖行为　　B．属于违法行为

C．属于犯罪行为　　D．属于自愿行为

答案：B

趣味题点：《中华人民共和国预防未成年人犯罪法》第三十条规定：任何单位和个人不得向未成年人出售、出租含有诱发未成年人违法犯罪以及渲染暴力、色情、赌博、恐怖活动等危害未成年人身心健康内容的读物、音像制品或者电子出版物。

三、趣味抢答

1. 我国采用何种方式确认国籍？

答案：以血统主义为主，辅之以出生地主义。

2. 那卢岛是太平洋上一个很不起眼的小岛。第二次世界大战期间，日本军队在那里发现了一种他们急需的资源，于是决定派军舰将这种资源从那卢岛运回日本本土。美国军方获得这个情报后，立即对该岛进行了破坏性轰炸，此举大大影响了日本的给养供应，削弱了日本的军事潜力。这种资源是什么？

答案：第二次世界大战之前，日本的磷肥来自北非。盟军攻占北非后，日本的磷肥主要来自那卢岛鸟粪。美军得知这一情况后，于 1942 年 6 月派出大批战斗轰炸机袭击那卢岛，断绝日本的磷肥来源。由于肥料缺乏，粮食减产，次年，日本就发生了粮食恐慌，大大影响了日军的战斗力。

3. 请根据叙述，猜一个将领的姓名。

(1) 他是我国十大元帅之一。

（2）他曾经多次担任大战役的政治指导工作。
（3）他是我军唯一的政治元帅。
（4）他姓罗。
答案：罗荣桓。

4. “林暗草惊风，将军夜引弓；平明寻白羽，没入石棱中”这首诗说的是哪位将军的典故？
答案：李广。

趣味乐园

《汉谟拉比法典》的来历

大约在公元前2000年，阿摩利人建立了以巴比伦城为首都的巴比伦王国。公元前1792年，汉谟拉比（Hammurabi）即位，征服了苏美尔人和阿卡德人，统一了美索不达米亚平原，并颁布了《汉谟拉比法典》，这是世界上第一部较为完备的成文法典。

《汉谟拉比法典》共有282条，刻在一块高2.25米的黑色玄武岩石柱上。它原置于巴比伦马都克神庙，约在公元前12世纪，被埃兰人作为战利品带到苏撒，1901年，由法国、伊朗考古队发现，现存巴黎卢浮宫博物馆。石柱上端是浮雕，沙马什（日神）端坐右边，将法典授予汉谟拉比。浮雕下面布满楔形文，共49栏，3 600行，8 000余字，可分为序、本文、跋三部分。序言和跋将国王描绘成神圣君主，尽情称颂他的文治武功，宣扬编法目的在于发扬公道、铲除邪恶。

《汉谟拉比法典》石柱条文

Chapter 17

第十七章 邮政交通

大大的地球，小小的世界。邮政交通的发展，让地球变成一个“地球村”。来吧，来吧，让我们一同领略邮政交通如何让空间变小，距离变短。

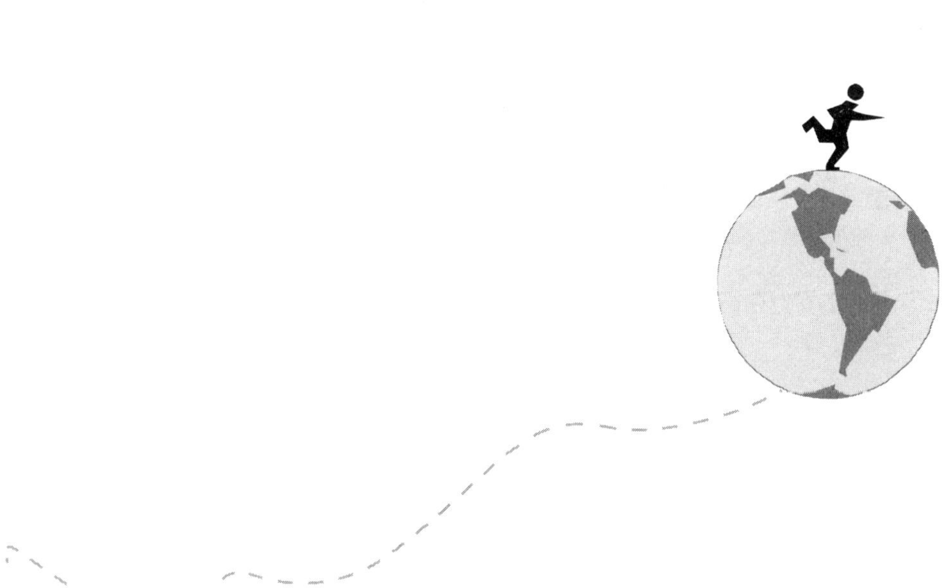

第一关 闯关总动员

飞机飞行时有没有交通规则？汽车的雾灯是黄色的吗？怎样区分艇、舰、船……这些有趣的知识带你走进邮政交通的世界。

一、快速判断

1. 飞机飞行时没有交通规则。
   答案：错

趣味题点：飞机飞行时也需遵守一定的交通规则。

2. 同一船在海洋里航行，冬天和夏天吃水的深度不一样。
   答案：对

趣味题点：天气热时海水的密度变小，天气冷时海水的密度增大，所以同一船吃水的深度冬天比夏天小。

3. 世界上许多国家的交通都采用右侧通行的原则。中国也是采用右侧通行的原则，没有采用左侧通行原则的地方。
   答案：错

趣味题点：香港原为英国的殖民地，澳门原为葡萄牙的殖民地，它们分别于 1997 年 7 月 1 日和 1999 年 12 月 20 日回归祖国，但仍保留着左侧通行的交通规则。

4. 汽车的雾灯是黄色的。
   答案：对

趣味题点：黄色具有散射作用，能形成较大的光面，所以汽车的雾灯使用黄色。

汽车

二、智慧选择

1. 我国首条城市高架轨道交通线是在哪个城市开通的？（　　）

A．重庆　　B．上海　　C．深圳

答案：B

趣味题点： 2000年12月26日，上海轨道交通明珠线一期通车运营，方便了市民出行。

2. 目前一些城市的公交车和出租车使用LPG清洁燃料，LPG是指下列哪一项？（　　）

A．天然气　　B．液化石油气　　C．煤气

答案：B

趣味题点： LPG是液化石油气的缩写(Liquefied Petroleum Gas)，液化石油气是一种石油产品，可作为工业、民用和内燃机燃料，这种燃料既能降低一氧化碳、氮氧化物等污染物的排放，又能省油。

3. 在野外开车遇到雷雨天气时，人应该怎么做才最安全？（　　）

A．待在小汽车里　　B．躲到大树下　　C．藏在凉亭里

答案：A

趣味题点： 因为汽车轮胎是很好的绝缘体，所以即使闪电打到车上，也不会有电流通过人体。

4. 在网络用语中，用来指人的词是：______。

A．斑竹　　B．猫　　C．伊妹儿　　D．东东

答案：A

趣味题点： “斑竹”即“版主”，通常指某个网上社区的负责人。

5. 公路上用做警告标志的路牌一般是：______。

A．圆形　　B．方形　　C．三角形

答案：C

趣味题点： 用做警告标志的路牌表面是黄色的，形状是三角形的。

6. “EBD”是汽车上新出现的一个系统，它的全名是：______。

A．汽车自动防抱死系统　　B．汽车全球定位系统

C．电子制动力分配系统

答案：C

趣味题点：“EBD”是电子制动力分配系统，与ABS配套使用，能保持自动平衡，不侧滑。“ABS”是汽车自动防抱死系统。“GPS”是汽车全球定位系统。

7．飞机飞过的地方会留下一条“白线”，有人把这种现象叫“飞机拉线”，这条“线”是：______。

A．飞机喷出的气体　　B．水汽凝结的小水滴　　C．天上线状的云

答案：B

趣味题点：当喷气式飞机在相当冷且水汽含量较大的高空飞行时，飞机尾部喷出的热气在低温高湿的空气中遇冷凝结形成云带。

8．在电脑领域，“闪客”是指：______。

A．Disco高手　　B．Flash高手　　C．PS高手

答案：B

趣味题点：在电脑领域，人们把用卡通形象制作的动画片叫Flash，而制作Flash的高手则被称为“闪客”。

三、趣味抢答

1．请写出邮品上的字母代表的意思。

T　MC　J　JP　M　YP　JF　WZ

SB　P·D·C　HP　F·N·C

答案：字母代表的意思分别为：特种邮票、极限明信片、纪念邮票、纪念邮资明信片、小型张或小全张、风景邮资明信片、纪念封、对国外展览的纪念封、小本票、首日封、贺年明信片、邮币首日封。

2．众所周知，军用飞机发生事故或者被击毁时，驾驶员总会跳伞逃生，那小小的一顶降落伞可以挽救人的生命。请问，客机上有没有降落伞？

答案：客机上无论乘客还是机组人员都没有降落伞。尽管跳伞是相当好的逃生手段，但却需要相当严格的训练。对于没有经过训练的人来说，跳伞是相当危险的。事实上飞机的小晃动或者机械故障有可能是正常的或能够排除的，这样一跳伞反而会造成伤亡事故。机组人员也没有降落伞。客机工作人员的职业道德要求他们一定要工作到最后一刻。由此可见，客

机上的每个人都是不可以跳伞逃生的。

3. 怎样区分艇、舰、船？

答案：舰、艇、船三者不是一回事。许多人常常把他们用混或用错。

通常所说的海军舰艇，是对海军各类舰、艇、船的总称。根据规定，舰和艇是按吨位大小区分的。排水量在500吨以上的统称为舰；排水量在500吨以下的统称为艇。潜水艇无论其吨位大小，都称为艇。用于作战保障的辅助船只，无论其吨位大小，都依其使命分类称为船，如油船、水船、防救船、航标船、破冰船等。

4. 中国的国际直拨号是多少？

答案：0086。

趣味乐园

邮票的起源

关于邮票的起源，有一段小故事。

19世纪30年代的某一天，罗兰·希尔爵士在乡间散步，看到邮递员正在把一封信交给一个年轻的姑娘，那姑娘接过信只看了一下信封就又塞回给邮递员，执意不肯收下。希尔十分好奇，于是走过去问其究竟。姑娘尴尬地告诉他，这是她远方的未婚夫的来信，因她付不起昂贵的邮资（当时是收信人付邮资），只好将信退回。

这一偶然的事件，令希尔意识到邮政制度需要改革，于是他向英国政府建议："今后凡寄信，须由寄信人购买邮票，贴在信封上，作为邮资已付的凭证。"

英国政府决定采纳希尔的建议，并于1840年1月10日实施新邮政法。信函基价规定为每半盎司（相当于14克）收费1便士。所谓"1便士邮政"就此开始。

1840年5月6日，在罗兰·希尔的提议和促进下，世界上第一枚邮票正式发行，当日开始使用。

第二关 闯关热身操

邮政交通的发展使人们日行千里、漂洋过海、上天入地都不再是难题，信息公路的飞速发展更是让人类把“千里眼”、“顺风耳”的神话变成了现实。

一、快速判断

1. 安全色中的红色表示禁止、停止、消防和危险的意思；黄色表示注意、警告的意思。

答案：对

趣味题点：安全色是表达安全信息的颜色，表示禁止、警告、指令、提示等意义。应用安全色使人们能够对威胁安全和健康的物体和环境作出尽快反应，以减少事故的发生。红色表示禁止、停止、消防和危险的意思。黄色表示注意、警告的意思。蓝色表示指令、必须遵守的意思。绿色表示通行、安全和提供信息的意思。

2. 安全标志分为4类，它们分别是禁止、警告、指令和指示标志。

答案：对

趣味题点：由安全色、几何图形和图形符号构成的、用以表达特定安全信息的标记称为安全标志。安全标志的作用是引起人们对不安全因素的注意，预防发生事故。安全标志分为禁止标志、警告标志、指令标志和提示标志4类。

3. 通常情况下，自行车把的左手闸管前轮。

答案：错

趣味题点：按照约定俗成，自行车把的左手闸管后轮、右手闸管前轮。

4. 全世界信筒的颜色是不一样的。

答案：对

趣味题点：信筒的颜色各国不尽相同。例如，我国的为墨绿色，而英国的是红色。

二、智慧选择

1. 现代远程教育是应用信息网络技术和多媒体数字技术，在数字化环境下进行交互式的学习。目前我国远程教育的主要依托是：______。

A. 互联网　　B. 卫星电视　　C 电话传输

答案：B

趣味题点： 我国已形成了世界上最大的、以卫星电视传播为主要媒体的远程教育体系。

2. “黑客”一词原意是指：______。

A. 有电脑天赋的人　　B. 恶意侵入他人计算机的人

C 制造病毒的高手

答案：A

趣味题点： 黑客是英语“hacker”的音译，原意为有电脑方面天赋的电脑用户。现代指通过解密等手段非法侵入他人计算机系统，进行恶意破坏的人。

3. 我国人行横道线俗称“斑马线”，它的最小宽度为多少米？(　　)

A. 2米　　B. 3米　　C. 4米　　D. 5米

答案：B

趣味题点： 我国人行横道线俗称“斑马线”，它的最小宽度为3米。每条线宽40或者45厘米，每条线宽之间的间隔为60厘米。

4. 汽车的后视镜是：______。

A. 凹面镜　　B. 凸面镜　　C. 平面镜

答案：B

趣味题点： 凸面镜能看得更远。

5. 我国最早使用军鸽是在哪个时代？(　　)

A. 先秦　　B. 西夏　　C. 春秋　　D. 战国

答案：B

趣味题点： 我国最早使用军鸽的记载是西夏与北宋交战中，时间是1041年2月，这是史称的“好水川之役”，它是我国古代战争史上以军鸽预警并制胜的先例。

6. 一般情况下，海上行船，两艘船迎面而行时需要：______。

A. 双方都要靠左避让行驶　　B. 双方都要靠右避让行驶

答案：B

趣味题点：一般情况下，海上行船，两艘船迎面而行时需要双方都要靠右避让行驶，符合国际避碰规则。

7. 火车转弯的地方，钢轨的内外轨是：______。

A. 内轨高　　B. 外轨高　　C. 一样高

答案：B

趣味题点：火车转弯时，产生的离心力很大，而且地面给火车的向心力不通过火车的重心，车子会向外侧倾，为了使火车不致向外倾倒，就必须把外面的钢轨垫得比里面的钢轨高一些。这叫做“外轨超高”。

8. 在漆黑的夜晚，我们通常很难判断距离的远近，但也有一些方法能让我们大致判断距离的远近。如可以听到人呼喊则距离在：______。

A. 0.5 千米以内　　B. 1 千米以内

C. 1.5 千米以内　　D. 5 千米以内

答案：B

趣味题点：在漆黑的夜晚，判断距离的方法有：可以看见香烟头火光：1 千米以内；可以看见步枪射击火光：2 千米以内；可以听见人的谈话：0.5 千米以内；可以听到人的呼喊声：1 千米以内；可以听见枪声：5 千米以内；可以听到汽车喇叭声：2 千米以内；可以听到汽车开动声：1.5 千米以内；可以听到飞机声：8—12 千米以内；可以看见擦火柴火光及电筒光亮：1.5 千米以内。

三、趣味抢答

1. 当我们到郊外游玩时，可以利用手表判定方位：把时针对准太阳，时针与表盘上的一个数字所形成的锐角的平分线，就是我国地域的南方。你知道是哪个数字吗？

答案：12。

怀表

趣味题点：用手表确定方向的另一种方法：

将你所处的时间除以2，再在表盘上找出商数的相应位置，然后将这个数字对准太阳，表盘上“12”点所指的方向就是北方。如上午10点，除以2，商为5。将表盘上的“5”对准太阳，“12”的方向即为北方。但要记住，如果在下午则应该按24小时计时法计算，如下午4点，就要按16点计算。

2. 人类有国际语言，同样轮船也有国际语言，请将下列轮船语言与所代表的意义用线连接。

A．一短声　　a．本船在等候，请你船先行，我再驶过
B．二短声　　b. 本船正在向右转向，当和其他船相遇时，“请从本船左舷通过”
C．三短声　　c. 本船正在向左转向，当和其他船相遇时，“请从本船右舷通过”
D．四短声　　d．本船正在倒船，或有后退倾向
E．连续短声　　e．不同意你船追越
F．一长声　　f．本船发生火灾，需立即援助
G．二长声　　g．警告来船或附近船只注意
H．三长声　　h．表示本船要靠码头
I．一长一短　　i．表示有人落水

答案：A——b；B——c；C——d；D——e；E——f；F——g；G——h；H——i；I——a。

3. 飞行服为什么没有纽扣？

答案：20世纪50年代初，在西欧某国一次陆海空三军联合演习中，一名技术优秀的飞行员驾驶一架最先进的飞机，刚刚离开地面，飞机在空中摇晃了几下，便一头栽倒在跑道上，机毁人亡。原因是飞行员胸前一颗纽扣不慎落入仪器中，造成事故。一颗小小的纽扣，震动了整个欧洲。随之而来的，是取缔飞行服上的纽扣。

4. 网址中，“.com”的意义是什么？在Internet的IP地址中，“.org”代表什么？

答案：网址中“. com”的意义是“公司（企业）”（意义是域名），在Internet的IP地址中，“. org”代表非营利性组织。

趣味乐园

书信名称种种

古代，书信有别，书指函札，信指使人。现代所说的书信古时通称“书”，古代书信还有以下其他名称。

简：在没有出现纸张之前曾用削成狭长的竹片作为书写材料，这种竹片称为简。用于写信的便称为书简。

牍：古时书写用的薄而小的木片称牍。民间写书信的不超过一尺，故名尺牍。

柬：与简通用。是信件、名片、帖子之类的统称。

素：古代称白绢为素。用白绢（或绸）写成的书信称尺素，后成为书信的代称。

笺：原系精美的小竹片，供题诗作画用。一般信纸也叫笺，后引申为书信的代称。

函：原指封套。古代寄信用木匣子邮递，这种匣子叫函。后来就称信件为函，如函件、来函、公函等。

札：古指书信，公私文书。札同“牍”，原意为古时书写用的小木简。现仍通用“信札”一词。

第三关 闯关进行时

有人说，我们生活在一个地球村。空间变小了吗？没有。距离缩短了吗？没有。而是邮政交通的发展，让我们在同样的时空里经历了更丰富的事情。

一、快速判断

1. 刚刚驶入港口的外国轮船的前桅上会挂一面黄旗，这面黄旗是卫生检疫信号旗。

答案：对

趣味题点： 前桅上悬挂黄旗的船舶，必须经过国境卫生检疫机关查验后才能将该旗取下。

2. 高速公路上的指路标志是绿底、白图案。

答案：对

趣味题点： 指路标志是用来传递道路方向、地点和距离信息的，共20种。一般道路为蓝底、白图案；高速公路则为绿底、白图案。

3. 乘飞机时乘务员常会拿糖果给乘客吃，这样可以缓解乘客在飞机起落时的紧张情绪。

答案：错

趣味题点： 乘飞机时如果人经常有吞咽动作，从而咽鼓管时时开放，经常保持鼓室气压平衡，就能达到预防耳气压损伤的目的。

交通信号灯

4. 交通信号灯为黄灯时，已过停车线的车辆，可以继续前进。

答案：对

趣味题点： 黄灯是预告信号，已过停车线的车辆须继续行进，未过停车线的必须停车。

二、智慧选择

1. 乘客在乘坐国内民航班机时必须购买的是：______。

A．人身意外伤害保险　　B．机场建设费

答案：B

趣味题点： 国内民航的乘客可自行决定是否向保险公司投保国内航空运输旅客人身意外伤害险。

2. 邮政编码起源于：______。

A．英国　　B．法国　　C．美国

答案：A

趣味题点： 邮政编码源于英国。20世纪50年代初，为了更快地分拣信件，英国就开始研究邮政编码，并于1959年在英国诺威治邮区试行，引起了许多国家的注意。联邦德国于1961年正式公布4位数的邮政编码，成为世界上第一个在全国范围内推行邮政编码的国家。紧接着，美、英、法、澳、瑞士等国家陆续在全国推行。

3. 立交桥起源于：______。

A．法国　　B．美国　　C．英国

答案：B

趣味题点： 为了使车流畅通，并安全地通过交叉路口，1928年，美国首先在新泽西州的两条道路交叉处修建了一条苜蓿叶形公路交叉桥。1930年，芝加哥建起了一座立体交叉桥。1931年至1935年，瑞典陆续在一些城市修建起立体交叉桥。从此，城市交通开始从平地走向立体。

4. 飞机起飞与降落时，如下哪种情况，对于安全保障最为有利？（　　）

A．顺风起飞顺风降落　　B．逆风起飞逆风降落

C．顺风起飞逆风降落　　D．逆风起飞顺风降落

答案：B

趣味题点： 适当的逆风有助于减小起飞、降落滑跑距离，减小降落时的对地速度。

5. 我们称“柏油路”为“马路”，为什么叫“马路”呢？（　　）

A．为了纪念马路的发明者　　B．以前专门供马行走

答案：A

趣味题点： 18 世纪中期，苏格兰人约翰·马卡丹发明设计了“马路”，为了纪念他就起了这个名字。

马路

6. 邮戳起源于：______。

A．中国　　B．葡萄牙

C．英国

答案：C

趣味题点： 邮戳起源于英国，世界上第一个有日期的邮戳，是英国亨利·比绍普 1661 年创制和使用的。他设计的邮戳是一个小圆戳，分为上下两格：上格写月，下格写日，整个邮戳表示几月几日收或寄。这个邮戳，最先用于收寄伦敦的信件。17 世纪末，爱丁堡和都柏林也开始使用。18 世纪后开始普遍使用。

7. 1910 年 10 月国际飞机比赛大会中，获得第一名的是：______。

A．美国的莱特兄弟　　B．德国的本茨

C．中国的冯如　　D．英国的莱特兄弟

答案：C

趣味题点： 冯如是中国的第一位飞机设计师，在 1910 年制成一架具有当时世界先进水平的飞机。同年，在国际飞行比赛大会中，冯如驾驶自制的飞机荣获第一名。

8. 在汽车翻车过程中，较好的自救方法是：______。

A．跳车　　B．曲身抱体

C．打开窗户　　D．抓紧固定物体

答案：D

趣味题点： 当司机感到车辆不可避免地要倾翻时，应紧紧抓住方向盘，两脚钩住踏板，使身体固定，随车体旋转。车内乘客应迅速趴到坐椅上，抓住车内的固定物，使身体夹在坐椅中，稳住身体，避免身体在车内滚动而受伤。翻车时，不可顺着翻车的方向跳出车外，而应向车辆翻转的相反方向跳跃。落地时，应双手抱头顺势向惯性的方向滚动或跑开一段距离，避免遭受二次损伤。

三、趣味抢答

1. 邮票四周的齿孔有什么作用？

答案：这是为了便于撕开邮票。据说，过去邮票并没有齿孔，出售邮票时，得用剪刀一枚枚地剪开，很不方便。后来，有个人要寄信，因没有剪刀，就用西装领带上的别针在邮票间刺了一行行的小孔，很快就把邮票撕开了。这个发明得到了英国邮政部门的奖赏。1854 年，英国最先发行了有齿孔的邮票，以后，各国的邮票都有了齿孔。

2. 许多国家和地区都发生过飞机失事的悲剧。人们在关注营救生还者和打捞遇难者尸体的同时，还关注着一种仪器——黑匣子，因为黑匣子能告诉人们飞机为什么失事。请问，什么是黑匣子？

答案：被当做飞机飞行状况“见证人”的黑匣子并不“黑”，而是呈橙红色。因为它能帮助破解飞行事故的秘密，尤其是记录了飞机在失事瞬间和失事前一段时间的飞行状况，所以叫“黑匣子”。“黑匣子”的学名叫飞行参数记录器，主要由飞行参数采集装置、信号储存与读出装置和辅助装置三部分组成。它的主要功能是将飞行中的状态参数，诸如高度、速度、航向等工作情况记录并转换成数字或电信号保存下来，供分析、判断飞行事故，评定飞机设备的技术状态使用。

3. 除了通行的 SOS 外，国际性高山求救信号是一分钟发出某一固定次数的哨音，或挥舞某一固定次数，火光闪耀某一固定次数等，然后安静一分钟时间，再重复。那么这个固定次数是多少次呢？

答案：6 次。

4. 航天飞机和宇宙飞船最主要的区别是什么？

答案：航天飞机可以重复使用，宇宙飞船则不能。

趣味乐园

人行横道线的由来

为什么要设置人行横道线呢？早在古罗马时代，意大利庞培市的一些街道上，人马车混行，交通堵塞。为了解决这个问题，人们把人行道加高，使之与车马道分离，然后又在人行道与马路交叉的地方横砌起一块块凸出路面的石头——跳石，作为指示行人过街的标志。

到了 19 世纪，汽车代替马车，速度和危险性都大大增加了，19 世纪 50 年代初，在英国伦敦的街道上首先出现了如今这种横线状的人行横道线。由于它洁白、醒目，像斑马身上的条纹，因而又称为斑马线。

斑马线不仅给人们提供了一条安全的通道，而且也提示行驶中的车辆以“减速缓行，礼让行人”之意。

第四关 闯关加油站

邮政交通是经济发展的“动脉”。其发达程度可以代表一个国家、一个地区现代化的实现程度，直接影响一个国家商品、信息的交流和经济、文化的繁荣。

一、快速判断

1. 我国铁路部门规定，一般成人旅客携带品免费重量是35千克。
答案：错

趣味题点：旅客携带品免费重量，大人20千克，小孩（包括免费儿童）10千克，外交人员35千克。携带品的长度和体积要适于放在行李架上或座位下面，并不妨碍其他旅客乘坐和通行。携带品的外部尺寸（长、宽、高相加的总和），最长不许超过160厘米；扁担、标杆、塔尺等杆形物品的长度不得超过200厘米。

2. 交叉路口的交通信号灯从左到右的顺序是红黄绿。
答案：对

趣味题点：1918年在纽约开始使用的最早的手动红、黄、绿三色信号机就是以此顺序排列的。后来这种排列方法成为国际惯例，沿用至今。

3. 现在磁浮列车更多地应用在地下交通。
答案：错

趣味题点：磁浮列车是利用磁场使列车悬浮起来，是当今世界上速度最快的地面客运交通系统。

4. 轮船是逆水靠岸。
答案：对

趣味题点： 使轮船逆水靠近码头，就可以利用水流对船身的阻力，而起一部分“刹车”作用；另外，轮船还装有“刹车”的设备和动力。

轮船

二、智慧选择

1. **世界第一枚邮票出现在：______。**

A．英国　　B．中国　　C．法国

答案：A

趣味题点： 世界上第一枚邮票，1840 年 5 月 1 日在英国问世，5 月 6 日开始使用。邮票图案是维多利亚女王 18 岁即位时的侧面像，由弗莱德列克·希思（Frederick Heath）雕制印版，承印者是派金斯·巴肯（Perkins Bacon）公司。面值 1 便士，用有王冠水印的纸印黑色，所以通称“黑便士邮票”。

2. **“隐形飞机”是指什么样的飞机？（　　）**

A．肉眼看不见　　B．飞行太高看不见

C．体积太小　　D．雷达测不到

答案：D

趣味题点： 隐形飞机的所谓隐形，是指不易被敌方雷达或红外线、可见光、声探测等传感器发现，故隐形飞机又被称为隐身飞机。

3. **飞机是现在广泛使用的交通工具，最早的飞机使用的发动机是：______。**

A．涡轮风扇发动机　　B．涡轮喷气发动机

C．活塞螺旋桨发动机　　D．涡轮螺旋桨发动机

答案：C

趣味题点： 推进系统是飞行器的重要组成部分，对飞行器的发展有重大影响。只是在有了性能较好的活塞式发动机后，人类第一架飞机才得以升空；有了涡轮喷气发动机，飞机的飞行速度才有可能超过音速；有了高性能的涡轮风扇发动机，能乘几百人的巨型客机才可能投入航线使用；有了各种类型的火箭发动机，星际航行才由幻想变为现实。

4. **匈牙利面值 500 亿彭哥的邮票是世界上面值最高的邮票，它的图案是：______。**

A．猫　　B．飞鸽　　C．海鸥　　D．鹰

答案：B

趣味题点：第二次世界大战后，匈牙利国家通货膨胀，货币贬值，1946年7月13日，发行的一枚印有“鸽子”图案的邮票上，邮票面值高达500亿彭哥，可以说是世界上发行的面值最高的邮票了。

5. **新中国第一枚小全张邮票是：______。**

A．“国徽”　　B．“儿童”

C．“童话”　　D．“人民英雄纪念碑”

答案：D

趣味题点：“人民英雄纪念碑”小全张是新中国第一枚小全张。小全张右上方主图是与邮票相同的图案，在主图下印有毛泽东的题词，左面印有周恩来书写的碑文，对主图起到补充的作用。

6. **“空中小姐”是人们对民航飞机上女乘务员的泛称，世界上第一批空中小姐出现在：______。**

A．美国　　B．英国　　C．日本

答案：A

趣味题点：1930年5月以前，飞机上没有“空中小姐”，机上的乘客都是由副驾驶员负责兼职照料的。一天，在旧金山一家医院里，护士埃伦·丘奇小姐与波音航空公司驻旧金山董事史蒂夫·斯廷帕森谈天。当她听说驾驶员的工作十分繁忙，除了保证飞机安全飞行之外，还要照料机上的乘客，就插话说：“您不能雇用女乘务员吗？姑娘的天性，是可以胜任空中小姐工作的。”这位董事听了觉得很有道理，便采纳了这个建议。于是，在不到10天的时间里，史蒂夫挑选了包括丘奇小姐在内的8名护士，登上了民航飞机，成为世界上第一批“空中小姐”。

7. **最早的汽车牌照出现在：______。**

A．德国　　B．英国　　C．美国

答案：A

趣味题点：1901年，柏林出现了第一辆有牌照的汽车。它的主人是当时的大商业家鲁道夫·赫兹格，车牌上有“IA1”字样。鲁道夫在谈到车牌上的符号是什么意思时说：“‘IA’是我未婚妻姓名的首字母，现在她已是我的夫人了。至于用‘1’这个数字，是表示我对她的一片忠诚，也就是说，她是我第一个、同时也是唯

一的心上人。”

8. **机动车行驶时，除驾驶人应当按规定使用安全带外，同车还有哪些人要使用安全带？（　　）**

A．前排乘车人　　B．后排乘车人　　C．全部乘车人

答案：A

趣味题点：安全带是汽车上最重要的被动安全装置。驾乘人员行车遇到意外时，安全带能保护驾乘人员生命安全。2004 年 5 月 1 日，我国新的交通法颁布，规定机动车行驶时，驾乘人员（前排乘员）必须使用安全带。世界上一些发达国家早很多年前就颁布了此项法律。

三、趣味抢答

1. **请将下列列车语言与所代表的意义用线连接。**

A．一声长鸣　　a．通告车距有 10 车远
B．二长声　　b．机车启动或将到站，前方有道口、桥梁、隧道等
C．一长三短　　c．报告火车要后退
D．连续短鸣　　d．发现危险情况或列车出了大事故的救援信号
E．一短声　　e．发现意外情况向邻线火车报警
F．二短声　　f．通告车距有 3 车远
G．三短声　　g．通告车距有 5 车远

答案：A——b；B——c；C——d；D——e；E——f；F——g；G——a。

火车

2. **我国邮政编码的编码规则是什么？**

答案：我国采用 4 级 6 位编码制，前两位表示省（直辖市、自治区），第 3 位代表邮区，第 4 位代表县、市，最后两位是代表从这个城市哪个投递区投递的，即投递区的位置。例如，邮政编码“130021”，“13”代表吉林省，“00”代表省会长春，“21”代表所在投递区。

3. **为何汽车后窗尘土多？**

答案：因为任何物体都必须占据一定的空间。当行驶的汽车加速前进时，要排开空气，车后又要有空气来补充，此时车两侧的空气压力比车后压力大，当空气向车后

涌来时形成一股涡流，把公路上的尘土带起，紧跟在汽车的后面。所以汽车后窗尘土最多。

4. 什么是蓝牙?

答案："蓝牙"是取自丹麦一个伟大的君王 Harald Bluetooth 的名字，他统一了丹麦和挪威，因为他爱吃蓝莓，牙齿被染蓝，因而得此绰号。"蓝牙"技术出现后，需要一个极具表现力的名字来命名这项高新技术。行业组织人员在经过对欧洲历史和未来无限技术发展的讨论后，觉得用这个名字来体现和映衬蓝牙技术统一无线技术领域的前景是再合适不过了，因此命名为"蓝牙"。所谓蓝牙（Bluetooth）技术，实际上是一种短距离无线通信技术，利用蓝牙技术，能够有效地简化移动通信终端设备之间的通信，也能够成功地简化设备与互联网之间的通信，从而为无线通信拓宽了道路。

趣味乐园

有趣的邮筒

石头邮筒：在非洲最南端的好望角距开普敦 52 千米处。在苏伊士运河开通前，西欧人从海上到亚洲须在好望角停泊，为了给家人捎回平安信，他们便约定在一块大石头上放置信件由返回西欧的船员带走转送。后来这块大石头便被人们称为世界上最早的"邮筒"。

水上邮筒：在德国的基尔，有一个世界上独一无二的邮筒。这是一只闪烁着光辉的蓝色信筒，安装在一个黄色浮筒顶端，海上游客只要把信件投入邮筒，便会由海上邮务员带走寄发。

海水邮筒：在印度尼西亚，纳吉岛和巴兰岛遥遥相望，千百年来，有一个环形海流环绕这两个岛，与外界隔绝，并且方向一直不变，当地人便把信件装入密封的玻璃瓶内，投入海流中，通过这股海流交换信息。

第五关 闯关大冲刺

邮政交通的每一次进步，都促进了社会和经济的巨大发展。但我们还是要记住这样一句话：对人生命的最大威胁是以车代步，而不是交通事故。

一、快速判断

1. 汽车右转弯时，车里的人会感到身体向左倾斜。

答案：对

趣味题点： 由于惯性，车已右转，身体还保持前进状态，所以有向左倾斜的感觉。

2. IP 电话是可以发传真的。

答案：对

趣味题点： IP 电话是一种利用因特网作为传输载体来实现通信的技术，它把语音数字图像技术合二为一，可以进行传真、语音、实时电话等多种服务。

3. 信号刚接通时手机的辐射最大。

答案：对

趣味题点： 手机释放出的电磁波在电话拨号至接通时最强。

4. 网络中的“防火墙”一词最初来源于保险业。

答案：错

趣味题点： “防火墙”一词来源于建筑业，指建筑中特殊设计的墙，能够阻止火苗蔓延。网络中的防火墙能够保护内部网络免受外界恶意攻击。

二、智慧选择

1. 马路拐弯的地方通常安装一面大镜子，这面镜子是：______。

A．平面镜　　B．凹镜　　C．凸镜

答案：C

趣味题点：凸镜对光起发散作用，从凸镜中观察到的范围比从平面镜中大。

2. 中国自主研发的第一辆汽车被命名为：______。

A．“东风”　B．“解放”　C “红旗”

答案：B

趣味题点：1956年7月15日，第一辆汽车在长春汽车制造厂出厂，毛泽东将其命名为“解放”。

3. 在我国未满多少周岁的儿童不准在道路上骑自行车？（　　）

A．12周岁　B．13周岁　C．14周岁　D．15周岁

答案：A

趣味题点：《道路交通管理条例》对非机动车驾驶员规定：未满12周岁的儿童，不准在道路上骑自行车、三轮车和推拉人力车。

4. 中国的铁轨宽多少米？（　　）

A．1米　B．1.435米　C．1.535米　D．1.635米

答案：B

趣味题点：《中华人民共和国铁路法》第三十八条规定了铁路的标准轨距为1435毫米。兴建国家铁路必须采用标准轨距。

5. 飞机左右机翼的上部是什么形状的？（　　）

A．拱形的　B．平直的

C．凹陷的

答案：A

趣味题点：飞机机翼的形状是流线型，下面平直，上面圆拱。飞行时流过机翼上方的气流速度大，下方速度小，机翼下凹。

飞机

6. 网络中被称为“网蝶”的是：______。

A．网络高手　B．女性网友　C．男性网友

答案：B

趣味题点：网络中被称为“网蝶”的是女性网友。

7. 在我国，过马路时为了躲避车辆，应该先看哪个方向？（　　）

A．左边　　B．右边

答案：A

趣味题点： 在我国，车辆一般是靠右边行驶的，过马路时应该先看左边，后看右边，这样才能及时避开来往的车辆，保障安全。

8. 根据《国内邮件处理规则》规定，邮寄包裹时，最高保价为：______。

A．5 000 元　　B．1 万元　　C．5 万元　　D．10 万元

答案：D

趣味题点： 根据《国内邮件处理规则》规定，保价费为保价金额的 1%（最低 1 元，不足 1 元的按照 1 元收取）；邮寄包裹时，最高保价为 10 万元。

三、趣味抢答

1. 世界上好多大城市都有地铁，那么，你知道世界上最早的地铁建在哪里吗？

答案：英国。英国自 18 世纪后期发生工业革命后，经济迅速发展，开始使用很多新设备。可是伦敦历史悠久，街道非常狭窄，在地上通铁路基本不可能，所以建造了地铁。世界上最早的地铁建成于 1863 年，在英国的伦敦，从帕丁顿到法灵顿全程约 6.4 千米。最初是蒸汽机车，1905 年后换成了电力机车。

2. 信封上的“缄”字是什么意思？

答案：在往来信件中，不少人都习惯在信封的落款处写上“某某缄”，这是沿袭了我国古代的用法。“缄”，原来是捆箱子的绳子，“缄”由“捆”引申为“封”，这和古代公文书信有关。东汉以前没有纸张，公文书信多写在木板或竹简上，并用绳子捆上，叫“札”，绳的打结处再加一块泥，然后在泥上盖印章，以防被拆，这叫“封泥”。用绳子捆叫“缄”，用泥盖印叫“封”，解开绳子叫“开缄”。现在人们借用“缄”字，就是某某人封的意思。

3. 现在大城市里有一种出租车呼叫业务，当你想预定一辆出租车时，只要打电话给出租车公司，讲明你的位置，需要车的时间等，在你预定的时间内，一辆出租车就会准时出现在你的面前。这要得益于 GPS。那么，什么是 GPS 呢？

答案：GPS（Golobal Positioning System）是一项高新技术，它的全称是“全球卫星定位系统”。GPS 的空间部分由 24 颗卫星组成，它们分布在离地面两万多千米的 6 个轨道面上。任何时候，在地面的任何位置，都可以收到 4 ～ 6 颗卫星发来的信号。这些信号由 GPS 的卫星

接收机接收下来，经过电子计算机的处理和计算，即可显示出该地面目标的准确位置以及它不断变化的位置等信息。

4．世界上最高的铁路是哪一条？

答案：2006 年 7 月 1 日，中国开通了世界上最高的铁路——青藏铁路。这条铁路全长 1 956 千米，穿越了青藏高原，将中国内陆城市与雪原圣地拉萨紧密地联系在了一起。青藏铁路最高海拔 5 072 米，超过此前秘鲁安第斯铁路创造的最高海拔纪录 200 多米。

趣味乐园

中国邮票的“四珍五宝”

中国邮票的“四珍”是指中国早期邮票中的四种珍贵邮票：红印花票加盖小字“当壹元”邮票；红印花加盖“当伍元”邮票；红印花票倒盖兼覆盖“暂作洋银贰分”邮票；红印花税票四方联。

中国邮票的“五宝”是指民国时期的五种珍贵邮票：北京一版中心印辟雍贰圆双色邮票，北京一版辟雍壹圆误差“限省新贴用”邮票；北京一版帆船图叁分倒盖“暂作贰分”邮票；北京二版帆船图肆分倒盖“暂作叁分”邮票；纽约版中心倒印孙中山像贰圆双色邮票。

后 记

一部著作的完成需要许多人的默默奉献，闪耀的是集体的智慧。其中铭刻着许多艰辛和付出，凝结着许多辛勤的劳动和汗水。

本书在策划和编写过程中，得到了许多同行的关怀与帮助及许多老师和作者的大力支持，在此向以下参与本书编写的人员致以诚挚的谢意：廉勇、欧红梅、周珊、张艳红、柳絮恒、赵一、赵红瑾、齐红霞、齐艳杰、陆晓飞、赵广娜、徐春艳、王非庶、李秀敏、王杰、张保文、李亚莉、何瑞欣、杜莉萍、李卫平、李敏、梁素娟、许庆元、姚迪雷、毛定娟、尹娜、王巧、杨婧、王娟娟、张艳芬、许长荣、王爱民、李琳、李伟楠、王鹏、罗华杰、武敬敏、甘艳河、阎妍妍、杨英、罗婷婷、李良婷、上官紫薇、杨艳利、于海英、曹慧利、肖冬梅、张乃奎。

本书在编写过程中，借鉴和参考了大量的文献和作品，从中得到了不少启发，也汲取了其中的智慧菁华，谨向各位专家、学者表示崇高的敬意——因为有了大家的努力，才有了本书的诞生。凡被本书选用的材料，我们都将按出版法有关规定向原作者支付稿酬，但因为有的作者通信地址不详，尚未取得联系。敬请您见到本书后及时函告您的详细信息，我们会尽快办理相关事宜。

由于编写和出版时间仓促，以及编者水平所限，书中不足之处在所难免，诚请广大读者指正，特驰惠意。